JN309077

会社法コンメンタール

1

総則 §§ 1 - 24
設立 [1] §§ 25 - 31

江頭憲治郎 編

商事法務

【編集委員】

岩原紳作（早稲田大学教授）
＊江頭憲治郎（東京大学名誉教授）
落合誠一（東京大学名誉教授）
神田秀樹（学習院大学教授）
＊森本　滋（京都大学名誉教授）
山下友信（同志社大学教授）

＊は編集代表

はしがき
（刊行にあたって）

　平成18年5月に施行された「会社法」（平成17法86号）は，商法・商法特例法・有限会社法など多くの法律に散在していた実質的意義の会社法に属する規定を1つの法律にまとめたばかりでなく，有限会社を株式会社に統合した上，全体の整合性を図る観点から制度の体系的見直しを行うとともに，最近の社会経済情勢の変化に対応する目的でいくつかの制度に重要な改正を加えたため，その法律の内容は，同法制定前とは大幅に異なるものになった。
　こうした大きな法改正に直面し，学界・法曹界・経済界等において会社法の研究あるいは実務に携わる関係者は，会社法の全条文を逐条的に分析・検討する大型のコンメンタールの出版を待望してきたと思われる。この「会社法コンメンタール」は，そうした要望に応えるため，法律学者を中心とする約80名が，21巻にわたり，分担執筆するものである（22巻目は総索引の予定）。

　この「会社法コンメンタール」が目的としていることは，第1に，会社法制定前からのこの分野の大きな学問的蓄積を踏まえつつ，新法の解釈論を展開することである。
　例えば，新法制定に伴って書かれた立法担当官の解説には，会社法では同法制定前の条文とは文言が変更されているので，従前の判例は妥当しないといった記述がしばしば見受けられる。しかし，従前の判例法理には，ことがらの実質を踏まえた政策判断が含まれていたわけであり，それは，会社法制定の前後を通じて変わらないはずである。一例を挙げると，創立総会決議による変態設立事項の追加を認めないとする会社法制定前の判例法理には，追加は，当該決議に反対する設立時募集株式の引受人に対し事後の引受条件の変更を強制するものであるから好ましくないという実質判断が含まれていたはずであり，したがって，会社法の下では制定前の「創立総会ニ於テ第168条第1項ニ掲グル事項ヲ不当ト認メタルトキハ之ヲ変更スルコトヲ得」との規定が削除されたことのみを根拠に，創立総会決議による変態設立事項の追加が認められるという立

はしがき

案担当者の解釈は，学問的に見れば浅薄というほかない。最近の会社法研究は，法と経済学の発展等もあり，分析手法が多様化しているが，いずれも目指すところは，単なる文理解釈ではなく，政策判断の正しさによる説得力である。

第2に，「会社法コンメンタール」は，実務に役立つものであることを目指している。会社法の最大の特徴は，定款自治を中心とする当事者自治であり，そのことを別にしても，実態として，合弁会社，ベンチャー企業等における種類株式の利用，企業買収における各種契約条項を始めとして，実務的な工夫の重要性が著しく増大しており，この点への対処を避けることはできないからである。そこで，1つには，このコンメンタールでは，「合弁契約」とか「企業買収に関する各種契約」といった事項を，条文と対等の独立の項目として掲げ，実務に精通した法曹実務家がそれを執筆する方針をとっている。また2つ目として，学者が執筆する場合についても，株式会社商事法務の協力を得て，学者が実務家との連絡を密にできる体制を整えることにより，実務上の問題点を汲み上げる方針をとっている。

なお，「会社法コンメンタール」の形式的な特色を挙げると，1つには，似た条文は，1人の執筆者がそのすべてを担当する方式をとっている点がある。すなわち，会社法の特徴として，商法・有限会社法時代の立法形式であれば他の条文を準用する形で済まされていた事項につき，独立の規定が設けられているケースが多いが，このコンメンタールでは，その種の条文は，1人の執筆者が担当することとしている。このことにより，単に執筆の労が省かれるだけでなく，各場合につき，何が同じで何が違うかの点の分析がより深まることが期待されている。

2つ目は，主要条文については，参考文献をまとめて挙げたことである。これは，このコンメンタールの学問的価値・利便性を大いに高めるものと期待されている。

「会社法コンメンタール」が，所期の目的どおり，今後の会社法の解釈の指針としての役割を果たすとともに，定款・契約作成等の実務において大いに役立つものであること，そしてこの分野の学問研究に寄与するものであることを，編集に携わった者として，心から祈念している。

最後に，多忙な研究・教育・実務の時間を割いてこのコンメンタールにご執筆いただいた学者・実務家の方々に厚く御礼申し上げるとともに，大部なコンメンタールの出版を引き受け，かつ迅速な全巻の刊行に力を傾注されている株式会社商事法務の皆さん，とりわけ担当編集者の中條信義氏に，心から感謝する次第である。

　平成20年1月

「会社法コンメンタール」編集代表
江頭憲治郎
森本　　滋

凡　例

《法令名略語・条文の引用》

○本書引用の法令は，原則として平成20年1月1日現在公布されているものとした。
○条文の引用は原文どおりとしたが，原則として新字体・アラビア数字に置き換えた。
○括弧内で法令名を示す際は，原則として有斐閣版六法全書巻末の法令名略語によった。ただし，会社法については原則として法令名を付さず，条数のみを示した。
○条はアラビア数字，項はローマ数字，号は○付数字で示した。

　　会社法12条1項2号　　　　　12 I ②
　　破産法35条　　　　　　　　破35
　　平成17年改正前商法42条1項　平17改正前商42 I

《判例の引用》

○判例の引用は原文どおりとしたが，原則として新字体・アラビア数字に置き換えた。
○年月日・出典の示し方は以下のとおりとした。なお，大審院連合部，最高裁判所大法廷の場合はそれぞれ「大連」「最大」と表示し，小法廷等は入れていない。

　　大判大正8・3・3民録25輯356頁
　　　　　　＝　大審院大正8年3月3日判決大審院民事判決録25輯356頁
○出典は主なものを1つのみ示した。表示に当たっては，原則として公式判例集を優先したが，一般に目にすることが困難なものの場合には例外的に扱った。
○主な判例集の略語は以下のとおりとした。なお，下記の判例集に登載されていないもののうちLEX/DBに収録されているものについては，その番号を表示している場合もある。

民集	大審院・最高裁判所民事判例集	訟月	訟務月報
民録	大審院民事判決録	東高民時報	東京高等裁判所民事判決時報
高民集	高等裁判所民事判例集	新聞	法律新聞
下民集	下級裁判所民事裁判例集	法学	法学（東北大学）
集民	最高裁判所裁判集民事	判決全集	大審院判決全集
行集	行政事件裁判例集	判例捨遺	大審院判例捨遺
刑集	大審院・最高裁判所刑事判例集	評論	法律〔学説・判例〕評論全集
		判時	判例時報
労民集	労働関係民事裁判例集	判タ	判例タイムズ

金法	金融法務事情	労判	労働判例
金判	金融・商事判例	労経速	労働経済判例速報
交民集	交通事故民事裁判例集		

《文献略語》

○主な文献略語は以下のとおりとした。
○下記に掲げるもののほか、それぞれの注釈における必読文献を該当箇所の冒頭に示した。

①**単行本**

相澤哲・**一問一答**新会社法（商事法務，2005）

相澤哲編著・**立案担当者**による新・会社法の解説（別冊商事法務295号）（商事法務，2006）

相澤哲ほか編著・**論点解説**新・会社法（商事法務，2006）

石井照久・新版商法総則（弘文堂，1966）

石井照久編著・**註解**株式会社法第1巻設立（頸草書房，1953）

石井照久＝鴻常夫・会社法第1巻（頸草書房，1977）

稲葉威雄ほか編著・**実務相談**株式会社法(1)〜(5)〔新訂版〕（商事法務研究会，1992）

上柳克郎＝鴻常夫＝竹内昭夫編集代表・**新版注釈**会社法(1)〜(15)・補巻〜第4補巻（有斐閣，1985〜2000）

江頭憲治郎・株式会社法〔第2版〕（有斐閣，2008）

江頭憲治郎＝岩原紳作＝神作裕之＝藤田友敬編・会社法判例**百選**（有斐閣，2006）

江頭憲治郎＝山下友信編・商法（**総則**・**商行為**）判例**百選**〔第4版〕（有斐閣，2002）

大隅健一郎・商法総則〔新版〕法律学全集（有斐閣，1978）

大隅健一郎＝今井宏・会社法論・上〔第3版〕（有斐閣，1991）

大森忠夫＝矢沢惇編集代表・**注釈**会社法(1)〜(10)・補巻（有斐閣，1969〜1980）

鴻常夫・商法総則〔新訂第5版〕（弘文堂，1999）

片木晴彦・基本講義商法総則・商行為法〔第2版〕（新世社，2003）

河本一郎・現代会社法〔新訂第9版〕（商事法務，2004）

神崎克郎・商法総則・商行為法通論〔新訂版〕（同文館出版，1999）

神田秀樹・会社法〔第9版〕（弘文堂，2007）

北沢正啓・会社法〔第6版〕（青林書院，2001）

倉沢康一郎＝**奥島**孝康編・昭和商法**学史**・岩崎稜先生追悼論文集（日本評論社，1996）

黒沼悦郎＝藤田友敬編・**江頭**憲治郎先生還暦記念・企業法の理論上・下（商事法務，2007）

小塚荘一郎＝髙橋美加編・**落合**誠一先生還暦記念・商事法への提言（商事法務，

2004)
近藤光男・商法総則・商行為法〔第5版〕（有斐閣，2006）
鈴木竹雄＝**竹内昭夫**・会社法〔第3版〕法律学全集（有斐閣，1994）
関俊彦・商法総論総則〔第2版〕（有斐閣，2006）
全国株懇連合会編・**全株懇モデル**〔新訂版〕（商事法務，2007）
竹田省・商法総則・商行為法〔合冊復刻版〕（新青出版，1997）
龍田節・会社法大要（有斐閣，2007）
田中耕太郎・改正会社法概論上・下（岩波書店，1955）
田中耕太郎編・株式会社法講座(1)〜(5)（有斐閣，1955〜1959）
田中誠二・三全訂会社法詳論上・下（勁草書房，1993・1994）
田邊光政・商法総則・商行為法〔第3版〕（新世社，2006）
服部栄三・商法総則〔第3版〕（青林書院，1983）
前田庸・会社法入門〔第11版〕（有斐閣，2006）
松田二郎・会社法概論（岩波書店，1968）
松田二郎＝鈴木忠一・条解株式会社法上・下（弘文堂，1951・1952）
森本滋・会社法〔第2版〕（有信堂高文社，1995）
森本滋編・商法総則講義〔第3版〕（成文堂，2007）
弥永真生・リーガルマインド会社法〔第11版〕（有斐閣，2007）
弥永真生・リーガルマインド商法**総則**・**商行為法**〔第2版〕（有斐閣，2006）
弥永真生ほか監修／西村ときわ法律事務所編・**新会社法実務相談**（商事法務，2006）

②**雑誌等**（判例集略語として示したもの以外）

最判解民	最高裁判所判例解説民事篇	法教	法学教室
重判解	重要判例解説（ジュリスト臨時増刊）	法協	法学協会雑誌
		法時	法律時報
ジュリ	ジュリスト	民月	民事月報
商事	旬刊商事法務	民商	民商法雑誌
曹時	法曹時報	民情	民事法情報
判評	判例評論	論叢	法学論叢

③**その他**

　平成18年3月31日付民事局長通達・別冊商事法務297号
　　　　　　　「会社法の施行に伴う商業登記事務の取扱いについて（平成18年3月31日付法務省民商第782号法務省民事局長・地方法務局長宛法務省民事局長通達）」会社法施行に伴う商業登記関係通達・登記記録例（別冊商事法務297号〔2006〕）参照
　要綱案　　平成16年12月8日法制審議会会社法（現代化関係）部会「会社法制の現代化に関する要綱案」商事法務1717号（2004）10頁等参照

要綱試案	平成15年10月22日法制審議会会社法（現代化関係）部会「会社法制の現代化に関する要綱試案」ジュリスト1267号（2004）別冊付録等参照
要綱試案補足説明	法務省民事局参事官室「会社法制の現代化に関する要綱試案の補足説明」同上

《その他》

○記述の重複を省くため，また読者の便宜を図るため，できるだけ他へのリファレンスを示した。

　　　同一注釈箇所内の場合　：　[☞ I 3(2)]　　＝　当該注釈中のI 3(2)を参照
　　　他の注釈箇所の場合　　：　[☞ §24 II 1]　＝　24条の注釈のII 1を参照

■ **執筆者紹介**（執筆順）

江頭憲治郎（えがしら・けんじろう）
　　昭和 21 年 11 月 3 日生まれ，昭和 44 年東京大学卒業
　　現在：東京大学名誉教授，早稲田大学名誉教授
　　主著：会社法人格否認の法理（東京大学出版会，1980），結合企業法の立法と解釈（有斐閣，1995），株式会社法〔第 8 版〕（有斐閣，2021）

行澤一人（ゆきざわ・かずひと）
　　昭和 39 年 11 月 29 日生まれ，昭和 63 年神戸大学卒業
　　現在：神戸大学大学院法学研究科教授
　　主著・主論文：近藤光男編・現代商法入門〔第 11 版〕（共著）（有斐閣，2021），黒沼悦郎編著・Law Practice 商法〔第 4 版〕（共著）（商事法務，2020），「上場会社の募集株式の発行に係る有利発行規制と市場価格」商事 2076 号（2015）

髙橋美加（たかはし・みか）
　　昭和 48 年 8 月 14 日生まれ，平成 9 年東京大学卒業
　　現在：立教大学法学部教授
　　主論文：「経営権限の委譲と包括的代理権(1)」法協 118 巻 3 号（2001），「『自己のためにする』直接取引」飯田秀総ほか編・落合誠一先生古稀記念・商事法の新しい礎石（有斐閣，2014）

後藤　元（ごとう・げん）
　　昭和 55 年 10 月 13 日生まれ，平成 15 年東京大学卒業
　　現在：東京大学大学院法学政治学研究科教授
　　主著：株主有限責任制度の弊害と過少資本による株主の責任（商事法務，2007），Comparative Corporate Law（West Publishing，2015）

北村雅史（きたむら・まさし）
　　昭和 35 年 9 月 29 日生まれ，昭和 63 年京都大学大学院法学研究科博士

後期課程研究指導認定退学
現在：京都大学大学院法学研究科教授
主著・主論文：取締役の競業避止義務（有斐閣，2000），現代会社法入門〔第4版〕（共著）（有斐閣，2015），「経営機構改革とコーポレート・ガバナンス」森本滋編・比較会社法研究（商事法務，2003）

武井一浩（たけい・かずひろ）
昭和42年2月9日生まれ，平成元年東京大学卒業
現在：弁護士（西村あさひ法律事務所パートナー），京都大学法科大学院講師，大阪大学大学院高等司法研究科招聘教授
主著：コーポレートガバナンス・コードの実践〔第3版〕（編著）（日経BP社，2021），デジタルトランスフォーメーション法制実務ハンドブック（共編著）（商事法務，2020），成長戦略法制（共編著）（商事法務，2019）

森田　果（もりた・はつる）
昭和49年11月11日生まれ，平成9年東京大学卒業
現在：東北大学大学院法学研究科教授
主著：金融取引における情報と法（商事法務，2009），支払決済法――手形小切手から電子マネーまで〔第3版〕（共著）（商事法務，2018），実証分析入門――データから「因果関係」を読み解く作法（日本評論社，2014）

森　淳二朗（もり・じゅんじろう）
昭和19年2月25日生まれ，昭和44年京都大学大学院法学研究科博士課程中途退学
現在：九州大学名誉教授
主著：コーポレート・ガバナンスと従業員（共編）（東洋経済新報社，2004），東アジアのコーポレート・ガバナンス（編著）（九州大学出版会，2005），会社法――エッセンシャル〔補訂版〕（共編）（有斐閣，2009）

目　次

はしがき……i　／　凡　例……iv　／　執筆者紹介……viii　／　目　次……x

序　　論………………………………………………江頭憲治郎……3
　　I　会社の意義と種類(3)　　II　会社法(6)

第1編　総　則　　11

第1章　通　則　　13

第1条（趣旨）……………………………………江頭憲治郎……13
　　I　本条の意義(13)　　II　渉外関係における会社法
　　の適用(17)
第2条（定義）……………………………………江頭憲治郎……18
　　I　本条の趣旨(22)　　II　各用語の定義(22)
第3条（法人格）…………………………………江頭憲治郎……73
　　I　本条の意義(74)　　II　法人性(74)　　III　社団
　　法人(83)　　IV　営利事業を営むことを目的とする法
　　人(85)
法人格否認の法理…………………………………後　藤　元……90
　　I　総説(91)　　II　法人格否認の要件(96)
　　III　法人格否認の諸類型(99)　　IV　法人格否認の効
　　果(122)　　V　法人格否認の法理の準拠法(125)
第4条（住所）……………………………………江頭憲治郎……126
　　I　本条の趣旨(126)　　II　会社の住所に結び付く法
　　律効果(126)　　III　本店の所在地(128)　　IV　本店
　　の意義（一般）(128)

第5条（商行為） ……………………………江頭憲治郎……131
　　　　Ⅰ　本条の趣旨(131)　　Ⅱ　事業としてする行為(131)
　　　　Ⅲ　事業のためにする行為(132)

第2章　会社の商号　　134

　　第6条（商号） ………………………………行 澤 一 人……134
　　第7条（会社と誤認させる名称等の使用の禁止）……行 澤 一 人……135
　　第8条 ………………………………………行 澤 一 人……136
　　　　Ⅰ　趣旨・沿革(136)　　Ⅱ　要件(140)　　Ⅲ　効果(142)
　　第9条（自己の商号の使用を他人に許諾した会社の責任）
　　　　………………………………………………行 澤 一 人……144
　　　　Ⅰ　総説(144)　　Ⅱ　要件(146)　　Ⅲ　責任の範囲(154)

第3章　会社の使用人等　　156

第1節　会社の使用人 ……………………………………156

　　第10条（支配人） …………………………髙 橋 美 加……156
　　　　Ⅰ　総説(156)　　Ⅱ　支配人の選任・終任(157)
　　第11条（支配人の代理権） ………………髙 橋 美 加……158
　　　　Ⅰ　総説(159)　　Ⅱ　支配人の代理権(160)
　　　　Ⅲ　代理権の制限(164)
　　第12条（支配人の競業の禁止）……………北 村 雅 史……165
　　　　Ⅰ　趣旨(165)　　Ⅱ　義務の内容(167)　　Ⅲ　義務違反の効果(170)　　Ⅳ　本条の類推適用(172)
　　第13条（表見支配人） ……………………髙 橋 美 加……173
　　　　Ⅰ　総説(173)　　Ⅱ　表見支配人に該当する者(175)
　　　　Ⅲ　相手方の保護(177)
　　第14条（ある種類又は特定の事項の委任を受けた使用人）
　　　　………………………………………………髙 橋 美 加……178
　　　　Ⅰ　総説(178)　　Ⅱ　代理権の範囲(179)　　Ⅲ　善意の第三者(181)
　　第15条（物品の販売等を目的とする店舗の使用人）…髙 橋 美 加……182

目　次

第2節　会社の代理商……………………………………… 184

第16条（通知義務）………………………………髙橋美加……184
　　Ⅰ　総説(184)　　Ⅱ　代理商契約(186)

第17条（代理商の競業の禁止）……………………北村雅史……186
　　Ⅰ　趣旨(187)　　Ⅱ　義務の内容(188)　　Ⅲ　義務
　　違反の効果(190)

第18条（通知を受ける権限）………………………髙橋美加……191

第19条（契約の解除）………………………………髙橋美加……193
　　Ⅰ　総説(193)　　Ⅱ　代理商契約の解約告知(194)

第20条（代理商の留置権）…………………………髙橋美加……196

第4章　事業の譲渡をした場合の競業の禁止等　198

第21条（譲渡会社の競業の禁止）…………………北村雅史……198
　　Ⅰ　総説(198)　　Ⅱ　譲渡会社の競業禁止(204)
　　Ⅲ　本条の類推適用(206)

第22条（譲渡会社の商号を使用した譲受会社の責任等）
　　………………………………………………………北村雅史……208
　　Ⅰ　総説(208)　　Ⅱ　商号続用譲受会社の弁済責任
　　(210)　　Ⅲ　商号続用譲受会社への弁済の効力(221)

第23条（譲受会社による債務の引受け）…………北村雅史……223
　　Ⅰ　本条の趣旨(223)　　Ⅱ　債務引受けの広告を行っ
　　た譲受会社の弁済責任(224)　　Ⅲ　本条の類推適用
　　(226)

第24条（商人との間での事業の譲渡又は譲受け）…北村雅史……228
　　Ⅰ　趣旨(228)　　Ⅱ　規定の内容(229)　　Ⅲ　事業
　　譲渡(営業譲渡)の当事者と本条等の類推適用(230)

第2編　株式会社　233

第2編前注（§§ 25-574）……………………………江頭憲治郎……235
　　Ⅰ　株式会社の概念(235)　　Ⅱ　株式会社の類型(239)

第1章 設　　立　　　　　　　　　　　　　　　242

第1章前注（§§ 25-103）………………………江頭憲治郎……242
　Ⅰ　株式会社の設立に関する規定(242)　　Ⅱ　設立の手続開始前の行為(245)

合弁契約………………………………………………武井一浩……246
　Ⅰ　合弁契約の意義(246)　　Ⅱ　合弁契約で規定される条項例(247)

第1節　総　　則 ……………………………………………253

第25条 ……………………………………………森田　果……253
　Ⅰ　本条の意義(253)　　Ⅱ　発起設立と募集設立(253)　　Ⅲ　発起人による株式引受け(256)

第2節　定款の作成 …………………………………………260

第26条（定款の作成）……………………………江頭憲治郎……260
　Ⅰ　発起人の意義とその地位(260)　　Ⅱ　定款の作成(268)　　Ⅲ　電磁的記録による定款の作成(273)

第27条（定款の記載又は記録事項）………………森　淳二朗……275
　Ⅰ　趣旨(276)　　Ⅱ　目的（本条1号）の意義(280)　　Ⅲ　商号（本条2号）の意義(286)　　Ⅳ　本店の所在地（本条3号）の意義(288)　　Ⅴ　設立に際して出資される財産の価額またはその最低額（本条4号）の意義(290)　　Ⅵ　発起人の氏名または名称および住所（本条5号）の意義(302)　　Ⅶ　発行可能株式総数(302)

第28条 ……………………………………………江頭憲治郎……303
　Ⅰ　総説(304)　　Ⅱ　現物出資(307)　　Ⅲ　財産引受け(312)　　Ⅳ　発起人の報酬・発起人の特別の利益(316)　　Ⅴ　設立費用(318)

第29条 ……………………………………………森　淳二朗……321
　Ⅰ　本条の趣旨(322)　　Ⅱ　株式会社における定款自治(323)　　Ⅲ　定款に定め得る事項の範囲(328)　　Ⅳ　定款自治の拡大の意義(339)　　Ⅴ　まとめ(347)

第30条（定款の認証）……………………………森田　果……348
　Ⅰ　本条の意義(348)　　Ⅱ　認証を要する場合と要しない場合(349)　　Ⅲ　認証の効力(350)　　Ⅳ　認証の手続(351)　　Ⅴ　認証を受けた定款の変更(354)

目　次

第 31 条（定款の備置き及び閲覧等）……………森 田　果……355
　　I　本条の意義(356)　　II　定款の備置き(本条 1 項)(357)　　III　発起人・株主・債権者の定款閲覧等請求(本条 2 項)(358)　　IV　親会社社員の定款閲覧等請求(本条 3 項)(360)　　V　支店での備置き義務の免除(本条 4 項)(361)

事項索引……362　／　判例索引……370

会　社　法

(平成17年法第86号)

施行：平成18年5月1日（平成18年政第77号）
改正：平成18年法第50号，第66号，第109号
　　　平成19年法第47号，第99号

序　　論

【文献】相澤哲＝郡谷大輔「会社法制の現代化に伴う実質改正の概要と基本的な考え方」商事 1737 号 (2005) 11 頁，淺木愼一・日本会社法成立史（信山社，2003），石綿学＝須田徹編著・日本版 LLP の法務と税務・会計（清文社，2006），木村一夫・組合事業の会計・税務（中央経済社，2006），小島孝「船舶共有の復活」海法会誌復刊 18 号 (1974) 129 頁，篠原倫太郎「有限責任事業組合契約に関する法律の概要」商事 1735 号 (2005) 6 頁，通商産業省中小企業庁振興課編・投資事業有限責任組合法（通商産業調査会出版部，1998），中東正文編・商法改正「昭和 25 年・26 年」GHQ／SCAP 文書（信山社，2003）

I　会社の意義と種類

1　会社の意義

(1)　一　　般

　会社は，営利事業を営むことを目的とする法人（民 33 II）の一類型であって，経済活動を行う主体（経済主体）のうちもっとも重要なものである。

　日本には，経済主体として，個人企業が，事業所を有するものだけで約 310 万あり（農林漁業を含まず），内国法人企業が，税務統計上約 255 万あるが，後者のうち 250 万以上が「会社」である。そして，規模の大きい経済主体は，若干の公法人を別とすれば，例外なく会社，とりわけ「株式会社」である。

　会社は，「法人」である (3)。法人とは，自然人以外のもので権利義務の主体たる地位を有するものであるが，その意味の詳細については，別に述べる［☞§3 II 1 (1)参照］。

　会社は，「営利事業を営むことを目的とする」法人，すなわち「営利法人」である（民 33 II）。「営利事業を営むことを目的とする」とは，単に営利（経済）活動を行うことを目的とするという意味ではなく，対外的経済活動で利益を得て，得た利益を法人の構成員（株主，社員）に分配することを目的とするという意味である。その点も，後に詳述する［☞§3 IV 1］。

　会社は，1 人以上の株主・社員を構成員とする法人であり（641 ④ 参照），したがって「社団法人」（一般法人 1 参照）の一類型である。社団法人である経済主体の大きなメリットは，複数人の結合により，1 人では拠出しきれない多額

〔江　頭〕

序　論

の資金の集中が可能になり，かつ，生産技術・販売能力等経済活動に必要な異なる能力を結集できる点にある（「共同企業」の運営）。複数の構成員，それもきわめて多数の構成員を抱えた会社（とくに株式が金融商品取引所に上場された株式会社）ももちろん存在するが，他方，株主・社員が1人の会社も認められるので（「一人会社」の許容），会社は，必ずしも共同企業形態というわけではない。この点も後述する［☞ §3 Ⅲ］。

(2)　会社以外の企業形態

会社以外に，営利事業を営むことを目的とする企業形態は，いろいろ存在し得る。とくに，税制上の理由から，会社と異なり法人格のない企業形態を好むニーズがあり，次の(ア)〜(カ)は，主にそうしたニーズから利用されている。また，限定された特定の目的への利用のため，株式会社をベースとしながらその法規制を簡素化した，会社以外の企業形態が作られており，(キ)(ク)は，そうしたものである。

(ア)　民法上の組合

民法上の組合契約（民667）により成立する「組合」は，法人格のない共同企業形態であり，組合に対し法人税の課税はないので，構成員（組合員）にとって，法人税との二重課税を避けることができ，かつ事業損失のパススルーが可能となる（事業用資産の減価償却費を直接組合員の損金にできる等）。このため，民法上の組合は，投資ファンド等に用いられることが多い。

(イ)　匿名組合

商法上の匿名組合契約（商535）により成立する「匿名組合」は，匿名組合員が営業者の営業のために出資をし，その営業から生ずる利益の分配を受ける旨を約するものである。匿名組合員の出資は営業者の財産に帰属し（商536 Ⅰ），匿名組合員は，営業者の行為について，第三者に対して権利・義務を有しない（商536 Ⅳ）。税制上，匿名組合の損益を匿名組合員に帰属させられるので（法人税基本通達14−1−3），法人税との二重課税を避けることができ，かつ事業損失のパススルーが可能であって，匿名組合は投資ファンド等に用いられることが多い。ただし，事業損失のパススルーは，出資の価額を基礎として定められる一定額の範囲でしか認められない（税特措67の12，税特措令39の31）。

(ウ)　投資事業有限責任組合

「投資事業有限責任組合」は，投資事業有限責任組合契約に関する法律（平成10法90号）に基づく法人格のない共同企業形態で，ベンチャー企業等への投資事業を行うものである（投資有限組合3Ⅰ）。同組合は，無限責任組合員およ

〔江　頭〕

び有限責任組合員からなるが（投資有限組合9ⅠⅡ），税制上民法上の組合と同じく二重課税を避けかつ事業損失のパススルーを可能とすること，および投資家（有限責任組合員）・債権者の保護のため開示を強化すること（投資有限組合8）を目的に，法が制定された。

　(エ)　有限責任事業組合

　「有限責任事業組合」は，有限責任事業組合契約に関する法律（平成17法40号）に基づく法人格のない企業形態で，共同で営利を目的とする事業を営むためのものである。2001年にイギリスで導入されたLimited Liability Partnershipを参考に設けられた形態で，民法上の組合に近い税制上のメリットを享受しつつ，組合員の全員が有限責任を享受できる（有限組合15）。総組合員が業務執行権限を有しなければならないとされ（有限組合12・13），税制上の事業損失のパススルーは，出資の価額を基礎として定められる一定額の範囲でしか認められない（税特措27の2・67の13，税特措令18の3・39の32）。

　(オ)　船舶共有

　「船舶共有」は，船舶を共有しそれを海上企業に利用するもので，船舶共有者間には当然に民法上の組合関係が伴うと解されている。しかし，組合の内部関係が資本多数決的に取り扱われ（商693-697），持分譲渡も原則として自由である点に特色がある（商698）。船舶共有者は，船舶の所有者等の責任の制限に関する法律（昭和50法94号）に基づく有限責任の利益を享受することができる。

　(カ)　信　　託

　信託法（平成18法108号）に基づく「信託」（信託2Ⅰ）は，委託者（受益者でもある）が受託者に対し財産の譲渡等の処分をする旨，ならびに，受託者が一定の目的に従い財産の管理・処分およびその他当該目的の達成に必要な行為をすべき旨の契約を締結することにより，営利事業目的に用いることができる。税制上，実質課税の原則（所税12，法税11）により，信託財産は受益者に帰属するものとして課税されるのが原則なので，受益者にとって，二重課税を避けかつ事業損失のパススルーも可能となる。

　(キ)　特定目的会社

　「特定目的会社」は，資産の流動化に関する法律（平成10法105号）に基づき設立される営利社団法人である（資産流動化2Ⅲ・13Ⅰ）。制度は株式会社に似ているが，目的が資産の流動化（プールされた債権等を保有し，キャッシュ・フローを特定社債・優先出資・特定出資等優先劣後関係のあるものにリパッケージする）に限

序　論

定され，株式会社に比して機関構成が簡素化される等の措置が講じられたものである。法人税制上，一定の要件を満たす場合には，優先出資に対する配当の損金参入が認められる（税特措67の14）。

(ｸ)　投資法人

「投資法人」は，投資信託及び投資法人に関する法律（昭和26法198号）に基づき設立される営利社団法人である（投信2 XII・61）。「会社型投資信託」と称されるように，制度は株式会社に似ているが，資産を主として有価証券・不動産等の政令で定める資産（特定資産）に対する投資として運用するという目的に対応し，制度に変更を加えたものである。法人税制上，一定の要件を満たす場合には，利益の配当の損金参入が認められる（税特措67の15）。

2　会社の種類

会社には，株式会社，合名会社，合資会社および合同会社の4つの種類がある（2①）。

II　会　社　法

1　会社法の意義

「会社法」という名の法律が存在するが（平成17法86号），同法が「形式的意義の会社法」である。それに対し，会社の設立，組織，運営および管理を定めた法の総体を指して，学問上，「実質的意義の会社法」とよぶことが多い。形式的意義の会社法自体が，「会社の設立，組織，運営及び管理については，他の法律に特別の定めがある場合を除くほか，この法律の定めるところによる」と規定し(1)，実質的に同法と同じ目的・性質を持つ他の法律が存在することを示唆している。

実質的意義の会社法の規定の大部分は，私人間の権利義務関係を規定する私法的法規である。しかし，行政法，刑法，民事訴訟法，非訟事件手続法等の公法的法規も，私法的法規の実現を保障する目的のものは，私法的法規と機能的に密接な関連を有するので，これらも「実質的意義の会社法」に含めるべきである（鈴木＝竹内4頁，新注会(1)5頁［上柳克郎］）。

序　論

2　会社法の沿革

(1)　会社法の制定前

(ア)　株式会社に関する法制の沿革

　日本に「株式会社」とよばれる制度ができたのは，明治23年制定（同26年施行）の旧商法典によってである。しかし，実質的に株式会社に当たるものは，明治初年から，個別の単行法（例えば，国立銀行条例，株式取引所条例，横浜正金銀行条例，私設鉄道条例等）または官庁・地方長官等の個別免許（例えば，内国通運会社，東京海上保険会社，日本鉄道会社，日本郵船会社等）に基づき設立されていた。それらの会社の組織等は，それぞれの会社の定款により定められたが，実際には，明治9年の改正国立銀行条例の定款の雛形の影響が大きかった。

　明治32年の現行商法（明治32法48号）制定以後，平成17年の会社法制定にいたるまで，株式会社は，商法第2編「会社」に規定された会社の一類型として，同法および実質的意義の会社法に属する他の法律より規制されていた。その100年余の間，株式会社については，きわめて頻繁に制度改正が行われた（改正による規定の変遷については，淺木愼一編・会社法旧法令集〔信山社，2006〕）。その間に行われた商法改正の大部分は，株式会社制度に関するものであったといって過言ではない。

　明治32年制定当時の株式会社制度は，ドイツ法系に属するものであった。しかし，占領下で行われた昭和25年の商法改正時に米国の制度の導入が広く行われ，その後も，日本と米国との経済関係の緊密さを背景に，改正のたびに株式会社法制は，米国の制度との類似性を深めていった。

(イ)　合名会社・合資会社・株式合資会社・有限会社に関する法制の沿革

　明治23年旧商法は，株式会社のほか，会社の種類として合名会社・合資会社を認めた。ただし，旧商法上の合資会社は，原則として社員全員の責任が有限責任というものであった（旧商136 I）。旧商法の下で設立された合資会社は，昭和25年の商法改正にいたるまで，現行商法下での存続が認められていた（商法の一部を改正する法律施行法〔昭和26法210号〕附則5参照）。

　明治32年の現行商法制定時には，上記の3種類の会社のほか，株式合資会社制度が創設された。しかし，株式合資会社は，機構が複雑で数が非常に少なかったため，昭和25年の商法改正時に制度が廃止された（商法の一部を改正する法律施行法46）。

〔江　頭〕

序　論

　昭和13年には，ドイツにおける有限会社法（Gesetz betreffend die Gesellschaft mit beschränkter Haftung）の制定後，中小企業など閉鎖型の会社類型として大陸法系諸国に広まっていた有限会社の制度を採用するため，有限会社法（昭和13法74号）が制定された。

　これらの会社については，株式会社におけるほど制度改正は頻繁ではなく，有限会社につき株式会社制度の改正に関連した改正が行われる程度であった。

(2)　**会社法の制定**

　平成17年に「会社法」が制定された。会社法制定の目的は，① それまでの商法第2編および有限会社法が片仮名・文語体であったものを平仮名・口語体による表記に改め，かつ重要事項が複数の法律に散在していたのを1つの法律にまとめ，わかりやすいものとする，② 近時，議員立法によるものも含め短期間に多数回の法改正が行われてきたことにかんがみ，全体的な整合性を図る観点から体系的な見直しを行う，③ 最近の社会経済情勢の変化に対応するため，会社法制の各種制度を見直すことにあった（相澤＝郡谷11頁）。

　① の目的のため，いくつかの法律の「会社法」への整理・統合が行われた。会社法制定時に廃止された法律として，「商法中署名すべき場合に関する法律」（明治33法17号），「商法中改正法律施行法」（昭和13法73号），「有限会社法」，「銀行等の事務の簡素化に関する法律」（昭和18法42号），「会社の配当する利益又は利息の支払に関する法律」（昭和23法64号），「法務局及び地方法務局設置に伴う関係法律の整理等に関する法律」（昭和24法137号），「商法の一部を改正する法律施行法」（昭和26法210号），「株式会社の監査等に関する商法の特例に関する法律」（昭和49法22号），「銀行持株会社の創設のための銀行等に係る合併手続の特例等に関する法律」（平成9法121号）がある（会社法整備法1）。

　② に関しては，当初，平成13年に議員立法により監査役制度が改正され，平成14年に内閣提出法案により委員会等設置会社（会社法における「委員会設置会社」）が創設されたことから生じた制度の不整合（利益相反取引等に関する取締役の無過失責任の有無，剰余金の配当等の決定機関の差異）の見直しに関心が集まっていたが，実際には，その整合性を図る見直しにとどまらず，会社法第1編「総則」中への商法第1編「総則」に対応する規定の取込み，第7編「雑則」中への会社訴訟・登記等に関する規定の移動，介入権（平17改正前商264Ⅲ）・引受担保責任（平17改正前商280ノ13Ⅰ）等の制度の廃止，社債の定義規定（2㉓）・株主平等の原則を明示する規定（109Ⅰ）等の新設，違法配当があった場

合の会社債権者の権利（463Ⅱ）に関する改正などの多くの改正がなされた。

　制度の整合性を図るための体系的見直しのきわめて重要なものが，有限会社と全株式譲渡制限会社との制度の一本化である。すなわち，日本の中小企業には，「有限会社」というネーミングを嫌い，本来有限会社形態の方が実態に適合するにもかかわらず，株式会社形態を選択する傾向があった。そこで，制度を株式会社制度に一本化し，株式会社に対しこれまでの有限会社並みの広い定款自治を認める方が，中小企業に実態に適した制度選択を行わせることになろうとの観測の下に，会社法制定時に有限会社制度を廃止した。そして，既存の有限会社を株式会社として存続させるとともに（会社法整備法2Ⅰ），当該株式会社は，その商号中に「有限会社」という文字を用いるべきものとし（会社法整備法3），当該株式会社が定款を変更して商号を「株式会社」に変更するまでの間（「特例有限会社」〔会社法整備法3Ⅱ〕の地位にとどまる間）は，役員の任期，計算書類の公告等につき，株式会社より緩いこれまでの有限会社法の下における規律と同じ規律を課すこととした（会社法整備法18・28等）。他方，株式会社の中の全株式譲渡制限会社については，株主の剰余金の配当を受ける権利・議決権等につき定款上「属人的定め」を認める（109Ⅱ），取締役会・監査役の設置を不要とする（326Ⅰ）など，これまで有限会社に認められていた制度を大幅に導入した。

　③に関しては，合同会社制度の創設，会計参与制度の創設，組織再編行為の自由化，剰余金分配手続の自由化等のほか，規制緩和措置として，設立時の出資額規制（最低資本金）の廃止，商号専用権制度の廃止，事後設立に関する検査役調査の廃止，破産者の取締役等の欠格事由からの除外，全株式譲渡制限大会社における監査役会の義務付けの廃止，支店における登記事項の削減などが行われた。他方，会社運営上の規律の強化としては，大会社に対する会社の業務の適正を確保するための体制（いわゆる内部統制システム）整備の義務付け（348Ⅲ④・Ⅳ・362Ⅳ⑥・Ⅴ・416Ⅰ①ホ），会計監査人に対する株主代表訴訟制度の導入（847Ⅰ），株主から請求を受けた監査役等が役員等の責任を追及する訴訟を提起しない場合における不提訴理由書の交付制度の導入（847Ⅳ）などが行われた。また，定款自治等の当事者自治の拡大として，相続人等に対する会社からの株式売渡し請求制度の導入（174），取締役会の書面決議制度の導入（370），種類株式における種類の増加等（108ⅠⅡ・322Ⅱ），種類株式の内容の決定を取締役会に委ね得る範囲の拡大（108Ⅲ）などが行われた。

（江頭憲治郎）

第1編
総　　則

第1章　通　　則（§§1-5）
第2章　会社の商号（§§6-9）
第3章　会社の使用人等（§§10-20）
第4章　事業の譲渡をした場合の
　　　　競業の禁止等（§§21-24）

第1章 通　　則

> **(趣旨)**
> **第1条**　会社の設立，組織，運営及び管理については，他の法律に特別の定めがある場合を除くほか，この法律の定めるところによる。

【文献】 石黒一憲「国際企業法上の諸問題」落合還暦581頁，江頭憲治郎「商法規定の国際的適用関係」国際私法年報2号 (2000) 136頁，河村博文「国際法学会決議『国際私法における株式会社』」同・外国会社の法規制 (九州大学出版会, 1982) 147頁, 高桑昭「わが国の会社法規定の渉外関係への適用」同・国際取引における私法の統一と国際私法 (有斐閣, 2005) 306頁, 龍田節「国際化と企業組織法」竹内昭夫＝龍田編・現代企業法講座(2)企業組織 (東京大学出版会, 1985) 259頁, **道垣内**正人「企業の国際的活動と法」岩波講座・現代の法(7)企業と法 (岩波書店, 1998) 143頁,**特集・国際的な企業組織・活動と法律問題**」ジュリ1175号 (2000) 2頁, 中島弘雅「民事再生手続における資本構成の変更」平出慶道先生・高窪利一先生古稀記念論文集・現代企業・金融法の課題 (下) (信山社, 2001) 607頁, 西原寛一・株式会社法の範囲内に於ける特殊法規の研究 (刀江書院, 1930), **日本私法学会シンポジウム資料・国際会社法**」商事1706号 (2004) 4頁, **藤田友敬「国際会社法の諸問題 (上) (下)」商事1673号17頁・1674号 (2003) 20頁, 森田果「ヨーロッパ国際会社法の行方(1)(2・完)」民商130巻4＝5号773頁・6号 (2004) 1097頁

I　本条の意義

1　一　　般

　本条は，会社法の適用関係を定めた規定である。すなわち，会社法を，会社の「設立」・「組織」・「運営」・「管理」を定めた法律であると性格付けるとともに，会社法は当該事項を規律する一般法であって，他の法律 (特別法) に特別の定めがある場合を除き適用される旨を明らかにしている。

　会社の「設立」とは，会社という法人を成立させる手続をいう。

　会社の「組織」とは，会社の種類，構成員 (株主・社員) の権利義務，置くべき機関 (株主総会，取締役・取締役会，執行役，委員会，監査役・監査役会，会計参与，検査役等)，機関相互間の権限分配等に関する側面をいう。

　会社の「運営」とは，会社の意思決定 (業務執行等の決定) およびその執行に

〔江　頭〕

関する側面，すなわち，株主総会，取締役・取締役会，執行役，委員会等の活動（計算，募集株式の発行，組織再編行為等も，その一部である）の側面をいう。

会社の「管理」とは，会社において行われる諸々の行為のうち「運営」に属さない部分，すなわち，監査，検査役による調査，株主・社員が行う業務執行者に対する監督，清算手続，罰則等をいう。

2 会社につき定める「他の法律」

会社法は，会社の設立・組織・運営・管理に関する一般法であって，当該事項に関し特定の場合を限って，または特定の会社を限って特別の定めを置く他の法律があれば，当該他の法律が会社法に優先して適用される。このような特別法として，次のようなものがある。

(1) 会社法の附属法令

会社の設立・組織・運営・管理のある部分を取り扱っており，法律の性質も，会社法と同じく「実質的意義の商法」に属するが，沿革的または法技術的理由等から別の法律（附属法令）として規定されている特別法がある。この例として，特例有限会社等の取扱いを定める「会社法の施行に伴う関係法律の整備等に関する法律」（平成17法87号），株式等の譲渡の特則を定める「社債，株式等の振替に関する法律」（平成13法75号）および「株券等の保管及び振替に関する法律」（昭和59法30号），株式譲渡制限等の特則を定める「日刊新聞紙の発行を目的とする株式会社の株式の譲渡の制限等に関する法律」（昭和26法212号），計算に関する特則を定める「土地の再評価に関する法律」（平成10法34号），社債に物上担保を付す場合の特則を定める「担保付社債信託法」（明治38法52号）等がある。

「商業登記法」（昭和38法125号）およびその附属法令である「商業登記規則」（昭和39法務23号）は，会社法を含む商法関係法令により登記すべき事項を公示する登記制度につき定めた法律であるが，会社関係の登記申請書に添付すべき書類を定める等，会社法を補充する関係にあるもので，会社法が規定している事項につき会社法に優先して適用される特別法という関係に立つものではない。

「会社法施行令」（平成17政364号），「会社法施行規則」（平成18法務12号），「会社計算規則」（平成18法務13号），「会社非訟事件等手続規則」（平成18最高裁規1号），「電子公告規則」（平成18法務14号）は，会社法の規定により委任された事項を定めるものであり，会社法が規定している事項につき会社法に優先

して適用される特別法という関係に立つものではない。

(2) **金融商品取引法・独占禁止法・産業活力再生特別措置法**

「金融商品取引法」（昭和23法25号）は、会社のうち上場株式会社等につき企業内容の開示制度等を定める法律であり、会社の組織・運営・管理につき多くの事項を定めている。同法に基づき有価証券報告書を内閣総理大臣に提出しなければならない株式会社は、会社法に基づく計算書類の公告を要せず（440Ⅳ）、募集株式の発行等につき同法に基づく届出をしている場合には会社法に基づく募集事項の通知・公告を要しない（201Ⅴ）等の点において、同法は、会社法が規定している事項につき会社法に優先して適用される特別法の地位に立つ。しかし、同法の定める会社の組織・運営・管理に関する規律は、会社法が規定していない事項を付加する部分が多い。

「私的独占の禁止及び公正取引の確保に関する法律」（昭和22法54号）は、私的独占、不当な取引制限および不公正な取引方法等を規制する法律であるが、合併・会社分割の無効の訴え（独禁18）等につき、会社法の特則を置いている。

「産業活力再生特別措置法」（平成11法131号）は、事業再構築、共同事業再編等に係る会社の組織・運営につき、主務大臣の計画認定を要件として、会社法の重要な特則をいくつか定めている（産業再生18-22）。

(3) **倒産関係法**

会社は、倒産手続中において資金調達が必要となることが多い。また、倒産手続に入ると、株主総会決議等が困難となり、円滑な手続の進行が妨げられることが多い。そこで、「会社更生法」（平成14法154号）、「民事再生法」（平成11法225号）、「預金保険法」（昭和46法34号）等の倒産関係の法律には、資金調達（民再162・183の2、会更45Ⅰ・215-217の2）、株主総会・社債権者集会（民再43・169の2・183、会更46・190・210-213、預金保険86・87）等に関し、会社法と異なる特別の定めが設けられている。

(4) **業　　法**

特定の事業（業種）を営む事業者に対し行政的監督を行うことを目的とする業法中には、その業種の会社の特徴にかんがみ、組織（役員の適格性等）、運営（計算、社債の一般担保、組織再編行為等）、管理（株主の監督権限等）等につき会社法の特則が設けられている例がある（銀行7・7の2・12の3・18・23・34、保険6・8-17の7・249・249の2、電気36・37、鉄事20Ⅱ等）。

〔江頭〕

(5) 特殊会社法

「日本郵政株式会社法」(平成17法98号),「日本電信電話株式会社等に関する法律」(昭和59法85号),「日本たばこ産業株式会社法」(昭和59法69号),「旅客鉄道株式会社及び日本貨物鉄道株式会社に関する法律」(昭和61法88号),「関西国際空港株式会社法」(昭和59法53号),「中小企業投資育成株式会社法」(昭和38法101号)のように,特定の株式会社に関する特別法が作られている例があり(特殊会社法),これらの法律には,一般に,代表取締役等役員の選解任に対する主務大臣の認可,発行する社債に関する一般担保等の会社法の特則が規定されている。

3 法律以外の法源

(1) 定　款

本条は言及していないが,法律(およびその委任に基づく政省令)以外の会社の組織・運営・管理に関する法源として,会社という団体の自治法である「定款」がある。

定款に必ず規定しなければならない事項(絶対的記載事項)は法定されており(27・37・98・113 I・576),定款に定めがなければ効力が生じない事項(29・577参照。相対的記載事項)も,大部分法律上明文の規定により定められているが(44 II・89 I・92 II・107 II・108 II・123・139 I・140 V・164 I・165 II・174・186 III・188 I・189 II III・194 I・202 III・204 II・214・241 III・309 I・322 II・324 I・326 II・332 I II・336 II III・342 I・348 I II・370・389 I・402 VII・426 I・427 I・459 I・460 I・471 ①②・477 II・482 II・585 IV・590 I II・591 II・592 II・593 V・594 I・595 I・599 III・606 II・607 I ①・608 I・618 II・621 II・622 I・624 II・627 III・635 III・641 ①②・647 I ②③・648 II・650 II・655 III・666・670 III・939 I 等),剰余金の配当請求権の除斥期間の定め(大判昭和2・8・3民集6巻484頁),株主総会の議決権行使の代理人資格を株主に限る定め(最判昭和43・11・1民集22巻12号2402頁)のように,法律にその旨の規定はなくても,株主の利益に重大な影響があるため,定款に規定してはじめて有効になると解されている事項もある。

(2) 法律と同一の効力を有する慣習(慣習法)

慣習の中には,法律と同一の効力(当事者の主張・立証〔民92〕がなくても,裁判所がそれを知っている限り職権的に適用することを要する)を有するものがあり(法適用3。商I II に定める「商慣習」はこれを指す),「商慣習法」とよばれる。会社の組織・運営等に関しても,かつて,昭和25年商法改正前における記名株

式の白紙委任状付譲渡（大判昭和 2・3・8 評論 16 巻商法 333 頁。実質的には，慣習法に，商法の明文の規定を変更する効力を認めた），昭和 20 年代の株式申込金（払込金）領収証による株券交付請求権・株式の譲渡（最判昭和 35・4・22 民集 14 巻 6 号 984 頁）のように，慣習法と認められるものが存在した。

II 渉外関係における会社法の適用

1 一 般

　日本の会社の設立・組織・運営・管理に関係する法律問題であっても，渉外（国際）関係がからむ場合には，当然に会社法（日本法）が適用されるとは限らない。その場合には，原則として，法廷地の国際私法により，当該単位法律関係にはいずれの国の法律を適用すべきかが判断され（準拠法の選択），準拠法が日本法と判断された場合にのみ「会社法」が適用されることになる。例えば，子会社による親会社株式の取得の規制は，親会社に生ずる弊害を防止する目的の規制であるから，親会社の従属法がその準拠法になると解すべきであり（藤田（上）21 頁），したがって，日本法に基づき設立された子会社による外国会社である親会社の株式の取得には，135 条 1 項の規定は適用されないと解される（通説）。

　なお，会社法の規律の中には，とくに公益性・強行性が強いため，「(法廷地) 強行法規の特別連結」等の公法的アプローチ（法規からのアプローチ）により，準拠法のいかんにかかわらず属地的に適用されるものもあり（早川吉尚「会社法の抵触法的分析」日本私法学会シンポジウム資料 22 頁），例えば，社債管理者の設置（702）はその例である（日本の会社が日本国外で発行する社債には適用されない）と解する見解がある（道垣内 157 頁，青木浩子「国外発行債に社債管理会社設置条項が適用されるか」落合還暦 453 頁）。

2 会社の従属法

(1) 従属法の決定基準

　国際私法上，その会社の法人格（一般的権利能力）の有無を決定する際に適用すべき法を，会社の「従属法 (personal law; Gesellschaftsstatut; loi nationale)」という。各国の国際私法には，それを設立準拠法であると解する主義（設立準拠法主義）と，会社の本拠が存在する国の法であると解する主義（本拠地法主義）とがある。日本の場合，「法の適用に関する通則法」（平成 18 法 78

号)には，会社の従属法を定める明文の規定はないが，会社法上，擬似外国会社の規定が存在し（821），それは，設立準拠法主義を前提とした上で外人法規制［☞§2Ⅱ2(2)参照］として一定の規制を課す趣旨であることから，日本の国際私法は設立準拠法主義であると，一般に解されている（河野俊行「会社の従属法の決定基準」特集5頁，溜池良夫・国際私法講義〔第2版〕〔有斐閣，1999〕285頁)。

(2) 従属法の適用範囲

会社の従属法は，会社の設立（設立の要件，設立無効原因等），会社の消滅（解散原因，清算手続等）等，会社の一般的権利能力の有無の決定につき適用される。しかし，特定の事案につき会社の法人格を否認すべきか（法人格否認の法理の適用の可否）等は，必ずしも会社の従属法により判断されるわけではない（藤田友敬「会社の従属法の適用範囲」特集10頁)。

会社の従属法は，その会社の内部組織に関する事項（株主・社員の権利義務，会社の機関構成，役員の会社に対する責任等）についても適用される。当該事項は，統一的処理がされる必要性が大きいからである。しかし，役員の第三者に対する損害賠償責任（429）等は，必ずしも会社の従属法により判断される必要はない（藤田・特集11頁)。

(江頭憲治郎)

(定義)
第2条 この法律において，次の各号に掲げる用語の意義は，当該各号に定めるところによる。
1 会社 株式会社，合名会社，合資会社又は合同会社をいう。
2 外国会社 外国の法令に準拠して設立された法人その他の外国の団体であって，会社と同種のもの又は会社に類似するものをいう。
3 子会社 会社がその総株主の議決権の過半数を有する株式会社その他の当該会社がその経営を支配している法人として法務省令で定めるものをいう。
4 親会社 株式会社を子会社とする会社その他の当該株式会社の経営を支配している法人として法務省令で定めるものをいう。
5 公開会社 その発行する全部又は一部の株式の内容として譲渡による当該株式の取得について株式会社の承認を要する旨の定款の定めを設けていない株式会社をいう。
6 大会社 次に掲げる要件のいずれかに該当する株式会社をいう。

イ　最終事業年度に係る貸借対照表（第439条前段に規定する場合にあっては，同条の規定により定時株主総会に報告された貸借対照表をいい，株式会社の成立後最初の定時株主総会までの間においては，第435条第1項の貸借対照表をいう。ロにおいて同じ。）に資本金として計上した額が5億円以上であること。
　　ロ　最終事業年度に係る貸借対照表の負債の部に計上した額の合計額が200億円以上であること。
7　取締役会設置会社　取締役会を置く株式会社又はこの法律の規定により取締役会を置かなければならない株式会社をいう。
8　会計参与設置会社　会計参与を置く株式会社をいう。
9　監査役設置会社　監査役を置く株式会社（その監査役の監査の範囲を会計に関するものに限定する旨の定款の定めがあるものを除く。）又はこの法律の規定により監査役を置かなければならない株式会社をいう。
10　監査役会設置会社　監査役会を置く株式会社又はこの法律の規定により監査役会を置かなければならない株式会社をいう。
11　会計監査人設置会社　会計監査人を置く株式会社又はこの法律の規定により会計監査人を置かなければならない株式会社をいう。
12　委員会設置会社　指名委員会，監査委員会及び報酬委員会（以下「委員会」という。）を置く株式会社をいう。
13　種類株式発行会社　剰余金の配当その他の第108条第1項各号に掲げる事項について内容の異なる2以上の種類の株式を発行する株式会社をいう。
14　種類株主総会　種類株主（種類株式発行会社におけるある種類の株式の株主をいう。以下同じ。）の総会をいう。
15　社外取締役　株式会社の取締役であって，当該株式会社又はその子会社の業務執行取締役（株式会社の第363条第1項各号に掲げる取締役及び当該株式会社の業務を執行したその他の取締役をいう。以下同じ。）若しくは執行役又は支配人その他の使用人でなく，かつ，過去に当該株式会社又はその子会社の業務執行取締役若しくは執行役又は支配人その他の使用人となったことがないものをいう。
16　社外監査役　株式会社の監査役であって，過去に当該株式会社又はその子会社の取締役，会計参与（会計参与が法人であるときは，その職務を行うべき社員）若しくは執行役又は支配人その他の使用人となったことがないものをいう。
17　譲渡制限株式　株式会社がその発行する全部又は一部の株式の内容として譲渡による当該株式の取得について当該株式会社の承認を要する旨の定めを設けている場合における当該株式をいう。
18　取得請求権付株式　株式会社がその発行する全部又は一部の株式の内容とし

て株主が当該株式会社に対して当該株式の取得を請求することができる旨の定めを設けている場合における当該株式をいう。

19　取得条項付株式　株式会社がその発行する全部又は一部の株式の内容として当該株式会社が一定の事由が生じたことを条件として当該株式を取得することができる旨の定めを設けている場合における当該株式をいう。

20　単元株式数　株式会社がその発行する株式について，一定の数の株式をもって株主が株主総会又は種類株主総会において1個の議決権を行使することができる1単元の株式とする旨の定款の定めを設けている場合における当該一定の数をいう。

21　新株予約権　株式会社に対して行使することにより当該株式会社の株式の交付を受けることができる権利をいう。

22　新株予約権付社債　新株予約権を付した社債をいう。

23　社債　この法律の規定により会社が行う割当てにより発生する当該会社を債務者とする金銭債権であって，第676条各号に掲げる事項についての定めに従い償還されるものをいう。

24　最終事業年度　各事業年度に係る第435条第2項に規定する計算書類につき第438条第2項の承認（第439条前段に規定する場合にあっては，第436条第3項の承認）を受けた場合における当該各事業年度のうち最も遅いものをいう。

25　配当財産　株式会社が剰余金の配当をする場合における配当する財産をいう。

26　組織変更　次のイ又はロに掲げる会社がその組織を変更することにより当該イ又はロに定める会社となることをいう。
　　イ　株式会社　合名会社，合資会社又は合同会社
　　ロ　合名会社，合資会社又は合同会社　株式会社

27　吸収合併　会社が他の会社とする合併であって，合併により消滅する会社の権利義務の全部を合併後存続する会社に承継させるものをいう。

28　新設合併　2以上の会社がする合併であって，合併により消滅する会社の権利義務の全部を合併により設立する会社に承継させるものをいう。

29　吸収分割　株式会社又は合同会社がその事業に関して有する権利義務の全部又は一部を分割後他の会社に承継させることをいう。

30　新設分割　1又は2以上の株式会社又は合同会社がその事業に関して有する権利義務の全部又は一部を分割により設立する会社に承継させることをいう。

31　株式交換　株式会社がその発行済株式（株式会社が発行している株式をいう。以下同じ。）の全部を他の株式会社又は合同会社に取得させることをいう。

32　株式移転　1又は2以上の株式会社がその発行済株式の全部を新たに設立す

る株式会社に取得させることをいう。
33 公告方法　会社（外国会社を含む。）が公告（この法律又は他の法律の規定により官報に掲載する方法によりしなければならないものとされているものを除く。）をする方法をいう。
34 電子公告　公告方法のうち，電磁的方法（電子情報処理組織を使用する方法その他の情報通信の技術を利用する方法であって法務省令で定めるものをいう。以下同じ。）により不特定多数の者が公告すべき内容である情報の提供を受けることができる状態に置く措置であって法務省令で定めるものをとる方法をいう。

細目次

I　本条の趣旨
II　各用語の定義
　1　会社（本条1号）
　　(1)　会社法上の会社
　　(2)　有限会社の廃止・特例有限会社
　2　外国会社（本条2号）
　　(1)　外国会社の意義
　　(2)　外国会社への会社法の適用関係
　3　子会社（本条3号）
　　(1)　子会社の意義
　　(2)　完全子会社
　　(3)　連結子会社
　4　親会社（本条4号）
　　(1)　親会社の意義
　　(2)　完全親会社
　5　公開会社（本条5号）
　　(1)　公開会社の意義
　　(2)　公開会社と全株式譲渡制限会社との差異
　6　大会社（本条6号）
　　(1)　大会社の意義
　　(2)　大会社とそれ以外の会社との差異
　7　取締役会設置会社（本条7号）
　　(1)　取締役会設置会社の意義
　　(2)　取締役会設置会社とそれ以外の会社との差異
　8　会計参与設置会社（本条8号）
　9　監査役設置会社(本条9号）
　　(1)　監査役設置会社の意義
　　(2)　監査役設置会社とそれ以外の会社との差異
　10　監査役会設置会社（本条10号）
　　(1)　監査役会設置会社の意義
　　(2)　監査役会設置会社とそれ以外の監査役設置会社との差異
　11　会計監査人設置会社（本条11号）
　　(1)　会計監査人設置会社の意義
　　(2)　会計監査人設置会社とそれ以外の会社との差異
　12　委員会設置会社（本条12号）
　　(1)　委員会設置会社の意義
　　(2)　委員会設置会社とそれ以外の会社との差異
　13　種類株式発行会社（本条13号）
　14　種類株主総会(本条14号）
　15　社外取締役（本条15号）
　　(1)　社外取締役の意義
　　(2)　社外取締役とそれ以外の取締役との差異
　　(3)　業務執行取締役
　16　社外監査役（本条16号）
　　(1)　社外監査役の意義
　　(2)　社外監査役とそれ以外の監査役との差異
　17　譲渡制限株式（本条17号）
　　(1)　譲渡制限株式の意義
　　(2)　譲渡制限株式とそれ以外の株式との差異
　18　取得請求権付株式（本条18号）
　　(1)　取得請求権付株式の意義
　　(2)　取得請求権付株式の権利内容
　19　取得条項付株式（本条19号）
　　(1)　取得条項付株式の意義
　　(2)　取得条項付株式の内容
　20　単元株式数（本条20号）
　　(1)　単元株式数の意義
　　(2)　単元未満株式の法的取扱い
　21　新株予約権（本条21号）
　　(1)　新株予約権の意義
　　(2)　新株予約権の法的取扱い
　22　新株予約権付社債（本条22号）
　　(1)　新株予約権付社債の意義
　　(2)　新株予約権付社債の法的取扱い
　23　社債（本条23号）
　　(1)　社債の意義
　　(2)　社債の法的取扱い
　24　最終事業年度(本条24号）
　　(1)　最終事業年度の意義
　　(2)　最終事業年度の法的取扱い
　25　配当財産（本条25号）
　　(1)　配当財産の意義
　　(2)　配当財産の法的取扱い
　26　組織変更（本条26号）
　　(1)　組織変更の意義
　　(2)　組織変更の法的取扱い
　27　吸収合併（本条27号）
　　(1)　吸収合併の意義

〔江　頭〕

§2　　　　　　　　　　　　　　　第1編　総則　第1章　通則

　　(2)　吸収合併の法的取扱い　　　(1)　新設分割の意義　　　　33　公告方法（本条33号）
　28　新設合併（本条28号）　　　　(2)　新設分割の法的取扱い　　　(1)　公告方法の意義
　　(1)　新設合併の意義　　　　　31　株式交換（本条31号）　　　　(2)　公告方法の法的取扱い
　　(2)　新設合併の法的取扱い　　　(1)　株式交換の意義　　　　34　電子公告（本条34号）
　29　吸収分割（本条29号）　　　　(2)　株式交換の法的取扱い　　　(1)　電子公告の意義
　　(1)　吸収分割の意義　　　　　32　株式移転（本条32号）　　　　(2)　電子公告の法的取扱い
　　(2)　吸収分割の法的取扱い　　　(1)　株式移転の意義　　　　　(3)　電磁的方法
　30　新設分割（本条30号）　　　　(2)　株式移転の法的取扱い

【文献】相澤哲＝細川充「組織再編行為（上）」商事1752号（2005）4頁，**大隅健一郎**「会社合併の**本質**」同・商事法研究（下）（有斐閣，1993）125頁，**竹田省**「会社合併について」商法の理論と解釈（有斐閣，1959）221頁，**本多正樹**「会社法上の社債の定義をめぐる諸問題（上）（下）」商事1781号20頁・1782号（2006）4頁

I　本条の趣旨

　本条は，この法律において用いられる34の用語を定義している。しかし，この定義は網羅的なものではなく，この法律の各所に，種々の語の定義が散在している（例えば「株式等」は107条2項2号ホにおいて，「金銭等」は151条において定義される。こうした定義が設けられている語の一覧表は，相澤哲編・新・会社法旧新対照条文〔商事法務，2005〕607頁に掲載されている）。

II　各用語の定義

1　会社（本条1号）

(1)　会社法上の会社

　この法律において，「会社」とは，「株式会社，合名会社，合資会社又は合同会社」をいう（本条①）。この4つが「会社法上の会社」であり，後三者が「持分会社」（575-675）である。「保険業法」（平成7法105号）に基づく「相互会社」（保険2Ⅴ）および「資産の流動化に関する法律」（平成10法105号）に基づく「特定目的会社」（資産流動化2Ⅲ）は，「会社」の語が付されていても会社法上の会社ではなく，この法律の適用を受けない。また，「外国会社」については別に定義規定があるので（本条②），「会社」には，外国会社は含まれない。

　「株式会社」（25-574）は，明治23年制定（明治26年施行）の旧商法典以後，法令上そうよばれるようになったが，実質的にそれに当たるものは，明治初年から個別の単行法または官庁・地方長官等の個別免許に基づき設立されてい

〔江　頭〕

た。特例有限会社 [☞ (2) 参照] も，定款上全部の株式につき譲渡制限を定めた株式会社の一類型である。

「合名会社」は，持分会社のうち，定款上社員の全部を無限責任社員とする旨を規定したものである (576 Ⅱ)。合名会社も，明治 23 年制定の旧商法典から存在する。

「合資会社」は，持分会社のうち，定款上社員の一部を無限責任社員とし，その他の社員を有限責任社員とする旨を規定したものである (576 Ⅲ)。合資会社も，明治 23 年制定の旧商法典から存在する。もっとも，旧商法典の合資会社の社員の責任形態は，これとは異なった [☞ 序論 Ⅱ 2 (1) (イ)]。

「合同会社」は，持分会社のうち，定款上社員の全部を有限責任社員とする旨を規定したものである (576 Ⅳ)。合同会社は，平成 17 年の会社法制定時に新設された会社類型である。米国のワイオミング州が 1977 年に制定法により創設し，1988 年に米国歳入庁が法人税法上組合としての取扱い [☞ §3 Ⅱ 1 (3) 参照] を認めた後に急速に全米に広がった LLC (Limited Liability Company) をモデルとしている (宍戸善一「持分会社」ジュリ 1295 号 [2005] 110 頁)。

なお昭和 25 年商法改正前，無限責任社員と株主とを構成員とする「株式合資会社」という会社類型が存在したが (同改正前商 457-478)，ほとんど利用されていなかったので，同改正により廃止された。

(2) 有限会社の廃止・特例有限会社

昭和 13 年制定の「有限会社法」(昭和 13 法 74 号) は，会社法制定時に廃止され (会社法整備法 1 ③)，会社法の施行時に現に存在した有限会社 (「旧有限会社」とよばれる) は，会社法の施行日以後，株式会社として存続するものとされた (同法 2 Ⅰ)。そのようにして存続する株式会社は，商号中に「有限会社」という文字を用いなければならず (同法 3 Ⅰ)，当該「有限会社」の文字を商号中に用いる会社は，「特例有限会社」とよばれる (同条 Ⅱ)。特例有限会社は，定款を変更してその商号中に株式会社という文字を用いる商号の変更をすることができ (同法 45 Ⅰ)，その定款変更の効力発生によって「特例有限会社」ではなくなるが (通常の株式会社となる)，当該株式会社は，その後も依然として旧有限会社 (「会社法整備法 2 Ⅰ により存続する株式会社」[同法 6 等]) ではある (山本憲光「有限会社法の廃止に伴う経過措置」商事 1738 号 [2005] 16 頁)。

特例有限会社については，① 定款にその発行する全部の株式の内容として当該株式の譲渡による取得について会社の承認を要する旨，および株式取得者が当該特例有限会社の株主である場合には会社の承認があったものとみなさ

れ，かつ，特例有限会社である間はそれと異なる定款の定めを設ける定款変更ができない（同法9），② 少数株主権の行使要件が一般の株式会社と異なる（同法14・23・26 I・39），③ 総会の特別決議の要件が一般の株式会社と異なる（同法14 Ⅲ），④ 株主総会参考書類・総会検査役等の制度の適用がない（同条V），⑤ 取締役会・会計参与・監査役会・会計監査人・委員会・清算人会を設けることができない（同法17・33 I），⑥ 取締役・監査役の任期に法定の制限がない（同法18），⑦ 監査役の監査役選任議案に対する同意権がない（同条），⑧ 大会社であっても会社の業務の適正を確保するための体制の整備義務がない（同法21），⑨ 監査役の権限が会計監査に限られる（同法24），⑩ 各株主に会計帳簿の閲覧権を認めれば附属明細書の作成を要しない（同法26 Ⅱ），⑪ 計算書類の公告・計算書類の写しの支店備置を要しない（同法28），⑫ 休眠会社のみなし解散の規定の適用がない（同法32），⑬ 特別清算の規定の適用がない（同法35），⑭ 株式交換・株式移転の当事会社となることができない（同法38），⑮ 全取締役・監査役・清算人の住所の登記を要する（同法43）等の特則が定められている。これは，株式会社となった後も，特例有限会社である限り有限会社に適用された規律を維持する趣旨の特則である。なお，特例有限会社は，⑯ 吸収合併存続会社・吸収分割承継会社となることができない（同法37）。

2　外国会社（本条2号）

(1)　外国会社の意義

　この法律において，「外国会社」とは，「外国の法令に準拠して設立された法人その他の外国の団体であって，会社と同種のもの又は会社に類似するもの」をいう（本条②）。

(ア)　外国の法令に準拠して設立された法人その他の外国の団体

　「外国会社」は，「外国の法令に準拠して設立された法人その他の外国の団体」である。外国には，この法律にいう会社に相当する営利目的の団体に法人格を認めない例があるが（ドイツの合名会社・合資会社等 [☞ §3 I参照]），本条は，設立準拠法である外国法がその団体に法人格を認めているか否かにかかわらず，「外国の法令に準拠して設立された……その他の外国の団体」を外国会社と定義しているので，当該団体も，この法律にいう「外国会社」に当たり得る。

　なお当該「外国会社」に設立準拠法が法人格を認めておれば，当該外国会社には，日本国内で取引等をする権利能力が認められる（民35 I〔外国法人の認

〔江　頭〕

§2

許〕〔その権利能力の範囲につき，☞§3 II 2 (1)(ウ)参照〕)。

(イ) 会社と同種のものまたは会社に類似するもの

　外国会社は，「会社と同種のもの又は会社に類似するもの」，すなわち，わが国の株式会社・合名会社・合資会社・合同会社と同種のもの，またはそれらに類似するものである。

　外国の法令に準拠して設立された団体であって，わが国の「株式会社」と同種またはそれに類似するものにドイツのAktiengesellschaftおよびGesellschaft mit beschränkter Haftung，フランスのsociété par actionsおよびsociété à responsabilité limitée，米国のcorporationおよびイギリスのcompany limited by share等が該当すること，ならびに，わが国の「合同会社」と同種またはそれに類似するものに米国のLLC (Limited Liability Company) が該当することには，あまり異論ないであろう。わが国の「合名会社」と同種またはそれに類似するものにドイツのOffene Handelsgesellschaft，フランスのsociété en nom collectif等が，「合資会社」と同種またはそれに類似するものにドイツのKommanditgesellschaftおよびフランスのsociété en commandite等が該当することについても，制度の沿革等にかんがみあまり異論ないと思われる。また，ドイツのStille Gesellschaftおよびフランスのsociété en participationは，わが国の匿名組合と同種またはそれに類似するものであり，イギリスのThe Limited Liability Partnerships Act 2000に基づき設立されたLLPは，日本の有限責任事業組合と同種またはそれに類似するものであって，日本の会社と同種または類似するものではない（外国会社に当たらない）ことについても，あまり異論あるまい。

　問題は，米国のgeneral partnership（イギリスのunlimited partnership）等がわが国の「合名会社」と，米国およびイギリスのlimited partnership等がわが国の「合資会社」と同種またはそれに類似するものとして，外国会社に当たるか否かである。これまで，米国のlimited partnershipへの投資を勧誘する等の行為が「外国会社」の規制（817 I・821 I.「取引を継続してしようとする」）との関係で問題とされることは少なかったので，この点は，あまりはっきりしない。しかし，税制上，米国のlimited partnershipが「外国法人」（法税2④。なお金商2 II ④参照）として組合契約としての取扱い（税特措41の4の2等）を受けられないのか否かは，これまでもしばしば問題とされてきた。そして，それが「外国法人」に当たるか否かは，その事業体の個々の実態等により判断するものとされている（所得税基本通達36・37共－19）。

〔江　頭〕

(2) 外国会社への会社法の適用関係

会社法またはその関係法令中の外国会社に関する定めは，実質法の中で外国人の法的地位を定める一種の外人法である。したがって，その定めは，準拠法選択の結果としてであれ，準拠法と無関係に（公法的規定である等の理由により）であれ，その法律関係に日本法が適用される場合に初めて適用になる（藤田友敬「国際会社法の諸問題（下）」商事 1674 号〔2003〕24 頁）。例えば，外国会社は，株式会社（日本法人）の親会社であり得るが（本条④，会社則 3 II・2 III ②），会社法中の子会社による親会社株式の取得の禁止の規定（135 I）は，親会社に生ずる弊害を防止する目的に出たものであるから，親会社の従属法（設立準拠法）が日本法であるケースにのみ適用され，外国会社が親会社であるケースには適用がないと解される（龍田節「国際化と企業組織法」竹内昭夫＝龍田編・現代企業法講座(2)企業組織〔東京大学出版会，1985〕313 頁，藤田友敬「国際会社法の諸問題（上）」商事 1673 号〔2003〕21 頁）。

3 子会社（本条 3 号）

(1) 子会社の意義

この法律において，「子会社」とは，「会社がその総株主の議決権の過半数を有する株式会社その他の当該会社がその経営を支配している法人として法務省令で定めるもの」をいう（本条③）。

(ア) 会社による経営の支配

「子会社」は，「会社」（本条①）によってその経営が支配されているものである。すなわち，会社法上の会社以外のもの（例えば外国会社）によってその経営が支配されていても，この法律にいう「子会社」ではない。

会社が「経営を支配している」とは，「財務及び事業の方針の決定を支配している場合」をいう（会社則 3 I）。「財務及び事業の方針の決定を支配している場合」とは，次の①～③に掲げる場合をいう。ただし，次に掲げる場合であっても，財務上または事業上の関係からみて会社が財務または事業の方針の決定を支配していないことが明らかであると認められる場合は除かれる（同条 III）。

① 支配されるもの（「子会社」となるもの）の議決権の総数に対する会社（その子会社および子法人等を含む）の計算において所有している議決権の数の割合が 100 分の 50 を超えている場合。ただし，支配されるものが破産手続開始の決定等を受け，有効な支配従属関係が存在しないと認められる場合を除く（会

社則3 I ①)。

② 支配されるものの議決権の総数に対する会社（その子会社および子法人等を含む）の計算において所有している議決権の数の割合が100分の40以上であって，かつ，㋑自己所有等議決権数（会社と緊密な関係にある者等が所有する議決権数を加算した数）の割合が100分の50を超えている，㋺支配されるものの取締役会その他これに準ずる機関の構成員の過半数を会社の役員・使用人等が占めている，㋩会社が支配されるものの重要な財務・事業の方針の決定を支配する契約が存在する，㋥支配されるものの資金調達額（負債）の総額に対する会社が行う融資の割合が100分の50を超えている，㋭その他会社が支配されるものの財務・事業の方針の決定を支配していることが推測される事実が存在する，のいずれかの要件に該当する場合。ただし，支配されるものが破産手続開始の決定等を受け，有効な支配従属関係が存在しないと認められる場合を除く（会社則3 I ②)。

③ 支配されるものの議決権の総数に対する自己所有等議決権数の割合が100分の50を超え，かつ，上記の㋺～㋭のいずれかの要件に該当する場合。ただし，支配されるものが破産手続開始の決定等を受け，有効な支配従属関係が存在しないと認められる場合を除く（会社則3 I ③)。

以上の判定基準は，会社法制定前の「議決権の過半数保有」という議決権数割合のみに着目した形式基準（平17改正前商211ノ2 I）ではなく，実質的基準であるといわれるが，会社法制定前から存在した証券取引法（現在の金融商品取引法）に基づく財務諸表等の用語，様式及び作成方法に関する内閣府令の子会社の判定基準を実質的にそのまま採用したものである（財務規8Ⅳ参照）。

(イ) **議決権数の割合の算定上の問題**

㋐の要件においては，議決権数の割合が1つの指標とされているが，その算定上，議決権制限株式（108 I ③）は，同株式が役員等（会計監査人を除く）の選任および定款の変更に関する議案の全部につき株主総会において議決権を行使することができないものである場合には，その数は分子・分母から除外され，それ以外のものである場合には，その数は分子・分母から除外されないと解すべきである（会社則67の類推適用）。議決権制限株式の中には，一定の要件が満たされれば議決権が復活する形のものがあり得るが，それも，議決権がない間は，当該算定に関し議決権なしとして取り扱われると解すべきである（前田庸「商法等の一部を改正する法律案要綱の解説（上）」商事1606号〔2001〕8頁）。

相互保有株式（308 I，会社則67・95⑤）は，㋐の議決権数の割合を算定する

上で，議決権があるものとみなすべきである（会社則67の類推適用）。さもないと，例えばＡ社が議決権数の4分の1超に相当するＢ社株式を取得した後は，Ｂ社が所有するＡ社株式に議決権がないため（308Ⅰ括弧書），たといＢ社が(ア)の要件を満たすＡ社株式を取得してもＡ社はＢ社の子会社とならず，Ａ社にＢ社株式取得禁止の規制（135Ⅰ）が及ばない不都合が生じ得るからである。なお会社法制定前には，上記のような場合にはＡ社をＢ社の子会社とする旨の明文の規定があった（平17改正前商211ノ2Ⅴ）。会社法でその規定が削除された理由は，財務諸表規則上の「子会社」概念との統一を図ったことによる（論点解説167頁）。

(ウ) **法務省令で定めるもの**

「子会社」は，「法務省令で定めるもの」である（本条③）。法務省令は，(ア)の要件（会社則3ⅠⅢ）のほか，支配されるものが「会社等」であること（同条Ⅰ），すなわち，「会社（外国会社を含む。），組合（外国における組合に相当するものを含む。）その他これらに準ずる事業体」（同規則2Ⅲ②）であることを定めている。組合，外国会社（本条②），外国における組合に相当するものも「子会社」になり得る点に注意を要する。

(ア)(イ)の要件を満たす場合でも，特別目的会社（資産流動化2Ⅲに規定する特定目的会社および事業の内容の変更が制限されている，これと同様の事業を営む事業体）については，① 当該特別目的会社が適正な価額で譲り受けた資産から生ずる収益をその発行する証券の所有者に享受させることを目的として設立されており，かつ，② 当該特別目的会社の事業がその目的に従って適切に遂行されているときは，当該特別目的会社に対する出資者または当該特別目的会社に資産を譲渡した会社の子会社に該当しないものと推定される（会社則4）。

(2) 完全子会社

「完全子会社」は，子会社のうち，ある株式会社がその発行済株式の全部を有する株式会社である（会社則219Ⅰ。なお株式交換完全子会社〔768Ⅰ①〕，株式移転完全子会社〔773Ⅰ⑤〕，旧完全子会社〔844Ⅰ〕）。少数株主が存在しない点が重要であり，経営支配の完全性（例えば，子会社の議決権の全部を有するか）が問題なのではない。

(3) 連結子会社

「連結子会社」は，子会社のうち，連結の範囲に含められるものである（会社計算2Ⅲ⑳。なお，連結財務規2③参照）。

4 親会社（本条4号）

(1) 親会社の意義

この法律において，「親会社」とは，「株式会社を子会社とする会社その他の当該株式会社の経営を支配している法人として法務省令で定めるもの」をいう（本条④）。

(ア) 株式会社の経営の支配

「親会社」は，「株式会社」（25-574）を子会社（本条③）とする会社その他の当該「株式会社」の経営を支配しているものである。すなわち，子会社には，持分会社，組合，外国会社，外国における組合に相当するものも含まれるけれども［☞3⑴(ウ)］，株式会社の経営を支配しているものでなければ，この法律にいう「親会社」に当たらない。

しかし，135条1項（子会社による親会社株式の取得の禁止）にいう「親会社」を定義するについては，株式会社でない子会社も，本条4号にいう「株式会社」とみなされる（会社則3Ⅳ）。すなわち，持分会社，組合，外国会社，外国における組合に相当するもの等にも，その経営を支配している株式会社の発行株式の取得禁止の規制が及ぶ。

「経営を支配している」との要件は，3⑴(ア)(イ)に述べたところと同じである（会社則3Ⅲ）。

(イ) 法務省令で定めるもの

「親会社」は，「法務省令で定めるもの」である。法務省令は，(ア)の要件（会社則3Ⅱ-Ⅳ）のほか，株式会社の財務・事業の方針の決定を支配しているものが「会社等」であることを定めている（同条Ⅱ）。すなわち，「会社（外国会社を含む。），組合（外国における組合に相当するものを含む。）その他これらに準ずる事業体」（同規則2Ⅲ②）であれば，この法律にいう「親会社」となり得る。

(2) 完全親会社

「完全親会社」は，「特定の株式会社の発行済株式の全部を有する株式会社その他これと同等のものとして法務省令で定める株式会社」をいう（851Ⅰ①）。「その他これと同等のものとして法務省令で定める株式会社」とは，ある株式会社（A）と同社が発行済株式の全部を有する株式会社（B）とが特定の株式会社（C）の発行済株式の全部を有する場合のA，または，BがCの発行済株式の全部を有する場合のAをいう（会社則219Ⅰ）。なお，CもBとみなして，順

次同じ基準でAは完全親会社となる（同条Ⅱ）。

5　公開会社（本条5号）

(1)　公開会社の意義

この法律において，「公開会社」とは，その発行する株式の一部についてでも，株式の内容として，譲渡による株式の取得について会社の承認を要する旨の定款の定め（本条⑰・107Ⅰ①・108Ⅰ④）を設けていない株式会社をいう（本条⑤）。「その発行する株式」には，定款に定めだけがあって発行済でない株式も含まれるので，発行済株式の全部が譲渡制限株式（本条⑰）である会社でも，公開会社である場合があり得る。「公開会社でない株式会社」は，その発行する全部の株式が譲渡制限株式である会社，すなわち「全株式譲渡制限会社」である。

上場株式は，金融商品取引所の規則により譲渡制限株式でないことが要求されているので（東京証券取引所・有価証券上場規程205⑩等），上場会社は，少なくともその発行する一部の株式の内容として，譲渡による株式の取得について会社の承認を要する旨の定款の定めを設けていない会社であり，したがって公開会社である。

上場会社以外の株式会社は，特例有限会社はもとより（会社法整備法9），それ以外の会社でも，実務上，定款でその発行する全部の株式を譲渡制限株式とする旨を定めている会社（全株式譲渡制限会社）であることが多い。旧有限会社以外の非上場株式会社の中では，ごく小規模の会社に，かえって公開会社の比率が高いようである。

(2)　公開会社と全株式譲渡制限会社との差異

公開会社であるか否かにより，株主の権利内容，会社の機関設計等に差異が生ずる。全株式譲渡制限会社の方が公開会社よりも定款自治の範囲が広いこと等から生ずる差異である。具体的には，公開会社は，①発行可能株式総数に制限がある（37Ⅲ・113Ⅲ），②種類株主総会による取締役・監査役の選任ができない（108Ⅰただし書），③剰余金の配当・議決権等につき株主ごとの属人的定めができない（109Ⅱ），④議決権制限株式の発行数に制限がある（115），⑤株主の請求を待たず株券の発行・交付義務がある（129Ⅱ・215Ⅳ），⑥株主に通知せず公告で足りる場合がある（158Ⅱ・849Ⅴ等），⑦相続人等からの自己株式取得の特則が適用されない（162①），⑧募集株式の発行等の募集事項を取締役会が決定できる（201Ⅰ），⑨少数株主権・単独株主権の行使要件が加重

される (297 Ⅱ・303 Ⅲ・305 Ⅱ・306 Ⅱ・360 Ⅱ・479 Ⅲ・522 Ⅲ・847 Ⅱ・854 Ⅱ)，⑩総会の招集期間が長い (299 Ⅰ)，⑪組織再編行為につき特殊決議を要する場合がある (309 Ⅲ②③)，⑫取締役会の設置義務がある (327 Ⅰ①)，⑬業務監査権限のある監査役の設置義務がある (327 Ⅱ・389 Ⅰ)，⑭取締役等の資格制限に限定がある (331 Ⅱ・335 Ⅰ・402 Ⅴ)，⑮役員の任期を伸長できない (332 Ⅱ・334 Ⅰ・336 Ⅱ)，⑯清算中に監査役設置義務がある (477 Ⅳ) 等の点において，全株式譲渡制限会社と異なる。

6 大会社（本条6号）

(1) 大会社の意義

この法律において，「大会社」とは，①最終事業年度（本条㉔）に係る貸借対照表に資本金として計上した額が5億円以上である，または，②最終事業年度に係る貸借対照表の負債の部に計上した額の合計額が200億円以上である，のいずれかの要件に該当する株式会社をいう（本条⑥）。

①②の要件ともに，それに該当するか否かの判断は，「最終事業年度に係る貸借対照表」によってなされる。最終事業年度に係る貸借対照表とは，㋑通常の会社においては，438条2項に基づき株主総会の承認を受けたもっとも新しい貸借対照表であり（本条㉔），㋺439条前段に規定する場合（会計監査人設置会社の特則が適用される場合）においては，同条の規定により定時株主総会に報告された貸借対照表である（本条⑥イ）。したがって，株式会社は，それぞれの事業年度における定時株主総会の時点において，大会社の要件に該当するか否かを判断することになる。従来その要件に該当しなかった会社が新たにその要件に該当することとなる場合には，その定時株主総会において，会計監査人を置く定款の変更（328・326 Ⅱ）をする等の大会社としての必要な措置をとることになる（募集株式の発行等により資本金の額の変動が生じても，定時株主総会の時点以外の時点において「大会社」となることはない）。「最終事業年度に係る貸借対照表」であるから，3月末を事業年度末とする会社が6月の定時株主総会前の4月の募集株式の発行によって資本金の額を5億円以上としても，その6月の定時株主総会において承認された貸借対照表の資本金の額は5億円以上でないから，その総会の時点では大会社とはならず，翌年の定時株主総会の時点で大会社となる（論点解説277頁）。

従来大会社であった会社が大会社でなくなる時点も，上記と同じく，それぞれの事業年度における定時株主総会の時点である。

〔江頭〕

以上の規制は，会社法制定前の規制（商特20・21）とおおむね同じであるが，負債総額が200億円未満となることによって大会社でなくなる場合については，会社法制定前と異なる。会社法制定前は，「〔要件に該当しなくなった〕後最初に到来する決算期に関する定時総会の終結」により大会社でなくなると規定されており（同法20 I），負債総額が200億円未満となることによる要件不該当は，資本金の額の減少とは異なり，貸借対照表の確定時に発生し，したがって「〔要件に該当しなくなった〕後最初に到来する決算期」とは，負債総額が200億円未満となった決算期の次の決算期を意味すると解されていたからである（稲葉威雄・改正会社法〔金融財政事情研究会，1982〕29頁）。

　会社の成立後，最初の定時株主総会がまだ行われていない株式会社については，①②の要件は，435条1項の貸借対照表（その成立の日における貸借対照表）により判断される（本条⑥イ括弧書）。したがって，当該貸借対照表により大会社の要件に該当する会社は，成立時から大会社として必要な措置をとっていなければならない。

(2) 大会社とそれ以外の会社との差異

　大会社については，会社債権者が多い等の理由から，機関設計等の規律がそれ以外の株式会社よりも強化されている。具体的には，大会社は，①会計監査人の設置義務がある（328），②監査役会または委員会の設置義務がある（公開会社でない大会社を除く〔同条 I〕），③取締役の職務の執行が法令・定款に適合することを確保するための体制その他株式会社の業務の適正を確保するために必要なものとして法務省令で定める体制の整備を決定する義務を負う（348 Ⅳ・362 Ⅴ），④貸借対照表のほか損益計算書の公告義務を負う（440 I），⑤連結計算書類の作成義務を負う（有価証券報告書提出会社でない大会社を除く〔444 Ⅲ〕），⑥清算中における監査役設置義務を負う（477 Ⅳ）等の点で，他の株式会社と異なる。

　なお特例有限会社は，大会社の要件に該当する場合であっても，会社法制定前に有限会社に適用された規律を維持する趣旨で〔☞ 1(2)〕，上記の規律の適用はない（会社法整備法17 Ⅱ〔328 Ⅱの適用除外〕・21〔348 Ⅳの適用除外〕・28〔440の適用除外〕参照。477 Ⅳについては，特例有限会社は，取締役会設置会社でも会計監査人設置会社でもないから，監査役の設置義務がない）。

7 取締役会設置会社（本条7号）

(1) 取締役会設置会社の意義

この法律において，「取締役会設置会社」とは，「取締役会を置く株式会社又はこの法律の規定により取締役会を置かなければならない株式会社」をいう（本条⑦）。

(ｱ) 取締役会の任意設置

「取締役会を置く株式会社」は，法律上取締役会の設置が強制されてはいないが，定款の定めによって任意に取締役会を置く株式会社である（326Ⅱ。相澤哲＝石井裕介「株主総会以外の機関（上）」商事1744号〔2005〕90頁）。会社法施行前から存在する株式会社，または，会社法施行日前に定款の認証を受け平成17年改正前商法の規定に基づき設立された株式会社（新株式会社〔会社法整備法66Ⅱ〕）の定款には，取締役会を置く旨の定めがあるものとみなされる（同法76Ⅱ）。また，会社法施行前から存在する株式会社については，会社法の施行日に，その本店の所在地において，取締役会設置会社である旨の登記（911Ⅲ⑮）がされたものとみなされる（会社法整備法113Ⅱ）。

特例有限会社は，取締役会を置くことができない（同法17Ⅰ）。

(ｲ) 取締役会の強制設置

「この法律の規定により取締役会を置かなければならない株式会社」には，①公開会社（本条⑤），②監査役会設置会社（本条⑩），③委員会設置会社（本条⑫）がある（327Ⅰ）。これらの会社も，定款に取締役会を置く旨を定めなければならないが（相澤＝石井・前掲90頁），たとい定款にその定めを置かなくても，取締役会設置会社となる。

公開会社に取締役会の設置が強制されている理由は，その発行する株式の全部または一部が自由に譲渡され得るものであるため，株主が頻繁に変動する可能性があり，株主による会社経営への継続的かつ積極的関与を期待することが困難であるので，取締役会を置くことにより，会社の意思決定手続・業務執行者に対する監督を強化する必要があるからである（相澤＝石井・前掲92頁）。

監査役会設置会社に取締役会の設置が要求される理由は，取締役会を設けない簡素な経営組織の会社が，監査役についてのみ監査役会という複雑な仕組みを置くニーズは通常考え難いからである（相澤＝石井・前掲92頁）。

委員会設置会社は，法定の3委員会（指名委員会，監査委員会，報酬委員会）を置く会社であるが（本条⑫），各委員会の構成およびその権限行使が取締役会

と不可分であるため，取締役会の設置が義務付けられている（相澤＝石井・前掲92頁）。

(2) 取締役会設置会社とそれ以外の会社との差異

取締役会設置会社においては，①取締役は，3人以上でなければならない（39Ⅰ・331Ⅳ）。取締役会設置会社においては，②取締役会設置会社以外であれば他の機関の権限である事項の多くが取締役会の権限とされていること（139Ⅰ・365等）以外に，③株主総会の決議事項につき他との差異があること（会社の意思決定が株主総会でなく取締役会を中心に行われる〔295Ⅱ・309Ⅴ〕）から，④株主提案権の行使要件（303Ⅱ・305Ⅰ）につき他との差異がある。また，⑤総会の招集期間（68Ⅰ・299Ⅰ），⑥総会の招集方法（68Ⅱ②・299Ⅱ②），⑦議決権の不統一行使の通知義務（313Ⅱ），⑧定時株主総会における株主への計算書類等の提供義務（437・444Ⅵ），⑨計算書類等を備置すべき時期（442Ⅰ①）等，総会の関連事項に他との差異がある。また，⑩会社の意思決定が取締役会を中心に行われることとの関係で，取締役の監視機関として，監査役または会計参与を置かなければならない（327Ⅱ。委員会設置会社を除く）。

8 会計参与設置会社（本条8号）

この法律において，「会計参与設置会社」とは，定款の定めによって会計参与を置く株式会社をいう（本条⑧・326Ⅱ）。

公開会社（本条⑤）でない取締役会設置会社（本条⑦）は，会計参与設置会社であれば，監査役を置かないことが認められる（327Ⅱ）。その関係から会計参与を置くことが必要となる場合以外に，会計参与の設置が法律上義務付けられることはない。

特例有限会社は，会計参与を置くことができない（会社法整備法17Ⅰ）。

9 監査役設置会社（本条9号）

(1) 監査役設置会社の意義

この法律において，「監査役設置会社」とは，①監査役を置く株式会社，または，②この法律の規定により監査役を置かなければならない株式会社をいう（本条⑨）。ただし，監査役を置いても，その監査の範囲を会計に関するものに限定する旨を定款で定めた会社（389Ⅰ）は，監査役設置会社ではない。

「監査役会設置会社」（本条⑩）は，監査役設置会社の一類型である。

(ｱ) 監査役の任意設置

「監査役を置く株式会社」は，法律上監査役の設置が強制されていないが，定款の定めによって任意に監査役を置く株式会社である（326Ⅱ）。株式会社は，委員会設置会社でない限り監査役を置くことができ（327Ⅳ），特例有限会社も，その例外ではない（会社法整備法17Ⅰ）。会社法施行前から存在する株式会社，または，会社法施行日前に定款の認証を受け平成17年改正前商法の規定に基づき設立された株式会社（新株式会社〔会社法整備法66Ⅱ〕）の定款には，監査役を置く旨の定めがあるものとみなされる（同法76Ⅱ）。また，会社法施行前から存在する株式会社については，会社法の施行日に，その本店の所在地において，監査役設置会社である旨の登記（911Ⅲ⑰）がされたものとみなされる（会社法整備法113Ⅲ）。

(ｲ) 監査役の強制設置

「この法律の規定により監査役を置かなければならない株式会社」には，①取締役会設置会社（公開会社でない会計参与設置会社を除く。327Ⅱ），②会計監査人設置会社（同条Ⅲ）がある。ただし，委員会設置会社は除かれる（同条Ⅳ）。法律に監査役を置かなければならない旨が規定されていても，定款に監査役を置く旨の規定を設ける必要がある〔☞7(1)(ｲ)参照〕。

①の会社に監査役を置かねばならない理由は，前述した〔☞7(2)参照〕。ただし，全株式譲渡制限会社であれば，監査役を置かずに会計参与を置く選択ができるので，その会社が監査役を置くのは，任意設置の一場合ともいえる。

②の会社に監査役を置かねばならない理由は，会計監査人制度を有効に機能させるためには，監査の対象者である業務執行者からの会計監査人の独立性を確保する必要があり，業務監査権限を有する監査役は，会計監査人の選任・解任・不再任議案の決定および報酬の決定等につき同意権を有する形で（344・399），当該独立性確保の役割の一端を担うものだからである（相澤＝石井・前掲93頁）。

(ｳ) 監査の範囲を会計に関するものに限定した会社の監査役設置会社からの除外

監査役を置いても，公開会社でない株式会社（監査役会設置会社および会計監査人設置会社を除く）は，監査役の監査の範囲を会計に関するものに限定する旨を定款で定めることができ（389Ⅰ），その定めをした会社は，この法律にいう「監査役設置会社」ではない（本条⑨括弧書）。ただし，会社法中には，「監査役設置会社（監査役の監査の範囲を会計に関するものに限定する旨の定款の定めがある株式会社を含む。）」等と規定することにより，その定めをした会社を

含めて「監査役設置会社」と呼んでいる箇所がいくつかある（38Ⅱ②・388・436Ⅰ〔438Ⅰ①・441Ⅱ・Ⅳ①〕・495Ⅰ〔497Ⅰ①〕・746④ロ・753Ⅰ⑤ロ・763④ロ・773Ⅰ④ロ・911Ⅲ⑰）。

(2) 監査役設置会社とそれ以外の会社との差異

　監査役設置会社は，業務監査権限のある監査役を置く株式会社であり，監査役設置会社でない会社は，監査役を置かないか，または会計監査権限のみを有する監査役を置く株式会社である。監査役設置会社でない株式会社においては，業務執行者の業務を株主が直接に監督することが必要になるので，①取締役の職務の執行に関し不正の行為等があることを発見した取締役・会計参与の株主への報告義務（357Ⅰ・375Ⅰ），②株主による取締役の行為の差止めの要件の緩和（360Ⅰ Ⅲ），③株主による取締役会の招集（367Ⅰ），④株主が取締役会議事録等を閲覧できる要件の緩和（371Ⅲ）等の点で，株主の権限が拡張されている。また，⑤監査役設置会社でない株式会社においては，取締役会の決議によって役員の責任の一部免除を行うことはできない（426Ⅰ）。

10　監査役会設置会社（本条10号）

(1)　監査役会設置会社の意義

　この法律において，「監査役会設置会社」とは，「監査役会を置く株式会社又はこの法律の規定により監査役会を置かなければならない株式会社」をいう（本条⑩）。

　監査役会設置会社においては，監査役の監査の範囲を会計に関するものに限定する旨を定款で定めることができない（389Ⅰ）。したがって，監査役会設置会社は，常に監査役設置会社（本条⑨）である。

㈦　監査役会の任意設置

　「監査役会を置く株式会社」は，法律上監査役会の設置が強制されていないが，定款の定めによって任意に監査役会を置く株式会社である（326Ⅱ）。委員会設置会社は，監査役を置くことができないので（327Ⅳ），監査役会を置くこともできない。取締役会を置かない株式会社も，監査役会を置くことができない（327Ⅰ②）〔☞7(1)㈣〕。したがって，特例有限会社は，監査役会を置くことができない（会社法整備法17Ⅰ）。

　①会社法施行時に旧商法特例法に規定する大会社またはみなし大会社であって委員会等設置会社でない株式会社，または，②会社法施行日前に定款の認証を受け平成17年改正前商法の規定に基づき設立され，旧商法特例法の

適用があるとすれば大会社・みなし大会社に該当し，かつ委員会等設置会社でない株式会社の定款には，監査役会を置く旨の定めがあるものとみなされる（会社法整備法52）。なお，会社法施行時に監査役会設置会社である株式会社は，会社法の施行日から6か月以内に，本店の所在地において，監査役会設置会社である旨および社外監査役であるものについて社外監査役である旨（911 Ⅲ ⑱）を登記しなければならない（会社法整備法61 Ⅲ ①）。

(ｲ) **監査役会の強制設置**

「この法律の規定により監査役会を置かなければならない株式会社」は，大会社（本条⑥）である公開会社（本条⑤）である（328 Ⅰ）。ただし，委員会設置会社である場合を除く（327 Ⅳ）。

上記の会社に監査役会の設置が強制されている理由は，当該会社は，株主が多数でかつその異動が頻繁であり，株主による会社経営への監視が及び難いことから，機関による監督が重要になるため，(2)で述べる要件を満たす監査役会が必要と考えられることによる（相澤＝石井・前掲93頁）。会社法制定前は，大会社（会計監査人設置会社）であれば，全株式譲渡制限会社であっても監査役会の設置が強制されていたが（旧商特18の2Ⅰ），会社法制定時に，公開会社以外については機構簡素化の余地を認め，監査役会でなく監査役（業務監査権限を有するものに限る）の設置で足りることとされた。

(2) **監査役会設置会社とそれ以外の監査役設置会社との差異**

監査役会設置会社においては，監査役の員数は3人以上で，そのうち半数以上は社外監査役（本条⑯）でなければならない（335 Ⅲ）。また，監査役会は，監査役の中から常勤の監査役を選定しなければならない（390 Ⅲ）。

剰余金の配当等を取締役会が決定することができるものとするためには，委員会設置会社以外であれば，監査役会設置会社でなければならない（459 Ⅰ）。

監査役会設置会社には，取締役会を置くことを要する（327 Ⅰ ②）。その理由は，前述した［☞7(1)(ｲ)］。

11 会計監査人設置会社（本条11号）

(1) **会計監査人設置会社の意義**

この法律において，「会計監査人設置会社」とは，「会計監査人を置く株式会社又はこの法律の規定により会計監査人を置かなければならない株式会社」をいう（本条⑪）。

〔江頭〕

(ア) 会計監査人の任意設置

「会計監査人を置く株式会社」は，法律上会計監査人の設置が強制されていないが，定款の定めによって任意に会計監査人を置く株式会社である（326Ⅱ）。

① 会社法施行時に旧商法特例法に規定する大会社またはみなし大会社であって委員会等設置会社でない株式会社，または，② 会社法施行日前に定款の認証を受け平成17年改正前商法の規定に基づき設立され，旧商法特例法の適用があるとすれば大会社・みなし大会社に該当し，かつ委員会等設置会社でない株式会社の定款には，会計監査人を置く旨の定めがあるものとみなされる（会社法整備法52）。なお，会社法施行時に会計監査人設置会社である株式会社は，会社法の施行日から6か月以内に，本店の所在地において，会計監査人設置会社である旨および会計監査人の氏名・名称（911Ⅲ⑲）を登記しなければならない（会社法整備法61Ⅲ②）。

特例有限会社は，会計監査人を置くことができない（会社法整備法17Ⅰ）。しかし，特例有限会社以外の株式会社は，取締役会設置会社でなくても，会計監査人を置くことができる。

(イ) 会計監査人の強制設置

「この法律の規定により会計監査人を置かなければならない株式会社」は，① 大会社（328ⅠⅡ），または，② 委員会設置会社（327Ⅴ）である。

大会社（本条⑥）に会計監査人の設置が強制される理由は，規模が大きく，計算関係が複雑になる上，会社債権者等の利害関係者が多数にわたることが多いので，独立した会計に関する職業的専門家の監査を受けることを通じて会社の会計処理の適正さを担保することが必要だからである（相澤＝石井・前掲93頁）。

委員会設置会社（本条⑫）に会計監査人の設置が強制される理由は，執行役に広範な業務執行権限を付与するには，3委員会のほか，会計監査人の存在が不可欠と考えられるからである（相澤＝石井・前掲93頁）。

(2) 会計監査人設置会社とそれ以外の会社との差異

会計監査人設置会社は，取締役会設置会社である必要はないが（327Ⅰ対比），監査役設置会社であることを要する（327Ⅲ・389Ⅰ）。監査役設置会社であることを要する理由が会計監査人の独立性の確保にあることは，前述した［☞9(1)(イ)参照］。会社法の下では，会計監査人設置会社は，監査役会設置会社である必要はない［☞10(1)(イ)参照］。

〔江　頭〕

取締役会の承認による計算書類の確定，または，取締役会の決定による剰余金の配当等を行うためには，会計監査人設置会社であることを要する（439・459Ⅰ）。連結計算書類を作成するためには，会計監査人設置会社であることを要する（444Ⅰ）。

12　委員会設置会社（本条12号）

(1)　委員会設置会社の意義

この法律において，「委員会設置会社」とは，「指名委員会，監査委員会及び報酬委員会（以下「委員会」という。）を置く株式会社」をいう（本条⑫）。

株式会社は，特例有限会社である場合を除き（会社法整備法17Ⅰ），定款の定めによって任意に委員会を置くことができる（326Ⅱ）。旧商法特例法上の「委員会等設置会社」は，大会社またはみなし大会社であることを要したが（旧商特1の2Ⅲ），会社法の下では，大会社（本条⑥）でなければ委員会を置けないとか，公開会社（本条⑤）でなければ委員会を置けないといった制限はない。

大会社である公開会社は，監査役会設置会社（本条⑩）でない場合には，委員会を置かなければならない（328Ⅰ）。大会社である公開会社においては，機関による監督が重要だからである［☞10(1)(イ)参照］。

(2)　委員会設置会社とそれ以外の会社との差異

委員会設置会社は，取締役会を置くことを要する（327Ⅰ③）。その理由は，前述した［☞7(1)(イ)参照］。

委員会設置会社は，会計監査人を置かなければならない（327Ⅴ）。その理由も，前述した［☞11(1)(イ)参照］。

委員会設置会社は，監査役を置いてはならない（327Ⅳ）。委員会設置会社には，監査役に代わるものとして，監査委員会（404Ⅱ）が設けられるからである。

13　種類株式発行会社（本条13号）

この法律において，「種類株式発行会社」とは，「第108条第1項各号に掲げる事項について内容の異なる2以上の種類の株式を発行する株式会社」をいう（本条⑬）。

内容の異なる2以上の種類の株式を「発行する」とは，2以上の種類の株式について定款に定めを設けていることをいい（108Ⅱ），現に2以上の種類の株式が発行済みである必要はない（論点解説50頁）。現に2以上の種類の株式が

発行されていることを示す場合には，会社法では，「現に2以上の種類の株式を発行しているもの」(184Ⅱ) といった文言が用いられる。

105条1項各号に掲げる権利（剰余金配当請求権，残余財産分配請求権，株主総会における議決権）に関する事項について，株主ごとに異なる取扱いを行う旨（いわゆる「属人的定め」）を定款で定めた株式会社 (109Ⅱ) は，「株主ごと」の異別取扱いを定めたわけであって，「2以上の種類の株式」を発行するわけではないから，本来，「種類株式発行会社」ではない。しかし，その会社の各株主が有する株式を当該権利に関する事項につき内容の異なる種類の株式とみなして会社法第2編および第5編の規定が適用されるから (109Ⅲ)，種類株主総会に関しては，当該会社は，「種類株式発行会社」（本条⑭参照）として，その規定 (322Ⅰ・783Ⅲ等) が適用される。

14 種類株主総会（本条14号）

この法律において，「種類株主総会」とは，「種類株主（種類株式発行会社におけるある種類の株式の株主をいう……）の総会」をいう（本条⑭）。

「種類株式発行会社」については，前記13参照。種類株主総会の権限・決議要件・手続等については，321条〜325条参照。

15 社外取締役（本条15号）

(1) 社外取締役の意義

この法律において，「社外取締役」とは，株式会社の取締役であって，当該株式会社またはその子会社（本条③）の業務執行取締役［☞(3)参照］もしくは執行役または支配人その他の使用人でなく，かつ，過去に当該株式会社またはその子会社の業務執行取締役もしくは執行役または支配人その他の使用人となったことがないものをいう（本条⑮）。

(ア) 業務執行取締役等の地位を有しないこと

社外取締役は，当該株式会社またはその子会社の業務執行取締役・執行役・使用人であってはならない。社外取締役は，取締役会という株式会社の運営の中枢機構のメンバーでありながら，もっぱら経営者（業務執行取締役・執行役等，常勤で会社の業務執行を行う者）の職務の執行を監督する役割 (362Ⅱ②・400Ⅲ Ⅳ・404Ⅱ①) が期待されているものである。したがって，もし当該会社の業務執行取締役・執行役の地位を有すると，監督者と被監督者とが同一のものとなって，監督者としての役割が果たせなくなるからである。当該会社の使用

人または子会社の業務執行取締役・執行役・使用人であると，当該会社の業務執行取締役等の指揮・監督を受ける立場になり，やはり監督者としての役割が果たせなくなる。

社外取締役は，過去に当該株式会社またはその子会社の業務執行取締役・執行役・使用人となったことがあるものであってもならない。そうでないと，過去に同人が当該会社・子会社の業務執行を行っていたことの影響が会社・子会社に残存しており，それが社外取締役に期待される役割を妨げる等の事態が考えられるし，また，社外取締役には，社内出身者とは異なる広い視点から経営者の監督を行う役割も期待されるからである。「社外監査役」（本条⑯）については，平成13年法149号による改正前，監査役就任前5年間会社またはその子会社の取締役・使用人でなければ社外監査役と認める旨が規定されていた時期があるが（同改正前商特18Ⅰ），社外取締役（平成13法149号により初めて規定が設けられた）については，当初から，現在と同じ定義である（平17改正前商188Ⅱ⑦ノ2）。過去に当該株式会社の会計参与，監査役または会計監査人であったことは，社外取締役の欠格事由ではない。

取締役会設置会社（本条⑦）以外の株式会社の取締役は，業務執行権限を有するので（348Ⅰ），取締役会設置会社以外の株式会社に社外取締役が存在し得るかが問題となるが，(3)で述べる「業務執行取締役」の定義から，当該会社にも社外取締役は存在し得ることになる。

社外取締役は，当該会社・子会社の「使用人」であってはならないこととの関係で，当該会社・子会社の顧問弁護士・顧問・嘱託等が社外取締役となり得るかが問題となるが，これらの者が監査役となり得るか（335Ⅱ）の問題と同じく，顧問弁護士等としての職務の実体が業務執行機関に対し継続的従属性を有するか否かにより実質的に判断されると解すべきである（江頭憲治郎ほか編・改正会社法セミナー〔企業統治編〕〔有斐閣，2006〕85頁）。

(イ) **社外取締役を置くことを要する会社**

委員会設置会社は，少なくとも2人の社外取締役を置くことを要する（400Ⅰ Ⅲ）。特別取締役による取締役会の決議を認める会社は，少なくとも1人の社外取締役を置くことを要する（373Ⅰ②）。

(2) **社外取締役とそれ以外の取締役との差異**

社外取締役は，423条1項の責任に関し，最低責任限度額が他の取締役と異なり（425Ⅰ①ハ），かつ，責任限定契約を締結することができる（427Ⅰ）。

ある取締役が社外取締役である旨の登記は，①特別取締役による議決の定

めがある場合（911Ⅲ㉑ハ），②委員会設置会社である場合（911Ⅲ㉒イ），または，③責任限定契約がある場合（911Ⅲ㉕）になされる。すなわち，社外取締役の選任が会社法上要求されているか，または社外取締役であることが法定の要件であるときに，当該登記は要求される。

(3) 業務執行取締役

本条15号は，「業務執行取締役」の定義規定でもある。すなわち，この法律において，業務執行取締役とは，①株式会社の363条1項各号に掲げる取締役，および，②当該株式会社の業務を執行したその他の取締役をいう（本条⑮括弧書）。

①の取締役は，取締役会設置会社（本条⑦）において，取締役会により代表取締役として選定された者（363Ⅰ①・362Ⅲ），または，代表取締役以外の取締役であって，取締役会の決議によって取締役会設置会社の業務を執行する取締役として選定された者（363Ⅰ②）である。

②の取締役は，取締役会設置会社であるか否かを問わず，当該株式会社の業務を執行した取締役（①の取締役を除く）である。実際に「業務を執行した」取締役でなければその要件に該当しない。したがって，取締役会設置会社以外の会社の取締役には業務執行権限があるものの（348Ⅰ），実際に業務を執行したことがない者は，社外取締役である（相澤＝石井・前掲91頁）。

16 社外監査役（本条16項）

(1) 社外監査役の意義

この法律において，「社外監査役」とは，株式会社の監査役であって，過去に当該株式会社またはその子会社（本条③）の取締役，会計参与（会計参与が法人であるときは，その職務を行うべき社員）もしくは執行役または支配人その他の使用人となったことがないものをいう（本条⑯）。

(ｱ) 過去に取締役等となったことがないこと

監査役には，当該株式会社の取締役等を兼任することが禁じられているが（335Ⅱ），「社外監査役」であるためには，それに加えて，過去に当該株式会社またはその子会社の取締役，会計参与（会計参与が法人であるときは，その職務を行うべき社員）もしくは執行役または支配人その他の使用人となったことがないことも要求される。

過去に上記の地位に就いたことがある者には，社内事情に通じていることからくる情報収集力といった監査役としての適性もあるものの，業務執行者から

一定の距離を置きその影響を受けずに忌憚のない意見を表明するという点では，過去にその地位に就いたことのない者の方に強みがある。そこで，そうした特徴にかんがみ，後者を「社外監査役」として，それ以外の監査役とは異なる規制が置かれている［☞(イ)および(2)参照］。過去に当該会社・子会社の会計監査人であったことは，社外監査役の欠格事由ではない。過去に当該会社・子会社の取締役であった者は，たといそれが社外取締役［☞15参照］であっても，社外監査役ではない。「使用人となったことがない」の意義については，15(1)(ア)参照。

なお平成13年法149号による改正前は，監査役就任前5年間会社または子会社の取締役・使用人でなければ社外監査役と認めることとされていたが（同改正前商特18 I）。その趣旨につき，吉戒修一・平成五年・六年改正商法〔商事法務研究会，1996〕221頁），同改正は，監査役の取締役会からの独立性を高め監査機能を強化する目的から，当該「5年ルール」を廃止し（太田誠一ほか「企業統治関係商法改正法Q&A」商事1623号〔2002〕6頁），現在のような規定となった。

(イ) **社外監査役を置くことを要する会社**

監査役会設置会社（本条⑩）は，監査役の半数以上を社外監査役としなければならない（335 Ⅲ）。当該会社の監査は，過去に当該会社・子会社の取締役・使用人等であって社内情報に精通した監査役のほか，業務執行者からの独立性の高い社外監査役によっても行われることにより，充実したものが行われることが期待されているわけである。

(2) **社外監査役とそれ以外の監査役との差異**

社外監査役は，423条1項の責任に関し，責任限定契約を締結することができる（427 I）。

ある監査役が社外監査役である旨の登記は，① その会社が監査役会設置会社である場合（911 Ⅲ ⑱），または，② 責任限定契約がある場合（911 Ⅲ ㉖）になされる。すなわち，社外監査役の選任が会社法上要求されているか，または社外監査役であることが法定の要件であるときに，当該登記は要求される。

17 譲渡制限株式（本条17号）

(1) **譲渡制限株式の意義**

この法律において，「譲渡制限株式」とは，株式会社がその発行する全部または一部の株式の内容として譲渡による当該株式の取得について当該株式会社の承認を要する旨の定款の定め（107 I ①・Ⅱ ①・108 I ④・Ⅱ ④。以下，「譲渡制限

の定め」という）を設けている場合における，当該株式をいう。すなわち，その株主を人的な信頼関係のある一定の範囲のものに限定することが意図された株式が「譲渡制限株式」である。

会社がその発行する一部の株式の内容として譲渡制限の定めを設けている場合でも，当該株式は「譲渡制限株式」である。すなわち，公開会社（本条⑤）にも，譲渡制限株式は存在し得る。

特例有限会社の株式は，その全部が譲渡制限株式である（会社法整備法9）。

(2) **譲渡制限株式とそれ以外の株式との差異**

譲渡制限株式は，譲渡による当該株式の取得について，会社の承認を要する（134・136-145。なお，204Ⅱ〔募集株式の割当てに関する規制〕）。

譲渡制限株式の一般承継については，会社の承認を要しない。しかし，定款で定めれば，一般承継により人的信頼関係のない者に当該株式が移転した場合に，会社は，同人に対し株式を売り渡すよう請求することができる（174-177）。

譲渡制限株式の株主は，通常，自己の持株比率の維持に強い関心を有しているので，譲渡制限株式の募集には，一般に株主総会または種類株主総会の特別決議を要する（199ⅡⅣ・200Ⅳ・202Ⅲ④・309Ⅱ⑤・324Ⅱ②）。

譲渡制限株式でない株式が譲渡制限株式に変わると，株主の投下資本の回収が著しく困難になるので，そのためには株主総会・種類株主総会の特殊決議を要し（111Ⅱ・309Ⅲ・324Ⅲ），かつ，反対株主には株式買取請求権（新株予約権者には新株予約権買取請求権）が付与される（116Ⅰ①②・118Ⅰ）。

譲渡制限株式については，当該定款規定を登記することを要する（911Ⅲ⑦）。譲渡制限株式が種類株式である場合には，その発行可能種類株式総数・発行済株式総数も登記しなければならない（911Ⅲ⑦⑨）。また，その株券には，当該定款規定を記載しなければならない（216③）。

18 取得請求権付株式（本条18号）

(1) **取得請求権付株式の意義**

この法律において，「取得請求権付株式」とは，株式会社がその発行する全部または一部の株式の内容として株主が当該株式会社に対して当該株式の取得を請求することができる旨の定款の定め（107Ⅰ②・Ⅱ②・108Ⅰ⑤・Ⅱ⑤）を設けている場合における，当該株式をいう（本条⑱）。

実際には，発行する株式の一部（例えば「非参加的優先株式」であるもの）を取

得請求権付株式とし，株主の請求に対し，会社は，当該株式の取得と引換えに当該会社の他の種類の株式（例えば普通株式）を交付する形のものが多い（108Ⅱ⑤ロ）。これは，会社法制定前には，「転換予約権付株式」（convertible shares）とよばれたタイプである（平17改正前商222ノ2-222ノ7，会社法整備法87Ⅲ・113Ⅴ）。発行する株式の全部が取得請求権付株式である場合には，株主の請求に対し会社が交付する対価は，当該会社の株式以外のものにならざるを得ない（107Ⅱ②ロ-ホ）。取得の対価として当該会社の株式以外の財産が交付されるタイプの取得請求権付株式は，会社法制定前には，「義務償還（買受）株式」（redeemable shares）とよばれたものである（平17改正前商222Ⅰ③④，会社法整備法87Ⅰ①・113Ⅴ）。

(2) **取得請求権付株式の権利内容**

取得請求権付株式の株主が有する取得請求権は，一種の形成権であり，会社は，株主が請求した日に当然に請求に係る株式を取得し，株主は，同日，定款の定めに従い，社債権者，新株予約権者，新株予約権付社債の社債権者兼新株予約権者または株主となる（167ⅠⅡ。なお，社債株式振替156ⅡⅢ）。

取得請求権付株式の株主の請求に対し会社が交付する対価の内容が当該会社の株式以外である場合において，対価である財産の帳簿価額が当該請求の日における会社の分配可能額（461Ⅱ）を超えているときは，定款の定めいかんにかかわらず，株主は，会社に対し当該株式の取得を請求することができない（166Ⅰただし書。なお，465Ⅰ④参照）。

取得請求権付株式については，当該定款規定を登記することを要する（911Ⅲ⑦）。取得請求権付株式が種類株式である場合には，その発行可能種類株式総数・発行済株式総数も登記し（911Ⅲ⑦⑨），株券には，その株式の種類・権利内容を記載しなければならない（216④）。

19　取得条項付株式（本条19号）

(1) **取得条項付株式の意義**

この法律において，「取得条項付株式」とは，株式会社がその発行する全部または一部の株式の内容として当該株式会社が一定の事由が生じたことを条件として当該株式を取得することができる旨の定款の定め（107Ⅰ③・Ⅱ③・108Ⅰ⑥・Ⅱ⑥）を設けている場合における，当該株式をいう（本条⑲）。

実際には，発行する株式の一部（例えば優先株式）を取得条項付株式とし，一定の期限もしくは一定の条件が成就した日または会社が別に定める日に，会社

がその株式を取得（強制取得）する旨を定めることが多い。会社が当該株式を取得するのと引換えに株主に対し当該会社の他の種類の株式を交付するもの（108 II ⑥ ロ）は，会社法制定前には，「強制転換条項付株式」とよばれたタイプのものである（平17改正前商222ノ8-222ノ10，会社法整備法87 IV・113 V）。発行する株式の全部が取得条項付株式である場合（この場合には，会社は，各株主の所有株式数に応じた按分または抽選等の方法により，取得条項付株式の一部を取得することになる）には，取得時に会社が株主に対し交付する対価は，当該会社の株式以外のものにならざるを得ない（107 II ③ ニ-ト）。取得の対価として当該会社の株式以外の財産が交付されるタイプの取得条項付株式は，会社法制定前には，「強制償還型の随意償還（買受）株式」とよばれたものである（平17改正前商222 I ④，会社法整備法87 I ②・113 V）。

(2) 取得条項付株式の内容

会社は，定款で定めた「一定の事由が生じた日」（取得条項付株式の一部を取得する場合には，その日と169条3項4項の通知・公告の日から2週間を経過した日のいずれか遅い日）に，取得条項付株式を取得する（170 I。なお，219 I ④〔株券発行会社〕，社債株式振替157 IV〔振替株式〕）。同時に，取得対象株式の株主は，定款の定めに従い，社債権者，新株予約権者，新株予約権付社債の社債権者兼新株予約権者または株主となる（170 II）。

取得の際に会社が株主に対し交付する対価の内容が当該会社の株式以外である場合において，対価である財産の帳簿価額が一定の事由が生じた日における会社の分配可能額（461 II）を超えているときは，定款の定めいかんにかかわらず，取得の効果は発生しない（170 V。なお，465 I ⑤ 参照）。

既発行の株式につきそれを取得条項付株式とする定款の定めを設ける（または取得条項の内容を変更する定款変更を行う）ことは，株主の意思にかかわらず会社が株主の地位を強制的に奪う可能性を生じさせることになる。そこで，当該定款変更には，通常の定款変更手続のほか，その株式を有する株主全員の同意を要する（110・111 I）。

取得条項付株式については，当該定款規定を登記することを要する（911 III ⑦）。取得条項付株式が種類株式である場合には，その発行可能種類株式総数・発行済株式総数も登記し（911 III ⑦ ⑨），株券には，その株式の種類・権利内容を記載しなければならない（216 ④）。

20 単元株式数（本条20号）

(1) 単元株式数の意義

(ア) 一 般

　この法律において，「単元株式数」とは，「株式会社がその発行する株式について，一定の数の株式をもって株主が株主総会又は種類株主総会において1個の議決権を行使することができる1単元の株式とする旨の定款の定めを設けている場合における当該一定の数」をいう（本条⑳）。

　単元株式数の制度は，主に上場会社等の公開会社において零細株主のため費する株主管理コストを節減する目的で認められているものである。すなわち，上場会社の1株の市場価格は数百円程度のことが多いが，その1株を有する株主のためにも発行会社には相当のコストがかかる。会社が株式を併合し1株の市場価格を上げることによって，零細な株主を消滅させることは不可能ではないが，当該株式の併合に要する費用，併合により1株未満の端数をまとめて売却・換価する際の株価の下落等を懸念し，発行会社は，株式の併合に踏み切れない場合が多い。そこで，定款の定めにより，一定の数未満の株式しか有しない零細株主には議決権行使を認めないことにより，株主総会・種類株主総会の招集の通知等に要する費用を節減する（298Ⅱ括弧書参照）のが単元株式数の制度である（188Ⅰ・189Ⅰ）。「一定の数」の定め方については，法的制約がある（188Ⅱ，会社則34）。また，単元株式数未満の株式（単元未満株式）には，一定の範囲で，総会の議決権以外の権利も行使できない旨を定款で定めることができる（189Ⅱ，会社則35）。

(イ) 旧制度（単位株・端株）との差異

　昭和56年改正（昭和56法74号）から平成13年改正（平成13法79号）までの間行われた「単位株」制度は，一定数の株式を1単位とし，単位未満株式には共益権を認めない点で，単元株式数の制度に似たものであった。しかし，同制度は，昭和56年改正前から存在した上場会社には法律上その採用が義務付けられ，かつ，将来別に法律で定める日に株式の併合を円滑に行うための準備の制度とされていた点で，単元株式数の制度とは異なった（稲葉・前掲74頁）。単元株式数の制度は，株式の併合の準備のための制度ではなく恒久的な制度である。平成13年改正の施行時に単位株制度をとっていた会社は，同改正の施行時に，1単位の株式数を1単元の株式数と定める定款変更決議をしたものとみなされた（平13商改正附9Ⅱ）。

〔江　頭〕

昭和56年改正から会社法制定までの間行われた「端株」の制度も，1株の100分の1（または定款で定めた別の割合）の整数倍に当たる端数に株式の権利内容の一部を認める点で，機能的に単元株式数の制度に類似するものであった（平17改正前商220ノ2-220ノ7）。端株制度は，1株の市場価格がある程度以上に大きくなると，小株主の多い上場会社等においては株式の分割等の際に大量の端数が発生し，その全部を会社がまとめて売却・換価すると相場を押し下げる要因となることから，端数処理の方法として認められていたものであるが，利用頻度が低かったので，会社法制定時に廃止された。会社法制定時に現存する端株は，従前どおりに取り扱われるが（会社法整備法86Ⅰ），会社法の施行後に当該端株を単元未満株式に簡易な手続で移行させるため，一定の方法が定められている（191，会社法整備法86Ⅱ・88）。

(2) 単元未満株式の法的取扱い

種類株式発行会社においては，単元株式数は，株式の種類ごとに定めなければならない（188Ⅲ）。

単元未満株式については，株主総会・種類株主総会において議決権が行使できないほか（189Ⅰ），定款上，法令で定める一定の権利（189Ⅱ，会社則35）以外の権利の全部または一部を行使することができない旨を定めることができる。

単元未満株式については，株券発行会社であっても，株券を発行しない旨を定款で定めることができる（189Ⅲ）。しかし，単元未満株式の株主は，会社に対しその買取りを請求する方法（192Ⅰ・193）により，投資の回収を図ることができる。また，定款の定めにより，単元未満株式の株主が会社に対し，自己が有する単元未満株式の数と併せて単元株式数となる数の株式を売り渡すよう請求できる旨を定めることができる（194）。

単元株式数は，登記することを要する（911Ⅲ⑧）。

21　新株予約権（本条21号）

(1) 新株予約権の意義

この法律において，「新株予約権」とは，「株式会社に対して行使することにより当該株式会社の株式の交付を受けることができる権利」をいう（本条㉑）。この定義は，きわめて抽象的であるが，その権利内容とすべき事項は法定されており（236Ⅰ），当該権利内容から見ると，「新株予約権」とは，権利者（新株予約権者）が，あらかじめ定められた期間（行使期間。236Ⅰ④）内に，あらかじめ定められた価額（権利行使価額。236Ⅰ②③）を株式会社に対し払い込む

ことによりその権利を行使すると（権利を行使するか否かは権利者の自由である），株式会社から一定数の当該会社の株式の交付を受けることができる権利，すなわち当該会社の株式を原資産とするコール・オプションである。

新株予約権者は，新株予約権の行使により（行使に際し権利行使価額の払込みを要する），当然に株主となるので（282），新株予約権は形成権である。すなわち，「募集株式の割当てを受ける権利」（202 I）のように，単に会社に株式の割当てを義務付けるのみの権利（202 II・206）とは異なる。

新株予約権は，権利者が行使すれば株主となり得る形成権なので，株式に近い権利といえるが，株式そのものではない。したがって，敵対的企業買収に対する対抗策として新株予約権の行使・取得につき差別的条件の付いた新株予約権を新株予約権無償割当て（277）の方法により株主に交付することは，ただちに「株主平等の原則」（109 I）に反するものではない。しかし，新株予約権無償割当てにより株主に割り当てられる新株予約権の内容は同一であることが予定されている点で，そこにも株主平等の原則の趣旨が及ぶと解され，したがって，そのような新株予約権無償割当ては，特定の株主による経営支配権の取得に伴い会社の企業価値が毀損されることを防止する場合でない限り，許容されない（最決平成 19・8・7 民集 61 巻 5 号 2215 頁）。

(2) **新株予約権の法的取扱い**

会社が新株予約権を発行する手続は，募集株式の発行等の場合（199-213）とほぼ同じである（238-248）。ただし，会社が保有する自己新株予約権の処分は，自己株式の処分と異なり，募集の手続による必要はない（238 I。199 I 対比）。募集新株予約権につき払い込まれた払込金額（246 I）は，新株予約権が権利者により行使されるか否か確定する前は，会社の貸借対照表上，純資産の部の「新株予約権」の項目に計上される（会社計算 108 I ① ハ）。

新株予約権の譲渡方法としては，証券発行新株予約権（236 I ⑩・249 ③ ニ）につき記名式・無記名式の 2 種類があり，証券発行新株予約権でないものにつき振替新株予約権（社債株式振替 163）とそれ以外（新株予約権原簿の記載・記録が会社その他の第三者に対する対抗要件となる）との 2 種類があるのと合わせ，合計 4 種類ある。権利内容として譲渡制限（236 I ⑥）を定めた場合には，譲渡制限株式と異なり，会社がその譲渡・取得を承認しない場合でも，会社に対象新株予約権の買取り・指定買取人の指定等を行う義務は生じない（261。140 対比）。

取締役・使用人等に対し，職務執行の対価（いわゆるインセンティブ報酬）として新株予約権を付与する場合には，取締役・使用人等は，その新株予約権と

引換えに金銭の払込みを要しないことになる（238 I ②）。しかし、職務執行の対価として例えば100万円相当の金銭でない報酬を受け取ることを認められた取締役（361 I ③）に対し、会社が公正な評価額100万円の新株予約権を付与することは、「特に有利な条件」（238 Ⅲ ①）による新株予約権の発行ではない（425 I ②、会社則114）。

　新株予約権の目的である株式を譲渡制限株式（本条⑰）または全部取得条項付種類株式（本条⑲）とする旨の定款変更が行われる場合には、当該新株予約権者には、新株予約権買取請求権が認められる（118 I）。株式会社が組織変更をする場合における当該会社の新株予約権者（777 I）、および、吸収合併・吸収分割・株式交換もしくは新設合併・新設分割・株式移転により他の会社の新株予約権を交付される等の措置が行われる場合における当該新株予約権者についても同様である（787 I・808 I）。

22　新株予約権付社債（本条22号）

(1)　新株予約権付社債の意義

　この法律において、「新株予約権付社債」とは、「新株予約権を付した社債」をいう（本条㉒）。新株予約権付社債に付された新株予約権は、当該新株予約権付社債についての社債が消滅した場合を除き、社債から分離して譲渡・質入れすることができない（254 Ⅱ・267 Ⅱ）。また、新株予約権付社債についての社債は、当該新株予約権付社債に付された新株予約権が消滅した場合を除き、新株予約権を除外して社債のみを譲渡・質入れすることができない（254 Ⅲ・267 Ⅲ）。

　実務上は、新株予約権を行使する際に必ずその社債が消滅する形（一種の「デット・エクイティ・スワップ」が行われる）でしか新株予約権の行使ができないもの（280 Ⅳ）、すなわち、新株予約権の行使に際してする出資の目的（236 I ③）が当該新株予約権付社債についての社債権であるものが、多く発行されており、「転換社債型」とよばれる。金銭等、当該新株予約権付社債についての社債権以外の財産が出資の目的とされるものが「非分離の新株引受権附社債型」である。「転換社債」・「(非分離の) 新株引受権附社債」は、平成13年改正（平成13法128号）前は、それぞれ独立の社債類型とされていたが（平13改正前商341ノ2-341ノ18参照）、同改正により、法的には「新株予約権付社債」という一類型に統合された。

〔江　頭〕

(2) 新株予約権付社債の法的取扱い

新株予約権付社債に付された新株予約権の数は，当該新株予約権付社債についての社債の金額ごとに，均等に定めなければならない（236Ⅱ）。

新株予約権付社債の募集には新株予約権の募集と同じ規定が適用され（238Ⅰ⑥・242Ⅵ・245Ⅱ，社債株式振替216），社債の募集に関する規定は適用されない（248）。

新株予約権付社債（その払込金額を100とする）の社債の利率は，新株予約権の経済価値（20とする）を反映し，社債のみを発行した場合より低く定められることが多い。その社債の償還金額（100とする）と社債部分の払込金額（80）との差額（償還差額）は，償却原価法によって債務額を計上する方法により償還期限までに償却すべきものとされている（企業会計基準委員会企業会計基準第10号・金融商品に関する会計基準26・38）。しかし，転換社債型新株予約権付社債については，この会計処理のほか，払込金額（100）を新株予約権の対価部分（20）と社債の対価部分（80）とに区分せず，普通社債の発行に準じた会計処理（償還差額の償却不要）をすることも認められる（金融商品に関する会計基準36）。

新株予約権付社債の譲渡方法には，証券発行新株予約権付社債（249②）である場合につき記名式・無記名式の2種類があり，社債券が発行されない場合につき振替新株予約権付社債（社債株式振替192Ⅰ）とそれ以外（意思表示により効力が生じ，新株予約権原簿・社債原簿の名義書換えが会社その他の第三者に対する対抗要件となる）との2種類があるのと合わせ，4種類ある点は，新株予約権と同じである。新株予約権付社債につき譲渡制限をした場合の法制度は，新株予約権の場合と同じである［☞21(2)参照］。

取得条項付新株予約権（236Ⅰ⑦・273-275）の取得の対象が新株予約権付社債に付されたものである場合には，会社は，取得の効力発生により，当該社債も取得することになる（275Ⅱ）。

新株予約権付社債に付された新株予約権の行使方法には，転換社債型・非分離の新株引受権附社債型の2種類があることは，前述した［☞(1)参照］。新株予約権付社債に付された新株予約権の行使期間の終期は，社債の償還期限と必ずしも一致させる必要はない（254Ⅱただし書・Ⅲただし書・267Ⅱただし書・Ⅲただし書）。

〔江 頭〕

23　社債（本条23号）

(1)　社債の意義

この法律において，「社債」とは，「この法律の規定により会社が行う割当てにより発生する当該会社を債務者とする金銭債権であって，第676条各号に掲げる事項についての定めに従い償還されるもの」をいう（本条㉓）。この社債の定義は，会社法制定時に置かれたものであるが，コマーシャル・ペーパー，シンジケート・ローン，またはわが国の株式会社が外国法に準拠して発行する債券等，社債との境界が不明確な資金調達方法が増えていること，社債に該当すると社債管理者の設置義務（702），社債権者集会（715-742）等他と異なる規律が適用されることから，法律関係を明確にするため設けられたものである（相澤哲＝葉玉匡美「社債」商事1751号〔2005〕13頁）。

(ア)　会社法の規定により会社が行う割当てにより発生する金銭債権

定義によれば，「この法律〔会社法〕の規定により会社が行う割当てにより発生する」金銭債権が社債である。すなわち，会社法が定める割当ての手続（677・678）によらない限り，同一内容の金銭債権を分割して取得させるものでも社債にはならないし，金銭債権の効力の準拠法が日本法であっても，外国法の規定により成立させるものは，社債ではないことになる（相澤＝葉玉・前掲14頁）。また，外国会社（本条②）は「会社」（本条①）ではないから，それが発行する債券は，社債ではない（相澤＝葉玉・前掲14頁）。

この定義の立法論的な問題点の第1は，当該金銭債権が会社法上社債として取り扱われるか否かを，「会社法の規定により会社が行う割当てにより発生させるか否か」という，会社の意思に従い，かつ会社にとってそうしなければならないインセンティブに乏しい（回避することが容易な）要件にかからせている点である。したがって，この定義は，結局，会社が社債にしようと考えたものが社債であり，そうでないものは社債でない，と定めたに等しい（本多（上）25頁）。会社法が社債について定める社債管理者の設置義務，社債権者集会の規律の強行規定性等は，公衆である小口投資家の保護を目的とするもののはずであり，その要件の存否を会社の意思のみにかからせてよいのか，という点が問題となる。外国会社発行の債券を一律に社債の定義から除外する点についても，同じ問題がある（本多（下）12頁）。

第2に，「会社法の規定により会社が行う割当てにより発生する」ものという定義は，いわゆる「総額引受け」の形で発行されるものについては，どのよ

うに適用されるかが明らかでない。総額引受けの契約が締結される場合には，会社法上の割当ての規定は適用されないが (679)，それにもかかわらず，それも「社債」であるとされている。

　第3に，新株予約権付社債の場合，その新株予約権に関する限り，株式に関係するものである以上，その成立（発生）は，当該会社の従属法（「会社」であれば日本法）によらねばならないことは疑いない（本多（下）6頁）。すなわち，海外が発行地であっても，その割当ては，会社法の規定 (242・243) に従って行われることを要する。そして，新株予約権付社債の募集（発行）には，新株予約権の規定が適用され，社債の募集に関する規定は適用されないから〔☞ 22 (2)参照〕，新株予約権付社債の成立の際には，常に会社法の規定による割当てが行われることになる。ということは，上記の定義に従えば，新株予約権付社債は，海外が発行地の場合でも常に「社債」としての規律を受け，社債管理者の設置強制等が及ぶことになろう。

　ところが，法務省民事局は，この点に関する実務界からの照会に対し，「会社法上の『社債』に該当するユーロ社債につき，社債管理者の設置及び社債権者集会の規定が適用されるか否かについては，現行商法〔平成17年改正前商法〕のもとにおける考え方と同様に，国際私法上の解釈に委ねられている」と回答していると伝えられる（平成18・4・19付日証協（企）18第3号，論点解説619頁。法務省民事局のいう「平成17年改正前の国際私法上の解釈」については，原田晃治「社債をめぐる法律関係とその準拠法（下）」商事1358号〔1994〕10頁参照）。すなわち，立法担当官は，一方では，会社法は社債の定義を置くことにより社債管理者の設置，社債権者集会の規定の適用等の法律関係を明確にしたと言いつつ，他方では，渉外関係については，社債であっても，社債契約（効力）の準拠法を外国法にすれば社債管理者の設置および社債権者集会の規定の適用を回避できる，との会社法制定前の解釈を維持するという，一貫しない態度をとっている（本多（下）7頁）。

　このように，現行の社債の定義は，公衆である債券投資家の保護にも，法律関係の明確化にも，役立っているとは言い難い。

(ｲ)　会社法676条各号に掲げる事項についての定めに従い償還される金銭債権

　定義によれば，「会社法第676条各号に掲げる事項についての定めに従い償還されるもの」であることが，社債の要件である。

　社債等の金銭債権の償還金額・償還事由（償還期限）・償還方法等は，契約上定められるものである。676条は，償還に関する事項を含む社債に関する重要

事項を会社が定めるべきものとしているが，当該事項を規定する各号は，債務内容として特段異例の内容を規定しているわけではない。したがって，この要件を満たすことは，容易であると思われる。

もっとも，立法担当官は，社債の償還金額につき，会社法の下においては，償還金額は常に社債の金額と一致しなければならない（割増償還は認められない）との，これまでの社債実務とは異なる特異な見解を示している（相澤＝葉玉・前掲17頁）。もし，「会社法第676条各号に掲げる事項についての定めに従い償還される」という要件が，この立法担当官の見解に従い「割増償還を定めるものは社債でない」ことを意味するのであれば，ことは相当に重大である。

しかし，割増償還は，任意繰上償還（市場金利の低下により当該社債の市場価格が高騰している時期等に行われることが多い）が行われる場合等の償還金額として定められるもので，実務上の必要から社債につきこれまで広く行われてきたものである。そして，その開示がなされれば何ら弊害があるものではなく，この点で契約自由を制限すべき理由は見当たらない（江頭733頁）。したがって，立法担当官の「社債に割増償還は認められない」という主張は，何ら正当な理由がないものであり，償還金額として割増償還を定めるものも「会社法第676条各号に掲げる事項についての定めに従い償還されるもの」と解して差し支えない。

(2) 社債の法的取扱い

社債は，持分会社を含め，会社（本条①）が発行できる。社債に物上担保を付す場合には，担保付社債信託法（明治38法52号）の定めによらなければならない（担信2）。

社債を募集する際には，取締役会設置会社（本条⑦）においては，取締役会決議により，社債を引き受ける者の募集に関する重要な事項として法令上定められた事項を決定しなければならない（362Ⅳ⑤，会社則99）。募集社債の申込み・割当ては，募集株式のそれ（203-206）に似た手続で行われる（677-680）。なお社債については，分割払込みが認められていること（676⑫，会社則162①）からもわかるとおり，払込金額全額の払込みは，社債の成立要件ではない。新株予約権付社債の募集には新株予約権の募集と同じ規定が適用され，社債の募集に関する規定は適用されない［☞ 22(2)参照］。

社債管理者は，社債の発行会社の委託を受けて，社債権者のために，弁済の受領，債権の保全その他の社債の管理を行うものであり，各社債の金額が1億円以上である場合その他社債権者の保護に欠けるおそれがないものとして法令

で定める場合を除き，発行会社に対しその設置が義務付けられている (702)。

　社債の譲渡方法には，社債券を発行する旨の定めがある社債の場合につき記名式・無記名式の2種類があり，社債券を発行する旨の定めがない場合につき，振替社債（社債株式振替 66-87）とそれ以外（意思表示により効力が生じ，社債原簿の名義書換えが会社その他の第三者に対する対抗要件となる）との2種類があるのと合わせ，4種類がある。

　社債につき約定の利払い・定時償還がされない場合の措置は，契約上定められているのが通常であるが，当該定めが欠けている場合に備え，法律上定めがある (739)。

　社債につき支払猶予の必要，債務不履行により生じた会社の責任の免除の必要等が生じた場合には，社債権者集会の決議によってそれを決定しなければならないものとされており (706・740 等)，集会の手続・決議要件等が法定されている (715-742)。社債権者集会の特別決議により，代表社債権者を選任し，同人に対し社債権者集会の決議事項の決定を委任することもできる (736 I)。

24　最終事業年度（本条24号）

(1)　最終事業年度の意義

　この法律において，「最終事業年度」とは，「各事業年度に係る第435条第2項に規定する計算書類につき第438条第2項の承認（第439条前段に規定する場合にあっては，第436条第3項の承認）を受けた場合における当該各事業年度のうち最も遅いもの」をいう（本条㉔）。

　たとえば，4月1日から3月31日までを1事業年度とする株式会社において，2006年4月1日から2007年3月31日までの事業年度に係る計算書類につき，2007年6月の定時株主総会において438条2項の承認を受けた場合には，以後，2008年6月の定時株主総会において2007年4月1日から2008年3月31日までの事業年度に係る計算書類につき承認を受けるまでの間は，2006年4月1日～2007年3月31日の事業年度が最終事業年度である。2007年4月1日以後であっても，2007年6月の定時株主総会において2006年4月1日～2007年3月31日の事業年度に係る計算書類の承認があるまでの間は，2005年4月1日～2006年3月31日の事業年度が最終事業年度である。

　会社の設立後，いまだどの事業年度に係る計算書類についても438条2項の承認または436条3項の承認がない間は，最終事業年度がないことになる（会社則182 VI ① イロ参照）。また，何らかの事情により，直近の事業年度に係る計

算書類につき438条2項の承認または436条3項の承認が得られないまま時間が経過している場合には，最終事業年度として，古い事業年度が継続することになる。

(2) 最終事業年度の法的取扱い

例えば，吸収合併の当事会社は，吸収合併契約等備置開始日（782Ⅱ・794Ⅱ）から，相手方当事会社の最終事業年度に係る計算書類等の内容を記載・記録した書面または電磁的記録を本店に備え置かなければならない（782Ⅰ・794Ⅰ，会社則182Ⅵ①・191③）。吸収合併承認決議は，実務上，定時株主総会において行われることが多いから，吸収合併契約等備置開始日は，定時株主総会の2週間前であることが多い。両当事会社がともに3月決算の株式会社であり，定時株主総会がともに6月に行われる場合，相手方当事会社が会計監査人設置会社であれば，当方の会社の定時株主総会の2週間前には，直近の3月末日に終了した事業年度に係る計算書類につき，すでに436条3項の承認が得られているであろうから，その計算書類等の内容を記載・記録した書面等を備置すべきことになる。相手方当事会社が会計監査人設置会社でない場合には，当方の会社の定時株主総会の2週間前には，直近の3月末日に終了した事業年度に係る計算書類につき438条2項の承認は得られていないであろうから，最終事業年度に係る計算書類等として，その前の事業年度に係るものを備置し，相手方当事会社の定時株主総会において直近の3月末日に終了した事業年度に係る計算書類の承認がなされた後に，変更の処理（会社則182Ⅰ⑥・191⑦）をすべきことになる。

25 配当財産（本条25号）

(1) 配当財産の意義

この法律において，「配当財産」とは，「株式会社が剰余金の配当をする場合における配当する財産」をいう（本条㉕）。

会社法の制定前には，会社が金銭以外の財産を配当財産として株主に交付することが認められるか（「現物配当」の可否）については，学説上争いがあった（新注会⑼3頁〔龍田節〕は否定，原田晃治ほか「商法等の一部を改正する法律案要綱中間試案の解説」商事1533号〔1999〕5頁は，子会社株式を配当財産とすることを肯定）。会社法においては，それが認められることが，明文の規定で定められている（454Ⅰ①・Ⅳ）。ただし，配当を行う会社の株式等（株式，社債および新株予約権をいう〔107Ⅱ②ホ〕）は，剰余金の配当としては交付することができない

〔江頭〕

(454 I ①括弧書)。これらを株主に対して無償で交付する手続は，会社法上別途定めがあり (185・277・278 I ②)，これらの規定に従うことが相当だからである (相澤哲＝岩崎友彦「株式会社の計算等」商事 1746 号〔2005〕36 頁)。

持分会社が利益の配当をする場合における配当する財産は，この法律にいう「配当財産」ではなく，会社法上，特に当該財産に関する規定はない。持分会社が利益の配当として金銭以外の財産を社員に交付することが可能か否かは，定款自治の範囲内のことがらである (621 II)。

(2) 配当財産の法的取扱い

配当財産の種類は，剰余金の配当決議により定められる (454 I ①・459 I ④)。それが金銭以外の財産である場合には，換価方法の難易が株主により異なる等の問題があり得ることから，株主に対し金銭分配請求権 (当該配当財産に代えて金銭を請求する権利) を与える場合 (454 IV ①・459 I ④) を除き，株主総会の特別決議を要する (309 II ⑩)。

配当財産として，ある株主には金銭以外の財産，他の株主には金銭が交付される場合には，両者の価値の均衡が問題になるが，当該金銭以外の財産の価額は，市場価格のある財産であればその市場価格 (455 II ①・456，会社計算 182)，それ以外の財産であれば会社の申立てにより裁判所が定める額 (455 II ②・456) により評価される。

26 組織変更（本条26号）

(1) 組織変更の意義

この法律において，「組織変更」とは，株式会社がその組織を変更することにより合名会社，合資会社もしくは合同会社となること，または，合名会社，合資会社もしくは合同会社がその組織を変更することにより株式会社となることをいう (本条㉖)。すなわち，株式会社が法人格の同一性を保ちながら持分会社に変わること，または，持分会社が株式会社に変わることである。

会社法の制定前には，株式会社・有限会社相互間という物的会社間の組織変更 (旧有64-68)，または，合名会社・合資会社相互間という人的会社間の組織変更 (平17改正前商113・163) を認め，ほかを認めていなかった (類似主義。もっとも，平成2年改正による最低資本金制度の導入に伴い，物的会社から人的会社への組織変更を一時認めたことがあった)。その理由は，物的会社・人的会社相互間の組織変更を認めるためには社員の責任の相違により複雑な手続が必要となるからであるとされていた (新注会⑭498頁〔西島梅治〕)。しかし，手続の複雑性

は，合併等の場合にも生ずることである（平17改正前商56条1項は，現行法と同様，株式会社と合名会社・合資会社との合併を認めていた）。そこで，会社法は，制度の自由化の一環として，株式会社・持分会社相互間の組織変更を認めた。

なお，特例有限会社が通常の株式会社に移行するのは，同じ株式会社の枠内の行為であるから，組織変更ではなく，定款の変更による商号の変更である（会社法整備法45Ⅰ）。合名会社・合資会社・合同会社は，それぞれ社員の責任態様が異なるが，それ相互間の種類の変更は，組織変更ではなく，定款の変更による社員の責任の態様の変更である（638）。

(2) 組織変更の法的取扱い

会社が組織変更をする場合には，法定の事項を定めた組織変更計画を作成しなければならない（743・744・746）。株式会社が持分会社に組織変更する場合には，組織変更計画備置開始日から効力発生日までの間，組織変更計画の内容その他法務省令で定める事項を記載・記録した書面または電磁的記録を本店に備え置き，株主・債権者の閲覧に供しなければならない（775，会社則180）。

組織変更をする会社は，その効力発生日の前日までに，組織変更計画について総株主または総社員の同意を得なければならない（776Ⅰ・781Ⅰ）。

株式会社が持分会社に組織変更する場合には，新株予約権者には新株予約権買取請求権が認められ（777），債権者との関係では，債権者の異議手続を履行することを要する（779）。株券発行会社であれば株券の提出手続を要する（219Ⅰ⑤）。持分会社が株式会社に組織変更する場合にも，債権者の異議手続を履行することを要するが（781Ⅱ・779），とくに合名会社・合資会社を株式会社に組織変更する場合には，官報のほか日刊新聞紙または電子公告の方法をとることにより債権者への各別の催告を省略することはできず，必ず各別の催告をしなければならない（781Ⅱ・779Ⅱ Ⅲ）。

組織変更の効力は，組織変更計画に定めた効力発生日に生ずる（745・747）。組織変更無効の訴え（形成訴訟）の制度がある（828Ⅰ⑥）。

27 吸収合併（本条27号）

(1) 吸収合併の意義

この法律において，「吸収合併」とは，「会社が他の会社とする合併であって，合併により消滅する会社の権利義務の全部を合併後存続する会社に承継させるもの」をいう（本条㉗）。

吸収合併は，会社の「合併」の一類型である。会社の「合併」とは，2つ以

§2

上の会社（当事会社）が契約（合併契約）を締結して行う行為であって，当事会社の一部（吸収合併）または全部（新設合併）が解散し，解散会社（消滅会社）の権利義務の全部が清算手続を経ることなく存続会社（吸収合併）または新設会社（新設合併）に一般承継（包括承継）される効果を持つものである（748・750ⅠⅡ・752ⅠⅡ・754Ⅰ・756Ⅰ）。同一種類の会社同士でなくても，合併できる。

会社の合併の法的本質を「現物出資」，すなわち，消滅会社の事業全部を現物出資する存続会社の資本金の額の増加（吸収合併）または新会社の設立（新設合併）であるとする見解がある（竹田221頁，大隅・本質129頁）。会社法の下においては，吸収合併の場合，消滅会社の株主に対して必ずしも存続会社の株式（持分）が交付されるとは限らず，存続会社の社債，新株予約権またはその他の財産（金銭〔交付金合併，cash-out merger〕，存続会社の親会社株式〔三角合併〕等）のみが交付されることがあり得るので（749Ⅰ②ロハニホ・751Ⅰ③），合併の対価という側面では，合併の法的本質を現物出資であると解することは難しくなっている。しかし，この見解は，①合併により存続会社に移転するのは消滅会社の実財産に限られ，消滅会社の定款，計算上の数額（資本金・準備金の額，法人税法上の繰越欠損金等）等がそのまま移転するわけではない，②合併による存続会社の資本金の額の増加額が消滅会社の純資産の額を超えることは認められない，③消滅会社の資産・負債を存続会社が承継するに際し，会計上，原則としてその評価替えが行われる（パーチェス〔取得〕方式。企業結合に係る会計基準・三2）等の点を説明する上で，会社の合併の法的性質を現物出資と解することは，会社法の下でも有益であると主張している（今井宏＝菊池伸・会社の合併〔商事法務，2005〕15頁）。

(2) 吸収合併の法的取扱い

(ア) 存続会社による消滅会社の権利義務の一般承継

吸収合併においては，消滅会社の権利義務の全部が存続会社に承継され（一般承継。750ⅠⅡ・752ⅠⅡ），たとい消滅会社の債務の全部または一部を承継しない旨の合併承認決議をしても，承継しない旨の条項が無効である（大判大正6・9・26民録23輯1498頁）。

消滅会社の新株予約権は，一種の債務であるから，新株予約権の内容として合併がその取得事由（236Ⅰ⑦イ）と定められていない限り，存続会社に承継されるはずである。しかし，新株予約権の目的が消滅会社株式から存続会社株式に変わることから，消滅会社に対する新株予約権は消滅し，それに代わる存続会社に対する新株予約権が交付されるものと構成されている（749Ⅰ④）。もっ

とも，新株予約権には，潜在的な株式の性質があるので，交付金合併を行う場合等には，存続会社が新株予約権者に対し自己の新株予約権ではなく金銭を交付することも認められる（749 I ④ ハ）。

　吸収合併により消滅会社の公法上の権利義務が存続会社に承継されるか否かは，当該公法上の制度の趣旨に従い個別に判断される。例えば，法人税法上の繰越欠損金は，それが税制上の適格合併であって，かつ，企業グループ内において租税回避目的で行われる合併ではないことを示す一定の要件を満たす場合に限り，存続会社への承継が認められる（法税 57 II III）。

　存続会社に対し消滅会社の刑事責任を追及することはできない（最判昭和 59・2・24 刑集 38 巻 4 号 1287 頁）。しかし，確定済みの罰金刑等は，存続会社に承継される（刑訴 492）。

　消滅会社が当事者である民事訴訟は，合併により中断し，存続会社がそれを受継する（民訴 124 I ②）。

(ｲ)　**吸収合併の手続**

　吸収合併を行うには，当事会社は，法定の事項を定めた吸収合併契約を締結しなければならない（748・749・751）。株式会社である当事会社は，吸収合併契約等備置開始日から効力発生日の後 6 か月を経過する日までの間（消滅会社は，効力発生日までの間），吸収合併契約の内容その他法務省令で定める事項を記載・記録した書面または電磁的記録を本店に備え置き，株主・債権者の閲覧に供しなければならない（782・794，会社則 182・191）。

　株式会社である当事会社は，吸収合併の効力発生日の前日までに，株主総会の決議によって，吸収合併契約の承認を受けなければならない（783 I・795 I）。しかし，存続会社である株式会社の株主に及ぼす影響が軽微な場合には，同社の株主総会の決議を要しない場合があり，「簡易合併」と称される（796 III，会社則 196）。また，株式会社である当事会社の一方が他方の特別支配会社（468 I）である場合には，手続簡素化のため，当該他方の会社の株主総会の決議を要しないこととされ，「略式合併」と称される（784 I・796 I）。持分会社である当事会社は，効力発生日の前日までに，吸収合併契約について，総社員の同意を得なければならない（793 I・802 I）。

　当事会社が株式会社である場合，消滅会社の反対株主・新株予約権者および存続会社の反対株主には，株式買取請求権・新株予約権買取請求権が認められ（785・787・797），かつ，債権者との関係では，債権者の異議手続を履行することを要する（789・799）。消滅会社が株券発行会社であれば，株券の提出手続を

要する (219 I ⑥)。当事会社が持分会社である場合にも，債権者の異議手続を履行することを要するが (793 II・802 II)，消滅会社が合名会社・合資会社であり存続会社が株式会社・合同会社である場合には，官報のほか日刊新聞紙または電子公告の方法をとることにより債権者への各別の催告を省略することはできず，必ず各別の催告をしなければならない (793 II)。

吸収合併の効力は，吸収合併契約に定めた効力発生日に生ずるが (750 I・752 I)，消滅会社の吸収合併による解散は，吸収合併の登記の後でなければ，これをもって第三者に対抗することができない (750 II・752 II)。吸収合併の無効の訴え（形成訴訟）の制度がある (828 I ⑦)。

28 新設合併（本条28号）

(1) 新設合併の意義

この法律において，「新設合併」とは，「2以上の会社がする合併であって，合併により消滅する会社の権利義務の全部を合併により設立する会社に承継させるもの」をいう（本条㉘）。

会社の「合併」の意義は前述した〔☞ 27(1)参照〕。当事会社の全部が解散する点，および消滅会社の権利義務の全部を承継するものが合併手続中で設立される会社である点が，新設合併の吸収合併との違いである。

新設合併により設立される会社の種類は，消滅会社の種類が何かにより制限されるわけではなく，当事会社が新設合併契約により新設会社の種類を自由に定めることができる (753 I・755 I)。

新設会社は，設立当初から株主または社員を必要とするから，消滅会社の株主・社員に対し，その株式・持分に代わる新設会社の株式・持分を交付することが必要になる (753 I ⑥⑦・755 I ④)。しかし，2以上の消滅会社のうちの1つの会社の株主・社員にのみ新設会社の株式・持分を交付し，他の会社の株主・社員に対しては新設会社の社債等（社債または新株予約権をいう〔746 ⑦ニ〕）のみを交付することも，認められている（会社計算77 ① ロ）。この場合，吸収合併における交付金合併等と似た結果になる。

(2) 新設合併の法的取扱い

(ア) 新設会社による消滅会社の権利義務の一般承継

新設合併においては，新設会社の成立の日に，新設会社により消滅会社の権利義務が承継される (754 I・756 I)。

消滅会社の権利義務の承継に関し，消滅会社の新株予約権 (753 I ⑩)，公法

§2

上の権利義務，刑事責任，係属中の民事訴訟等の取扱いは，吸収合併の場合と異ならない［☞ 27(2)(ア)］。

(イ) 新設合併の手続

新設合併を行う当事会社は，法定の事項を定めた新設合併契約を締結しなければならない（748・753・755）。株式会社である当事会社は，新設合併契約等備置開始日から新設会社の成立の日までの間，新設合併契約の内容その他法務省令で定める事項を記載・記録した書面または電磁的記録を本店に備え置き，株主・債権者の閲覧に供しなければならない（803，会社則204）。株式会社である新設会社の成立の日後は，その成立の日後6か月間，同社において同じ措置をとらねばならない（815 I Ⅲ，会社則213）。

株式会社である当事会社は，株主総会の決議によって，新設合併契約の承認を受けなければならない（804 I）。新設合併については，吸収合併における簡易合併・略式合併に相当する制度は存在しない。持分会社である当事会社は，新設合併契約について，総社員の同意を得なければならない（813 I）。

株式会社である当事会社の反対株主・新株予約権者には，株式買取請求権・新株予約権買取請求権が認められ（806・808），かつ，当該当事会社は，債権者との関係では，債権者の異議手続を履行することを要する（810）。当該当事会社が株券発行会社であれば，株券の提出手続を要する（219 I ⑥）。当事会社が持分会社である場合にも，債権者の異議手続を履行することを要するが（813 Ⅱ），当該会社が合名会社・合資会社であり新設会社が株式会社・合同会社である場合には，官報のほか日刊新聞紙または電子公告の方法をとることにより債権者への各別の催告を省略することはできず，必ず各別の催告をしなければならない（813 Ⅱ）。

新設合併の当事会社において必要な手続が終了したときは，一定の期間内に消滅会社につき解散の登記，新設会社につき設立の登記をしなければならず（922，商登79・81-83），新設合併の効力は，当該設立の登記による新設会社の成立（49・579）によって生ずる（754 I・756 I）。新設合併の無効の訴え（形成訴訟）の制度がある（828 I ⑧）。

29　吸収分割（本条29号）

(1) 吸収分割の意義

(ア) 一　般

この法律において，「吸収分割」とは，「株式会社又は合同会社がその事業に

§2

関して有する権利義務の全部又は一部を分割後他の会社に承継させること」をいう（本条㉙）。

吸収分割は，吸収合併〔☞ 27(1)参照〕と同様，分割会社の権利義務（吸収合併の場合と異なり，事業に関して有する権利義務の一部であってもよい）を他の会社（承継会社）が一般承継する，組織法上の行為である。一般承継であるから，例えば吸収分割の効力発生日前に分割会社が承継対象財産である不動産を第三者に譲渡した場合には，承継会社は，その不動産に関し，分割会社から，当該第三者に対する契約上の移転登記義務等をも承継することになる。すなわち，その場合，承継会社と当該第三者とは，その不動産に関し対抗関係に立つわけではない〔効力発生日以後に譲渡された場合については，☞(2)(ｱ)参照〕。

(ｲ) **分割会社・承継会社の種類**

分割会社となり得る会社は，株式会社または合同会社に限られる。合名会社・合資会社が分割会社となることが認められない理由は，当該会社においては無限責任社員が会社債務につき無限責任を負うところから，会社分割により会社債務を他の会社に承継させることを認めると，会社債権者が大きな不利益を受けるかまたは権利関係が過度に複雑になる可能性があるからである（相澤＝細川7頁）。承継会社は，株式会社・持分会社のいずれでもよいが（合名会社・合資会社であってもよい〔760④ｲﾛ〕），特例有限会社が承継会社となることは認められない（会社法整備法37）。

(ｳ) **承継の対象となる権利義務**

吸収分割による承継の対象となる権利義務は，分割会社が「その事業に関して有する」権利義務である。会社法の制定前は，吸収分割による承継の対象となるものは「営業」に限るとされていたが（平17改正前商374ノ16），その法制の下では，具体的事案において対象が「営業（事業）」といえるか否かが争いになる可能性があり法的安定性を害すること，および，承継対象が「営業」でなければとくに債権者等関係者の利益が害されるとも解し難いことから，会社法においては，当該制限は撤廃された（相澤＝細川5頁）。したがって，会社法の下では，対象財産の有機的一体性とか，事業活動の承継は，吸収分割と認められるための要件ではない。もっとも，会社法の下でも，例えば子会社（分割会社）が有する親会社株式のようなものは，分割会社が「その事業に関して有する」ものと認められるか否かが不確定であるとの指摘もある（武井一浩「子会社が保有する親会社株式の処分と会社分割」江頭還暦・上674頁）。

(エ) 「人的分割」の概念の廃止

会社法の制定前には，承継会社が交付する株式・持分が分割会社の株主・社員に対し直接に割り当てられる手続があり（平17改正前商374ノ17Ⅱ②，旧有63ノ9Ⅰ），「人的分割」とよばれていた。会社法の下では，承継会社が交付する対価が株式・持分に限らず，金銭のみである場合等も認められることになったが，金銭である対価が株主に直接割り当てられるケースを，分割会社が資産を売却し剰余金の配当を行うケースと実質において区別すべき理由を見出すことは困難である。そこで，会社法の下では，承継会社は，権利義務の承継の対価を常に分割会社に対して交付するものとし，分割会社が交付を受けた対価を株主に対し分配する必要があるのであれば，吸収分割の効力発生日に，同社が全部取得条項付種類株式の取得または剰余金の配当を行うものと構成されている（758⑧・760⑦）。当該全部取得条項付種類株式の取得または剰余金の配当により分割会社が交付を受けた対価の全部が株主に交付される場合が，法人税法にいう「分割型分割」である（法税2⑫の9）。

(2) 吸収分割の法的取扱い

(ア) 承継会社による分割会社の権利義務の全部または一部の一般承継

吸収分割により，分割会社がその事業に関して有する権利義務のどの部分が承継会社に承継されるかは，吸収分割契約の定めに従って定まる（758②・759Ⅰ）。

しかし，吸収分割契約には，個々の財産（例えば不動産）のどれが承継対象財産であるかまでは必ずしも記載されておらず，したがって，利害関係人（例えば，吸収分割の効力発生日以後に分割会社との間で不動産の取得契約を締結した者）が，備置・開示された書類等から，個々の財産が承継対象財産か否かを認識することは困難である。そこで，吸収分割においては，吸収合併の場合のような画一的処理（750Ⅱ・752Ⅱ）は断念されており，すべて個々の財産に係る対抗問題として処理することとされている（相澤＝細川13頁）。例えば，吸収分割の効力発生日以後に分割会社との間で承継対象財産である不動産の取得契約を締結した第三者がいた場合に，当該第三者と承継会社のいずれに当該不動産が帰属するかは，当該第三者への譲渡による移転登記と承継会社への吸収分割を原因とする所有権の移転登記との先後により定まる。

吸収分割により，承継会社は，分割会社の契約上の地位を承継することも可能である。すなわち，分割会社が締結していた雇用契約，この先数年間継続して原材料の供給を受ける契約上の地位等も，承継することができる。

§2

分割会社の新株予約権を承継するものとした場合（吸収分割契約新株予約権〔758⑤イ〕）の取扱い，公法上の権利義務の承継の可否等は，吸収合併につき述べたところ［☞ 27(2)(ァ)参照］と変わらない。

分割会社が当事者である民事訴訟については，吸収分割は，その中断事由ではない（民訴124参照）。しかし，例えば分割会社（A）が被告である金銭支払請求訴訟の対象である債務が吸収分割により承継会社（B）に承継されたときは，Bの参加承継の申立てにより（民訴51），または相手方の訴訟引受けの申立てにより（民訴50），Bは当事者となり，Aは，相手方の承諾を得て訴訟から脱退することができる（民訴48）。

(ィ) **吸収分割の手続**

吸収分割の当事会社は，法定の事項を定めた吸収分割契約を締結しなければならない（757・758・760）。株式会社である当事会社は，吸収合併契約等備置開始日から効力発生日の後6か月を経過する日までの間，吸収分割契約の内容その他法務省令で定める事項を記載・記録した書面または電磁的記録を本店に備え置き，株主・債権者の閲覧に供しなければならない（782・794，会社則183・192）。

株式会社である当事会社は，吸収分割の効力発生日の前日までに，株主総会の決議によって，吸収分割契約の承認を受けなければならない（783Ⅰ・795Ⅰ）。しかし，当事会社である株式会社の株主に及ぼす影響が軽微な場合には，簡易合併と同様，株主総会の決議を要しない「簡易吸収分割」の手続がある（784Ⅲ・796Ⅲ，会社則187・196）。また，株式会社である当事会社の一方が他方の特別支配会社（468Ⅰ）である場合には，略式合併と同様，当該他方の会社の株主総会の決議を要しない「略式吸収分割」の手続がある（784Ⅰ・796Ⅰ）。持分会社である当事会社は，効力発生日の前日までに，吸収分割契約について，総社員の同意を得なければならない（793Ⅰ・802Ⅰ）。

当事会社が株式会社である場合，分割会社の反対株主・吸収分割契約新株予約権等の新株予約権者および承継会社の反対株主には，株式買取請求権・新株予約権買取請求権が認められる（785・787・797）。債権者の異議手続は，承継会社については吸収合併の存続会社と同じであるが（799・802Ⅱ），分割会社については，その対象となる債権者は，分割会社に対し債務の履行を請求できなくなるもの等一定の債権者に限られている（789Ⅰ②）。分割会社は，承継される事業とともに承継会社に移籍することを希望するか否かに関し，労働者に対し異議申出の機会を与える手続をとらねばならない（分割労働承継4）。

〔江頭〕

吸収分割の効力は，吸収分割契約に定めた効力発生日に生ずる（759Ⅰ・761Ⅰ）。吸収分割の無効の訴え（形成訴訟）の制度がある（828Ⅰ⑨）。

30 新設分割（本条30号）

(1) 新設分割の意義

この法律において，「新設分割」とは，「1又は2以上の株式会社又は合同会社がその事業に関して有する権利義務の全部又は一部を分割により設立する会社に承継させること」をいう（本条㉚）。

吸収分割の意義は前述したが［☞29(1)参照］，新設分割は，分割会社が事業に関して有する権利義務を一般承継する会社が既存の会社ではなく，分割手続中で設立される会社（設立会社）である点が異なる。

分割会社の種類が株式会社または合同会社に限られる理由は，吸収分割につき述べたところと同じである［☞29(1)(ｲ)参照］。分割会社が2以上ある場合が「共同新設分割」であり（762Ⅱ），両社が共同で支配する合弁会社を設立する場合等に行われる。設立会社は，株式会社・合同会社・合名会社・合資会社のいずれであってもよい（763・765Ⅰ①）。

設立会社は，設立当初から株主または社員を必要とするから，分割会社に対し，承継する権利義務に代わる新設会社の株式・持分を交付することが必要である（763⑥⑦・765Ⅰ③）。しかし，共同新設分割の場合に，新設合併におけると同様［☞28(1)参照］，2以上の分割会社のうちの1つに対してのみ設立会社の株式・持分を交付し，他の会社に対しては設立会社の社債等のみを交付することも，認められる。

(2) 新設分割の法的取扱い

(ｱ) 設立会社による分割会社の権利義務の全部または一部の一般承継

新設分割により，分割会社がその事業に関して有する権利義務のどの部分が設立会社に承継されるかは，新設分割計画の定めに従って定まる（763⑤・765Ⅰ⑤）。

権利義務の承継の効果は，吸収分割につき述べたところと同様である［☞29(2)(ｱ)参照］。

(ｲ) 新設分割の手続

新設分割の分割会社は，法定の事項を定めた新設分割計画を作成しなければならない（762Ⅰ・763・765）。共同新設分割の場合には，2以上の分割会社は，共同して新設分割計画を作成することを要する（762Ⅱ）。株式会社である分割

§2

会社は，新設合併契約等備置開始日から設立会社の成立の日の後6か月を経過する日までの間，新設分割計画の内容その他法務省令で定める事項を記載・記録した書面または電磁的記録を本店に備え置き，株主・債権者の閲覧に供しなければならない（803，会社則205）。

株式会社である分割会社は，株主総会の決議によって，新設分割計画の承認を受けなければならない（804 I）。しかし，当該会社の株主に及ぼす影響が軽微な場合には，吸収分割と同様，株主総会の決議を要しない「簡易新設分割」の手続がある（805，会社則207）。合同会社である分割会社は，新設分割計画について，総社員の同意を得なければならない（813 I）。

株式会社である分割会社の反対株主・新設分割計画新株予約権等の新株予約権者には，株式買取請求権・新株予約権買取請求権が認められる（806・808）。債権者の異議手続の対象となる債権者が，分割会社に対し債務の履行を請求できなくなるもの等一定の債権者に限られる点（810 I ②），および，労働者に対し，承継される事業とともに承継会社に移籍することを希望するか否かに関し異議申出の機会を与える手続をとらねばならない点（分割労働承継 4）は，吸収分割の場合と同様である [☞ 29⑵(イ)参照]。

分割会社において必要な手続が終了したときは，一定の期間内に分割会社につき変更の登記，設立会社につき設立の登記をしなければならず（924，商登86-88），新設分割の効力は，当該設立の登記による新設会社の成立（49・579）によって生ずる（764 I・766 I）。新設分割の無効の訴え（形成訴訟）の制度がある（828 I ⑩）。

31 株式交換（本条31号）

(1) 株式交換の意義

この法律において，「株式交換」とは，「株式会社がその発行済株式……の全部を他の株式会社又は合同会社に取得させること」をいう（本条㉛）。

株式交換は，既存の株式会社（B）を他の既存の株式会社または合同会社（A）の完全子会社とすることを目的とする，組織法上の行為である。これによりA・B両社の経営が事実上統合されるので，その経済的効果は吸収合併に近いが，Bの法人格が維持されることに，吸収合併と異なる制度的実益がある。

株式交換により完全親会社となる会社の種類が株式会社・合同会社に限られる理由は，合名会社・合資会社を株式会社の完全親会社にする経済的ニーズは

〔江 頭〕

§2　　　　　　　　　　　　　　　　第1編　総則　第1章　通則

乏しいと考えられるからである（相澤＝細川7頁）。また，特例有限会社は，株式交換の当事会社となることができない（会社法整備法38）。

(2) 株式交換の法的取扱い

(ア) 他の株式会社・合同会社による株式会社の発行済株式の全部の取得

株式交換により完全親会社となる株式会社・合同会社（A）は，株式交換契約に定めた効力発生日に，完全子会社となる株式会社（B）の発行済株式の全部（Aがもとから有するBの発行済株式を除く）を取得する（769Ⅰ・771Ⅰ）。また，同じ日に，Bの既存の株券および株式交換契約新株予約権（768Ⅰ④イ）に係る新株予約権証券（新株予約権付社債券）は，すべて無効となる（219Ⅲ・293Ⅲ）。

効力発生日に，Bの株主・株式交換契約新株予約権に係る新株予約権者は，株式交換契約の定めに従い，Aの株主・新株予約権者等となる（769ⅢⅣ・771ⅢⅣ，社債株式振替138）。

(イ) 株式交換の手続

株式交換を行うには，当事会社は，法定の事項を定めた株式交換契約を締結しなければならない（767・768・770）。株式会社である当事会社は，吸収合併契約等備置開始日から効力発生日の後6か月を経過する日までの間，株式交換契約の内容その他法務省令で定める事項を記載・記録した書面または電磁的記録を本店に備え置き，株主・債権者の閲覧に供しなければならない（782・794，会社則184・193）。

株式会社である当事会社は，株式交換の効力発生日の前日までに，株主総会の決議によって，株式交換契約の承認を受けなければならない（783Ⅰ・795Ⅰ）。しかし，完全親会社となる株式会社の株主に及ぼす影響が軽微な場合には，同社の株主総会の決議を要しない「簡易株式交換」の制度がある（796Ⅲ，会社則196）。また，株式会社である当事会社の一方が他方の特別支配会社（468Ⅰ）である場合には，当該他方の会社の株主総会の決議を要しない「略式株式交換」の制度がある（784Ⅰ・796Ⅰ）。完全親会社となる会社が合同会社である場合には，効力発生日の前日までに，株式交換契約について，総社員の同意を得なければならない（802Ⅰ③）。

株式会社である当事会社の反対株主には株式買取請求権，完全子会社となる会社の株式交換契約新株予約権等に係る新株予約権者には新株予約権買取請求権が認められる（785・787・797）。株式交換の場合，当事会社の債権者が不利益を受けるケースは多くないので，当事会社が債権者の異議手続を要する場合は限られている（789Ⅰ③・799Ⅰ③・802Ⅱ，会社則198）。完全子会社となる会社

〔江頭〕

§2

が株券発行会社であれば、株券の提出手続を要する（219Ⅰ⑦）。
　株式交換の効力は、株式交換契約に定めた効力発生日に生ずる（769Ⅰ・774Ⅰ）。株式交換の無効の訴え（形成訴訟）の制度がある（828Ⅰ⑪）。

32　株式移転（本条32号）

(1)　株式移転の意義

　この法律において、「株式移転」とは、「1又は2以上の株式会社がその発行済株式の全部を新たに設立する株式会社に取得させること」をいう（本条㉜）。
　株式移転は、株式交換と同様、既存の株式会社（B）を他の会社（A）の完全子会社とすることを目的とする、組織法上の行為である。しかし、株式交換においては、完全親会社となる会社（A）が既存の会社であるのに対し、株式移転は、完全親会社となる会社（A）が当該手続中において新たに設立される会社である点が異なる。株式移転は、既存の株式会社（B）が持株会社（A）を設立する場合に多く用いられる。
　株式移転により設立される完全親会社の種類が株式会社に限られ、合同会社を設立できない理由は、もし合同会社を設立できるとした場合、その手続として、原則としてBの総株主の同意を要することになろうが、それは実質的に総株主が持株を現物出資して合同会社を設立するのと変わらず（現物出資による合同会社の設立には、検査役の調査を要しない）、あえて制度を設ける必要性が乏しいからである（相澤＝細川7頁）。
　特例有限会社は、株式移転により完全子会社となることができない（会社法整備法38）。

(2)　株式移転の法的取扱い

(ｱ)　株式移転設立完全親会社による株式会社の発行済株式の全部の取得

　株式移転により設立する株式会社（株式移転設立完全親会社）は、その成立の日に、株式移転をする株式会社（株式移転完全子会社）の発行済株式の全部を取得する（774Ⅰ）。同じ日に、株式移転完全子会社の既存の株券および株式移転計画新株予約権（773Ⅰ⑨イ）に係る新株予約権証券（新株予約権付社債券）がすべて無効となること（219Ⅲ・293Ⅲ）、および、同じ日に、株式移転完全子会社の株主・株式移転計画新株予約権に係る新株予約権者が株式移転計画の定めに従い株式移転設立完全親会社の株主・新株予約権者等となること（774Ⅲ、社債株式振替138）は、株式交換の場合［☞31(2)(ｱ)参照］と同じである。

〔江　頭〕

§2　第1編　総則　第1章　通則

(イ)　**株式移転の手続**

　株式移転を行うには，株式移転完全子会社は，法定の事項を定めた株式移転計画を作成しなければならない（772・773）。2 以上の会社が共同して株式移転をする場合には，共同して株式移転計画を作成することを要する（772 II）。

　株式移転完全子会社は，新設合併契約等備置開始日から株式移転設立完全親会社の成立の日後 6 か月を経過する日までの間，株式移転計画の内容その他法務省令で定める事項を記載・記録した書面または電磁的記録を本店に備え置き，株主・債権者の閲覧に供しなければならない（803，会社則 206）。

　株式移転完全子会社は，株主総会の決議によって，株式移転計画の承認を受けなければならない（804 I）。株式移転については，株式交換における簡易株式交換・略式株式交換に相当する制度は存在しない。

　株式移転完全子会社の反対株主には株式買取請求権，株式移転計画新株予約権等に係る新株予約権者には新株予約権買取請求権が認められる（806・808）。株式移転の場合にも，株式交換におけると同様，株式移転完全子会社が債権者の異議手続を要するケースは限られている（810 I ③）。株式移転完全子会社が株券発行会社であれば，株券の提出手続を要する（219 I ⑧）。

　株式移転完全子会社において必要な手続が終了したときは，一定の期間内に株式移転設立完全親会社につき設立の登記をしなければならず（925，商登 90-92），株式移転の効力は，当該設立の登記による株式移転設立完全親会社の成立（49）によって生ずる（774）。株式移転の無効の訴え（形成訴訟）の制度がある（828 I ⑫）。

33　公告方法（本条 33 号）

(1)　**公告方法の意義**

　この法律において，「公告方法」とは，「会社（外国会社を含む。）が公告（この法律又は他の法律の規定により官報に掲載する方法によりしなければならないものとされているものを除く。）をする方法」をいう（本条㉝）。

　すなわち，ここでいう公告方法は，会社法上官報に掲載する方法によりしなければならないものとされている債権者に対する公告（449 II・499 I・627 III・789 II・799 II・810 II 等）ではなく，株主・株式の質権者・新株予約権者および社債権者に対する公告（124 III・218 I・219 I・220 I・293 I・426 III・440 I・714 IV・720 IV・735・780 II・790 II 等）の方法である。

〔江　頭〕

(2) 公告方法の法的取扱い

会社は、公告方法として、定款において、①官報に掲載する方法、②時事に関する事項を掲載する日刊新聞紙に掲載する方法、③電子公告のいずれかを定めることができる（939 I）。外国会社についても同様である（939 II）。公告方法に関する定めを置いていない会社・外国会社の公告方法は、①の方法となる（939 IV）。

なお持分会社については、株式会社の場合と異なり、「公告方法」に係る公告が必要とされる事項が法定されていないが、合併等における債権者の異議手続において定款の定めに従い上記②または③の方法で公告を行うと、債権者に対する各別の催告を省略できるので（627 III・793 II・802 II・813 II等）、定款に公告方法を定める（②または③の方法を定める）実益がある。会社法制定前の有限会社においても、同じ理由から定款に公告方法を定めていた例があるので、会社法施行後の旧有限会社の当該定款の定めの効力に関する規定が設けられている（会社法整備法 5 II-IV）。

34 電子公告（本条34号）

(1) 電子公告の意義

この法律において、「電子公告」とは、公告方法〔☞33参照〕のうち、電磁的方法（電子情報処理組織を使用する方法その他の情報通信の技術を利用する方法であって法務省令〔会社則222〕で定めるものをいう）により不特定多数の者が公告すべき内容である情報の提供を受けることができる状態に置く措置であって法務省令（会社則223）で定めるものをとる方法をいう（本条㉞）。

すなわち、電子公告は、電子情報処理組織を使用する方法その他の情報通信の技術を利用する方法であって、送信者の使用に係る電子計算機に備えられたファイルに記録された情報の内容を電気通信回線を通じて情報の提供を受ける者の閲覧に供し、当該情報の提供を受ける者の使用に係る電子計算機のファイルに当該情報を記録する方法のうち、インターネットに接続された自動公衆送信装置を使用する方法によって、不特定多数の者が公告すべき内容である情報の提供を受けることができる状態に置く措置である（会社則223）。

公告方法のうち、官報に掲載する方法または時事に関する事項を掲載する日刊新聞紙に掲載する方法は、利害関係人が見落とす危険があるのに対し、電子公告の方法は、利害関係人が定期的に公告ウェブサイトをチェックする等の習慣をつければその危険がなく、公告方法としてより有効と考えられることか

〔江頭〕

ら，平成16年商法改正により導入された。各会社の公告ウェブサイトを閲覧しようとする者の便宜のため，法務省に，電子公告が実際に掲載されているウェブサイトにリンクする「電子公告リンク集サイト」が開設されている。

なお官報の内容は，国立印刷局のウェブサイトに公開されるが（いわゆる「電子官報」），これは，電子公告に当たらない。無料で電子官報を閲覧できる「官報閲覧サービス」は，当日を含む1週間の内容に限られる等の点において，(2)に述べる電子公告と同等のものとは言えないからである。

(2) 電子公告の法的取扱い

会社または外国会社が公告方法として電子公告を定める場合には，「電子公告を公告方法とする」旨を定めれば足り，定款等に公告ウェブサイトのURLまで規定する必要はない（939Ⅲ）。事故（通信手段の長期の混乱等）その他やむを得ない事由によって電子公告による公告を行えない場合の公告方法として，官報または日刊新聞紙に掲載する方法のいずれかを定めておくこともできる（939Ⅲ）。

電子公告を行う際に公告内容を公告ウェブサイトに掲げるべき期間は，公告内容により異なるが，法定されている（940ⅠⅡ）。この公告をしなければならない期間中に公告の中断が生じた場合でも，一定の要件が満たされれば公告の効力に影響を及ぼさないものとされている（940Ⅲ）。

電子公告が適法に行われたか否かを事後に訴訟等でいかに証明するかという問題があるので，電子公告（法的効果を伴わない計算書類の公告〔440Ⅰ〕を除く）を行おうとする会社は，公告期間中，公告の内容である情報が適法な状態に置かれているか否かにつき，法務省令（会社則221，電子公告3）で定めるところにより，調査機関に対し調査（電子公告調査〔会社則221，電子公告5〕）を行うよう求めなければならない（941・976㉟）。調査機関は，電子公告調査の後遅滞なく，会社（調査委託者）に対し，法務省令（会社則221，電子公告7）で定めるところにより調査結果を通知しなければならず（946Ⅳ），その調査結果の通知書が登記申請の際の添付書類となる（商登70・77③・80③・81⑧・85③・86⑧・89③・90⑦）。電子公告の「電子公告リンク集サイト」への登載は，調査機関から法務省に対し通知されることにより行われる（946Ⅲ）。

(3) 電磁的方法

本条34号は，「電磁的方法」の定義規定でもある（本条㉞括弧書）。すなわち，この法律において，「電磁的方法」とは，電子情報処理組織を利用する方法その他の情報通信の技術を利用する方法であって，次のものを言う。ただ

§3

し，各方法は，受信者がファイルへの記録を出力することにより書面を作成することができるものでなければならない（会社則222）。

(ア) 電子情報処理組織を利用する方法のうち，送信者の使用に係る電子計算機と受信者の使用に係る電子計算機とを接続する電気通信回線を通じて送信し，受信者の使用に係る電子計算機に備えられたファイルに記録する方法。

(イ) 電子情報処理組織を利用する方法のうち，送信者の使用に係る電子計算機に備えられたファイルに記録された情報の内容を電気通信回線を通じて情報の提供を受ける者の閲覧に供し，当該情報の提供を受ける者の使用に係る電子計算機のファイルに当該情報を記録する方法。

(ウ) 磁気ディスクその他これに準ずる方法により一定の情報を確実に記録しておくことができる物をもって調製するファイルに情報を記録したものを交付する方法。

(江頭憲治郎)

（法人格）
第3条 会社は，法人とする。

細 目 次

I　本条の意義
II　法人性
　1　法人格の意義
　　(1)　一　般
　　(2)　持分会社の法人性
　　(3)　法人格と税制
　2　会社の権利能力の範囲
　　(1)　法令による制限
　　(2)　定款所定の目的による制限
III　社団法人
　1　一　般
　2　一人会社の許容
IV　営利事業を営むことを目的とする法人
　1　一　般
　　(1)　営利法人の概念
　　(2)　公益目的への会社の利用の可否
　　(3)　会社の非営利的運営の可否
　2　企業の社会的責任，企業の社会貢献
　　(1)　意　義
　　(2)　会社の寄附

【文献】青木哲「民法上の**組合**の債務と強制執行(1)-(3完)」法協121巻4号-123巻4号（2004-2006），石井照久「会社の**権利能力**」同・商法における基本問題（勁草書房，1960）39頁，稲庭恒一「会社の『**営利性**』について——**第三セクター**会社をてがかりに」現代企業法の理論・菅原菊志先生古稀記念論集（信山社，1998）122頁，上柳克郎「合名会社の法人性」同・会社法・手形法論集（有斐閣，1980）16頁，上柳克郎「会社の**能力**」同書31頁，上柳克郎「法人の目的たる事業の**範囲外の取引**」同書55頁，江頭憲治郎「**企業の法人格**」現代企業法講座2・企業組織（東京大学出版会，1985）55頁，落合誠一「企業法の**目的**——株主利益最大化原則の検討」現代の法7・企業と法（岩波書店，1998）3頁，落合誠一「会社の**営利性について**」江頭還暦（上）（商事法務，2007）1頁，加藤修「民主主義社会における株式会社の**営利性と公益性**」法学研究（慶應）77巻

12号(2004)331頁、来住野究「法人の営利性」商法の歴史と論理・倉澤康一郎先生古稀記念（新青出版、2005）205頁、**三枝一雄**「『会社のなす**政治献金**』論について」法律論叢63巻2＝3号(1990)1頁、**末永敏和**「会社の**目的条項論**」倉沢＝奥島編・学史291頁、鷹巣信孝・社団法人（株式会社）の法的構造（成文堂、2004）216頁、**富山康吉**・現代商法学の**課題**（成文堂、1975）67頁、浜田道代「会社の目的と権利能力および代表権の範囲・**再考**」曹時50巻9号-11号(1998)、福瀧博之「ドイツ法における民法上の組合の法人性——Thomas Raiser の見解」法学論集（関西大学）53巻3号(2003)485頁、**森本滋**「法人と定款所定の**目的**」民商93巻臨時増刊号(2)(1986)49頁、山田創一「Ultra Vires の再評価」法学新報108巻5＝6号(2001)187頁

I　本条の意義

　本条は、会社（2①）がすべて法人である旨を定めている。民法上、「法人は、この法律〔民法〕その他の法律の規定によらなければ、成立しない」として、法人を法定のものに限定しているが（民33 I）、会社に関しては、本条がそこにいう「その他の法律の規定」に当たるわけである。ドイツのように、合名会社（offene Handelsgesellschaft）・合資会社（Kommanditgesellschaft）は民法上の組合である合手的共同団体（Gesamthandgemeinschaft）の一種であって、法人ではないと解する国もあるが（同国の通説）、わが国では、このように、明文の規定により、持分会社（575 I）を含めすべての会社が法人であるとされている。

　なお、会社が法人である旨が明文の規定で定められたのは、明治32年の現行商法の制定時（昭13改正前商44 I）である。明治23年旧商法には、「会社ハ特立ノ財産ヲ所有シ又独立シテ権利ヲ得義務ヲ負フ殊ニ其名ヲ以テ債権ヲ得債務ヲ負ヒ動産、不動産ヲ取得シ又訴訟ニ付キ原告又ハ被告ト為ルコトヲ得」（旧商73）との規定はあったが、会社が法人である旨を明示する規定はなかった（村上淳一「会社の法人格」桐蔭法学2巻2号〔1996〕1頁）。

II　法　人　性

1　法人格の意義

(1)　一　般

　「法人」とは、自然人以外のもので権利・義務の主体たる地位を有するものである（新版注釈民法(2)〔有斐閣、1991〕1頁〔林良平〕）。会社のような社団（複数人の団体）に法人格を付与することの利点は、権利・義務の帰属および社団の管理が簡明となり、団体としての統一的活動が容易になることである。すな

わち，① 団体の対外的活動から生じた権利・義務は法人に帰属し（内部関係についても，構成員は，相互間ではなく法人との間に権利・義務を持つ），かつ，② 団体に対して効果が生ずる財産上の行為は団体の機関が行うこととなり，構成員の権限は制約を受ける（構成員にも，機関の選任等の重要な団体意思形成に関与する権限は残るものの）ことを意味する。

したがって，社団に法人格を付与する（社団法人）とは，構成員と別個・独立の権利・義務主体を作ることであるが（法人の「分離原則」），注意すべきことは，第1に，法人財産の独立・分離には，種々の程度・段階があり得ることである。すなわち，会社（2①）の中でも，持分会社の構成員からの独立・分離の程度は，(2)で述べるように，株式会社の場合よりも弱い。

第2に，法人財産の独立・分離と表現される現象は，必ずしも法人に特有のものではなく，権利能力のない団体にも若干は存在していることである。例えば，権利能力なき社団の社員は，取引の相手方に対し個人的な債務・責任を負わないと一般に解されており（最判昭和48・10・9民集27巻9号1129頁），その側面に関する限り，権利能力なき社団は，社員（またはその一部）が法人の債務に連帯無限の責任を負う合名会社・合資会社よりも独立・分離の程度が強い。社員の有限責任を認めれば，解釈上，社員の持分払戻請求（最判昭和32・11・14民集11巻12号1943頁）・当該権利能力なき社団の業務に関して生じたものでない権利に基づく強制執行（有限組合22Ⅰ参照）等を制限せざるを得ない。また，「法人でない社団又は財団で代表者又は管理人の定めがあるものは，その名において訴え，又は訴えられることができる」ものとされ（民訴29），権利能力なき社団には訴訟上の当事者能力が認められる（権利能力なき社団の財産が代表者個人名義である場合には，当該債務名義に基づき，代表者個人に対する承継執行文の付与を求めることができる〔民訴115Ⅰ④，民執23Ⅲ・27Ⅱ。新堂幸司・新民事訴訟法〔第3版補正版〕（弘文堂，2005）133頁〕）。このように，権利能力なき社団については，法人財産の独立・分離の要素とされている各事項（法人格の属性）のうち，債務・責任の帰属関係，訴訟当事者能力，強制執行関係，持分払戻しの可否については，法人との差が見出せない。積極財産の帰属関係については，権利能力なき社団の場合，登記・登録実務上，団体名義とすることができない点で法人と取扱いが異なるものの，それにより実質的効果が大きく違うわけではない。したがって，法人にしか存在せず権利能力なき社団には存在しない属性は存在しない，と言っても過言ではない（江頭・企業の法人格72頁）。

民法上の組合にも，代表者の定めがあるものについては訴訟当事者能力が認

められる（最判昭和37・12・18民集16巻12号2422頁〔民訴29〕）等，法人財産の独立・分離の要素とされている事項（法人格の属性）の一部が認められる。

(2) 持分会社の法人性

持分会社も法人である。しかし，株式会社に比べると，法人財産の構成員からの独立・分離の程度が弱い。

第1に，株式会社においては，取締役が必置の機関であり，構成員（株主）が会社財産の処分等会社財産に関する行為を行うことはできないのに対し（第三者機関制），持分会社の構成員（社員）は，定款に別段の定めがある場合を除き，会社の業務を執行する権限を有する（590 I。自己機関制）。

第2に，株式会社では，株主は会社債務に対し責任を負わないのに対し（104），持分会社では，会社がその財産をもって債務を完済することができない場合，または，会社財産に対する強制執行が功を奏しなかった場合には，社員（有限責任社員が自己の出資の価額全額を会社に対し履行した場合を除く）は，連帯して会社の債務を弁済する責任を負う（580 I II）。

第3に，株式会社では，株主の債権者が会社に対し同株主の持分払戻しを請求することはできないのに対し，持分会社の社員の債権者は，社員の持分を差し押さえ，事業年度の終了時において同人を退社させることができ，退社により生じた持分払戻請求権を債権の満足に当てることができる（609 I・611。なお635）。

このように，持分会社の「分離原則」は，株式会社と比較すると弱い点がある。しかし，合名会社・合資会社であろうと，それは法人であり，積極財産および債務は，会社に帰属する。社員が「会社の債務を弁済する責任を負う」場合（580 I II）に，代替的な会社の作為義務は社員がそれを履行すべきことになるのか否かに関し見解が分かれているものの（新注会(1) 281頁〔大塚龍児〕），会社の債務が手形債務である場合社員は手形に署名していない以上手形上の責任は負わないこと，会社が競業避止義務を負担しても社員個人としての競業が禁じられるわけではないこと等は疑いなく，その意味で，会社は，社員と別個の義務主体である。

また，持分会社の財産に対し強制執行するには，会社に対する債務名義を要し，社員全員に対する債務名義に基づく会社財産に対する強制執行は認められない。社員が会社の債務を弁済する責任を負う場合であっても，社員の財産に対する強制執行には，社員に対する債務名義が必要であり，会社に対する債務名義に社員に対する執行文の付与を受けることは認められない（合名会社に法

〔江　頭〕

§3

人格を認めないドイツにおいても，この点は同じである。青木・組合(2)〔法協123巻3号〕473頁)。民法上の組合については，全組合員に対する債務名義に基づき組合財産に対し強制執行でき（通説)，組合に対する債務名義に社員に対する執行文の付与を受けることができる（新堂・前掲133頁注1，来栖三郎・契約法〔有斐閣，1974〕667頁）のと異なる点である。

すなわち，持分会社においても，法人財産の独立・分離の要素とされている各事項（法人格の属性）のうち，①「その名において権利を取得し義務を負う」，②訴訟当事者能力，③「その名義の債務名義によってしか強制執行を受けない」という3つの属性は認められる。そして，この3つの属性は，わが国の法制上「法人」とされるものが常に有しているものである（江頭・企業の法人格72頁）。

(3) **法人格と税制**

内国法人は，法人税の納付義務を負う（法税4Ⅰ・5）。したがって，会社は，すべて法人税の納付義務を負う。営利を目的とする団体であっても，民法上の組合，匿名組合（商535)，信託，投資事業有限責任組合（投資有限組合2Ⅱ），有限責任事業組合（有限組合2）等は，法人税制上，納税義務の主体ではなく，その活動によって生ずる所得は直接に団体構成員に帰属する。したがって，法人税との二重課税を避け得る，事業損益のパススルーが可能になる（事業用資産の減価償却費を直接に構成員の損金とする等）など，会社にない税制上のメリットが存在する。私法上法人格がない団体でも，人格のない社団等（法税2⑧)は，法人税制上，法人とみなされ（法税3)，会社と異なるメリットが存在しないため，通常，営利目的に用いられることはない。

2　会社の権利能力の範囲

(1) **法令による制限**

会社を含む法人は，法による創造物であるから，当然にその権利能力は，法令により認められた範囲に限られる（民34）。会社法制定前，会社が他の会社の無限責任社員となることが禁じられていた（平17改正前商55）のは，法令による会社の権利能力の制限の典型的なものであったが，会社法の制定時にその制限は撤廃された（598Ⅰ）。会社法制定前，当該禁止の理由として，①会社は無限責任社員としての人的信用に欠ける（岡野敬次郎・会社法講義案〔中央大学，1920〕16頁），②会社の存立の基礎を危うくする（大判大正5・11・22民録22輯2271頁），③会社は自ら事業を遂行する人的要素を備えていない（田中耕・上

77頁)等が主張されてきたが，会社が組合の業務執行者になり得ること等にかんがみても，いずれも十分な理由とは解されなかったからである（要綱試案補足説明・第三部3)。

現行法上，法令による会社の権利能力の制限と解されるものとして，次のものがある。

(ア) 解散後の会社の権利能力

解散し清算中の会社および破産手続開始の決定を受けた会社は，清算・破産の目的の範囲内でのみ権利を有し，義務を負う（476・645，破35)。

(イ) 取締役・監査役・執行役・清算人となることの禁止

会社を含む法人は，株式会社の取締役・監査役・執行役・清算人となることができない（331 I ①・335・402 IV・478 VI. 選任が無効となる)。会計参与および会計監査人に法人がなり得ることについては，明文の規定がある（333 I・337 I)。検査役（33 I・94 I・207 I・284 I・306 I・316 I・325・358 I）に関しては規定がないが，法人の資格は排除されないと解すべきである。支配人（10）については，人的個性が重視されるため，法人はなれないと一般に解されている（大隅144頁，上柳・能力34頁)。

(ウ) 補論——外国会社の権利能力

外国会社（2 ②）が日本国内において活動する場合には，原則として日本法に基づき設立された同種の法人（会社）と同範囲の権利能力が認められる（民35 II)。したがって，当該外国会社の設立準拠法が認める能力でも日本国内では認められないものが生じ得る。また，当該外国会社の設立準拠法上権利能力の範囲外とされる行為でも，日本国内で行われた場合には無効とならないことがある（法適用4 II，民35 II)。

なお外国会社は，法令・条約により，日本法人とは別の権利能力の制限を受けることがある（民35 IIただし書，外人土地 I。なお外人土地2・5，電電6 I ③ ④参照)。

(2) 定款所定の目的による制限

(ア) 一　般

(a) 法令　平成18年改正後の民法34条は，「法人は，法令の規定に従い，定款その他の基本約款で定められた目的の範囲内において，権利を有し，義務を負う」と規定する。同条は，会社を含むすべての法人の権利能力が定款所定の目的（会社の場合，27 ①・576 I ①）によって制限される趣旨を示すものと解される（民33 II参照)。

平成18年改正前の民法43条は，文言の上では，改正後の民法34条と同じであった。しかし，同条は，形式的には，平成18年改正後の民法34条と異なり，公益法人を直接の適用対象とする規定であったことから，会社には同条が「類推適用」されるか否かが問題とされてきた。(イ)に述べるように，判例は，会社にも同条が類推適用される（会社の権利能力が定款所定の目的により制限される）ことを肯定してきたが，学説には，反対説も有力であった［☞(b)］。

　なお平成17年改正前の商法72条は，「〔合名会社ノ〕定款ノ変更其ノ他会社ノ目的ノ範囲内ニ在ラザル行為ヲスニハ総社員ノ同意アルコトヲ要ス」と定めていたが（同条後段の解釈として，新注会(1)237頁［米沢明］），会社法は，同条に対応する規定から，定款の変更以外の「目的の範囲外の行為」に関する文言を削除している（637）。

　(b)　**規定の趣旨および同法理をめぐる状況**　平成18年改正前民法43条は，その立案過程から，イギリスの判例法に由来する定款所定の目的による権利能力の制限（ultra vires）の法理を継承したものとされていた（石井・権利能力42頁）。同条が会社にも類推適用されることの根拠としては，①目的事業に出資した株主・社員の保護の必要のほか，②民法草案起草の質疑中で「会社」も適用対象に挙げられていたこと（石井・権利能力45頁），③会社と取引をする第三者は，登記によって公示される会社の目的（911Ⅲ①・912①・913①・914①）を知って取引するはずであること等が挙げられている。

　しかし，そのイギリス自身が，会社については，1972年のEC加盟に際し，善意の相手方に対し会社は権利能力外の抗弁を提出できない旨を立法し（相手方の善意は推定される），1989年には，相手方の善意・悪意を問わず同抗弁を提出できない旨を立法した（加美和照「イギリス会社法における能力外の理論の改正」会社取締役法制度研究〔中央大学出版部，2000〕48頁）。わが国と同じくイギリスのultra vires法理を継受した米国の各州も，現在では，若干の州を除き制定法により同法理を廃棄した（竹内昭夫「会社法におけるUltra Viresの原則はどのようにして廃棄すべきか」同・会社法の理論Ⅰ〔有斐閣，1984〕152頁, Del. Gen. Corp. Law § 124; Model Bus. Corp. Act of 2005 § 3.04）。

　平成18年民法改正前，わが国の学説にも，会社につき民法43条は類推適用されない（定款所定の目的は会社の権利能力の制限にならない）とする主張が有力であった。その実質的理由は，相手方の取引安全の要請（取引のたびに登記簿により会社の目的を確認することはできないし，それを行ったとしても取引が目的の範囲か否かを的確に判断することは難しい），および，目的事業に出資した株主・社員

の期待を取引相手方の犠牲において保護することへの疑問である（田中誠二「会社の権利能力の範囲について」会社法研究〔千倉書房，1959〕139頁，上柳・能力40頁，末永・目的条項297頁）。規定文言上も，平成17年改正前商法が会社につき平成18年改正前民法44条1項を準用しながら（同改正前商261Ⅲ・78Ⅱ〔350に相当する〕），法人の目的の範囲外の行為の処理を定める平成18年改正前民法44条2項（「法人の目的の範囲を超える行為によって他人に損害を加えたときは，その行為に係る事項の決議に賛成した社員及び理事並びにその決議を履行した理事その他の代理人は，連帯してその損害を賠償する責任を負う」）を準用しなかったことは，同項と対になる平成18年改正前民法43条も会社に準用する意図を商法起草者が有しなかったことを示すと主張するものがあった（浜田・再考（中）〔曹時50巻10号〕2411頁）。会社につき定款所定の目的は権利能力の制限とならないと解する学説には，代表機関の権限は当該目的の範囲に制限され，目的外の行為であることにつき悪意の第三者に対しては無効を主張できるとするもの（浜田・再考（下）〔曹時50巻11号〕2632頁，龍田54頁）と，当該目的は，機関の会社に対する義務を定めたにすぎず，悪意の第三者に対しても無効を主張できないとするもの（上柳・能力41頁，田中誠・上83頁，森本・目的68頁）とがあった。

　このような外国立法例および学説の状況下において，平成18年改正民法34条が，何の検討もなしに，公益法人のみならず会社についても定款所定の目的が権利能力の制限になる旨を明定したことは，遺憾というほかない。(ｲ)で述べるように，判例上定款所定の目的の範囲を広く解することにより，目的外の抗弁によって第三者の取引の安全が害される事態は避けられているものの，定款所定の目的の逸脱は，取締役等の善管注意義務違反に基づく損害賠償責任事由（355・419Ⅱ・423Ⅰ），取締役等の行為の差止事由（360・385・407Ⅰ），監査役等の取締役等への報告事由（382・406），役員の解任事由（854Ⅰ），会社の解散命令事由（824Ⅰ③）等としても問題になる。後者のような会社の内部的問題については，定款の目的条項を拡張解釈する必要はなく，したがって，前者のケースとの間に，「定款所定の目的の範囲」に関し解釈上の齟齬をきたすからである。

(ｲ)　**定款所定の目的の範囲内か否かの判断基準**

(a)　**目的条項の解釈基準**　　判例は，平成18年改正前民法43条の施行後一貫して，会社の権利能力は定款所定の目的の範囲内に限られる旨を判示しているが，当初の大審院判例は，定款に明記されない事項はすべて目的の範囲外にあるとする厳格な判断基準をとっていた。すなわち，会社の創業に際し尽力し

た者に対し謝意を表するため金員を贈与する契約（大判明治36・1・29民録9輯102頁），銀行の荷為替保証（大判明治37・5・10民録10輯638頁）・手形保証（大判明治40・2・12民録13輯99頁）等を，定款所定の目的の範囲外として無効とした。

しかし，このような厳格な解釈は，取引の安全を害するばかりでなく，会社の業務自体にも支障をきたす。そこで判例は，定款条項を拡張解釈するようになり（銀行が小切手に支払保証することを，定款所定の「預金・貸付」と解する〔大判明治44・3・20民録17輯139頁〕等），大正年代に入ると，会社の定款は冗漫を避け，簡潔を旨とし細目にわたらないのを常とするから，「記載事項ヨリ推理演繹シ得ヘキ事項」は，定款中に具体的に記載されなくても記載事項に包含されると推断される（目的条項の弾力的解釈）のみならず，「会社ノ目的ヲ達スルニ必要ナル事項」は，定款に記載されなくてもその目的の範囲内の行為と認める（機能的基準の導入）にいたった（大判大正元・12・25民録18輯1078頁〔銀行の手形保証を，与信行為の一種であることを理由に，目的たる貸付と同視する〕）。その後の判例は，この2基準による判断を踏襲しているが，実際に事件となったものには，後者の「目的遂行に必要な行為」であるか否かが争われ，それを肯定したものが多い（大判大正3・6・5民録20輯437頁〔破綻取引先の救済のための手形裏書〕，大判大正10・11・2民録27輯1861頁〔株主に帳簿を閲覧させることを約する〕，大判昭和6・12・17新聞3364号17頁〔鉄道会社による炭坑採掘事業の兼営〕，最判昭和27・2・15民集6巻2号77頁〔財産の保存・運用を目的とする会社による不動産売却〕，最判昭和30・3・22判時56号17頁〔鉱山会社による床板の販売〕，最判昭和30・10・28民集9巻11号1748頁〔他人の借地契約上の債務の連帯保証〕，最判昭和33・10・21判時165号32頁〔自己が融資を受けるためにする他社の債務の連帯保証〕等）。

(b) 必要性の外形的・客観的判断　定款所定の目的の範囲内の行為か否かに関し，(a)の基準に従い，当該行為が「目的遂行に必要な行為」か否かが争われる場合に，判例は，当初，それは「定款ニ依リテ定マリタル会社ノ目的ト其ノ為シタル行為トヲ対照審究シテ判定スヘキ事実問題」であるとしていた（前掲・大判大正3・6・5，前掲・大判大正10・11・2，大判大正11・7・17民集1巻402頁）。そして，「目的遂行に必要な行為」であることの証明責任については，会社の目的遂行のため行ったと推定されると解するもの（大判明治41・2・17民録14輯108頁〔附属的商行為（商503Ⅱ）の規定による〕，前掲・大判昭和6・12・17）と，必要性を主張する側（取引の相手方）が立証すべきであると解する

もの（前掲・大判大正 3・6・5，前掲・大判大正 11・7・17）とに分かれていた。

　しかし，証明責任につきいずれの立場に立つにせよ，具体的に会社の目的遂行に必要な行為でなければ定款所定の目的の範囲内の行為でなく，無効であるとすると，代表者が自己のために代表権を濫用した場合（最判昭和 38・9・5 民集 17 巻 8 号 909 頁）等には，行為が無効となってしまう。そこで，判例は，「行為カ外形ヨリ観テ被上告会社ノ目的タル前記業務ヲ遂行スルニ必要ナル行為タリ得ヘキモノナルニ於テハ右行為ハ被上告会社ノ目的ノ範囲内ノ行為ナリ」と解する外形的・客観的基準を採用するにいたった（大判昭和 13・2・7 民集 17 巻 50 頁〔倉庫・運送業を営む合資会社の無限責任社員が，会社の名で，自己の利益のために重油を買い入れた例〕）。会社にとっての必要性を外形的・客観的（抽象的）に判断する考えは，それ以後現在まで受け継がれている（前掲・最判昭和 27・2・15，前掲・最判昭和 30・3・22，最大判昭和 45・6・24 民集 24 巻 6 号 625 頁）。

　(c)　現在の判例法理の到達点と問題点　　会社の行為が定款所定の目的の範囲内か否かに関する判例法理は，①定款の目的条項を弾力的・機能的に解し，「定款の記載事項から推理演繹し得る事項」・「会社の目的の達成に必要な事項」は目的の範囲に含まれ，かつ，②会社の目的遂行に必要か否かは，行為の外形から見て客観的・抽象的に判断すべきものである，というものである。

　この判例の基準による会社の定款所定の目的の範囲は，非常に広いものと考えられ，戦後の判例は，下級審も含め，「会社の能力の目的による制限を否定するのと，結果において殆んど差異はない」と言われる（上柳・範囲外 56 頁）。したがって，「行為が定款所定の目的の範囲外の行為として無効である」との主張が会社からなされること自体が，現在ではきわめて稀である。

　ただ，判例が定款所定の目的の範囲外の行為として無効になるものはある，との理論を依然として維持している点には，注意を要する。第 1 に，金銭の借入れ・連帯保証等，どの会社も行う定型的・手段的行為は，客観的・抽象的に見て会社の目的遂行に必要な行為であると解しやすいが，最高裁には，連帯保証契約につき「特段の反証の見るべきもののない本件においては，上告会社の目的遂行に必要な事項と解すべきである」として，客観的・抽象的判断の適用を避けたものがある（前掲・最判昭和 30・10・28）。これは，このタイプの行為に客観的・抽象的判断基準を適用すると，定款所定の目的の権利能力制限機能が完全に失われることを嫌った結果とも見られる（森本・目的 56 頁）。第 2 に，判例には，鉱山会社の床板の売買のように，客観的・抽象的に見た場合に必要

§3

性が疑われるケースに必要性を肯定した例があるが，その際に判例は，「会社を維持するため必要のある場合」だから肯定できる旨の限定を付した（前掲・最判昭和30・3・22）。すなわち，この判例は，定款条項からかけ離れた内容の取引には必要性を否定する余地を，一般的には残しているわけである。これらのケースにも，客観的・抽象的基準により会社の目的遂行に必要な行為と認めた上で，会社の利益のため行われたものでない行為のみを代表権の濫用法理［☞(b)参照］で無効とするだけでも足りるようにも思われるが，判例は，そうは考えないわけである。

なお学説には，会社の政治献金が定款所定の目的の範囲内か否かを問題とするものが多いが，それは，後に取り上げる［☞Ⅳ2(2)(イ)］。

Ⅲ 社団法人

1 一 般

会社は，1人以上の株主・社員を構成員とする法人であり（641④参照），したがって，社団法人・財団法人の区別（一般法人1）でいえば，一種の社団法人である。平成17年改正前商法および有限会社法には，会社が「社団」である旨の規定があったが（平17改正前商52Ⅰ，旧有1Ⅰ），会社法には，会社が社団である旨の明文の規定はない。

会社法に会社が社団である旨の規定がない理由は，わが国では，「社団」の語が元来複数人の集合体の意味で使用されてきたのに対し（立法過程につき，松田二郎・株式会社の基礎理論〔岩波書店，1942〕89頁，藤田祥子「法典編纂期における会社の概念」近代企業法の形成と展開・奥島孝康教授還暦記念(2)〔成文堂，1999〕132頁参照），株式会社には一人会社（株主が1人の会社）がきわめて多く，かつ，会社法は，持分会社にも一人会社を許容したことから［☞2参照］，会社を「社団」と明示することに躊躇が感じられたのであろうと推測される（平成2年商法改正により原始的一人会社の設立が許容された際，その「社団」性の説明をめぐり，多くの議論がなされた。倉澤康一郎「一人会社設立の法認の意義」企業会計43巻5号〔1991〕102頁，加藤勝郎「一人会社の法人性と社団性」専修法学論集55＝56号〔1992〕71頁，土井勝久「株式会社の『一人会社』に関する問題」札幌法学3巻2号〔1992〕57頁，宮島司「一人会社と社団性」法学研究（慶應）66巻1号〔1993〕93頁，大賀祥充「一人会社について」法学研究（慶應）66巻1号〔1993〕189頁，丸山秀平「原始的一人会社の『社団性』について」堀口亘先生退官記念・現代会社法・証券取引

法の展開〔経済法令研究会，1993〕265頁）。

なお「社団」の語に，「権利能力なき社団」という概念に見られるように，「組合」（民667-688）と対立する一定の要件を備えた組織形態の意味が付されるようになったのは，明治32年商法の制定より後，ドイツ法の影響が強くなって以後のことである。

2 一人会社の許容

法人格は，団体の構成員と別個・独立の権利・義務主体を作ることにより法律関係を簡明にする法技術であるから，制度の当初は，構成員が1人の「団体」に法人格を付与することは想定されていなかった。すなわち，すべての会社類型につき，社員が1人となること（株式会社においては株主が7人未満となること）は，法定解散事由とされていた（昭13改正前商74⑤・221③，昭和13年制定時の旧有69Ⅰ⑤）。

しかし，株式会社については，個人企業が有限責任・税制上等のメリットから「法人成り」する，大企業が経営戦略上事業の一部を完全子会社の形で運営する等，株主1人の一人会社を認めることに社会的要請があることから，株主数の減少を法定解散事由とする規定は，昭和13年に削除された（佐々木良一ほか・株式会社法釈義〔巌松堂，1939〕425頁）。また，会社設立時に7人以上の発起人を要求する規定（平2改正前商165）も，平成2年に削除された。有限会社については，平成2年に，複数社員の存在を設立・存続要件とする旨の規定（平2改正前有69Ⅰ⑤）が削除された。

会社法により新設された合同会社は，社員が有限責任である関係上，株式会社と同じく一人会社を認めよとのニーズがある。合名会社には，一人会社を設立したいとの積極的要請は乏しいであろうが，社員が1人になると当然に解散させるだけの必要性も乏しい。そうだとすると，合資会社が無限責任社員1人となった場合に合名会社になることに格別の問題はなく（639Ⅰ），有限責任社員1人となった場合に解散せず合同会社に種類変更を認めることも，一定の措置（640Ⅱ）を義務付ければ格別の不都合はない。そこで，会社法は，同法制定前の規律と異なり，持分会社の社員が1人になることを法定解散事由とする規定を設けず（641④。平17改正前商94④対比），一人会社の設立・存続を許容した（法制審議会・会社法制の現代化に関する要綱・第三部第四1）。

外国においては，米国の各州会社法は，従前は発起人3人以上を要求する例が多かったが，現在はほぼ全州で一人会社の設立を認めている（Del. Gen.

Corp. Law § 101(a); Cal. Corp. Code § 200(a))。イギリスは，1992年に一人会社の設立を許容した（Companies Act 2006, s 7(1)）。ドイツは，1980年に有限会社につき（GmbHG § 1），1994年に株式会社につき（AktG § 2），一人会社の設立を許容した。フランスは，1985年に有限会社につき一人会社の設立を許容したが（Art. L. 223-1・223-4），株式会社については，一人会社の設立・永続をともに認めていない（鳥山恭一「一人会社の法規整」早稲田法学65巻3号〔1990〕1頁）。

IV 営利事業を営むことを目的とする法人

1 一　般

(1) 営利法人の概念

わが国の法制上，「営利事業を営むことを目的とする法人」の存在が予定されている（民33Ⅱ）。「営利事業を営むことを目的とする」とは，平成16年法147号による改正前民法35条1項に規定されていた「営利ヲ目的トスル」および平成17年改正前商法52条2項に規定されていた「営利ヲ目的トスル」と同じ意味，すなわち，対外的経済活動で利益を得て，得た利益を構成員に分配することを目的とする（松本烝治「営利法人ノ観念」私法論文集〔厳松堂，1926〕38頁）という意味であると解される。対外的経済活動で得た利益を構成員に分配せず，あげて公益目的に費する法人があったとすれば，それは一般社団法人の一類型と解される（落合・営利性17頁）。

会社は，事業として商行為を行うものであり(5)，かつ，株式会社の株主は，「剰余金の配当を受ける権利」または「残余財産の分配を受ける権利」の少なくとも一方を有しなければならない（105Ⅱ）。持分会社の社員は，会社に対し利益の配当を請求することができ（621Ⅰ），退社に伴う持分の払戻しまたは残余財産の分配の際には，利益の分配にも与る（611Ⅱ・666）。したがって，会社は，「営利事業を営むことを目的とする法人」（以下，「営利法人」という）に該当する。

(2) 公益目的への会社の利用の可否

会社は，営利法人であり，対外的経済活動で得た利益を構成員（株主・社員）に分配することを目的とする。このことから，学術・技芸・慈善・祭祀・宗教その他の公益的分野のうち少なくとも一定のものについては，会社形態で事業を行うことは認められないとされてきた。例えば，学校教育法にいう学校

等の教育施設の設置は，国，地方公共団体または学校法人のみに認められ（学教2 I），株式会社形態で行うことはできないとされてきた（昭和39・9・25民四発319号民事局第四課長回答〔株式会社は「幼稚園の経営」を目的とすることはできない〕）。これは，生徒等の支払う授業料等は全額教育目的に費消されるべきものであり，その一部を株主に分配することは政策的に好ましくない，との思想の反映であると考えられる。しかし，平成15年以後，規制緩和政策の一環として構造改革特区において株式会社による学校の設置が認められたこと（構造改革特区12）からもわかるように，「公益」と「営利」とは本来別次元のものであって（加藤・営利性と公益性336頁），公益的分野への会社の参入を認めるか否かは政策的判断の問題であり，会社制度の本質に由来するものではない。従前から，目的を「予備校の経営」（登研382号83頁），「病院経営」（昭和30・5・10民四発100号民事局第四課長回答）等とする会社の設立登記申請は，認められるとされてきた。

(3) 会社の非営利的運営の可否

会社は，(1)で述べた意味の営利法人であるから，対外的経済活動を行う上で，およびそこで得た利益を株主・社員に分配する上で，「株主・社員の利益最大化」が関係者の利害調整の原則となる（落合・目的23頁）。その原則の具体的な法的効果として，①株主・社員の利益最大化に反する総会決議・社員の業務執行の決定は無効であり，②取締役・執行役・業務執行社員の善管注意義務・忠実義務（330〔民644〕・355・402 Ⅲ・419 Ⅱ・593 Ⅰ Ⅱ）とは，株主・社員の利益最大化を図る義務を意味する，ということが導かれる。しかし，いかなる行為が株主・社員の利益最大化になるかが明瞭でないケースも多く，企業の社会的責任の要請〔☞2参照〕もあるので，上記の原則の帰結としての法的効果は，次に例示するように，法規範としては緩いものにとどまらざるを得ない。

(ア) 「株主の利益最大化」に反する定款の定め等

株式会社につき，会社法は，「株主に前項第1号及び第2号に掲げる権利〔剰余金の配当を受ける権利および残余財産の分配を受ける権利〕の全部を与えない旨の定款の定めは，その効力を有しない」としか規定していない（105 Ⅱ）。逆に言うと，株主に対し分配可能額の一部しか分配しない定款の定めも，許容されることになる。

会社法上，損益計算書を経由せず直接に剰余金を減少することは認められないから（論点解説549頁），定款で定めても，剰余金の処分（452）として株主以

外の者に対し剰余金を分配することはできないが，定款または株主総会決議により，剰余金の一定割合を任意積立金（例えば「社会事業寄附積立金」）とする旨を定め，当該積立金を事後に取締役が寄附金支出に当てること等は，可能と解される。もっとも，当該任意積立金の割合がいくら多くてもよいか（株主に「剰余金の配当を受ける権利および残余財産の分配を受ける権利の全部を与えない」もの以外はすべて有効か）については疑いがあり，当該割合があまりに高いと，営利法人たる会社の本質に反し，定款・株主総会決議が無効になると解すべきである。その有効・無効の限界が問題であるが，① 定款の定めに基づくか単なる株主総会決議によるか，② 当該定款の定めが原始定款または株主全員の同意を得た定款変更により設けられたか否か，③ 会社が公開会社か否か等により，限界は異なると解すべきである。

なお定款・株主総会決議による授権なしに取締役等が行う寄附については，2(2)参照。

(イ) 第三セクターの会社等

定款に定めなくても，関係者全員が合意の上で，事実上株主・社員の利益最大化に反する会社運営を行うことは可能である。例えば，地方公共団体と民間企業とが出資する「第三セクター」の株式会社においては，前者は行政目的の達成にのみ関心があり，後者も会社からの剰余金の配当ではなく地域の活性化から生ずる波及的な経済的利益のみを期待している例が多い。こうした会社運営は，(1)で述べた「営利法人」の定義に反するが，当事者の当該合意が無効であるとか，それが株式会社の解散事由になるわけのものではない（稲庭・第三セクター148頁）。

2 企業の社会的責任，企業の社会貢献

(1) 意　義

会社とくに大企業が，株主・社員の利益最大化のみを追求するのではなく，従業員の福利，慈善・人道，環境，地域振興等，より広範な社会的利益に配慮して運営されるべきであるとする理念は，「企業の社会的責任」（Corporate Social Responsibility）とよばれる。わが国における特色は，「法令遵守」という当然のことが，経済団体等において「企業の社会的責任」の中心課題として語られること，および，社会事業への寄附等の会社の無償の出捐は「企業の社会貢献」として，「企業の社会的責任」とは別扱いにされるケースが多いことである。

〔江　頭〕

取締役等による「企業の社会的責任」への配慮が，原則として経営判断の問題であり，善管注意義務・忠実義務違反を生じないことは，一般的に認められている。しかし，会社の行う寄附とりわけ政治献金は，次に述べるように，法的議論の対象とされることが多かった。

(2) 会社の寄附

(ア) 社会的な期待・要請と会社の利益

判例によれば，会社は，自然人と同じく社会的実在であり，それとしての社会的作用を負担せざるを得ないから，会社に社会通念上期待・要請される寄附をすることは，権利能力の範囲内の行為であり，かつ，会社の規模・経営実績・相手方など諸般の事情を考慮し応分の金額のものである限り，取締役等に善管注意義務・忠実義務違反を生ずることはない（前掲・最大判昭和45・6・24，最判平成8・3・19民集50巻3号615頁）。このように社会の期待・要請から会社の寄附を正当化する見解を批判し，会社の寄附は，会社の信用・評判を高め会社の事業遂行に有益な限りで認められるべきものであるとする見解があるが（鈴木竹雄「八幡製鉄政治献金事件高裁判決について」商法研究Ⅲ〔有斐閣，1971〕315頁），「企業の社会的責任」が強調される現在では，判例の見解が，外国も含め支配的であると思われる（ALI, Principles of Corporate Governance: Analysis and Recommendations § 2.01(b)(3)参照）。学術その他，地味な各分野で活動を行っている関係者等からは，大企業は事業上の損得を離れて寄附をしてほしいとの要求が強いし，経済界の一般的意識も，「〔会社の社会貢献は〕事業経営上の効果がある……といった程度の次元のものではありたくない」というものになっている（経済団体連合会編・社会貢献白書1996年〔日刊工業新聞，1996〕17頁）。

(イ) 会社の政治献金

判例は，会社が政党に政治献金をすることも，社会的役割を果たす行為と認める（前掲・最大判昭和45・6・24，前掲・最判平成8・3・19）。取締役の責任に関し，会社にとり応分の金額であるか否かが争われた例として，名古屋高金沢支判平成18・1・11判時1937号143頁）。しかし，学説には，政党への政治献金を，会社の能力外の行為（新山雄三「株式会社企業の『社会的実在性』と政治献金能力」岡山大学法学会雑誌40巻3＝4号〔1991〕145頁，藤原俊雄「会社の寄附・献金と権利能力論」静岡大学法政研究42巻2号〔1994〕264頁）または公序良俗違反の行為（富山・課題123頁，三枝・政治献金100頁，河本70頁）として，無効と解する見解が少なくない。

§3

　判例は，強制加入団体である税理士会（税理士49）が政治資金規正法上の政治団体に対し金員を寄附することを税理士会の目的の範囲外の行為であると解しており（前掲・最判平成8・3・19），したがって，法人の政党に対する政治献金が法人の目的の範囲内か否かは，法人が会社等の任意加入団体か（大阪高判平成14・4・11判夕1120号115頁〔相互会社の政治資金団体に対する政治献金は目的の範囲内である〕）強制加入団体かによって区別する意図のようである。

　しかし，強制加入団体である法人の構成員が当該法人の政治的要求と別の政治的信条を有していることがあり得るとしても，当該法人の政治活動から同人も当該法人の構成員の立場では利益を受ける以上，強制加入団体であれば政党への政治献金が当該法人の目的の範囲外であるという区別は，説得力が乏しいように思われる。すなわち，構成員の利害のレベルから問題を取り扱うと，政党への政治献金も目的の範囲内であるとの結論にいたりがちである。

　問題の本質は，政治献金に限らず，政治的意見表明等も含め，会社の費用負担において行われる政治活動には，富が政治を歪曲すべきでないという視点からいかなる限界が設けられるべきかということであり（安念潤司「会社の基本権」ジュリ1155号〔1999〕99頁，中原俊明「バーガー・コートにおける会社の政治的言論権の拡大」琉大法学39号〔1986〕1頁・40号〔1987〕1頁），そう考えると，ことがらは，定款所定の目的の範囲とか公序良俗違反といった大雑把な議論では解決が困難な，複雑な規制を要する問題である。

（江頭憲治郎）

法人格否認の法理

細目次

I 総説
 1 法人格否認の法理と沿革
  (1) 法人格否認の法理
  (2) 沿革
 2 法人格否認の法理の機能
  (1) 機能する場面
  (2) 法律構成としての補充性
  (3) 法人格否認の法理と企業形態
 3 実定法上の根拠と主張権者
  (1) 法人格否認の法理の根拠
  (2) 法人格否認の法理の主張権者
II 法人格否認の要件
 1 最高裁判例
 2 学説の議論
  (1) 法人格の濫用
  (2) 法人格の形骸化
 3 批判と再構成
  (1) 従来の議論への批判
  (2) 要件の再構成
III 法人格否認の諸類型

1 総説
2 契約上・法律上の義務の潜脱の防止
 (1) 金銭債務の執行回避
 (2) 金銭債務以外の契約上・法律上の義務の回避
3 契約相手方の信頼の保護
 (1) 株主等も義務を負うような表示・外観があった場合
 (2) 明白な表示・外観はない場合
 (3) 外観に対する信頼が存在しない場合
4 有限責任の否定
 (1) 総説
 (2) 業務・財産混同、法定手続不遵守、会社資産不存在
 (3) 株主等による会社搾取
 (4) 過少資本
 (5) 会社による不法行為
 (6) 労働者による請求
5 その他の問題

(1) 総説
(2) 契約内容の解釈
(3) 賃貸借の信頼関係破壊
(4) 損害の帰属
(5) 相殺等の抗弁の主張
(6) 土地と建物が会社と社員に分属するときの法定地上権の成否
(7) 会社財産の取締役等への譲渡と利益相反取引
(8) 支配株主による行為と会社への効果帰属
(9) 法人への不法行為責任の拡張
IV 法人格否認の効果
 1 実体法上の効果
 2 手続法上の効果
  (1) 既判力・執行力の拡張
  (2) 第三者異議の訴え
V 法人格否認の法理の準拠法

【文献】今中利昭「法人格否認論適用の限界」司法研修所論集 1977 年 1 号 95 頁、宇野稔「我国における『法人格否認の法理』の構造の分析とその再検討(1)-(4)」大分大学経済論集 27 巻 5 号 6 号・28 巻 1 号 3 号 (1975-1976)、**江頭憲治郎・会社法人格否認**の法理 (東京大学出版会、1980)、江頭憲治郎「法人格否認の法理」商法の争点〔第 2 版〕(有斐閣、1983) 32 頁、江頭憲治郎「法人格否認の法理の**準拠法**」遠藤美光 = 清水忠之編・田村諄之輔先生古稀記念・企業結合法の現代的課題と展開 (商事法務、2002) 1 頁、**大隅健一郎「法人格否認の法理」**会社法の諸問題〔新版〕(有信堂高文社、1983) 1 頁、大隅健一郎「会社の法形態の**濫用**」会社法の諸問題〔再増補版〕(有信堂、1975) 19 頁、大隅健一郎「会社の法人格の否認と**最近の判例**」同書 419 頁、大隅健一郎「法人格否認の法理の**一適用**」商法の諸問題 (有信堂、1971) 135 頁、奥田恒朗「いわゆる法人格否認の法理と実際」鈴木忠一 = 三ケ月章監修・実務民事訴訟講座 (5) 会社訴訟・特許訴訟 (日本評論社、1969) 157 頁、喜多川篤典「法人格否認の法理」ジュリ 500 号 (1972) 242 頁、小塚荘一郎「船舶のアレストと船主の法人格否認」上智法学 44 巻 2 号 (2000) 35 頁、**後藤元**・株主有限責任制度の弊害と**過少資本**による株主の責任 (商事法務、2007)、龍田節「法人格否認法理の最近の**展開**」商事 534 号 (1970) 2 頁、龍田節「**国際化**と企業組織法」竹内昭夫 = 龍田編・現代企業法講座 (2) 企業組織 (東京大学出版会、1985) 259 頁、田中誠一「法人格否認法理**再論**」商事 885 号 (1980) 2

法人格否認の法理

頁，蓮井良憲「会社法人格の否認」ジュリ451号（1970）97頁，早川勝「企業の結合関係と法人格否認の法理」産大法学21巻1＝2号（1987）271頁，阪埜光男「いわゆる法人格否認の法理についての一考察」法学研究（慶應）44巻3号（1971）163頁，福永有利「法人格否認の法理に関する訴訟法上の諸問題」関西大学法学論集25巻4＝5＝6号（1975）541頁，藤田友敬「国際会社法の諸問題（上）」商事1673号（2003）17頁，松田二郎「会社法人格の濫用」株式会社法研究（弘文堂，1959）258頁，森本滋「いわゆる『法人格否認の法理』の再検討(1)-(4)」論叢89巻3-6号（1971），森本滋「法人格否認の法理の新展開」鈴木忠一＝三ケ月章監修・新・実務民事訴訟講座(7)国際民事訴訟・会社訴訟（日本評論社，1982）349頁，弥永真生「法人格否認の法理」倉沢＝奥島編・学史271頁

I　総　　説

1　法人格否認の法理と沿革

(1)　法人格否認の法理

(ア)　会社はすべて法人であり（3），株主や社員・役員等・姉妹会社などの関係者とは独立の法人格を有しているため，第三者との法律関係において，会社とその関係者とは異なる主体として扱われるのが原則である。しかし，具体的事案において，小規模な閉鎖的会社とそのオーナー経営者や親会社と子会社のように会社と関係者の間柄が密接である場合には，この形式的独立性を厳格に貫くと衡平な解決を導けないことがある。そのような場合に会社と関係者を同一視して当事者の利害を調整するための法理が，法人格否認の法理である。

(イ)　これは，当該事案限りで法人格を否認するものであり，解散命令・解散の訴え（824・833）や設立無効・取消しの訴え（828Ⅰ①・832）のように，会社の存在を全面的に否定しようとするものではなく，認容判決に対世効もない（838参照）。

(ウ)　また，会社の存在を否定するものではなく，法人格の独立性の効果を除去するものにすぎない。例えば会社債権者が社員を被告として会社債務の弁済を請求する場合，法人格否認が認められても会社自身の債務が消滅するわけではなく，有限責任という法人格の効果が否定されるにすぎないので，会社と社員は連帯債務を負担することになる。そのため，両者を被告とする訴訟は主観的予備的併合ではなく（名古屋地判昭和57・9・20判夕487号110頁），通常共同訴訟として可能である（東京高判昭和50・8・27判時798号34頁も参照）。

(2)　沿　革

法人格否認の法理は，アメリカの判例法により発展したものであるが，各国に類似の法理が存在している（井上和彦・法人格否認の法理〔千倉書房，1984〕，崔

法人格否認の法理

第1編 総則 第1章 通則

文玉「中国における法人格否認の法理の動向について」比較法雑誌38巻4号〔2005〕179頁等を参照）。日本では，アメリカ・ドイツの判例・学説の影響を受けた学説により導入が主張され（大隅・濫用，松田・濫用等），最判昭和44・2・27（民集23巻2号511頁）以降，判例・学説に定着している（米独での議論の展開につき江頭・法人格否認13頁以下，日本での展開につき弥永・学史271頁以下参照）。

2 法人格否認の法理の機能

(1) 機能する場面

(ア) 法人格否認の法理は，支配株主と会社，取締役・実質的経営者と会社，親子会社，姉妹会社等の間に適用される。株主・役員の地位にあっても支配的地位にない者には適用されないとする判決もあるが（新潟地判昭和52・12・26判タ369号383頁），事案によっては適用される可能性もあると思われる（例えば，会社の取引相手に対して非支配的株主が当事者であるかのような外観が存在していた場合など）。

(イ) 法人格の効果の多様性に応じて（会社が有する各種の属性のうち何を法人格の〔独自の〕効果とみなすかについては争いもあるが〔☞§3〕，ここでは会社と関係者の区別を広く法人格の効果と捉えておく），法人格否認の法理が機能する場面も多様である。まず，主要な効果の1つとして株主財産の会社からの隔離（株主有限責任）と会社財産の株主からの隔離があるが，これに応じて，会社の金銭債務の株主への拡張と株主の金銭債務の会社への拡張がなされるのが典型的事案である。とくに前者については，最低資本金制度廃止等の規制緩和を受けた事後的な会社債権者の救済方法として期待されている（青竹正一・新会社法〔信山社，2006〕10頁，吉原和志「株式会社の設立」ジュリ1295号〔2005〕19頁等）。また，義務主体・契約当事者としての区別が排されて，一方の金銭債務以外の債務や契約が他方へと拡張されることもある。さらに，これらの場面以外の各種の法律関係においても株主と会社は区別して取り扱われており，その区別が否定される場合に法人格否認の法理への言及がなされることがある〔具体例については，☞Ⅲ参照〕。

(2) 法律構成としての補充性

法人格否認の法理によった場合と同一の効果が他の法律構成によっても達成し得る場合があるが（会社ではなく株主を契約当事者と認定，株主兼取締役である者の対第三者責任〔429〕，倒産状態の会社から事業譲渡を受けた新会社の商号続用者責任〔22〕等），この場合にも法人格否認の法理を適用することは認められるか。個

〔後　藤〕

人名義の行為を会社の行為と認めるのに「敢て商法504条を俟つまでもな」いとする前掲・最判昭和44・2・27は、これを肯定するものとも解し得る（もっとも、同条適用の要件である代理意思の存在を認定するのが技巧的にすぎるとの判断が背後にあるのであれば、別論であろう）。しかし、法人格否認の法理の適用は慎重にされるべきとしてこれを否定した上で利益相反取引規制の解釈により対応した最判昭和49・9・26（民集28巻6号1306頁）や、法人格否認の法理ではなく賃貸借契約の信頼関係破壊法理により対応した最判昭和46・11・4（判時654号57頁）も存在するため、最高裁の判例法理全体としては消極的な傾向にあると思われる（森本・新展開354頁参照。反対に解するものとして、今中111頁）。学説上も法人格否認の法理は一般条項的な性格のものであるため他の法律構成によっては衡平な解決が導けない場合にのみ適用すべきであるという見解（今中119頁、江頭・法人格否認171頁、大隅＝今井・上54頁、阪埜184頁等）が有力であるが、他の法律構成をどこまで試みるかという点については差異がある（大隅・一適用146頁以下は、同法理の適用によらずに事案の解決を導いた最判昭和39・11・19民集18巻9号1900頁に対して同法理の適用を主張している。龍田・展開6頁以下も参照）。

なお、他の法律構成による解決が価値判断・思想としての実質的な法人格否認と称されることもあるが（シンポジウム「法人論」私法33号〔1971〕94頁［星野英一］参照）、法人格否認の法理が一般的に承認された今日では、そのような位置付けの意義は乏しいと思われる。

(3) **法人格否認の法理と企業形態**

(ア) 従来の判例において法人格否認の法理が適用された会社の種類としては、株式会社と有限会社が多い。これは、両者の数が他の企業形態に比べて絶対的に多いことのほか、株主（社員）有限責任の否定が法人格否認の典型例であることによると思われる。もっとも、上記のように同法理は有限責任の否定以外の問題についても適用され得るため、合名・合資会社の法人格が否認されることもあり得る（合資会社について、名古屋高判昭和47・2・10高民集25巻1号48頁）。会社法により創設された合同会社についても、有限責任否定以外の問題であると有限責任の否定であるとを問わず、法人格否認の法理を適用する余地はあろう（合同会社におけるガバナンスの簡易化を理由に同法理による有限責任の否定に抑制的な見解もあるが〔井上健一「米国におけるLLCと法人格否認(2)」武蔵大学論集53巻2号（2005）199頁〕、内部手続の不遵守を法人格否認の要件とすることには疑問があり［☞ Ⅲ4(2)］、また有限会社について株式会社との違いが結論に影響した

判決も存在しない〔東京地判昭和58・2・28判タ498号116頁，神戸地判昭和58・10・4判時1107号135頁，東京地判昭和60・10・28判タ607号99頁を参照〕）。

　(イ)　法人格否認の法理は，営利法人ではない一般社団・財団法人や公益社団・財団法人，協同組合等についても適用の余地はある（財団法人に適用したものとして，横浜地判昭和59・10・28判時1142号91頁。農業協同組合法上の農事組合法人に適用したものとして，津地判平成17・2・17 LEX/DB 28100982）。また，形容矛盾のようではあるが，権利能力（法人格）なき社団についても法人格否認の法理が適用される余地はある（結論としては否定しているが，仙台高秋田支判昭和45・7・22民集27巻9号1141頁参照）。例えば，判例は法人格なき社団の構成員の有限責任を認めているが（最判昭和48・10・9民集27巻9号1129頁），要件が具備された場合には法人格否認の法理を適用して社団債権者の特定の構成員に対する請求を認めることが考えられる（権利能力なき社団ではなく民法上の組合であると認定した場合，全構成員への請求が可能になってしまうため不都合であろう）。

　(ウ)　また，特別法による公法上の法人についても，適用される場合はあると見るべきであろう（公有地拡大法に基づく土地開発公社について法人格否認の法理の適用を結論として否定したものとして，東京高判平成7・10・31行集46巻10＝11号977頁がある）。

3　実定法上の根拠と主張権者

(1)　法人格否認の法理の根拠

　(ア)　前掲・最判昭和44・2・27や初期の学説（例えば，松田・濫用262頁）は，法人格は立法政策により付与される擬制的なものであり，それを認めるに値しない場合には否定し得るという法人擬制説的な発想を根拠としている。しかし，法人実在説に立って社団という実在が欠けていることを法人格否認の根拠と主張することも考えられるため（新注会(1)73頁〔江頭憲治郎〕），法人本質論は法人格否認の根拠としては薄弱であるといえよう。

　(イ)　学説は，権利濫用禁止（民1Ⅲ）の適用・類推適用を根拠とするものが多い（大隅・法人格否認17頁，田中・再論2頁，蓮井・否認98頁など）。これに対しては，このように解すると法人格否認が認められるのが法人格濫用の場合に限定されてしまう（形骸化や規範解釈・適用問題が抜けてしまう），法理を援用できる者が濫用により不利益を被るものに限られるため法人構成員に有利な法人格否認は認められなくなる，などという問題点が指摘されている（新注会(1)73頁〔江頭〕）。適用可能性を広く残そうとする見解は，会社の法人性を規定する

平成17年改正前商法54条1項の解釈である（龍田・展開12頁），同条の適用を制限する民法1条3項を始めとする何らかの規範である（江頭40頁注4）などとするが，実定法上の根拠に関する議論は法人格否認の要件論や主張権者の範囲論に直結するものではないと見るべきではなかろうか（多数説の立場からも，法人格の形骸化がある場合の法人格の異別性の主張や法人・社員に対する相手方の主張が権利濫用に当たると解することは可能であろう）。

(2) 法人格否認の法理の主張権者

(ｱ) 法人格否認の要件論は後に譲り，ここでは法人格否認を会社もしくは会社を利用している者が主張できるかという問題を取り上げる。下級審判決には，法人格否認の目的は会社と取引した相手方の保護にあるとしてこれを否定するものが多く（東京高判昭和48・4・26判時709号38頁，東京高判昭和51・4・28判時826号44頁，東京高判昭和53・4・25判時893号21頁，東京地判昭和53・6・26判時923号94頁，高松高判昭和58・12・27判タ521号147頁等），これに賛同する学説も少なくない（注会(1)150頁［竹内］，今中119頁，奥山166頁，蓮井・否認103頁等）。

(ｲ) しかし，会社側からの主張が問題となる事案について，他の法律構成によって実質的に会社と株主等を区別しないという帰結を導くことまでもが排斥されているわけではない（東京地判昭和46・12・21判時667号35頁，大阪高判昭和55・3・28判タ425号156頁等）ことからすると，他の法律構成による解決が困難である場合には，会社側に有利であることを理由として法人格否認の余地を一律に排斥することには疑問もある（新注会(1)91頁［江頭］。なお，法人格否認が否定されているが，他の法律構成によれば適切な解決を導く余地のあったと思われる事案として，名古屋高判昭和44・8・29民集25巻7号964頁参照〔利益相反取引規制の解釈〕，名古屋地判昭和46・11・9金判308号12頁〔契約内容の解釈〕，東京地判昭和50・9・5下民集26巻9-12号761頁〔契約当事者の認定，森本滋「判批」商事836号(1979) 62頁参照〕，京都地判昭和61・10・15判タ637号124頁〔子会社による支払の趣旨の解釈〕等を参照）。

(ｳ) もっとも，他の法律構成としても当該結果の実現が望ましくないという価値判断がなされる場合には，それを法人格否認という構成によって安易に乗り越えることは慎まれるべきであろう（例えば，大阪地判平成元・4・24判時1315号120頁）。また，他の法律構成による解決が可能な場合にまで会社側に有利な法人格否認の法理を適用することにも，疑問が呈されている（新注会(1)91頁［江頭］）。

II 法人格否認の要件

1 最高裁判例

　前掲・最判昭和44・2・27は，法人格否認の法理が適用される場合として，「法人格が全くの形骸にすぎない場合」と「法人格が法律の適用を回避するために濫用されるが如き場合」の2つを挙げた。後者は，「法人格の濫用」と一般化されることが多く，最高裁自身も法律適用回避事例ではない債権者詐害事例に適用している（最判昭和48・10・26民集27巻9号1240頁）。

　学説上は，上記の2類型以外の場合にも適用の余地があるとする見解があるが（例えば，注会(1)146頁［竹内］，大隅＝今井・上53頁，蓮井・否認101頁等。反対説として，奥山165頁，阪埜170頁等)，その趣旨は明らかではない。法律適用回避以外の「法人格の濫用」も含むという趣旨であれば昭和48年最高裁判決を含む判例の理解として妥当である。他方，会社法やそれ以外の法律の適用・解釈等が問題となる場合（大隅・濫用23頁参照）を含むという趣旨であれば，法律解釈による対応が可能であり，またその後の下級審判決例ではこの類型も濫用・形骸化に含めて扱われているため，この問題を論じる意義は小さい（福岡博之「判批」金判283号［1971］5頁。野田宏「判解」最判解民昭和44年度［1970］434頁も参照）。

2 学説の議論

(1) 法人格の濫用

　従来の議論は，最高裁の挙げた濫用・形骸化の2類型をめぐって展開されてきた。まず，法人格の濫用類型については，従来から主張されていたこともあって，この場合に法人格否認を認めることに反対する見解はないが，会社の背後者が法人格を意のままに道具として支配していること（支配の要件）に加えて，違法・不当な目的の存在（目的の要件）が必要か（主観的濫用論)，不要か（客観的濫用論）という争いがある。判例は「債務の免脱を目的としてなされた会社制度の濫用」という昭和48年最高裁判決の表現と形骸化という客観的類型の存在から主観説に立っているとされ（新注会(1)75-76頁［江頭]），多数説も法人格否認の濫用防止と法的安定性確保という見地から主観的濫用論をとっている（奥山170頁，蓮井・否認101-102頁等)。これに対して，民法1条3項には主観的要件は規定されていないこと，目的の立証の困難がなくなること，形骸

化という要件が不要になり不明確さが回避できることを理由に，法人格の利用が客観的に社会観念上認容できないことで足りるという客観的濫用論者も存在する（田中・再論6頁以下，安井威興「判批」法学研究（慶應）46巻11号〔1973〕100頁）。目的の存在は客観面から推認され得る（蓮井・否認102頁）ので立証上の難易に大きな違いはないと思われるが，主観的濫用論に立った場合，背後者の悪質性を左右する事情（会社を利用する正当な目的の存在等）が法人格否認の成否に影響することは考えられる。

(2) 法人格の形骸化

(ア) 法人格の形骸化とは，アメリカ判例法の instrumentality rule に由来する考え方であり（江頭・法人格否認100頁），会社が実質的に個人企業である場合，会社と株主とが実質的に同一である場合，子会社が親会社の一事業部門にすぎない場合等と表現されることもある。具体的には株主等による会社の完全な支配の存在に加えて，株主総会・取締役会の不開催や株券不発行等の法定手続の不遵守，役員の兼任，会社と社員の財産・業務の混同などの形式的徴表がいくつか存在する場合を意味し（奥山187頁，龍田・展開9頁，蓮井・否認102頁等。松山地宇和島支判昭和47・3・7判タ278号207頁は，株主による支配が立証された場合には間接反証理論により業務・財産混同の存在の立証責任を会社支配者側に転換するとするが，追随するものはない），目的の要件が不要であることが法人格の濫用との違いであるとされる（阪埜188頁，森本・新展開352頁）。

(イ) 一方で，上記の形式的徴表が存在するのは小規模の個人企業がほとんどであり，親子会社においては区別・手続遵守があることが多い。このため，法人格否認の主張権者を労働者のような受動的債権者に限定することと引換えに，子会社株主の有限責任を否定しても親会社株主の有限責任は存続することから形式的徴表がなくとも親子会社の単一企業体性と親会社の現実的支配があれば子会社の法人格を否認し得るとした判決として仙台地判昭和45・3・26（労民集21巻2号330頁）があるが，親会社は子会社従業員との関係で常に責任を負うことになりかねないと批判されており（新注会(1)87頁〔江頭〕），これにも追随する判決は見られない。

(ウ) 法人格の形骸化による否認は，形骸化状態が続く限り法人格が否認されることになり当該事案限りの処理であるという理解と矛盾する，基準が不明確である，小規模閉鎖会社の多くが適用を受けるおそれがあり法的安定性を害する等の問題点があるため認めるべきではないとの見解もある（田中・再論4頁以下）。他方で，結果的に常に法人格が否認されても仕方がないという反論（弥

永・学史277頁）や，形骸化を軸にした再構成を主張する見解（井上明「形骸に基づく法人格否認の法理における形骸概念の再構成(1)」成城法学25号〔1987〕1頁）もある。

3 批判と再構成

(1) 従来の議論への批判

以上の議論に対しては，法人格否認の法理は過少資本規制・親子会社間の利益相反取引規制・外観理論・不法行為等の法制度・法理論の不備・未発達があるさまざまな分野について不公平を調整するための一般条項の1つにすぎず，濫用・形骸化のような適用事例すべてを包含する要件を立てようとすると抽象的・無内容なものになり，かえって問題点を曖昧にするので妥当ではない。他の法律規定の解釈・適用や契約の解釈により解決し得る場合にはまずそれに依拠すべきであり，それが不可能な場合であっても個々の実定法上の規範や有限責任制度の趣旨を基準とした検討による要件の明確化が必要であるという有力な批判がある（江頭・法人格否認128-130頁・174頁以下。ほかに，森本・再検討4号45-47頁・6号96-97頁も参照）。

今日の学説の多数は，この批判をおおむね受け入れているものと思われる（弥永・学史276頁）。他方，初期によく見られた小規模閉鎖会社の経営者の責任を非常に緩やかに認める判決は減少傾向にあるが〔☞ Ⅲ3(2)(ウ)〕，判例は基本的には最高裁の濫用・形骸化類型に依拠している。

(2) 要件の再構成

(ｱ) 法人格否認の法理には，具体的案件における主張立証の困難，契約・法律解釈の困難，法制度の不備等を乗り越えるという意義がある（弥永・学史279頁）。この機能が適切に果たされるためには，当該事案における具体的問題点の把握とそれに即した（支配・目的・形式的徴表等とは異なる）要件・効果の構成，その前提としての問題状況の類型化が必要となる。これがなされるのであれば，「法人格を否認する」という表現を用いることや，濫用・形骸化という類型を最高裁判例法上の根拠として援用することに問題はないと思われる。

(ｲ) 具体的な問題点を考察せずに濫用・形骸化という要件論に拘泥すると，事案の妥当な解決が導けなくなってしまう可能性がある（例えば，名古屋高判平成13・7・4金判1133号12頁〔☞ Ⅲ2(2)(ｵ)(b)参照〕，大阪地判平成13・9・3労判823号66頁〔☞ Ⅲ4(6)〕等）。法人格否認の法理が合理的な法律・契約解釈や当事者間の衡平の実現の妨げとなるような帰結は望ましいものではなく，法人格否認

の法理もしくはそれ以外の法律構成の柔軟な運用をすべきであろう（会社代表者が会社から賃借して家族と居住していた建物について，代表者が別居後に契約を解除したとして会社がなした妻に対する明渡請求を，会社の法人格は形骸ではなく夫婦関係を権利濫用につき考慮できないとして認容した原審を破棄し，法人格の形骸性は関係ないとして夫婦関係を考慮すべきだとした，最判平成 7・3・28 判時 1526 号 92 頁を参照）。

III 法人格否認の諸類型

1 総　説

　従来の判例・学説によって法人格否認の問題であるとされてきた具体的事案の類型化に際しては，その整理の基準が問題となる。まず，濫用・形骸化の二分論は，具体的事案を念頭に置いてなされたものではなく，事案によっては片方がよく使われるということはあるが，完全に分類されているわけではないため（例えば，東京地判平成 2・10・29 判タ 757 号 232 頁，東京簡判平成 15・11・5 LEX/DB 28090532 を参照），基準としては不適切であろう。また，会社債権者全体に対する株主有限責任の排除が問題となる制度的利益保護類型と，それ以外の特定の相手方との利害調整が問題となる個別的利益保護類型とに分ける見解もあるが（江頭・法人格否認 147 頁以下），ここでも実質的に同一の問題状況が両者にまたがり得るため（江頭・法人格否認 175 頁），この区別も完全ではない（この区別は準拠法の扱いに影響している [☞ V 参照]）。以下では理論的分類を試みるのではなく，契約上・法律上の義務の潜脱の防止，契約相手方の信頼の保護，有限責任の否定，その他に分類することとする（判例は当該事案について問題となり得る要素を列挙することもあるため，1 つの判例を複数の類型に分類することもある）。なお，取り上げる事案は私法上（労働関係を含む）のものに限る（租税法上の法人格否認については，鈴木涼介「法人格否認の法理の租税法への適用とその課題」駒澤大学大学院私法学研究 28 号〔2004〕117 頁を参照）。

2 契約上・法律上の義務の潜脱の防止

(1) 金銭債務の執行回避

(ア) 総　説

　会社の財産は社員の財産や姉妹会社の財産から隔離されているため，社員・別会社の債権者は会社財産に対し請求・執行できないのが原則である。しかし，社員・別会社の財産が会社に移転されるなどして金銭債務の執行を回避す

るために会社が利用された場合には，法人格否認の法理により会社への請求が認められることがよく見られる（後藤勇「法人格否認の法理適用の具体的要件」判タ699号〔1989〕4頁参照）。前掲・最判昭和48・10・26は，「取引の相手方からの債務履行請求手続を誤らせ時間と費用とを浪費させる手段として，旧会社の営業財産をそのまま流用し，商号，代表取締役，営業目的，従業員などが旧会社のそれと同一の新会社を設立したような場合には，……新会社の設立は旧会社の債務の免脱を目的としてなされた会社制度の濫用であ」るとしているが，取引債務のみならず不法行為債務（交通事故による損害賠償債務について，大阪高判昭和54・11・20判時960号52頁）や法律上の義務（社員に対する帳簿閲覧義務とその間接強制金につき，大分地佐伯支判平成6・8・31判時1517号152頁）についても問題となる。また，近年では，企業の私的整理に伴う営業譲渡等に際して問題とされることが多い。賃料に対する抵当権者の物上代位を回避するために名目的な会社を介して転貸借関係を作出した場合に法人格否認により転貸料への物上代位を認める判決も類似のものといえよう（最決平成12・4・14民集54巻4号1552頁，東京高決平成12・9・7金法1594号99頁。執行妨害目的を否定するものとして，大阪高決平成9・9・16金判1044号15頁）。

　この類型は，法人格の濫用に当たるとされることが多いが，業務・組織・財産の混同等を理由に法人格否認を認める判決の中にも金銭債務の回避が本質であったと思われるものが存在する（大阪地判昭和61・4・11先物取引裁判例集7号15頁，大阪高判昭和62・4・30判時1260号56頁，熊本地判平成2・1・18判タ753号199頁，東京地判平成5・3・30金判971号34頁，東京地判平成10・3・30判時1658号117頁等）。他方で，債務免脱目的での法人格濫用が問題とされていても，実態は個人債務につき会社財産も提供するような外観の作出にあったと思われる事案（大阪高判昭和56・2・27判時1015号121頁）や，新会社債権者の旧会社に対する請求であった事案（大阪高判昭和61・8・29金判760号21頁）も存在する。

(イ)　**実定法上の救済との関係**

　この類型は，法人格否認の大きな部分を占めているが，ほかにも債権者を保護する手段は存在する。資産譲渡等の法律行為により債権者が害される場合には詐害行為取消権（民424）を適用する余地があるし，旧会社の営業が新会社に引き継がれている場合には商号続用営業譲受人の責任（22）や債務引受けの広告による責任（23）を追及することが考えられ，これらを適用して事案を処理している判決も少なくない（例えば，商号続用営業譲受人の責任に関する規定〔平17改正前商26〕の適用・類推適用を認めるものとして，東京地判平成13・8・28判

法人格否認の法理

時 1785 号 81 頁，東京地判平成 14・3・26 判時 1805 号 140 頁，大阪高判平成 14・6・13 判タ 1143 号 283 頁，大阪地判平成 17・9・9 判時 1929 号 106 頁等。また，重畳的債務引受けを認定するものとして，東京高判平成 14・2・12 判時 1818 号 170 頁）。

　これらの規定ではなく法人格否認の法理の適用により事案を解決することに対しては，新会社の株主・債権者の保護，既存の実定法体系との合致という観点から強力な批判がある（江頭・法人格否認 162 頁注 40・225 頁注 15）。例えば詐害行為取消権であれば会社に対する請求は移転した財産の価額に限定されるはずであるが，法人格否認の法理を用いることにより，この制限がはずされてしまうことがある（東京地判平成 2・4・27 判タ 748 号 200 頁。ただし，この制限を意識していると思われる判決〔京都地判平成 11・4・15 金判 1068 号 3 頁〕も存在する）。債権者詐害性が厳密に認定されるとも限らない［☞(ウ)(b)参照］。また，法が商号続用もしくは債務引受けの広告がある場合に限り債務の承継を認めていることとの関係をどう考えるかという問題もある。他方で，以上の手法の要件・効果では不都合がある場合には，法人格否認の法理によりそれを克服していくことを積極的に評価するという考え方もあり得よう（そのような検討の例として，伊藤靖史「判批」商事 1649 号〔2002〕41 頁以下）。

(ウ)　判例上の考慮要素

　判例において，債務免脱目的による法人格否認の成否に影響したと思われる事情としては以下のものがある。

　(a)　まず，新会社への営業譲渡等により旧会社債権者が害されたといえるかということが問題になる。

　例えば，営業や資産の譲渡対価が支払われておらず，または低廉である場合には法人格否認が認められやすい（前掲・東京地判平成 2・4・27，東京地判平成 7・9・7 判タ 918 号 233 頁〔東京高判平成 7・9・28 判タ 928 号 254 頁は，同一の会社が問題となった事案について法人格否認を否定しているが，債権者の側に問題があったと思われることにつき(d)を参照〕等。前掲・神戸地判昭和 58・10・4 では，旧会社の私的整理に際して対価を支払ったことになっているが，その額は不明であり原告に対しては整理の通知もなかったとして法人格否認を認めている。なお，前掲・東京地判平成 14・3・26 は，個人事業者から法人への営業譲渡の対価が交付されていない場合にも法人格の形骸化はないとしたが，商号続用による責任を認めている）。これに対し，営業権の対価額に相当する債務引受けがなされている場合には，法人格否認は否定される（千葉地松戸支判平成 10・11・17 判タ 1045 号 255 頁）。もっとも，譲渡対価が適切な額であったとしても，それが長期間にわたって分割弁済される場合

法人格否認の法理

には，執行免脱目的が肯定されることがある（前掲・京都地判平成 11・4・15，福岡地判平成 16・3・25 金判 1192 号 25 頁等）。また，新設した子会社に資産・営業を移転した場合，株価は会社の価値から遊離しやすいこと，個々の資産に対する執行と株式に対する執行では方法・結果に差があることから，強制執行回避目的の存在を慎重に検討すべきだとしても，子会社株式の保有継続のみで法人格否認を否定することはできないとした判決もある（東京地判平成 4・2・7 判時平成 4 年 4 月 25 日号 3 頁。結論としては法人格濫用を否定）。

また，事業用資産は旧会社にとどめたまま営業主体のみを新会社に変更する場合，資産の移転による債権者詐害はないが，事業収益が新会社に移転してしまうという点で債権者は害されるといい得る（営業権・暖簾の無償譲渡と見ることも不可能ではない）。旧会社所有資産を新会社が無償利用している場合にはなおさらである。しかし，この事情が重視されていることは少ない（賃料支払の存在が法人格否認を否定する一因となったと思われるものとして，東京地判平成 13・1・31 判タ 1088 号 225 頁）。

(b) 次に，債権者詐害性を具体的に検討することなく，旧会社と新会社の支配者・役員・従業員・事業内容・取引相手等の同一性や事業用資産の流用（これが上記の無償利用の趣旨であるかは明らかでないことが多い）のみから追及免脱目的による法人格濫用を認める判決も少なくない（福岡高判昭和 43・10・16 下民集 19 巻 9 = 10 号 607 頁，東京地判昭和 50・8・8 判時 799 号 90 頁，東京地判昭和 55・2・20 判時 966 号 112 頁，東京地判昭和 56・12・14 判タ 470 号 144 頁，千葉地判平成 3・7・26 判時 1413 号 122 頁，名古屋地判平成 6・9・26 判時 1523 号 114 頁，岡山地判平成 12・8・23 判タ 1054 号 180 頁等）。

逆に，これらの要素，とくに支配者や取引相手の同一性が欠けている場合には，債務免脱目的ではないとして法人格否認が否定されることが多い（支配者の同一性がない事案として，東京高判昭和 45・3・4 判タ 252 号 272 頁，東京地判昭和 50・5・20 金法 774 号 34 頁，長野地判昭和 54・12・24 交民集 12 巻 6 号 1664 頁，東京高判昭和 56・6・18 下民集 32 巻 5-8 号 419 頁，東京高判平成 10・11・26 判時 1671 号 144 頁，前掲・東京地判平成 13・1・31 等。取引先の同一性がない事案として，高松高判平成 5・8・3 判タ 854 号 270 頁，前掲・東京地判平成 13・1・31 等。旧会社財産の流用の欠如を重視するものとして，東京高判昭和 54・4・25 東高民時報 30 巻 4 号 112 頁）。支配者が同一でない場合には悪性が低いともいい得るが，この場合においても債権者に対する詐害性はあり得るとすると（前掲・東京高判昭和 56・6・18 参照），詐害行為取消権と比べて要件が加重されているとも考えられる。ま

た，取引先の同一性を重視する判決は，取引関係を含めた事業体を一種の担保として捉えているとも見得る。なお，学説上は，新旧両社の実質的同一性を基準とすべきではなく，旧会社債務の清算処理をせずに新会社が旧会社財産を流用することが重要であるとする見解がある（吉本健一「判批」商事 1451 号〔1997〕35 頁以下参照）。

(c) また，新会社設立についての債権者との交渉の有無・内容も重要である。

例えば，新会社設立を秘匿していたような場合（前掲・最判昭和 48・10・26, 東京地判昭和 56・5・28 判タ 465 号 148 頁，大阪地判昭和 60・9・18 判タ 572 号 80 頁等）は詐害目的が認定されやすい。また，新会社設立の知不知の認定が第 1 審と第 2 審で結論を異にする一因となったと思われる事案も存在する（東京地判平成 9・7・30 判時 1638 号 150 頁，前掲・東京高判平成 10・11・26）。さらに，私的整理に伴う営業譲渡等の事案においては，全債権者の私的整理への参加機会確保が重要であるとする見解（吉本・前掲 37 頁）があるほか，とくに再建案に対する金融機関の同意の存在が重視されているように思われる（大阪高判平成 12・7・28 金判 1113 号 35 頁，前掲・福岡地判平成 16・3・25 等）。

(d) このほか，新会社設立の目的等の会社支配者の主観面も重視されている。

まず，債務の引継状況（松江地判昭和 50・9・22 下民集 26 巻 9-12 号 797 頁。ただし，前掲・長野地判昭和 54・12・24）や従来の紛争経緯（大阪地判昭和 58・9・16 LEX/DB 22800049, 大阪地判昭和 59・6・28 判タ 536 号 266 頁，福岡地判昭和 60・1・31 判タ 565 号 130 頁）などから特定債務の支払回避意図が推認できる場合には，旧会社所有設備の利用に対する賃料の支払やその他の債務の弁済があっても，法人格否認が認められやすい。他方で，債権者の発生が予測されない状況での行為の場合には，責任回避目的が否定される（前掲・東京地判平成 4・2・7，京都地判平成 5・11・26 判時 1476 号 3 頁）。また，支払を免れようとした債務が詐取された手形であるなど，債権者の側にも問題がある場合には法人格否認が否定されることもある（前掲・東京高判平成 7・9・28）。

また，新会社設立に当たり不法行為債権者に対する弁償資金を用意するなど支払意思が認められる場合には，債権者数の予想外の増大により弁済が不可能となっても債務免脱目的はなかったとされることもある（大阪地判平成 14・8・28 判時 1820 号 74 頁）。抵当権の設定された旧会社所有資産を利用している新会社は旧会社債務の弁済に強い利害関係を有しているとして債務免脱目的を否定

する前掲・東京高判平成 10・11・26 も，支払の意思を推認するものと評価し得る。もっとも，債務支払の意思に基づいて現実に旧会社債務の弁済を行っている場合であっても，新会社設立を秘匿していると，債権者の信頼を惹起したとして残部の支払拒絶が信義則に反するとされる可能性もある（東京地判平成 12・12・21 金法 1621 号 54 頁）。

さらに，債務免脱以外の目的が認められる場合にも，法人格否認が否定されることがある。例えば，新会社設立が新商品開発のため以前から計画されていた場合（前掲・高松高判平成 5・8・3）や，分社化による経営合理化・経費削減も意図されていた場合（東京地判平成 16・8・31 金法 1754 号 91 頁），新規事業の危険分散・事業提携・分散している技術の統合や業界の趨勢への対応等の必要性がある場合（前掲・京都地判平成 5・11・26）などである。これらは，判例が主観的濫用論をとることの影響といえよう（これらの場合に債権者に対する詐害的効果が存在しないとは限らない）。これに対し，事業の私的整理・再建という目的については，法人格否認を否定する方向に作用していると思われる事案もあるが（支配者の変更を伴う場合として，前掲・東京高判昭和 56・6・18。対価相当額の債務引受けがある場合として，前掲・千葉地松戸支判平成 10・11・17），金融機関が再建案に同意していない場合には考慮されない傾向にある（前掲・大阪高判平成 12・7・28，前掲・福岡地判平成 16・3・25 等）。

(2) 金銭債務以外の契約上・法律上の義務の回避

(ア) 総　説

以上とはやや異なる類型として，契約上・法律上金銭債務以外の義務を負う者が新会社を設立し，その会社による営業という形式をとることによって義務を潜脱しようとする場合に，法人格否認の法理（とくに法人格の濫用と構成されることが多い）により義務が拡張され，会社による行為についての本来の義務主体の責任が認められたり，会社自身に対する請求が認められたりすることがある。また，契約上・法律上の義務を負担している会社の支配株主や親会社が，自己もしくは姉妹会社の名義で当該義務に違反する内容の行為をとった場合にも，同様の問題がある（以上につき，詳しくは江頭・法人格否認 176 頁以下を参照）。

(イ) 契約・法律上の競業避止義務の回避

問題となることが多いのが，契約・法律に基づく競業避止義務の潜脱行為である。

熊本地八代支判昭和 35・1・13（下民集 11 巻 1 号 4 頁）は，特約により競業避

止義務を負担した者が同業の会社を設立してその株主・取締役となった場合に，特約には同業を目的とする会社の設立を禁止する趣旨が含まれていたが，競業をするのは義務者自体ではなく会社であるから，義務者に契約違反による責任を追及するためには契約上の義務を回避するために会社を利用しようとした事実（これを法人格否認の法理と称している）の立証が必要であるとした（結論としては否定）。これに対しては，どのような場合に義務違反となるかも契約の解釈により決せられるべきであるとの批判がある（江頭・法人格否認 182-184 頁。また，社員が負担する義務の違反につき会社に請求する場合の問題点について，江頭・法人格否認 194 頁以下参照）。

また，前掲・名古屋高判昭和 47・2・10 は，営業譲渡に伴う法律上の競業避止義務（平 17 改正前商 25）について，営業の実態は法人の背後でこれを支配する個人のものであるのに競業避止義務を法人に認めたのみでは無意義に等しいため，譲受人が営業の実態に着目してこれを譲り受け，法人を支配する個人が営業譲渡に関与してその利益を直接収受しているときに，個人が契約当事者でないことを幸いとして競業を行うことは法人格の濫用に当たるとした（この判決が競業を行った個人ではなく会社に対する損害賠償請求を認めたことについて，江頭・法人格否認 184 頁以下参照）。ここでは，譲渡会社の法人格の濫用が問題とされているようにも見えるが，会社設立目的の違法・不当性などよりも，譲渡会社の関係者による得意先との関係やノウハウ等の利用により法律の趣旨が没却されることが問題の本質であると思われる（営業譲渡を行った会社における地位の弱さを理由に一時期代表取締役であった個人の競業避止義務を否定した判決として，大阪地判昭和 63・9・9 判時 1314 号 103 頁も参照）。

(ウ) **労働契約・労働法上の義務の回避**

また，雇用者たる会社が労働契約上の義務や労働法上の規制を回避しようとする場合もしばしば問題となる（本久洋一「企業間ネットワークと雇用責任」日本労働法学会誌 104 号〔2004〕45 頁，和田肇「労働契約における使用者概念の拡張」平出慶道ほか編・北澤正啓先生還暦記念・現代株式会社法の課題〔有斐閣, 1986〕241 頁等参照）。例えば，株主・親会社が労働組合員の排除や組合活動潰しを目論み，また人員整理や労働条件引下げを試みる際に，会社・子会社を解散して従業員を解雇した上で，新会社で一部の従業員のみを再雇用して事業を継続するという形式をとる場合，不当労働行為や就業規則変更制限法理・解雇権制限法理の回避を目的とするものであるとして法人格の濫用が認められ，新会社に対する雇用契約上の地位確認請求（大阪地決平成 6・8・5 労判 668 号 48 頁）や親会社に

法人格否認の法理

対する未払賃金の請求（大阪地岸和田支決平成15・9・10労判861号11頁，大阪高決平成17・3・30労判896号64頁。いずれも親会社に対する雇用契約上の地位確認請求は棄却した）が認められる。事業の承継があっても不当労働行為の存在が認められない場合には法人格否認は否定される傾向にあるが（仙台地決昭和63・7・1判タ678号102頁，東京地判平成11・3・15労判766号64頁，名古屋地判平成17・4・19判タ1243号109頁。反対のものとして札幌地決昭和50・10・11判時800号105頁，奈良地決平成11・1・11労判753号15頁），この場合でも，法人格否認によることなく個別の解雇を無効とした上で事業譲渡契約の解釈等により対応する余地はある（大阪地判平成11・12・8労判777号25頁，横浜地判平成15・12・16労判871号108頁，東京高判平成17・5・31労判898号16頁）。

さらに，新会社への事業承継がない場合であっても，組合潰し等の不当労働行為目的が認定されると法人格否認により親会社の雇用契約上の責任が認められることが多い（徳島地判昭和50・7・23労民集26巻4号580頁，神戸地判昭和54・9・21判時955号118頁，大阪地判昭和57・7・30労判1058号129頁，盛岡地判昭和60・7・26労判461号50頁。なお，新会社設立が失敗に終わった場合の代表者個人の責任を否定するものとして，大阪地決昭和55・3・21労判340号68頁。また，不当労働行為意思の形成が解散会社設立後であることを理由に法人格を濫用したとはいえないとする高知地判平成3・3・29労民集42巻2号174頁もあるが，例外的である）。もっとも，この場合については事業の継続がある偽装解散ではなく事業を廃止する真実解散であるため解散・解雇は有効であるとして，親会社の民事責任を否定する判決（福島地判昭和49・11・18労民集25巻6号520頁，神戸地判平成15・3・26労判857号77頁，大阪高判平成15・11・13労判886号75頁）や，解雇時までの未払賃金分の責任に限定する判決（大阪高判昭和59・3・30判時1122号164頁）も存在する。不当労働行為に対していかなる限度で救済を認めるべきかという問題は，労働委員会による救済を含めて，労働法的観点から独自に検討されるべきものであり，法人格否認の法理はそれを法技術的に支えるものにすぎないとみるべきであろう（片木晴彦「判批」商事968号〔1983〕33頁参照）。

このほか，下請・派遣元会社の従業員に対する元請・派遣先会社の不当労働行為が問題となった事件に際して法人格否認が主張されることもあるが，判例はおおむねこれを退けている（名古屋高金沢支判昭和63・10・3労判532号90頁，大阪高判平成15・1・28労判869号76頁，大阪高判平成15・1・30労判845号5頁等）。

法人格否認の法理

(エ) その他の契約上の義務の回避

競業避止義務や労働契約上の義務以外の契約上の債務が問題となった事案としては、多額の設備投資をさせた下請業者に対する委託を停止した会社の「継続的契約は子会社に引き継いだ上で合意解除した」との主張を法人格否認により退けて、継続的配送契約に基づく下請業者の賠償請求を認容したもの（名古屋地判昭和46・11・11判タ274号280頁），求償債務を免除するとして他人の債務を代位弁済することを約した者を代表取締役とする会社が当該債権の譲渡を受けて行使した場合に、債務免除契約回避のための法人格の濫用であるとして会社による請求を棄却したもの（大村簡判昭和47・9・25判時694号109頁），旧会社が資産設備をその支配者の経営する別会社に譲渡した上で解散し、旧会社と同一商号の新設会社が資産を賃借して経営している場合に、原告との一手販売代理店契約関係から離脱するための会社制度の濫用であるとして、新会社に対する契約上の地位の確認請求を認容したもの（東京地判昭和62・11・13判時1285号133頁）などがある。

(オ) その他の法律上の義務の回避

また、競業避止義務以外の法律上の規制を潜脱するために会社が利用されることもあり、それに対処するために法人格否認の法理が用いられることがあり得る。

(a) 例えば、最判平成7・4・25（判時1530号49頁）の補足意見は、日本法人からパナマ法人に賃貸されている船舶に乗船中に負傷した日本人船員による船員保険被保険者資格取得の確認請求について、外国法人がまったくの形骸にすぎず、外国法人による船舶賃借と船員雇入が船員保険法の適用を回避する目的でなされた場合には、法人格を否認して日本法人を船員保険法の船舶所有者と認め得るとしている。また、大阪高決昭和61・10・27（判タ634号243頁）は、債務者による買受け申出の禁止（民執68）について、債務者の親族・個人会社の法人格が法律回避のために濫用されている場合に法人格否認の法理を適用して売却不許可決定をする余地を認めている。

(b) もっとも、法規の潜脱を理由とする法人格否認の主張が現実に認められた事例は、多くはない。法規潜脱が意図されていないような場合（東京地判昭和61・1・28判時1229号147頁は、保険契約の告知義務違反による解除の除斥期間が、調査代行子会社が違反を認識した時点からは経過していたが、親会社である保険者が報告を受けてからは経過していなかったという偶然的要素の強い事案であった。やや疑問のある事案として、遺留分制度等の潜脱が主張された、東京地判昭和54・11・30

判時 958 号 90 頁も参照）には，これで差し支えないと思われるが，規制潜脱の意図が強く疑われる場合について，親子会社内部で両者を区別する処理がとられていることのみを理由に法人格否認を否定する場合には，疑問も生じ得よう（商工ローン業者の子会社である信用保証会社に対する保証料が利息制限法 3 条のみなし利息に当たるとの主張を退けたものとして，前掲・名古屋高判平成 13・7・4。反対の結論をとるものとして，広島地判平成 14・12・25 判タ 1152 号 221 頁を参照。以前外国法人が有していた事務所が姉妹会社である日本法人に移転された場合に法人格の形骸化は認められないとして外国法人の国際裁判管轄を否定した，東京地判平成 10・11・2 判タ 1003 号 292 頁についても，検討の余地はあろう）。

(c) また，法規制の潜脱のために会社が利用されている場合には，法人格否認の法理に依拠せずに，規定自体の解釈などによって対処することも可能であることに留意すべきである（最判平成 15・9・11 判時 1841 号 95 頁は，上記の子会社に対する保証料の問題について，法人格の形骸・濫用はないとした原審を破棄して，とくに理由を述べずにみなし利息に当たるとした。また，東京高判昭和 59・12・26 判時 1157 号 166 頁は，宅地建物取引業法違反により免許取消し・資格停止となった者が親族を名目的な役員とする会社で事実上営業していた場合に，無免許営業禁止の潜脱目的で会社名義を仮装して利用したものであるとして無免許営業罪の成立を認めた原審は，法人格否認の法理を認めるものであるかはともかく，正当であるとした）。

3　契約相手方の信頼の保護

(1)　株主等も義務を負うような表示・外観があった場合

(ア)　株主等の発言に対する信頼

次に，支配株主や経営者が会社の取引相手に対し「自己が責任を負う」などの言明をしている場合に，会社は便宜的手段にすぎず取引の当事者は経営者自身であると認定されたり（東京高判昭和 44・7・30 金法 561 号 36 頁），法人格の形骸化（前掲・東京地判平成 2・10・29）や濫用（前掲・東京簡判平成 15・11・5）が認められたりすることがある（やや異なるが，一流企業である親会社が経営状態の悪化している子会社の再建を積極的に支持し子会社への融資により債務を支払わせる旨を裁判所に言明している場合は子会社に対する債権の保全の必要性はないとした，東京高判昭和 51・4・27 判時 836 号 58 頁も参照）。また，別法人の名称に商号変更したと取引相手に告げた場合に，相手方の別法人に対する請求を拒絶することは法人格の濫用に当たるとした判決（神戸地判平成 16・2・13 LEX/DB 28091474）や，経営悪化時に債権者の母親に対し会社も個人財産も全部投げ出すことにした旨の

手紙を送付していた事案について，法人格の形骸化を認めた判決もある（東京高判昭和 53・8・9 判時 904 号 65 頁）。

このほか，子会社を可能な限り支援していく意向であるとの単独株主の表明があった場合に子会社取締役を兼ねる単独株主の理事は放漫経営を行ったその他の子会社役員を監督すべき義務を親会社のみならず子会社債権者に対しても負っていたとして単独株主に理事の不法行為による責任（平 18 改正前民 44 I）を認めた大阪地判平成 8・8・28（判時 1601 号 130 頁）や，親会社代表取締役が債権者集会において子会社所有船舶を親会社の所有と述べた場合に親会社債権者による同船舶への仮差押申立ては不法行為には当たらないとした東京地判平成 10・4・30（判タ 1015 号 197 頁）も参照。

(イ) **株主等の発言以外の事情に対する信頼**

また，事業の一部が新会社に移転された事実や勤務先とは異なる会社が形式上の雇用者とされている事実を取引相手や労働者が認識する余地がなかったと思われる場合にも，法人格否認が認められている（大阪地判昭和 60・3・18 判時 1163 号 89 頁〔②判決〕，札幌地判平成 3・8・29 労判 596 号 26 頁）。さらに，代表者個人との取引代金についても会社振出の小切手で支払われていた等の従来の取引経緯から会社が債務引受けをしたと認定した判決（名古屋地判昭和 58・9・21 判タ 525 号 174 頁）や，新会社設立を秘匿しつつ旧会社債務の一部を返済していた場合に相手方の信頼惹起を理由に残部の支払拒絶を否定した判決（前掲・東京地判平成 12・12・21），会社が不渡りを出していた際に代表者の内妻名義で振り出した手形について代表者の個人責任を認めた判決（大阪地判昭和 48・8・21 金判 398 号 9 頁）も，この類型に分類し得よう（江頭・法人格否認 224 頁注 12）。

(ウ) **契約の解釈・認定による対処の可能性**

これらは，取引相手の表示・外観に対する信頼を保護しようとしたものといえるが，一部の判決が行っているように，契約当事者の認定や保証・債務引受契約成立の認定によっても対処し得る可能性が高い（江頭・法人格否認 232 頁以下）。

(エ) **法人格否認を認めるには不十分な表示**

もっとも，「損・迷惑をかけない」，「売却する子会社を従前どおり支援する」，「親会社が子会社をバックアップする」，「両者は一心同体である」などといった発言が法律上の責任の負担を意味するものとは解し得ないとする判決も存在する（大阪地判昭和 47・6・30 判時 688 号 94 頁〔個人保証の要求を明確に拒絶していた事案〕，東京地判昭和 57・2・22 判タ 474 号 144 頁，札幌高判平成 17・5・18

法人格否認の法理

LEX/DB 28101027)。また、契約書に個人印の押捺があっても契約当事者は会社であると認定した東京高判昭59・5・29（判時1121号47頁）も参照。

(2) 明白な表示・外観はない場合
(ア) 当事者を区別せずにした取引

他方で、そこまで明白な表示や外観がないにもかかわらず法人格否認を認める判決も少なくない（法人格の形骸化とするものが多い）。例えば、前掲・最判昭和44・2・27は、取引が会社としてなされたものか個人としてなされたものかが判然としない場合には取引相手の保護が必要であるとして、税金対策のために設立された株式会社が契約書上の賃借人とされているが、店舗の貸主は「電気屋」の個人に賃貸したと考えていたとして、個人名義の和解の効力は会社にも及ぶとした。区別の紛らわしい類似商号の会社を複数用いて取引していた場合に法人格の形骸化・濫用を認める、東京地判昭和50・7・24（判時810号60頁）も、同様の考慮を示している。また、前掲・松山地宇和島支判昭和47・3・7は、契約当事者を会社と認定しつつ、原告は相手方が会社か個人かを明確に区別していなかったことを1つの要素として法人格の形骸化を認めている。

(イ) 相手方の一方的な信頼

また、大阪地判昭和44・5・14（下民集20巻5=6号354頁）は、借主は、契約書上の賃貸人は会社名義になっていることは単なる形式と受け取り、実質上は契約の当事者として行動して契約の利益の帰属を受けている監査役である被告が貸主として責任を負担すると考えていたとして、賃貸人の債務不履行による賃借人からの解除・賠償請求を認容している。さらに、事業の法人成りを認識しながらも、実質的には代表取締役の個人企業にほかならないとか、税金対策等の目的を持って名目上会社名を利用しているにすぎず、従来どおり被告個人の営業であることに変わりはないと考えて取引を継続した債権者の請求について、法人格の形骸化を認める判決もある（大阪高判昭和52・7・19判時871号47頁、水戸地判昭53・7・7判時918号109号）。

さらに、会社との契約締結の動機がその支配株主・代表取締役個人の信用力や手腕に対する信頼であったことが影響していると思われる判決もある（前掲・東京地判昭和58・2・28。仙台地判昭和44・12・27判タ243号223頁は取引当事者の認定で解決しており、法人格否認の法理は傍論的位置付けである）。

(ウ) 学説の批判と判例の現状

これらは、積極的な表示や外観作出がない場合でも、契約相手方のなかば一

方的な期待を保護したものと評価できる（相手方の期待の存在すら曖昧な事案として，東京高判昭和47・7・27判時676号75頁）。形骸化による法人格否認については外観に対する信頼を要件とする必要はないとして上記の傾向を支持する見解も存在するが（奥山188頁，蓮井良憲「判批」民商61巻6号〔1970〕1088頁等），このような結論の妥当性には強い疑問も示されている（江頭・法人格否認219頁以下）。公表裁判例を見る限りでは，近年ではこの類型の判決は減少しているように思われることにも注意が必要であろう（例えば，やや異なる事例であるが，東京地判平成17・11・29判タ1209号196頁は，親会社による一部の子会社債権者への弁済資金の提供があっても，他の子会社債権者の弁済への期待は法的保護に値しないとする）。最近のものとしては，取引当事者の同一性以外の点についての信頼が問題となった事案として，ペーパーカンパニーとのリスクの高い現先取引により損失を被った原告の請求につき，原告は長年取引のあるペーパーカンパニーの親会社に対する強い信頼感から詳細な資料を徴求せずに取引を行ったものとして，リスクの高さを故意に秘匿していた親会社も信義則上子会社と同様の契約上の義務を負うとした判決がある（東京地判平成13・6・20判時1797号36頁）が，被告側の帰責性が大きい事案でもあり（親会社の不法行為を認定することも不可能ではなかろう），上記の問題は当てはまらないと思われる（なお，控訴審である東京高判平成14・1・30判時1797号27頁は，ペーパーカンパニーであることなどから法人格の形骸化を認め，被告側の究極的な目的の違法性と情報秘匿という手段の違法性から法人格の濫用を認めており，相手方の信頼という要素が抜け落ちている。藤田23頁注26も参照）。

(3) **外観に対する信頼が存在しない場合**

以上に対し，相手方が会社の財産状態や会社と背後者の異別性を十分認識しており，外観に対する信頼が存在しないと思われることが，背後者に対する請求が棄却された理由であると思われる事案も存在する（採用後すぐに子会社に勤務先が変更されることを従業員は了解していたとする東京地決昭和61・8・27労判481号24頁，節税商品としての航空機のレバレッジ・リースのための匿名組合契約につきペーパーカンパニーが営業者となることは法技術的に当初から予定されている事柄であり，匿名組合員は当事者がペーパーカンパニーであることを認識していたとする東京地判平成7・3・28判時1557号104頁，コンビニのフランチャイザーは中途解約をしたフランチャイジーである会社の代表取締役の個人保証をとっておらず，会社が利用していた不動産が個人名義であることも認識していたとする鹿児島地判平成10・12・24判タ1049号284頁等）。

〔後藤〕

このほか，代表者が会社の事業範囲に属する契約について個人印を押捺するなどしていても，特段の事情がない限り個人ではなく会社代表者として契約を締結したものと推定すべきであるとする判決（前掲・東京高判昭和59・5・29），法人格否認を業務混同や違法目的の不存在から退けつつ，名板貸・外観法理に関して，商号の一部が同一であっても一般人は両者が同一グループに属する関連会社と考えても営業主体の同一性を誤認するにはいたらないとする判決（東京地判昭和60・4・19金判739号31頁）も参照。

4 有限責任の否定

(1) 総　説
(ア) 例外としての法人格否認

株式会社や有限会社においては株主・社員は会社債務について責任を負わないのが原則であり，責任の限定を目的とする子会社の利用自体が違法となるわけでもない（大阪地判昭和47・3・8判時666号87頁，東京地判昭和55・8・28判時989号64頁）。しかし，法人格否認の法理（法人格の形骸化とされることが多いが，法人格（有限責任）の濫用とすることも十分可能であろう）によって，例外的に株主・社員の責任が認められる場合が存在する（その1つが前項の相手方の信頼が保護される場合である）。

(イ) 取締役の対第三者責任との関係

支配株主が取締役を兼ねているような中小企業においては，法人格否認の法理の機能は取締役の対第三者責任（429，平17改正前商266ノ3）のそれと重複しており（江頭・法人格否認405頁），後者による解決を行う下級審判決も少なくない（両方が主張されている場合に法人格否認にふれることなく取締役の対第三者責任を肯定した判決として，東京地判昭和55・12・26判時1006号100頁，東京地判昭和58・5・6金判695号37頁。法人格否認を否定しつつ取締役の対第三者責任を肯定した判決として，東京地判昭和46・4・14判時641号72頁〔任務懈怠を認めつつ損害額の立証がないとして棄却〕，東京地判昭和47・1・17判時671号84頁，大阪高判昭和58・10・27判時1112号67頁，東京地判昭和62・5・11判時1274号121頁，神戸地判昭和62・11・10 LEX/DB 22006149。いずれの主張も退けた判決として，東京地判昭和48・2・28判時706号84頁，東京地判昭和49・8・28判時755号106頁，大阪地判昭和55・11・18判タ437号158頁，前掲・鹿児島地判平成10・12・24。取締役の対第三者責任にふれることなく法人格否認を認めた判決として前掲・水戸地判昭和53・7・7があるが，これは当事者が主位的請求を法人格否認にしたためと思われる）。これに対し

法人格否認の法理

ては，直接損害限定説の立場から取締役の対第三者責任を法人格否認の法理の代用品とすべきではないとの批判がなされている（松田二郎・私の少数意見〔商事法務，1971〕67頁）。しかし，現行法の解釈としていかなる場合に取締役の対第三者責任が認められるかという問題はあるものの［☞§429］，経営者としての具体的行為が問題となっている場合には株主としての責任ではなく取締役としての責任と構成した方が事案の具体的問題点を捉えやすいとも思われる。

(2) 業務・財産混同，法定手続不遵守，会社資産不存在

(ア) 形式的微表と法人格の形骸化

判例を見ると，株券不発行や株主総会不開催等の法定手続の不遵守，役員の兼任，業務・財産の混同，従業員・会社独自の資産の不存在などを理由に法人格の形骸化を肯定して支配株主等の責任を認めるものが多い（前掲・松山地宇和島支判昭和47・3・7，東京地判昭和51・5・27判タ345号290頁，東京高判昭和53・3・3判時890号112頁，東京高判昭和55・8・28判タ426号107頁，前掲・名古屋地判昭和57・9・20，前掲・神戸地判昭和58・10・4，前掲・横浜地判昭和59・10・28，前掲・東京地判昭和60・10・28，東京地判昭和62・4・30判時1266号31頁等）。また，これらの要素すら認定することなく，会社の実体は被告個人の営業であるとして株主等の責任を肯定する判決もある（大阪地判昭和50・3・10判時788号100頁）。他方で，上記の要素の不存在を理由に法人格形骸化を否定する判決もある（前掲・東京地判昭和46・4・14，前掲・大阪地判昭和47・3・8，前掲・東京地判昭和48・2・28，前掲・新潟地判昭和52・12・26，名古屋高判昭和54・6・27金法906号42頁，前掲・東京地判昭和55・8・28，東京地判昭和58・4・18判時1087号94頁，東京地判昭和63・3・16金判814号31頁，名古屋高判平成13・10・11 LEX/DB 28071113など。親会社債務についての子会社の責任が問題となった事案であるが，前掲・東京地判平成4・2・7，前掲・京都地判平成5・11・26も同様である。法人町民税の納入や会社名義での宅地建物取引業免許取得等を理由に形骸化を否定した，東京高判昭和50・6・30判タ330号302頁も参照）。

(イ) 学説による批判

しかし，これらの判例に対しては，上記の諸要素は有限責任の否定という結果をもたらすのに十分なものではないという有力な批判がある（江頭・法人格否認114頁以下）。

まず，無視されている手続が会社債権者の利益に直接関係のないものである場合，その履践がなくとも会社債権者は害されず，これを理由として会社債権者を保護する必要はないとされる（新注会(1)82頁［江頭］。判例においても，法定

法人格否認の法理　　　　　　　　　第1編　総則　第1章　通則

手続不履践は決定的要素とはなっていない。前掲・大阪地判昭和47・6・30，大阪高判昭和55・4・24判タ425号154頁参照）。親子・姉妹会社間での役員兼任も，グループ会社間では存在するのが通常であり，会社債権者を害する事情とはいえない（新注会(1)82頁［江頭］）。

　また，業務混同については，会社・株主の識別困難性が問題とされている場合には契約相手方の外観に対する信頼保護の問題［☞3参照］，株主等による同種事業の遂行が問題とされている場合には会社の機会の簒奪の問題との比較検討が必要といえよう（新注会(1)83頁［江頭］）。

　さらに，財産混同には，会社が株主等の個人資産を事業に（無償で）利用している場合（例えば，前掲・名古屋地判昭和57・9・20），株主等が会社の資産を個人的に利用している場合（前掲・東京高判昭和53・8・9），会社の経理処理が正確に行われていない場合の3つの状況があり得る（どのような混同であるのかを明確にしない判決もある〔前掲・東京高判昭和55・8・28〕）。2つ目のものは会社財産の株主等による搾取と評価でき，最後のものもこれに帰着するとされている（江頭・法人格否認341頁）。他方，1つ目のものは，会社に有利な状況であり，それだけでは会社債権者を保護する理由にはならないとされる（新注会(1)84頁［江頭］。姉妹会社や株主の財産による一部の会社債権者への弁済・保証があった，千葉地判平成5・3・22判例地方自治121号51頁を参照）。この状況は，会社独自の資産の不存在もしくは過少資本と関連するが，会社財産が債務弁済に不足するというだけでは有限責任を否定する根拠とはなり得ない（有限責任が機能するのはまさにこの場合である）。

　以上の批判を前提とすると，上記の各要素の存在による法人格形骸化を認めたと見られる判決については，まず他の実質的な問題点の存在という観点からの説明の可能性を検討すべきであり，それが不可能である場合には，法人格を安易に否認してしまったものと捉えるべきであろう。

(3) 株主等による会社搾取

　有力な学説は，有限責任を否定する根拠として会社搾取と過少資本を重視している（江頭・法人格否認153頁・290頁以下）。

　会社搾取の具体例としては，会社名義の財産の個人への移転（前掲・東京高判昭和53・3・3）や個人的目的での費消（東京高判昭和51・1・28判時815号83頁）などが挙げられよう（会社財産の売却代金の帰属が明らかでない前掲・東京地判昭和51・5・27も，会社搾取の疑いがある事案だと思われる）。また，親子会社間で子会社に不利な条件での取引が行われる場合（東京地判平成13・7・25労判813

号15頁）も子会社の搾取と評価し得る。事業利益や契約目的物を株主が取得しつつ債務のみを会社に負担させるような場合に法人格の濫用を認める判決（福岡高判昭和49・7・22判時760号95頁，東京地判平成8・4・18判時1592号82頁）も，直接的な搾取ではないが，会社に帰属すべき資産の株主への移転を問題としたものかもしれない。以上の事情は，判例では法人格形骸化の一要素として挙げられていることが多いが（前掲・仙台地判昭和45・3・26のように会社搾取に関する主張に応答していない判決も存在する），会社財産の経営者への移転の不存在を主要な理由として法人格否認を否定した判決も存在する（福岡地判昭和55・3・18労判338号32頁）。

会社財産の株主等への移転は，隠れた利益配当や詐害行為取消権，取締役等による利益相反取引・会社財産毀損としての責任追及による対処も可能であるが，親子会社間で搾取が継続的に行われている場合には立証の面で困難が生じることも予想される。法人格否認の法理は，この立証の困難性を克服するための手段として機能し得るといえよう（江頭・法人格否認409頁以下参照）。

(4) 過少資本

法人格否認を認める判決には会社の資本金の額や会社財産の不存在を指摘するものが少なくなく（例えば，東京地判昭和44・11・27判タ244号260頁，前掲・名古屋地判昭和57・9・20等。ただし，会社が過少資本であると認定・評価しているものはほとんどない），学説上も会社が過少資本である場合，言い換えれば適切な資本を欠いている場合には有限責任を認めることはできないとする見解が存在する（例えば，清水忠之「子会社の過少資本に対する親会社の責任について」明治学院論叢535号〔1994〕53頁，並木和夫「株主有限責任の原則の検討」法学研究（慶應）60巻12号〔1987〕99頁等）。また，米・独の議論を参考に，過少資本を理由とする株主債権の劣後化を主張する見解も存在する（片木晴彦「過少資本会社とその規制(2)・完」法学論叢112巻2号〔1982〕93頁以下，松下淳一「結合企業の倒産法的規律(3)」法協110巻3号〔1993〕320頁等）。

しかし，過少資本による責任をめぐる議論においては多様な問題意識が扱われてきているのであり（例えば，過少資本が法人格否認の要因となったとされる東京地判昭和49・6・10判時753号83頁では，たしかに資金的基盤がない状態での経営が問題とされているが，商号変更による責任主体の識別困難化，グループ間の資金流用，経営が行き詰まる可能性の高さなども重要な要素であると思われる），資本の少なさ自体を有限責任否定の根拠と見るべきではないとする見解もある（後藤・過少資本143-144頁）。

(5) **会社による不法行為**
(ア) **不法行為コストの外部化とモラルハザード**

　有限責任の否定については，理論上，債権者の属性が問題となる。契約債権者であれば債務者が有限責任主体であることを認識して取引中止・利率引上げ・経営者の個人保証取得等の自衛措置をとる余地があるが，典型的な不法行為債権者には事前の調査・自衛可能性がない。また，事業者側が自己のコストすべてを負担せずに済むため，事業の実施や防止措置・責任保険加入についての意思決定に歪みが生じる可能性や，負担するコストを可及的に抑えるために事業実施主体を細分化する可能性があることも指摘されている（向井貴子「株主有限責任のモラル・ハザード問題と非任意債権者の保護」九大法学91号〔2005〕267頁等）。これらの点を考慮して，会社が起こした不法行為について，被害者の株主・経営者・親会社に対する損害賠償請求を法人格否認の法理等により認める余地がある。

　もっとも，判例は上記の事情を直接・明示的に考慮しているわけではない（杜撰な計画により事業破綻した有料老人ホーム運営会社の完全親会社に対する入居者らの不法行為損害賠償請求を認容した津地判平成7・6・15判時1561号95頁は，親会社による意思決定・経理処理・資産無償貸与・資金援助などの事情から老人ホームは親会社の事業として計画遂行されたものであるとしている。また，ホンジュラス法人所有船舶の沈没により死亡した船員の遺族による船舶所有会社の実質単独株主に対する商法690条に基づく損害賠償請求を認容した東京地判平成13・9・28判タ1140号227頁は，租税・登録手続負担軽減目的での船舶所有会社設立，株主の指示による業務遂行，航海ごとの人員募集，全所有船舶売却による無資力状態から，法人格は形骸であるとし，株主が収益を独占しつつ事故発生時には会社のみに責任を負担させることは公平さに欠けるとしている。なお，会社の任意保険加入額の水準と事故の予見可能性が取締役の任務懈怠との関係で問題となった，大阪地判昭和62・9・25交民集20巻5号1230頁も参照）。

(イ) **株主・代表者等自身の不法行為**

　このほか，代表者個人が不法行為に直接関与していた場合に法人格否認が認められることがあるが（横浜地判昭和58・3・3判タ504号159頁），法人格否認によるまでもなく，個人としての不法行為と構成すれば足りる（法人格の形骸化・濫用を否定しつつ不法行為責任を認めるものとして，東京地判昭和61・11・28判タ640号187頁）。

(ウ) 実定法規定の解釈による株主等の責任

また，実定法規の解釈として株主や親会社の責任が認められることがある。

例えば，会社名義の車両による交通事故について株主・代表者が自動車損害賠償保障法3条の運行供用者としての責任を問われることがあるが，判例の多くは，法人格否認という法律構成を介さずに，株主・代表者・親会社等を運行供用者と認定している（東京地判昭和42・5・24判時486号59頁，大阪地判昭和49・3・5交民集7巻2号315頁，東京地判昭和53・9・28交民集11巻5号1364頁，名古屋地判昭和54・5・14判時940号82頁，東京地判平成6・11・8交民集27巻6号1589頁等。法人格否認の法理を介して責任を肯定したものとして，甲府地判昭和47・5・18交民集5巻3号697頁。一部について責任を否定したものとして，大阪地判昭和51・11・30交民集9巻6号1619頁）。もっとも，これらの判決が認定している事実は，法人格否認の法理に関して主張される事実と大差はない。このほか，同様の事案について，株主等に民法715条の使用者・代理監督者としての責任を認める判決もある（大阪地判昭和45・6・27交民集3巻3号950頁，鳥取地米子支判昭和52・1・17訟月23巻2号204頁）（以上につき，詳しくは，宇野稔「判例上現われた親会社の不法行為責任」九大法学29号〔1974〕35頁，田代有嗣「裁判例に現われた自動車事故損害賠償責任と親子会社規制（I-Ⅷ・完）」商事482-498号〔1969〕，細田淑允「自動車事故にみる親子会社の責任と法人格の否認」金沢経済大学論集17巻3号〔1984〕1頁を参照）。

また，親会社が指揮した子会社工場解体時に生じたと推測される汚染について，法人格否認の法理ではなく公害防止事業費事業者負担法3条の「当該公害防止事業に係る公害の原因となる事業活動を行い又は行うことが確実と認められる事業者」の解釈により親会社の責任を肯定した判決（東京地判平成18・2・9判タ1309号151頁参照）も存在する。

(6) 労働者による請求

不法行為債権者と並んで自衛能力の劣る債権者として挙げられるのが，労働者である。

労働者の親会社・支配株主に対する賃金・退職金請求が認められた事案としては，すでに検討した不当労働行為等が存在する場合 [☞ 2(2)(ウ)] 以外には，親会社による子会社搾取が存在する場合（前掲・仙台地判昭和45・3・26，前掲・東京地判平成13・7・25。会社搾取的な事情を認定しつつも請求を棄却した事案として，前掲・大阪地判平成13・9・3）が挙げられる。このほか，企業グループ間で子会社等への転籍・出向を命じられた労働者が，移籍先の倒産後に元の所属先

である親会社等に退職金を請求することがある。この場合に法人格否認を認めた判決は見当たらないが（東京地判平成9・7・14労経速1664号7頁，東京地判平成13・2・23労経速1763号24頁，東京地判平成14・10・29労経速1847号3頁，名古屋地判平成14・11・29判タ1147号285頁），移籍時の交渉内容から親会社による黙示の保証を認定するなどの方法も検討されるべきであろう（大阪高判昭和55・3・28判時967号121頁。後藤元「判批」ジュリ1287号〔2005〕138頁も参照。このほか，やや異なる文脈であるが，大阪高判平成18・5・30労判928号78頁では，アルバイト従業員の地位を派遣労働者に切り替える際の労働者側の錯誤の有無が，法人格否認と並んで検討されている〔結論としては錯誤を否定〕）。

　また，勤務中の事故により負傷した労働者が，雇用者の親会社・姉妹会社等に対して安全配慮義務違反による損害賠償を請求することがある。これが認められるのは，事故発生後の責任回避が疑われる場合（前掲・熊本地判平成2・1・18）や，勤務先変更後も給与の支払方法等から雇用主体変更について正確な理解がなかった可能性がある場合（福岡地久留米支判昭和53・1・27判時919号90頁），事業分割後も責任は一体として負う旨が労使間で確認されている場合（大阪地判昭和56・8・25判時1043号99頁：法人格否認は否定）などであり，それ以外においては否定されている（東京地判昭和51・9・28交民集9巻5号1343頁，前橋地判昭和60・11・12判時1172号118頁，福島地いわき支判平成2・2・28判時1344号53頁，福岡地飯塚支判平成7・7・20判時1543号3頁等）。この問題についても，抽象的な法人格形骸化・濫用ではなく，安全配慮義務の根拠・範囲という観点からの検討が必要だと思われる。

　このほか，派遣元企業と派遣先企業との間に資本関係がある場合に，派遣労働者と派遣先企業との間の雇用関係の存否に関して法人格否認の法理が論じられることがあるが（高松高判平成18・5・18労判921号33頁，東京高判平成18・6・29判タ1243号88頁〔いずれも法人格否認せず〕），この点についても労働者派遣制度のあり方との関係を考慮すべきであろう。

5　その他の問題

(1)　総　　説

　以上が法人格否認の法理の主な適用類型であるが，これら以外にも同法理が当事者により主張され，また学説によって同法理に分類される事案は存在する。しかし，これらの多くは，契約・法律解釈や事実認定により解決されるか（例えば，最判昭和62・7・3民集41巻5号1068頁，東京高判昭和63・10・31判時

1296号55頁，神戸地判平成4・8・12判夕801号246頁，最判平成14・10・3民集56巻8号1706頁等。競売申立ての解釈が問題となったやや特殊な事案として，東京地判昭和52・10・24判時889号62頁)，適用されるべき場面ではないとして退けられており（横浜地小田原支判昭和51・11・18判夕352号257頁，東京地判昭和57・11・1判時1296号62頁参照，等)，法人格否認の法理が果たしている役割はそれほど大きくはない。以下では，問題となる頻度が比較的高いものを概観する。

(2) **契約内容の解釈**

まず，契約の内容について争いがある場合に法人格否認の法理が主張されることがあるが（商号使用契約の範囲について，大阪高判昭和56・11・30 LEX/DB 25102076。担保権設定契約における被担保債権の範囲について，名古屋地判昭和61・3・7金判749号37頁。契約による文書閲覧請求権の範囲について，千葉地判平成17・1・31 LEX/DB 28100637)，多くの判決は，法人格否認の法理に依拠することなく，当事者の合理的意思解釈により解決を導いている。もっとも，当事者が主張していないにもかかわらず，法人格否認の法理として構成した上で，同法理を会社の背後者の有利に適用することはできないとしてこれを否定した判決も存在する（和解契約の内容に関する錯誤の主張について，前掲・名古屋地判昭和46・11・9)。

他方，個人名義で請け負った工事の代金債権が会社名義と個人名義により二重譲渡された場合に会社から譲渡を受けた第一譲受人を優先させた千葉地判昭和35・1・30（下民集11巻1号194頁）は，法人格否認の法理を適用しているが，第二譲受人に対する譲渡契約の解釈としてのみ正当化され得ることが指摘されている（江頭・法人格否認211頁注15)。また，大阪高判昭和43・12・25（判時558号65頁）も，契約当事者の認定により対処できた事案であると思われる。

(3) **賃貸借の信頼関係破壊**

また，賃借人が自己の支配する会社に賃貸借の目的物を利用させた場合に賃貸人による解除を否定すべき理由として，法人格否認の法理により転貸は行われていないと見るべきだと主張されることもあるが（前掲・最判昭和46・11・4の大隅健一郎意見)，転貸を認めつつ信頼関係の破壊にはいたらないとすることで対処するのが判例である（前掲・最判昭和46・11・4法廷意見，前掲・東京地判昭和46・12・21)。

これに対し，賃借人である小規模閉鎖会社において社員・役員に変動が生じた場合の解除の可否について，判例は法人格形骸化による否認の余地を認めているような判示をしているが（大阪高判昭和54・6・15判時943号64頁，最判平成

8・10・14民集50巻9号2431頁), その意義は大きくないと見るべきであろう (金子敬明「判批」法協118巻3号〔2001〕473頁)。賃借人の全株式が譲渡された場合に, 法人格の濫用・形骸化, 特約上の脱法的無断賃借権譲渡, 信頼関係破壊のいずれも認められないとした最近の判決として, 東京地判平成18・5・15 (判時1938号90頁) がある。

(4) **損害の帰属**

また, 会社に損害が生じた場合に株主が損害を被るかということが問題となる事案がある。まず, 株主が有する知的財産権を会社が実施している場合の株主による侵害者に対する賠償請求を法人格否認に足りる事実の立証がないとして棄却した判決があるが (神戸地判平成5・4・28 LEX/DB 28022365), これを認めなくとも不都合はないということが真の理由であろう (前掲・大阪地判平成元・4・24)。また, 子会社の損失についての親会社株主による株主代表訴訟においても親会社の損害額や親会社取締役の義務違反について法人格否認が主張されることがあるが (東京地判平成3・4・18判時1395号144頁, 東京高判平成6・8・29金判954号14頁, 東京地判平成7・10・26判時1549号125頁, 東京高判平成8・12・11金判1105号23頁, 東京地判平成13・1・25判時1760号144頁等), いずれも退けられている。個々の事案の結論の当否はともかく, 法人格否認の法理の適用により解決すべき問題ではないといえよう (証券会社のいわゆる飛ばし行為による簿外債務の帰属につき法人格否認によらず親会社に帰属するとしたものとして, 大阪地判平成18・3・20判時1951号129頁)。

他方, 中小企業の代表者の負傷によるいわゆる企業損害についても, 法人格否認の法理に依拠することなく会社の損害と代表者の負傷の相当因果関係の有無という観点から検討されており (東京地判昭和42・12・8判時513号57頁), 代表者個人と和解した場合であっても会社の損害賠償請求権は存続するとされている (水戸地土浦支判平成12・7・31交民集34巻6号1751頁)。そして, この場合に法人の損害を企業主の損害として主張することもできない (大阪地判昭和46・3・26判夕265号259頁)。

(5) **相殺等の抗弁の主張**

また, 債務者が債権者の代表者もしくは債権者が代表者を務める会社に対して有する債権との相殺や, これらに対する自己の親会社名義の債権による相殺を主張する際にも法人格否認の可否が論じられる。前者については, 財産混同等の法人格の形骸化のみを検討する判決もあるが (京都地判平成2・2・28民集49巻8号2815頁参照, 神戸地判平成2・7・17判夕745号166頁), むしろ自働債権

と受働債権の成立経緯における関連性（大阪高判昭和59・5・24金判711号31頁）や，債権者の名義に関する債務者の認識（大阪地判平成4・9・7判時1445号171頁）を重視すべきであろう。他方，後者については，会社の背後者からの法人格否認の主張は許されないとする判決がある（前掲・高松高判昭和58・12・27）。親会社が子会社に対して債権を譲渡しさえすれば相殺適状になるのであるから，これで差し支えないと思われる（倒産法上の相殺禁止〔破72Ⅰ等〕にふれる場合には，これを法人格否認の法理により乗り越えることが妥当かという見地からの慎重な検討が必要であろう）。

相殺以外の抗弁の主張が問題となったものとして，債務者が会社代表者個人に対する抗弁事由を有している場合に会社の債権行使を権利濫用とした名古屋地判昭和46・11・30（金判308号12頁。債務者は提訴されるまで会社の存在を知らなかったとされているので債務者の信頼が保護された事案とも言い得る〔江頭・法人格否認225頁注13参照〕），逆に従業員の従業員互助会に対する抗弁の会社に対する主張を否定した，東京地判平成13・12・20（判タ1133号161頁）などがある。

(6) **土地と建物が会社と社員に分属するときの法定地上権の成否**

また，土地と建物が社員・会社代表者と会社に分属している状況で土地が競売に付された場合，建物を所有する会社の法定地上権（民388）成立の主張を，法人格否認を会社側が自らの有利に主張することは許されないとして排斥する判決がある（前掲・東京高判昭和51・4・28）。これも，土地利用のための権利の設定が法律上不可能ではない以上，それを怠った会社側の主張を認める必要はないといえよう（前掲・東京地判昭和53・6・26）。これに対し，代表者から土地を譲り受けた者の建物競落人に対する訴えにおいては，会社と代表者の同一性が認められている（東京地判昭和57・5・10判時1062号106頁）。

(7) **会社財産の取締役等への譲渡と利益相反取引**

さらに，会社の役員や清算人が取締役会・清算人会の承認決議を経ることなく会社財産を譲り受けた場合に，第三者からの無効主張に対し，譲受人が自己と会社の実質的同一性を理由に利益相反取引規制の不適用を主張することがある。このような主張は，法人格否認の法理を会社・株主側が援用することはできないとして退けられることもあるが（前掲・名古屋高判昭和44・8・29），法人格否認の法理の適用は慎重であるべきとしてこれを否定しつつ，株主全員の合意がある場合には会社利益保護を目的とする利益相反取引規制は適用されないとして，譲受人側の主張を認めた判決も存在する（前掲・最判昭和49・9・26）。

(8) 支配株主による行為と会社への効果帰属

また，適切な手続によって代表取締役に選任されていない単独株主が会社の代表者として行った債権譲渡について，株主が代表権を有するとはいえないが，会社は実質的には株主の個人企業であるため譲渡された債権は株主の債権と解し得るとして債務者の譲渡無効の主張を退けた最判昭和47・3・9（判時663号88頁）も，法人格否認の法理を適用したものとされる。この判決については，日々の経営状況等から株主の代理権もしくは表見代理を認定することが可能であったのではないかとの疑問があり得よう。

(9) 法人への不法行為責任の拡張

最後に，自然人による不法行為について，（おそらく資力のある）法人に賠償責任を課すために法人格否認の法理が用いられることがある（大阪地判平成10・9・28判時1682号78頁，前掲・大阪地判平成14・8・28，長崎地判平成13・9・26判タ1124号197頁，福岡地判平成14・9・11判タ1148号222頁等）。これは，有限責任を否定して株主等に会社の不法行為についての責任を課すものとは異なり，共同不法行為責任（民719）的に機能するものと見るべきであろう。

IV 法人格否認の効果

1 実体法上の効果

法人格否認の法理の実体法上の効果は各類型について述べたようにさまざまであるが，代表的なのが会社債務の株主・姉妹会社への拡張と株主債務の会社への拡張である。この場合に検討されるべき問題点として，いかなる範囲で債務の拡張を認めるべきかということがある。とくに，会社搾取や財産移転による債務免脱が問題となっている事案において，移転された財産の額を超える拡張や財産移転を受けた者以外への拡張がなされる場合，拡張を受けた者の債権者の利益を害することにならないかということが問題となる（宮島司「判解」平成4年度重判解ジュリ1024号〔1993〕106頁，伊藤・前掲「判批」42頁参照）。他方で，広範な拡張に，証明負担の緩和（ただし，この場合には会社側の反証を認める必要があろう）やサンクションとしての抑止効果を期待するという見方もあり得る。

2 手続法上の効果

(1) 既判力・執行力の拡張

(ア) 法人格否認の法理による訴訟法上の効果が認められるか，すなわち①

法人格否認の法理

会社または社員の一方の債務が前訴において認められた場合，他方は既判力の拡張により一方に対する債務の存在を後訴において争い得なくなるか，②会社または社員の一方に対する債務名義を有する者は，執行文付与の訴えにおいて他方に対する執行文を取得できるか，ということについては争いがある（このほか，仮差押え決定の効力の拡張が問題となった事案として，東京地判昭和56・1・27判時1022号120頁がある）。

判例は，①に関しては，個人名義での和解契約の効力の会社への拡張を認めつつ，傍論において株主が受けた判決の効力は会社には及ばないとし（前掲・最判昭和44・2・27），②に関しても，「権利関係の公権的な確定及びその迅速確実な実現をはかるために手続の明確，安定を重んずる訴訟手続ないし強制執行手続においては，その手続の性格上訴外会社に対する判決の既判力及び執行力の範囲を上告会社にまで拡張することは許されない」として（最判昭和53・9・14判時906号88頁），いずれも消極に解している（ただし，昭和44年判決については，個人ではなく会社に対する訴訟を提起する必要性があることを説示したものにすぎないということが指摘されている〔森本・新展開356頁〕。東京高決昭和49・7・29判時755号103頁も参照）。この判例に賛同する学説も少なくない（奥山167頁，蓮井・否認103頁，星野雅紀「法人格否認と訴訟法および執行法上の問題点」判タ412号〔1980〕35-37頁）。

しかし，これら否定説の根拠に対しては批判がなされており（例えば，福永556頁以下），肯定説も有力である（法人格形骸化の場合に判決効の拡張を認めることを前提に，法人格濫用の場合にも認めるべきかについて争いがある。形骸化に限るものの例として，中野貞一郎・民事執行法〔増補新訂5版〕〔青林書院，2006〕127頁。濫用も含めるものの例として，福永568頁）。また，濫用・形骸化論の意義に否定的な立場から，一般的に法人格否認の法理の適否を論ずるのではなく，訴訟法・執行法上の具体的な不都合のある類型ごとの考慮を主張する見解も有力である（江頭・法人格否認432頁以下）。

(イ) 下級審判決には，最高裁判例を前提としつつ，審理経過・手続保障の充足・訴訟の蒸返し防止等の観点から，訴訟上の信義則（民訴2）に基づいて実質的に既判力の拡張を認めるものが存在する（東京地判平成14・12・10 LEX/DB 28080501，東京高判平成15・9・22 LEX/DB 28082668）。このような既判力の拡張が認められるのであれば，会社または株主の一方に対する債務名義を有する債権者は後訴において実体法上法人格を否認すべき事情を主張立証して他方に対する債務名義を取得し，その上で執行文付与を求めるべきことになる。この手

続を踏まずに行った差押え等の申立ては却下されるのが一般的だが（例えば、東京地決平成13・12・28金法1659号58頁。もっとも、個人を債務者とする不動産競売における会社に対する引渡命令が認められた事案として、東京高決昭和61・7・2判時1204号106頁を参照）、外形上債務者の責任財産と認められないものについても債権者が債務者の責任財産に属することを証明した場合には執行手続を開始できるとして、執行債務者名義ではなく執行対象財産の拡張を認める下級審判決も存在する（東京高決平成14・5・10判時1803号33頁）。訴訟法・執行法上の理論として既判力や執行対象の拡張が認められるのであれば、それらを法人格否認の法理と構成する必要はなく、また同法理がこのような解釈論の妨げとなるべきでもない。

(2) 第三者異議の訴え

(ア) 会社または株主の一方に対する債務名義による強制執行に対して他方が提起した第三者異議の訴えにおいて、被告である執行債権者が法人格否認を抗弁として主張し得るかという論点については、学説上、肯定説（中野・前掲312頁等）と否定説（今中121頁等）が存在しており、下級審判決の結論も分かれていた（肯定説に立つものとして、仙台地判昭和45・3・26労民集21巻2号367頁、鹿児島地判昭和46・6・17下民集22巻5＝6号702頁、大阪地判昭和49・2・13判時735号99頁。法人格の形骸化を否定しつつ、紛争経緯から執行妨害の意思が窺えるとして第三者異議の訴えの提起を権利濫用に当たるとした大阪地判昭和52・12・23判タ363号275頁、執行免脱目的を認定して執行目的物は実質的に執行債務者に帰属するとした津地判平成14・7・26 LEX/DB 28080237も参照。否定説に立つものとして、東京地判昭和55・12・24判時1006号70頁、東京高判平成8・4・30判タ927号260頁）。否定説に立つ判例は、前掲・最判昭和53・9・14の指摘する訴訟・執行手続の明確・安定性の要求を根拠としていたが、最判平成17・7・15（民集59巻6号1742頁）は、第三者異議の訴えは債務名義の執行力が原告に及ばないことではなく、適法に開始された強制執行の個々の目的物について実体法上の権利を妨げる権利を有することを理由とするものであるとして、第三者異議の訴えを既判力・執行力の拡張の問題と区別し、肯定説を採用した（この判決後の訴訟法的検討として、内山衛次「法人格否認の法理についての手続法上の問題」関西学院大学法と政治57巻2号〔2006〕149頁、佐古田真紀子「法人格否認の法理の訴訟法上の効果」旭川大学紀要61号〔2006〕89頁がある）。

(イ) この問題についても、法人格否認の法理という構成によらずに、第三者異議の訴え一般について、第三者異議の訴えの原告に対する債務名義がなくと

も，原告が実体法上債務名義と同一内容の給付義務もしくは目的物に対する執行を受任すべき義務を負っている事実を抗弁として主張し得ると解せば足りるとする見解がある（江頭・法人格否認 428 頁以下。この場合，第三者異議の訴えが棄却される範囲も原告が負担する実体法上の債務の範囲に限定されることとなる）が，このような解釈が民事執行法学上一般的であるわけではないようである（中野・前掲 323 頁注 24）。

V 法人格否認の法理の準拠法

日本企業が外国に子会社を設立した場合とその逆の場合，また日本企業の取引相手や不法行為の被害者が外国人である場合とその逆の場合などに，法人格否認の法理が主張されることがあるが，その準拠法はどのように解されるべきか。

上記のような事案が問題となった判決はいくつか存在するが，いずれも法人格否認の準拠法の決定について十分な説示はしていない（前掲・東京地判昭和 63・3・16，前掲・東京地判平成 10・3・30，前掲・東京地判平成 13・6・20，前掲・東京地判平成 13・9・28，前掲・東京高判平成 14・1・30）。学説上は，法人格否認の法理の準拠法を一律に決するのではなく，有限責任制度の否定に関する制度的利益擁護類型については会社の従属法，外観信頼保護等の多様な問題を含む個別的利益保護類型については事案に応じて契約準拠法・不法行為準拠法等を適用すべきであるとする見解が近時は有力となっている（江頭・準拠法 10-11 頁，龍田・国際化 282 頁，藤田 19 頁以下）。もっとも，実質法上の類型論を準拠法の選択の問題にそのまま適用できるのかという点については，国際私法学者から疑問も呈されている（石黒一憲「国際企業法上の諸問題」落合還暦 613 頁，神前禎「判批」ジュリ 1233 号〔2002〕140 頁）。また，会社から株主への財産移転は詐害譲渡，不法行為債権者による親会社への請求は親会社自身の不法行為などと構成することも不可能ではないことからすると，制度的利益擁護類型に一律に会社従属法を適用するという結論には実質法の観点からも疑問がないわけではない。他方で，会社従属法の適用には，会社債権者全体との関係を統一的に処理し得るという利点もある。

（後藤　元）

§4　　　　　　　　　　　　　　　　第1編　総則　第1章　通則

> **（住所）**
> **第4条**　会社の住所は，その本店の所在地にあるものとする。

【文献】大隅健一郎「会社の**本店**について」同・会社法の諸問題〔新版〕（有信堂高文社，1983）93頁，鈴木竹雄「会社の**営業所**」同・商法研究Ⅱ（有斐閣，1971）171頁，米津昭子「会社の**本店**所在地の意義」法学研究（慶應）31巻1号（1958）20頁

I　本条の趣旨

　本条は，会社の住所を定める規定である。同旨の規定は，明治32年の現行商法制定時から存在した（昭13改正前商44Ⅱ）。一般社団法人・一般財団法人についても，「一般社団法人及び一般財団法人の住所は，その主たる事務所の所在地にあるものとする」との規定があり（一般法人4），本条は，それと同趣旨の規定であると解されている（新注会⑴65頁〔竹内昭夫〕）。すなわち，自然人についてと同様，法人の法律関係についても，一定の土地をその基準（住所）として定めておく必要があり（我妻栄・新訂民法総則〔岩波書店，1965〕181頁），会社については，住所を「その本店の所在地」としたものである。

　もっとも，現在では，会社の場所的法律関係は，「本店」自体または支店を含めた「営業所」の所在地を基準に決定される場合が多く，Ⅱに述べるように，本条を適用して解決すべき事項があるのか否か疑わしい。すなわち，本条は，現在では，適用対象のない「空振り」の規定となっている可能性が高い。一般社団法人・一般財団法人についても，同じ理由から，規定を削除すべきであると主張する見解もある（川島武宜・民法総則〔法律学全集〕〔有斐閣，1965〕104頁）。

II　会社の住所に結び付く法律効果

　本条は，会社の住所を，その本店の所在地と定める。しかし，次に述べるように，会社の法律関係で，当該「住所」に法律効果が結び付く場合が存在するかは，疑問である。

1　債務の履行の場所の関係

　商行為によって生じた債務を履行すべき場所がその行為の性質または当事者

〔江　頭〕

の意思表示によって定まらないときは，特定物の引渡しの場合を除き，債権者の現在の営業所，もし営業所がないときはその「住所」においてしなければならず（商516 I），指図債権および無記名債権の弁済は，債務者の現在の営業所，もし営業所がないときはその「住所」においてしなければならないとされている（商516 II）。しかし，会社は，事業を行うことを目的とする法人であるから，常に営業所を有しており，そこが債務の履行の場所になるわけであって，住所としての本店により債務の履行の場所を決定しなければならないケースは，ほとんど考えられない（大隅・本店107頁）。したがって，債務の履行の場所の法律関係に関しては，本条を設ける意味はない。

2 手形小切手関係

手形法・小切手法が「住所」（手4・21・27 II・52 I・60 I，小8）または「住所地」（手2 III・4・22 II・27 I・48 II・52 III・76 III・77 II，小8）と定めている場合に，本条を適用してそれを本店または本店の所在地と解すべき必然性はない。なぜなら，手形法・小切手法にいう「住所」・「住所地」が本店以外の営業所を含まない趣旨であるとは解し難いからである（大隅健一郎＝河本一郎・注釈手形法・小切手法〔有斐閣，1977〕29頁）。したがって，この関係でも，本条を設ける意味はない。

3 民事訴訟法の関係

会社の普通裁判籍は，その主たる営業所により定まる（民訴4 IV）。破産事件等の管轄についても，同じである（破5 I，民再5 I，会更5 I）。会社への送達は，受訴裁判所に届け出た営業所においてなされる（民訴103 I・104 I）。付加期間を定める場合（民訴96 II）にも，会社の場合，当該「住所」として本店以外の営業所が含まれないと解すべき理由はない（11 I〔支店において訴訟が行われる場合〕）。すなわち，この関係でも，本条を設ける意味はない。

4 渉外関係

会社の従属法，すなわちその会社の法人格（一般権利能力）の有無を決定する際に適用すべき法を，会社の本拠が存在する国の法と解する主義（本拠地法主義）と，設立準拠法であると解する主義（設立準拠法主義）とがあるが，わが国の国際私法は設立準拠法主義であると一般に解されているから（東京地判平成4・1・28判時1437号122頁），この関係で本条が働く余地はない。また，法律

§4　　　　　　　　　　　　　　　　第1編　総則　第1章　通則

行為の準拠法の決定については，会社の場合，「事業所」または「主たる事業所」の所在地が基準となる（法適用8Ⅱ・11Ⅵ②・12Ⅱ・18）。したがって，この関係でも，本条を設ける意味はない。

Ⅲ　本店の所在地

1　本条の「本店」の意義

　会社は，定款上，本店の所在地を定め（27③・576Ⅰ③），本店の所在場所を登記しなければならない（911Ⅲ③・912③・913③・914③）。本店とは，主たる営業所，すなわち複数の営業所がある場合には会社の全事業を統括し最高の意思決定を行う営業所である。どこが「主たる営業所」であるかは，客観的に定まることであるが，それ（実質上の本店）と「定款で定めた地」・「登記した場所」（形式上の本店）とが一致しない場合が生じ得る（大阪地判昭和51・9・8判時869号99頁）。その場合に，本条にいう「本店」は実質上の本店と解すべきか，形式上の本店と解すべきかという問題が起きるが，本条はどのような法律関係に適用されるかがはっきりしないので［☞Ⅱ参照］，この点につき明確な答えを出すことは難しい。ただ，本条が会社の住所を「本店の所在地」と定めたのは，住所を形式的に定めようとの趣旨と解されるので，本条の本店は「形式上の本店」を指すと解すべきであろう（石井・注解84頁，稲葉威雄ほか・会社の総則・設立〔別冊商事法務114（1990）〕20頁〔商法54条2項（住所）について〕）。

2　所　在　地

　本条は，会社の住所を「本店の所在地」と定めるが，「地」は，通常，最小独立行政区画である市町村または東京都の区を意味する（27③・576Ⅰ③）。しかし，住所は，地番も含む「所在場所」（911Ⅲ③・912③・913③・914③）のはずであるから，本条にいう「所在地」は，本店の所在場所の意味と解すべきである（大隅・本店95頁）。

Ⅳ　本店の意義（一般）

　Ⅲ1で述べたように，実質上の本店と形式上の本店とが乖離する場合が生じ得る。会社の代表者が定款変更または登記を懈怠した結果として当該乖離が生

〔江　頭〕

§4

じ，同人の業務執行上の義務違反と見得るケースもあるが（鈴木・営業所 179 頁），本店工事等により一時的に実質上の本店が他に移転するケースもある（稲葉ほか・前掲 22 頁）。いずれにせよ，当該乖離が生じた場合に，「本店」に認められる法律効果を，どちらを標準にして決すべきかは，一般的・抽象的には決められず，それぞれの法規が本店に一定の効果を付与している趣旨に立ち入って考えるべき問題である（石井編・註解 84 頁，大隅・本店 98 頁）。したがって，それぞれの場合につき各条の注釈で解説されるべき問題であるが，主要な場合につき，以下で述べる。

1 会社法上の訴え等

(1) 専属管轄

会社の組織に関する訴えは，被告となる会社の本店の所在地を管轄する地方裁判所の管轄に専属する（835 I）。株式会社の役員等その他の責任追及等の訴え，役員の解任の訴えは，当該株式会社の本店の所在地を管轄する地方裁判所の管轄に専属する（848・856）。持分会社の社員の除名および業務執行社員の業務執行権・代表権の消滅の訴えは，当該持分会社の本店の所在地を管轄する地方裁判所の管轄に専属する（862）。社債発行会社の弁済等の取消しの訴えは，社債を発行した会社の本店の所在地を管轄する地方裁判所の管轄に専属する（867）。これらの訴えの管轄が「本店の所在地を管轄する地方裁判所の専属管轄」とされている理由は，同一の原因に基づき複数の者から訴えが提起される可能性があるので，弁論・裁判を併合して行うことにより判断が区々になることを防止するためであるから，管轄は形式的・画一的に定める必要があり，したがって，そこに言う「本店の所在地」とは，定款で定め登記した本店（形式上の本店）の所在地を意味すると解される（東京高決平成 11・3・24 判タ 1047 号 292 頁，大隅・本店 102 頁）。

もっとも，本店の所在地を移転する定款変更決議の不存在確認を求める訴えは，旧本店・新本店いずれの所在地を管轄する地方裁判所に提起すべきかという問題があり得て，これにつき旧本店の所在地と解した裁判例がある（前掲・東京高決平成 11・3・24）。

(2) 会社非訟事件

会社法の規定による非訟事件は，会社の本店の所在地を管轄する地方裁判所の管轄に属する（868 I-V）。この場合は専属管轄ではないから，形式上の本店のほかに実質上の本店があるときは，双方の本店所在地の地方裁判所に管轄を

認めてよいとする見解がある（大隅・本店104頁）。たしかに，非訟事件には，同一の原因に基づき複数の者が申し立てた場合に裁判所の判断が区々に分かれても差し支えない事件もあるが（反対株主の株式買取請求事件等），新株発行無効判決等の確定による払戻金額増減申立事件のように，審問等の必要的併合・総株主に対する効力の発生が定められたものもあり（877・878），後者の場合には，⑴と同じく，「本店の所在地」とは形式上の本店の所在地を意味すると解さざるを得ない。

2　登記の管轄

会社の設立の登記は，その本店の所在地においてしなければならない（911Ⅰ・912Ⅰ・913Ⅰ・914Ⅰ）。新設合併・新設分割・株式移転の登記は，それぞれ新設会社・設立会社・株式移転設立親会社の本店の所在地においてしなければならない（922Ⅰ・924Ⅰ・925Ⅰ，商登82Ⅰ-Ⅲ・87ⅠⅡ・91ⅠⅡ）。これらの場合には，まだ当該会社の事業活動は行われていないので，実質上の本店があるはずはなく，したがって，その「本店の所在地」が形式上の本店を指すことは明らかである。

変更の登記は会社の本店の所在地（915），吸収合併・吸収分割による変更の登記は存続会社・承継会社の本店の所在地（921・923）においてしなければならない。この場合も，当該会社の登記簿がその形式上の本店の所在地を管轄する登記所にあるため，その「本店の所在地」は，形式上の本店を指すと解さざるを得ない。ただ，形式上の本店と実質上の本店との乖離が明らかなときは，登記官は登記を拒絶すべきであるとする見解がある（石井編・註解85頁）。

3　定款・議事録・計算書類等の備置場所

株式会社は，定款，株主名簿，株主総会等の議事録，計算書類等，吸収合併契約等を本店に備え置き（31Ⅰ・125Ⅰ・318Ⅱ・371Ⅰ・394Ⅰ・413Ⅰ・442Ⅰ・782Ⅰ・794Ⅰ・803Ⅰ・815Ⅲ），株主等の閲覧等の請求に応じなければならない（976⑧）。この場合の本店は，明瞭・形式的に確定されることが重要であるので，形式上の本店を指すと解される（大隅・本店105頁，鈴木・営業所177頁，米津・本店24頁）。

（江頭憲治郎）

§5

> **（商行為）**
> 第5条　会社（外国会社を含む。次条第1項，第8条及び第9条において同じ。）がその事業としてする行為及びその事業のためにする行為は，商行為とする。

I　本条の趣旨

　本条は，会社および外国会社の行う事業（営業）上の行為が商行為（商4I・514・522等）である旨を定める規定である。会社は，本条の定めにより，「商行為をすることを業とする」ことになるので，商人となる（商4I）。昭和13年の商法改正以来，会社は「擬制商人」，すなわち「商行為ヲ為スヲ業トセザルモ之ヲ商人ト看做ス」ものとして取り扱われてきたが（平17改正前商4II），本条により，自己の名をもって（自己を権利義務の主体として）商行為をすることを業とすることにより商人となる「固有の商人」として取り扱われることとなった。

II　事業としてする行為

　会社および外国会社が「その事業としてする行為」が商行為となる。「事業としてする行為」とは，会社および外国会社が本来の営業活動として行う行為であり，通常は，定款に「目的」として記載・記録した事項（27①・576I①）を行う行為である。しかし，定款の文言上明示的に目的に掲げられていなくても，解釈上会社の目的の範囲に含まれる行為であれば［☞§3 II 2(2)(イ)］，これに含まれる。
　会社・外国会社の行う当該行為が絶対的商行為（商501）であれば，それは，本条の適用を待たず当然に商行為であり，営業的商行為（商502）であれば，会社・外国会社はそれを反復継続して行うはずであるから，その行為はやはり商行為である。会社がそのいずれでもない行為を同社の事業として行う場合に，その行為が商行為となる点に，本条の意義がある。すなわち，明治44年の商法改正以来，「〔いわゆる民事会社の〕行為ニハ商行為ニ関スル規定ヲ準用ス」と定められていたが（平17改正前商523。いわゆる「準商行為」），本条は，実質的にそれと同じ意義を有することになる。

〔江　頭〕

付言すれば，いわゆる擬制商人，すなわち「店舗その他これに類似する設備によって物品を販売することを業とする者」および「鉱業を営む者」(商4Ⅱ)がその事業としてする行為を商行為とする旨の規定は，現行法上存在しない。

Ⅲ 事業のためにする行為

1 意 義

会社および外国会社が「その事業のためにする行為」が商行為となる。「事業のためにする行為」とは，商人一般における「営業のためにする行為」(商503Ⅰ)と同じ意味であり，いわゆる附属的商行為に該当する行為である。事業の利益のためにする一切の行為を含み，有償・無償を問わない。

会社は，「その事業としてする行為」(Ⅱにより商行為となる)をすることを業とすることにより，商人となるので(商4Ⅰ)，会社(商人)が事業(営業)のためにする行為は，当然に商行為のはずである(商503Ⅰ)。したがって，本条のこの部分は，本来なくても足りるはずのものである。

会社は商人であるから，その行為は，その営業(事業)のためにするものと推定される(商503Ⅱ)。もっとも，個人商人の場合と異なり，会社の対外的行為に「事業のためにするもの」以外のものがおよそ存在するかという問題がある〔☞ 2(2)参照〕。

2 「事業のためにする行為」に当たらない会社の行為

(1) 組織法的・団体法的行為

会社の行為であっても，対株主関係の行為は，組織法的・団体法的行為であって，「事業のためにする行為」ではないから，商行為に当たらない。したがって，例えば剰余金の配当の支払に関する遅延損害金の利率(東京地判昭和58・8・23判時1114号102頁)，あるいは，株主総会の授権に基づく特定の株主からの自己株式取得の取得代金の支払に関する遅延損害金の利率(福島地会津若松支判平成12・10・31判タ1113号217頁)は，年5分である(商514の適用がない)。会社・役員間の法律関係も同様であり，したがって，取締役の報酬の支払に関する遅延損害金の利率は，年5分であり(京都地判平成4・2・27判時1429号133頁，東京高判平成9・12・4判時1657号141頁)，取締役の会社に対する責任の消滅時効期間は，10年である(東京地判平成7・10・26判時1549号125頁。商522の適用がない)。

〔江 頭〕

§5

　株式の引受けについては，①一種の組織法的・団体法的行為として附属的商行為に当たらないと解する見解（大判明治43・12・13民録16輯937頁，大判大正7・9・4民録24輯1668頁，田中耕・上271頁，平出慶道・商行為法〔青林書院，1989〕86頁），②会社外の第三者から営業上の資金を調達する行為であるから附属的商行為に当たるとする見解（西原寛一・商行為法〔第3版〕〔法律学全集〕〔有斐閣，1973〕90頁，松田105頁），③会社側からは附属的商行為に当たらないが，募集株式の引受人が商人である場合には同人にとって附属的商行為に当たり得るとする見解（松本烝治・日本会社法論〔巌松堂書店，1929〕163頁）が対立している。③は，会社にとって一種の集団的行為の効果が相手方ごとに区々に分かれるので，支持し難い。①②についていえば，全株式譲渡制限会社において株主に株式の割当てを受ける権利を与えて募集株式の発行を行う場合（202ⅠⅢ④）等の株式の引受けは，組織法的・団体法的行為と解さざるを得ず，①の見解が相当であろう。他方，公募による募集株式の発行を証券会社に買取引受けさせる場合（201Ⅰ・205）の株式の引受けは，実体から見て，会社の附属的商行為と解して差し支えなく，②の見解が妥当であろう。

(2)　**そ　の　他**

　組織法的・団体法的行為以外の会社の行為は，一見経済採算を度外視した行為のように見えても，すべて長期的・究極的には「その事業のためにする行為」であって，商行為であると解すべきものか否か。学説には，会社の行為は営業を離れては存在しないとして，そう解するものが多い（田中耕太郎・改正商法総則概論〔有斐閣，1938〕250頁，西原・前掲92頁，平出・前掲77頁）。しかし，会社の行う寄附，無利息の金銭貸付け等に関し反対説もあり（大隅健一郎・商行為法〔青林書院，1958〕23頁），裁判例の中にも，「会社の行為であるという一事をもって，それはすべて商行為と定めてしまうことは，会社に対し，いわゆるポケットマネーを保有する余地を完全に否定することになり，会社活動の実態と大きくかけ離れた法的効果をもたらす」との理由から，商行為に当たらない行為があり得るとしたものがある（東京地判平成9・12・1判タ1008号239頁。会社が従業員，取引先の代表者等に対してした金銭の貸付けが商行為に当たらないとして，消滅時効期間を10年と解した例）。

（江頭憲治郎）

第 2 章　会社の商号

> **(商号)**
> **第 6 条** ① 会社は，その名称を商号とする。
> ② 会社は，株式会社，合名会社，合資会社又は合同会社の種類に従い，それぞれその商号中に株式会社，合名会社，合資会社又は合同会社という文字を用いなければならない。
> ③ 会社は，その商号中に，他の種類の会社であると誤認されるおそれのある文字を用いてはならない。

1　沿　革

本条は，基本的に平成17年改正前商法16条および17条を承継するものであり，その内容についても特筆すべき変更は認められない。

2　趣　旨

(1)　本条1項は，会社は，自然人と異なり，平成17年改正前商法16条に記されていたような「氏，氏名」を持たないので，その商号は自己を表示すべき「名称」となることを示す。名称であるから，文字で表示することができ，呼称できるものでなければならない。会社の商号は，登記が強制されるので(911Ⅲ②・912②・913②・914②)，登記できるものでなければならない。商号は，日本文字であっても，ローマ字やアラビア数字など一定の符号で表示されるものであってもよい（商登則50Ⅰ。森本編56頁)。

名称である限り，どのような名称であってもこれを商号とすることができ，その意味で，同項は商号選定自由主義を認めるものである。

また，会社の商号は会社の人格を全面的に表示する名称であるから，会社は単一の商号しか持ち得ない。

(2)　本条2項は，会社の種類が異なれば当該会社の社員の責任が異なるので，当該会社と取引関係に入ろうとする者はこの点に重大な利害を有するため，会社の種類を表す文字を会社の商号中に表示させようとしたものである。

〔行　澤〕

(3) 本条3項は，旧商法下ではとくに明文化されていなかったものを会社法下で規定したものであるが，その趣旨は上記(2)で示したのと同じものであると解される。本条2項を厳密に見れば，当該商号中に例えば「〜合同会社」という文字を表示すれば同項の要求は満たされるので，その前に合名の文字を加えて「〜合名合同会社」というような商号の表示も一見可能である。そこで本条3項で，そのような会社の種類を他のものと誤認させるような紛らわしい商号の表示を禁止したものと思われる。なお，同項違反の行為は，978条1号によって，100万円以下の過料に処せられることが規定されている。

(行澤一人)

（会社と誤認させる名称等の使用の禁止）
第7条　会社でない者は，その名称又は商号中に，会社であると誤認されるおそれのある文字を用いてはならない。

1　沿　革

本条は，基本的に平成17年改正前商法18条を承継するものであり，その内容について特筆すべき変更は認められない。

2　趣　旨

本条は，会社でない者，すなわち非会社商人が名称または商号中に会社であると誤認され得る文字を使用することによって，その者を会社であると一般公衆が誤認することを防止しようとするものである。本条は，非会社商人にとって，商号選定自由主義の例外をなすものであるが，それにとどまらない。それは，本条が「名称」としての使用においても規制をかけているからである。「個人商人は，営業上自己を表すために，必ず商号を用いなければならないわけではなく，氏名その他の名称を用いることができる」(森本編57頁) ので，そのような名称使用にも本条のような規制をかけておく必要性が認められる。また，非会社商人が，かかる紛らわしい商号を登記しようとしても受理されない可能性が大きいが，非会社商人にとって商号の登記は任意であるので，登記しないで当該商号を営業に使用するような場合には，なお禁止する実益がある。

平成17年改正前商法18条では，会社から営業譲渡を受けた者も同様の規制

に服する旨の規定があったが，それは本条の趣旨からは当然の要請であるので，あえて削除したものと解される。

　本条に「会社であると誤認されるおそれのある文字」とは，「会社」という文字はもちろんのこと，それに限定されない。例えば「株式商会」や「合資商事」などという文字の商号使用が本条によって禁止されることに異論はないだろう。「商会」という文字は，かつては会社であるとの誤認を生ぜしめかねないとの指摘もあったが，今日「〜商会」という表示にそのような誤認のおそれはまずないとしてよいだろう（森本編59頁（注2）。反対，鴻201頁（注1））。では，「〜カンパニー」や「〜コーポレーション」などという英語で「会社」を表し得る単語のカタカナ表記はどうであろうか。私見は，これらはやはり会社であるとの誤認のおそれあるものとして，本条によって商号使用が禁止されていると解する。

　なお，平成17年改正前商法18条では，同条に違反するとき20万円以下の過料という制裁が規定されていたが，本条違反の行為は，978条2号によって，100万円以下の過料に処せられることが規定されている。

（行澤一人）

第8条① 何人も，不正の目的をもって，他の会社であると誤認されるおそれのある名称又は商号を使用してはならない。
② 前項の規定に違反する名称又は商号の使用によって営業上の利益を侵害され，又は侵害されるおそれがある会社は，その営業上の利益を侵害する者又は侵害するおそれがある者に対し，その侵害の停止又は予防を請求することができる。

I　趣旨・沿革

1　序

　平成17年改正前商法21条は，昭和13年商法改正によって追加された規定であり，「何人ト雖モ不正ノ目的ヲ以テ他人ノ営業ナリト誤認セシムベキ商号ヲ使用スルコトヲ得ズ」（同条I）と定めていた。本条は，商法12条とともに，基本的に，平成17年改正前商法21条を継承するものであると解される。商法12条の保護の対象が，非会社商人の利益であるのに対して，会社法8条

は会社の利益を保護の対象としている。

　平成17年改正前商法21条の趣旨は，商号選定自由主義に対する例外を定めるものであり，より具体的には「信用のある他人の氏名・商号等の名称が冒用されるという弊害を除去することにより，当該他人の名称を保護すると共に，営業主体を誤認しないよう一般公衆を保護することにある」（森本滋編・商法総則講義〔第2版〕〔成文堂，1999〕57頁）と解されていた。しかし，この趣旨がそのまま会社法8条に妥当するかといえば，そのように解することはできない。それは，平成17年改正前商法下における商号に関する規定構造が，会社法において大きく変更されていることによる。

2　平成17年改正前商法19条・20条・21条の構造理解

　平成17年改正前商法は19条において登記商号に同一市町村内における他の商人による同一営業に対する排他性を定め，20条1項において登記商号にいわゆる商号専用権を認めると共に，同条2項において同一市町村内において当該登記商号を使用する他の商人に不正競争目的を推定することとしていた。つまり，とくに登記された商号使用者の，他の同一・類似商号使用者（すなわち商人）との競争関係における商号専用権を保護法益としていたのである。これに対して，21条の保護法益は，商人の商号中に使用されることによって冒される当該名称に係る「他人」の人格権であり，それは必ずしも競合する他の商人の商号に限らず，広く氏名，名称等をも含む「個人標識の保護」にあると解された（中山信弘「商号をめぐる商法と不正競争防止法の交錯」鈴木竹雄先生古稀記念・現代商法学の課題（中）〔有斐閣，1975〕632頁，鴻202頁）。

　では，平成17年改正前商法21条は競争関係に立つ商人間を規律することも射程に含み，20条との関係で，個人商人の未登記商号の商号専用権を認めるものと解されたか。この点，大隅博士は，21条および不正競争防止法2条1項により商号専用権は未登記商号にも認められると解したし（大隅198頁），服部博士は同条を「商号を氏名と離れて特別に保護するものとは言えないが，商号を保護しているという側面だけをとってみれば，やはり商号の保護を図っているといいうる」と解した（服部209頁）。これに対して，鴻博士は，未登記商号の商号専用権は20条および不正競争防止法2条1項との「統一的な解釈によって」認められるのであって，21条によるのではないと解した（鴻224頁）。

3 会社法下での平成17年改正前商法19条・20条の廃止

会社法下では，平成17年改正前商法19条・20条が廃止された。その理由は，以下のとおりである（立案担当11-12頁参照）。

まず19条が廃止された背景として，①同条および平成17年改正前商業登記法27条による同一・類似商号の登記禁止規制が，迅速な会社設立手続への阻害要因となっていたことのほか，②当該規制は「同一の営業のため」になされる商号登記に適用されるところ，「同一の営業」であるかどうかは，結局，登記における「目的」欄の記載のみに頼らざるを得ないため，目的の書き方いかんでいくらでも趣旨を僭脱することができたこと，③そのこととの関係で同規制に触れないように定款の事業目的を必要以上に細分化しようとする傾向が生じ，結果，後になって事業目的の追加・変更が難しくなっていたこと，④すでに設立されている会社が当初定款に記載された「目的」から離れた事業活動を現に行っていても，後になって同「目的」と同一の営業を行うために新規に設立しようとする会社の商号登記は，当該記載「目的」によって形式的に縛られてしまうため，そのような状況を奇貨としていわゆる「商号屋」の活動を許容してしまっていたこと，等の不合理性，弊害が挙げられる。

次に，20条が廃止された背景としては，19条が廃止された結果，登記商号の排他性がもはや認められなくなったので，「本来登記することのできない他人の既登記商号を使用している」ことの不当性に根拠を置く20条2項（不正競争目的推定）が理由を失うにいたったこと，そして同2項を欠く1項のみの20条では，21条および不正競争防止法1条1項によって商号専用権を認めるのと何ら要件に差が生じないので，今や独立して規定する意味がなくなったこと，が挙げられる。

4 本条の趣旨

(1) 平成17年改正前商法21条1項は，禁止行為を「商号の使用」に限定していたが，本条は，禁止行為として広く「名称又は商号の使用」とし，商号の使用に限定していない。したがって，この点でもはや本条を商号選定自由主義の例外としてのみ捉えることができない点に注意すべきである。

(2) 平成17年改正前商法21条1項の保護法益は，広く「個人の標識に係る人格権」であると解されていたのに対して，本条1項の保護法益は，2項と併せて考えると「他の会社」の事業上の利益である。このように自然人の氏，氏

名等の冒用が本条の規制の対象からはずされた理由については、専ら体系上の整序の観点によるとされる（森本編65頁）。したがって、もはや本条の意義として、「個人標識保護」という趣旨は成り立たない（もっとも、本条とパラレルな規定である商法12条の解釈につき、近藤57頁は「商人でない者の氏名を使用することによって、営業主体を誤認させる行為も本条によって禁止されていると解すべきであろう」とする）。なおこの「他の会社」は、現に会社として存在することを要するが、誤認される事業と必ずしも同一もしくは同種の事業を行っている必要はないものと解される。では長年にわたって何ら事業を行っていない「他の会社」（休眠会社もしくはペーパーカンパニー）の商号等を使用する行為は、本条によって規制されるのだろうか。このような場合を、競争関係にはないが、なお営業主体を誤認させる余地があるので、本条の規制が及ぶと説明することはできる。しかし、先述のように、本条を「他の会社」の事業上の利益を保護する趣旨として捉える立場においても、このような場合、潜在的には事業上の信用や将来得べかりし利益を侵害されるおそれはあるのだから、本条が適用されるとして説明することは十分可能である。

(3) 本条1項によって保護されるべき対象は「他の会社」の商号に限定されないと解すべきである。というのも、商号以外であっても、当該会社の提供する商品や役務に関する商標等を、不正使用者が自己の商号・名称として使用することによって、当該会社の行為であると誤認させることが十分可能だからである。この点、同法の意義を「他人の商号を保護するものである」とし、商号専用権を規定するものとして捉えるものもある（落合誠一ほか・商法I──総則・商行為〔第3版〕〔有斐閣、2006〕51-52頁）。たしかに、他の会社の商標等を自己の商号や名称に利用する場合、通常生じる誤認というのは、あたかも当該商標等を不正に使用する会社が当該商標等によって表示される他の会社の企業グループに属するというものであり、そのような公衆の誤認というのは、不正競争防止法上の規制対象ではあっても、「営業の主体の誤認」というカテゴリーに厳密には属さないとも言えそうである。しかし、本条の書き振りが、疑問の余地なく商号専用権そのものを規定していた平成17年改正前商法20条ではなく、21条に引き付けて規定されており、条文上は「他の会社」の「商号」に限定されていないこと、および実質的に見ても、当該「他の会社」に対する一般公衆の認識として、商標等の営業標識の方が商号よりもよく知られている場合もあり、そのような場合には営業主体そのものの誤認混同が生じるおそれが十分あることを考えると、それによって生じる競争上の損失から「他の

会社」を保護する必要性は十分あると言える。

　以上の分析が示すことは，本条の趣旨は，今や商号に関する規定という枠を超えて，他の会社の有するブランド価値を広く不正競争から保護しようというものであり，不正競争防止法と同一の法体系を構成するものとなったということである。

II　要　件

1　何人も

　法文上，当該禁止規範の名宛人に限定はないが，本条の趣旨がI4において見たように，他の会社のブランド価値にただ乗りする形で不正の競争上の利益を得ることを禁止することにあるとすれば，少なくとも当該会社と実質的に競争関係に立ち得る「営業主体」でなければならない。そして，「他の会社」と誤認され得るのは，厳密に考えれば，「会社」に限られるとも言えそうである。しかし，非会社商人であっても会社と紛らわしい商号，名称を使用し，取引相手方を誤認させることもあり得るので，必ずしも非会社商人を排除すべきではない（この場合，7条が同時に問題となる）。さらに会社以外の法人であっても，会社と紛らわしい「名称」を使用して収益事業を行うことが可能であり，それが当該会社の競争上の利益を侵害し得る以上，そのような法人による「名称」使用も本条によって禁止されるべきである。

2　不正の目的

　平成17年改正前商法21条1項の「不正目的」については，通説によると，「ある名称を自己の商号として使用することにより，自己の営業をその名称によって表示される他人の営業であるかのように，一般人を誤認させようとする意図」（森本編60頁）と解されていた。そして，これは，同20条1項の「不正競争目的」とは異なり，競争関係を前提とすることなく，かつ被冒用名義に周知性を要しないものと解されてきた（鴻202頁）。もっとも，前述の服部博士の見解によれば，21条1項の「不正目的」は，20条1項の「不正競争目的」となるべく同一意義に解するのが望ましいとされた（服部210頁）。

　もし本条1項の「不正目的」を平成17年改正前商法21条1項に引き付けて判断するなら，自己の営業もしくは事業を当該会社の事業であると誤認させる目的が，本条に言う「不正の目的」と理解されることになる。しかし，本条の

趣旨が，上述I4のとおりだとすれば，文言上は，平成17年改正前商法21条1項のそれと同じであるが，その意義は，今や広い意味における不正競争目的として理解すべきことになる。つまり，この点で，同20条1項における「不正競争目的」に関する解釈論上の議論が参考になるのである。

平成17年改正前商法20条1項の「不正競争目的」の意義に関する有力説は，営業主体を誤認させることにより「競争上自己に有利な展開を意図すること」と解してきた（森本編・前掲〔第2版〕64頁）。この点，さらに「競争相手方の顧客関係を奪う意図」を必要とするかどうかにつき解釈が分かれ得るが，消極に解すべきであろう。それは，今日の産業におけるブランド価値のいっそうの重要性を認識するとき，「不正競争」の評価に当たっては，直接の競争関係を前提としてシェアを奪い合うことのみに限定すべきではなく，むしろ「他者の評判・評価にただ乗りし，その者の信用・評判の不利益において競争上の優位性を得る」（森本編・前掲〔第2版〕65頁）ことを重視すべきだからである。こう解すれば，当事者間の営業の同種性や直接的な競争関係を前提とする必要はなくなる（大隅博士は，営業の同種性を要求するが，社会的見地によって決せられるべきとする〔大隅194頁〕）。

もっとも，平成17年改正前商法20条の下で，長期間にわたって営業活動が休止している会社との関係で「不正競争目的」の意義が争われた事案で，「両者の間に当該営業について現に競争関係の存することを要するものというべきである」と判示したものもある（東京地判平成10・7・16判タ985号263頁）。これは，「競争関係」の認定としては，狭い捉え方であると言わざるを得ない。ただし，同条2項の「営業の同一性」の意義について最高裁は「社会的見地に立ちその営業目的自体を対比してこれを決すべきであり，……主要部分において同一である限り，営業は同一である」とした上で，遊技場・飲食店（西洋料理店およびパーラー）の営業と飲食店（割烹）の営業との関係において「両者に洋風と和風の差異があっても，料理店という飲食店業としての営業は同一である」として，営業の同一性を認めた（最判昭和50・7・10集民115号261頁）。この判断は，競争関係を広く認定するに当たって，十分参考になると解される。

3　名称または商号の使用

名称または商号の使用の形態としては，それを自己の法律行為に関して使用する場合ばかりでなく，看板，広告等において事実上使用する場合も含まれる。また，自己の商標やサービスマークに取り入れたり，自己の販売する商品

上に記す等，何らかの方法においてこれを表示し，それにより一般公衆に営業主体が「他の会社」であるとの誤認混同を生じさせ得るような行為が，広く本条の適用範囲であると解すべきである。要は，それによりどの程度の蓋然性において一般公衆に営業主体の誤認混同を生ぜしめ得るかということを，当該具体的事案に即して総合的に判断して，「使用した」と言えるかどうかを決することになろう。

4 不正競争防止法との関係

不正競争防止法2条1項1号は「不正競争」の意義をいわゆる「周知性」を獲得した他人の商品等表示を使用して他人の商品または営業と混同を生ぜしめる行為とし，同項2号は「著名性」を獲得した他人の商品等表示を自己の商品等表示として使用することと規定している。ここで言う「他人の商品等表示」の中に，本条が保護の対象とする他の会社の商号等も当然含まれるので，それが周知性や著名性を有するものであれば，それぞれの規定の適用によって保護され得る。

これに対して，本条はこのような周知性や著名性を要求しておらず，むしろ一定の範囲内において競争関係があれば足りると解される。もっとも，当該他の会社の商号等がほとんど需要者の間に知られていないような場合には，本条において営業主体の誤認混同を認めること自体が困難となろう。

III 効　果

1 侵害停止請求・侵害予防請求

平成17年改正前商法21条2項は「利益ノ害セラルル虞アル者ハ其ノ使用ヲ止ムベキコトヲ請求スルコトヲ得」と規定し，また同20条1項は「其ノ使用ヲ止ムベキコトヲ請求スルコトヲ得」と規定し，それぞれ侵害者による当該商号使用の差止めを請求できることを認めていた。本条2項も実質的にこれらを継承し，「他の会社」に当該名称または商号の使用差止請求権を私法上の権利として認める。しかし，I4で見たように，本条が禁止の対象とする行為は他の会社の「商号」の使用に限られず，むしろ当該会社の競争上の利益を侵害する態様としては種々広範なものが含まれ得る。さらに，侵害者による「名称又は商号の使用」というのは，不正競争関係を発生させる1つの契機であって，重要なのは当該「他の会社」の不正に侵害されかねない競争上の利益を保護す

ることにあることから，不正競争防止法3条と平仄をそろえる意味で，侵害者に対する差止請求を侵害停止請求権・侵害予防請求権として構成したのである。このことからも，本条を不正競争防止法の一環をなすものとして捉える，会社法立法担当者の体系理解を読み取ることができよう。現に侵害が発生している場合には侵害停止請求を，これから侵害が生じる具体的危険性が認められる場合には侵害予防請求をそれぞれ行うことになる。

2 損害賠償請求

平成17年改正前商法20条1項・21条2項の下では，それぞれ「但シ損害賠償ノ請求ヲ妨ゲズ」と規定されていたが，本条の下ではとくに同様の文言は規定されていない。それは，本条の要件を満たすような態様の利益侵害行為であれば，十分，民法709条の不法行為に該当することが認められるので，あえてそのような文言を規定するまでもないという配慮によったのであろう。

3 不正競争防止法との関係

不正競争防止法5条は，被侵害者が不法行為により損害賠償請求をなす場合に，侵害者において生じ得べき一定の経済的利益を，自己の被った損害額とみなして請求することを保障し（不正競争5IⅢ），また損害額につき法律上の推定規定を置いている（同条Ⅱ）。これに比して，本条は，被侵害会社が被る損害について，特にみなし規定や推定規定を持っていない。このような差を設けた理由について思うに，不正競争防止法における不正競争に該当するには，周知性，著名性等の要件を満たさなければならないが，そのような要件を満たすような類型においては，不正競争の違法性の程度が大きくなり，それだけ被侵害者の被る経済的損失の規模も大きくなることが予想されるので，被侵害者により手厚い保護措置を講じていると考えることができよう。

4 その他

本条1項に違反した者は，978条3号により，100万円以下の過料に処せられる。

（行澤一人）

（自己の商号の使用を他人に許諾した会社の責任）
第9条 自己の商号を使用して事業又は営業を行うことを他人に許諾した会社は，当該会社が当該事業を行うものと誤認して当該他人と取引をした者に対し，当該他人と連帯して，当該取引によって生じた債務を弁済する責任を負う。

細 目 次

I　総　説
　1　趣旨・沿革
　　(1)　序
　　(2)　本条と商法 14 条の関係
　　(3)　平成 17 年改正前商法 23 条との関係
II　要　件

1　被許諾者
2　商号使用の許諾
　(1)　使用の意義
　(2)　許諾の意義
3　事業または営業をなすことの許諾
　(1)　序

　(2)　手形取引との関係
　(3)　事業または営業の同種性
4　相手方の誤認混同
III　責任の範囲
　1　許諾された事業・営業の範囲内でなされた取引
　2　取引によって生じた債務

I　総　説

1　趣旨・沿革

(1)　序

　本条は，名板貸責任を定めるものであり，平成 17 年改正前商法 23 条を原則的に承継するものである。同条は，昭和 13 年商法改正によって設けられた。名板貸とは本来，取引所の取引員や，当該事業に免許が要求される免許業者が，非取引員や非資格者に自己の名義を貸与して営業させることを指す呼称である。名板貸がなされる場合は，とくに営業主体を誤認する取引相手方の信頼保護の問題が生じるため，同条は，営業主体を名板貸人であると誤認して取引した相手方に対して，名板貸人が名板借人に連帯して契約責任を負うべきことを認めていた。同条は，平成 17 年改正前商法の 42 条（表見支配人）や 262 条（表見代表取締役）などと同時に設けられたことからも明らかなように，権利外観法理もしくは表見責任（真実と異なる権利の外観を作出した者は，その外観を信頼した者に対して，外観どおりの責任を負うべきである）に基礎を置くものである。もちろん，英米法上の禁反言の法理（エストッペル〔自らがなした先行行為に信頼して利害関係を持つにいたった者に対する矛盾行為の禁止〕）の趣旨も排除されるものではない。

　もっとも，名板貸人の善意の取引相手方に対する取引上の責任は，商法に規定される以前から，判例上も認められていた（判例については，米沢明・名板貸

責任の法理〔有斐閣，1982〕10頁参照）。例えば，大判昭和4・5・3（民集8巻447頁）は，会社の支店名義を用いて他の独立の事業者が営業することを許諾した者は，被許諾者が営業上取引相手方に与えた損害につき，民法715条による不法行為責任を負うほか，支店の業務について自己を代理する権限を有することを表示したものであるから取引上の責任を免れないと判示している。後者の点は，民法109条の類推適用を認める趣旨であると解される。類推適用というのは，名義の被許諾者が代理意思を欠くため，本来の代理行為とはいえないからである。もっとも，平成17年改正前商法23条とこれら民法規定を比べると，① 民法109条が，取引相手方が保護されるための主観的要件として善意無過失を要求するのに対し，平成17年改正前商法23条では善意無重過失で足りると解される，② 民法109条では，本人の責任と無権代理人との責任は選択的関係に立つが，平成17年改正前商法23条では両者は連帯責任の関係に立つ，③ 民法715条は形式的には本人による選任監督上の過失がなかったことの免責を認めているが，平成17年改正前商法23条ではそのような免責は認められない，といった相違点が認められる。これらはいずれも，同条が取引安全の保護をより強めようとしていたことを示している。

(2) **本条と商法14条の関係**

平成17年改正前商法23条は，「自己ノ氏，氏名又ハ商号ヲ使用シテ営業ヲ為スコトヲ他人ニ許諾シタル者ハ自己ヲ営業主ナリト誤認シテ取引ヲ為シタル者ニ対シ其ノ取引ニ因リテ生ジタル債務ニ付其ノ他人ト連帯シテ弁済ノ責ニ任ズ」と規定していた。同規定は，平成17年改正前商法下では，体系的には会社のみならずおよそ商人全般に適用されるべく，商法典第1編総則に置かれていた。しかし，平成17年に会社法が制定され，およそ会社を規律する規定はすべて会社法に自足的に規定されることとなったことに伴い，本条は会社が自己の商号使用を許諾した場合の名板貸責任を規定するものとして，「会社法第1編総則第2章会社の商号」の下に置かれることとなった。このこととの関係で，会社以外の商人がその商号使用を許諾する場合の名板貸責任は，商法14条に規定されることとなった。したがって，商法14条と本条は，名義許諾者が会社であるか，非会社商人であるかの違いを除けば，まったく同じ構造の規定となっている。

(3) **平成17年改正前商法23条との関係**

本条と平成17年改正前商法23条を比べると，次のような実質的変更が加えられたことがわかる。すなわち，平成17年改正前商法23条は許諾の対象を

「氏，氏名又ハ商号」として，きわめて広く捉えていた。したがって，同条の解釈としては，商人のみならず，非商人たる個人もしくは会社以外の法人が自己の名称を他の商人の営業の使用に許諾するような場合にも適用されることが認められた。例えば，著名な作家が，自己の氏名を，友人である書店経営者の営業に使用することを許諾した場合，当該作家が営業主体であると誤認した取引相手方に対して当該作家が名板貸責任を負うこともあり得たし，判例上も，「東京地裁厚生部」なる名称で職員が裁判所内でなした取引につき，これを承諾していた裁判所に名板貸責任が認められた（最判昭和 35・10・21 民集 14 巻 12 号 2661 頁）。しかし，本条は，その対象を「商号」の許諾にのみ限定している。これは，責任主体を「会社」に限定したこととの関係で，論理整合的な帰結と言える。同様のことは，責任主体を「商人」に限定した商法 14 条が，許諾対象を「商号」に限定していることとの関係でも当てはまる。

　こういうわけで，平成 17 年改正前商法 23 条の適用が認められていた非商人による名義使用許諾事例は，現行法の枠組みでは名板貸責任から排除されるので，結局，その場合の善意の第三者保護は，民法 109 条もしくは 715 条によって図られるほかないということになる。しかし，このことによって，名板貸責任は，会社もしくは商人の商号に関する法規整として純化され，その他の一般的な「名義使用許諾」に関する事例は，民法によって処理されるというように，いわゆる民法と商法・会社法の棲み分けがはっきりしたとも言える。そして，名板貸責任に関する平成 17 年改正の意図は，おそらくここにあったということができる。

II 要　件

1 被許諾者

　被許諾者は，会社からその商号の使用を自己の事業または営業に使用することを許諾された「他人」である。「事業又は営業」と規定されているのは，会社法の用語法として会社が目的として行う行為を「事業」とする (5) のに対し，商法の用語法として商人が目的として行う行為を「営業」とする（商 1 I）ことになったことに対応するものである。したがって，被許諾者として同条が予定しているのは，会社または商人のみに限定されることになる。

2 商号使用の許諾

(1) 使用の意義

(ア) 当該被許諾者たる会社または商人が許諾者の商号を「使用する」態様というのは、まず、これを自己の「商号」として、つまり自己を表示する名称として使用する（6 I，商 11 I）場合が挙げられる。では、被許諾者が自己の事業または営業を表示するものとして、もしくは商品等を表示するものとして、当該許諾者の商号を利用する場合、これも同条の「使用」に当たるのだろうか。例えば、A 会社が自己の商号「A」を、ゴルフ場を経営する B 会社の特定のゴルフコースの名称に使用することを許諾したとする。この場合、B 会社は自己の商号として A という名称を使用しているわけではなく、事業上の表示としてゴルフコース名に A という名称を使用しているにすぎない。しかし、このような場合にも、本条の適用を認めるべきであろう。なぜなら、本条の趣旨が事業・営業主体を誤認した取引相手方の信頼を保護する権利外観法理にあり、かつ上記の例のゴルフコースの名称のように、重要な事業上または営業上の表示として許諾者の商号が使用される場合には、場合によっては事業・営業主体の誤認混同ということも十分起こり得るので、このような取引相手方の信頼は本条によって保護されるべきと言えるからである。

(イ) 許諾者の商号を被許諾者が自己の商号として使用する場合であっても、必ずしも両者が同一である必要はなく、類似商号であれば足りると解すべきである。その類似性は、商号として使用する際に許諾を得なければ、8 条 1 項によって「不正の目的」による使用とされる程度に、客観的に事業・営業主体の誤認混同を生ずべきものかどうかによって判断される。そうでなければ、商号選定自由主義により、商号としての使用に許諾を得る必要がないからであり、また、そのような商号使用によって取引相手方に事業・営業主体の誤認混同を生じるおそれはないからである。

(ウ) 当該商号としての使用に際して、付加語が付されるような場合にも本条は適用される。とくに、名板貸人がその商号に支店・出張所等自己の事業の一部であるかのような名称を付加して許諾するような場合にも、名板貸人の責任が肯定される。この点、平成 17 年改正前商法 23 条の下での判例として、最判昭和 33・2・21（民集 12 巻 2 号 282 頁）がある。同事案では、土木建築請負業者 Y_1 が事務上の連絡のため出張所を開設し、Y_2 が出張所長と称していた。Y_2 の業務は基本的には Y_1 の業務の連絡窓口であり、ほとんど Y_1 の使用人として

の立場にすぎなかったが，ときに出張所名義で独立会計により他と請負契約をなすこともあり，Y_1 もその事実を了知していた。このような事情の下で，Y_2 が営業主体となって取引した相手方であるXのY_1に対する名板貸責任が認められたのである。本件のような場合，たしかに取引相手方において営業主体の誤認はあるものの，それはY_2をY_1だと思ったのではなく，Y_1の企業組織の一部としてのY_2と取引するという認識の下，はじめからY_1と取引する意図であったのである。このような意味で，名板貸責任は，単なる営業主体の取り違えにとどまらず，同一の企業として遂行される業務の一部であるとの誤認に対しても拡張して適用されていると言える。なお，本件については，平成17年改正前商法42条（表見支配人）を類推適用すべきであったと主張する見解もある（服部214頁(2)）。

(エ) 平成17年改正前商法23条の下での最高裁判例には，スーパーマーケット（名板貸人，Y_1）とテナント業者（名板借人，Y_2）の間で，Y_2によるY_1の商号使用が契約上明示に禁止され，また使用の事実もなかったケースであっても，同条の類推適用という形で名板貸責任を肯定したものがある（最判平成7・11・30民集49巻9号2972頁）。本件では，原告（X）は，Y_1の経営するスーパーマーケットの屋上においてペットショップを経営するY_2から購入した手乗りインコがオウム病クラミジアを保有していたため，Xの家族がオウム病性肺炎にかかり，生命侵害ないし身体侵害を受けたとして，平成17年改正前商法23条等によりY_1に対し損害賠償を請求した事案である。本件では，Y_2は自己の営業上Y_1の商号を使用していたわけではないから，後記(2)におけるような商号の「黙示の許諾」が問題とされる余地はなく，むしろスーパーマーケットのテナントとして同店舗内で営業するという営業形態自体が同店舗内で商品を購入する消費者に与え得る営業主体の一体性という「外観」が問題とされたのである（片木晴彦「判解」総則・商行為百選45頁）。この点，原審（東京高判平成4・3・11判時1418号134頁）は，「買い物客がそのような誤認をするのも止むを得ない外観を作出し，あるいは，Y_2がそのような外観を作出したのを放置，容認していたものと認められる場合で，しかもY_1に商法23条にいう商号使用の許諾と同視できる程度の帰責事由が存すると認められるとき」には同条の類推適用は可能であるが，本件ではそのような外観そのものが存在しないと判示し，Y_1の名板貸責任を否定した。これに対して，最高裁は，「本件においては，一般の買物客がY_2の経営するペットショップの営業主体はY_1であると誤認するのもやむを得ないような外観が存在したというべきである。そ

して、Y_1は、……本件店舗の外部にY_1の商標を表示し、Y_2との間において、……出店及び店舗使用に関する契約を締結することなどにより、右外観を作出し、又はその作出に関与していたのであるから、Y_1は、商法23条の類推適用により、買物客とY_2との取引に関して名板貸人と同様の責任を負わなければならない」と判示して、原審を破棄し、Y_1の責任を肯定した。原審と最高裁における判断の差は、「一般の買物客がY_2の経営するペットショップの営業主体はY_1であると誤認するのもやむを得ないような外観」があったかどうか、すなわち本件事実の総合的な評価の相違に帰するように見える。しかし、有力な学説によれば、本件最高裁判決は、営業主体の一体性に対する信頼を保護したことによるものというよりも、消費者保護の観点から、有名スーパーマーケットのブランドに起因する、同店舗内で取引される商品の品質や安全性に対する事実上の保証責任へと道を開くものであるとの評価が可能である（神作裕之「名板貸責任の要件」法教216号〔1998〕18頁、大杉謙一「商法23条の『類推』？」自由と正義1997年6月号58頁）。そうだとすれば、とくに消費者たる顧客が実際に営業主体を誤認して、当該テナントをスーパーの直営店であると誤信したかどうかという主観的要素はとくに重要な問題とはならないことになる。

　たしかに、同最高裁判決は、外観信頼保護の趣旨に基づく平成17年改正前商法23条の範疇を超えるものである。しかし、同最高裁判決を消費者保護の観点から主として第三者の側の信頼対象の拡大という点でのみ捉えるのではなく、スーパーマーケットであるY_1の企業責任という帰責原理にも十分配慮することが望ましいと考える。

　すなわち、本件では、Y_1とY_2の営業の一体性という外観が存在する条件として、スーパー＝テナント契約により、スーパーがテナントに種々の営業条件を課すことによってテナントの営業をある程度コントロールし、それによってスーパー自体の顧客吸引力＝ブランド価値をアップさせているという経済実質関係がある。このような、スーパーとテナントというそれぞれ独立した業者が、いわば垂直型の共同企業体を構成して事業を遂行しているという経済実質関係こそ、同最高裁判決における名板貸責任類推の基礎として取り上げられるべきであろう。そして、このように、帰責根拠として共同企業体としての経済実質関係を重視することは、さらに共同企業体を主導する企業の帰責範囲を通常合理的に予測される事業リスクの枠内に限定するという効果をも帰結するであろう（近藤光男ほか「事業者責任（下）」商事1581号〔2000〕26-32頁）。なお、本判決の意義は、本条および現行の商法14条の下でも、とくに無効になった

解すべき理由はないと解される。

　(オ)　フランチャイズ形態でビジネスが展開される場合に，名板貸責任が適用される可能性がある。フランチャイズシステムでは，通常，それぞれが独立の事業者である本部（フランチャイザー）と加盟店（フランチャイジー）の間においてフランチャイズ契約が締結されるが，それはフランチャイザーが有する商号や商標，サービスマーク等の使用ライセンス供与と事業フォーマット（ノウハウ）の包括的な提供，およびこれらに対する対価としてフランチャイジーが負うべきライセンス手数料（ロイヤルティ）の支払義務とフランチャイズの価値保持義務等を核とするパッケージとしての契約である。フランチャイズ契約にも一定の幅があり得るが，通常，フランチャイザーの商号がフランチャイジーの商号として，または事業・営業を表示するものとして「使用」されるので，名板貸責任が問題となる。フランチャイズシステムでの事業の執行に当たって，フランチャイジーは独立の事業者であることが原則であるものの，とくにフランチャイザーによって厳格に指定された統一事業フォーマットに則って営業されるため，事業者としての個性は外部からはほとんど認められない。よって，とりわけフランチャイジーから商品を購入する一般消費者からすれば，フランチャイジーはフランチャイザーの直営事業そのものであるように誤認されることが多くなる。しかも，フランチャイジーから商品を購入する消費者は，同フランチャイズが持つブランド価値を信頼し，当該ブランドにおいて保証された品質を当然期待するのであるから，このような信頼を保護することに名板貸責任の守備範囲が拡大されていると考えるとすると［☞(エ)参照］，フランチャイズにはほぼ自動的に名板貸責任が適用されるようにも見える。しかし，判例は，この点，個々具体的なフランチャイズの態様に応じて，第三者による誤認混同の可能性，もしくは重過失の認定を行おうとしている。例えば，東京地判平成 2・3・28（判時 1353 号 119 頁）は，古美術商 X が「赤帽埼玉日進運輸」の商号で貨物運送業を営む Y_2 に対して美術品の運送を委託したところ，Y_2 の従業員の過失によって当該委託品が紛失したので，当該損害の賠償を Y_2 が加盟する赤帽軽自動車運送協同組合（Y_1）等に対して平成 17 年改正前商法 23 条に基づき求めたという事案において，次のように判示した。「Y_2 を含めた Y_1 協同組合の組合員は，その商号に Y_1 から貸与を受けた登録商標『赤帽』を冠し，また，『赤帽』の商標の記載のある同一仕様の車両，運賃請求書等を使用し，『赤帽』の商標を前面に出した広告をすることによって，全国的な組織のイメージを与え，マスコミ・企業・荷主等に対する信頼性を向上させ

〔行澤〕

ることができ，それがフランチャイズシステム特有のメリットであることは明らかである。しかしながら，右商標の使用が，商法23条の名板貸に該当するというためには，組合員の『赤帽』の商標を使用しての運送業の営業が右商標を貸与しているY₁そのものの営業あるいはその一部と見られる外観が存在することが必要であるところ，各組合員個人が使用している商号の表示は，『赤帽』の商標が最も目立つように冠され，一見すると紛らわしい点があり，先に認定した広告の方法等とも合わせ考えると，運送契約締結の際における個別業者の説示の仕方如何によっては，運送契約の責任主体が『赤帽』の商標権者であるとの誤解を与えることも考えられないでもないが，Y₁の組合員と取引をしようとする一般第三者の立場から，全体として右表示方法を見れば，右商号の表示は，先に認定したとおり，組合員個人の商号を表示したものと見ることができ，Y₁の事業の表示とは区別することが可能であり，自らの契約の相手方が事業者である組合員個人であると認識することに格別の困難はないものと認められる」。この判例の基準で見ると，コンビニエンスストアやファーストフードの販売チェーンにおいてフランチャイズが利用される場合は，フランチャイジーの事業に独自の表示がなされていることは稀であるので，フランチャイザーとの識別に困難が生じると思われ，したがって，フランチャイジーの債務不履行責任につき，フランチャイザーに名板貸責任が認められるケースはより多くなろう。しかし，その場合でも，(エ)で見たように，フランチャイズという共同事業の経済的実質に着目して，例えばフランチャイザーがフランチャイジーに対してどの程度のコントロールもしくは指揮命令を及ぼし得たのかという点を吟味し，フランチャイザーへの帰責の正当性を事業的合理性の観点から精査する必要があろう。

(2) **許諾の意義**

許諾は黙示であっても構わないと解されるが，黙示の許諾があったと言えるためには，単に自己の商号が勝手に使用されているのを放置しているだけでは足りない。その場合，商号権者は8条2項により侵害の予防または停止を請求できるが，そうしなければならない義務があるわけではないからである。むしろ，権利外観法理の趣旨から見て，当該放置が積極的な外観の作出と価値的に同視し得る程度のものでなければならないはずである。この点，そのままでは取引一般公衆が事業・営業主体を誤認混同する蓋然性が高まり，社会通念上これを是正するべき作為義務が認められるとき，当該放置は「黙示の許諾」と評価される。黙示の使用許諾を認めた判例を見ると，名義使用の放置という要素

に加えて，いずれも営業関連施設等の使用許諾という許諾者側の積極的な外観作出の要素が認められる。例えば，最判昭和42・2・9（判時483号60頁）では，廃業した商人が，従前の自己の工場，工具を他の商人に貸与し，従業員もほぼ半数が引き継がれ，間断なく事業が続行されていたような事情の下で，「自己が営業主であると誤認されるような状況をつくり出したものは，積極的に誤認を阻止すべき義務があり，これをしないで放置する限り，黙示的に自己の氏名又は商号の使用を他に許諾したものとして，営業主を誤認したものに対し商法第23条による責任を負わなければならない」とした原審判決（広島高松江支判昭和39・7・29高民集17巻5号331頁）を維持した。また，最判昭和43・6・13（民集22巻6号1171頁．大澤康孝「判解」総則・商行為百選42頁）では，「現金屋」の商号で電気器具商を営んでいたY_1が廃業後，かつてY_1の下で働いていた従業員Y_2が，「現金屋」の看板の掲げられた同一店舗で食料品店の営業を始め，しかも以前とまったく同じゴム印，印鑑，小切手帳等を継続利用し，Y_1もこの事情を知りながら，とくに異議を挿まなかったという事実関係において，Y_1による「現金屋」という商号の黙示の使用許諾が認められている。同判決については，第三者の誤認を惹起し得る外観の存在を知って他人による商号使用を放置するだけでは足りず，営業関連施設等の使用許諾と併せて初めて当該放置を是正義務違反と認め，黙示の使用許諾を肯定するものとの理解することができよう（森本編69頁）。この点，「名板貸人が従来同じ営業をしていたとか，自己の土地建物などを使用させるとかいった補強的事情」を要求し（大隅206頁（四）），また，「他人に自己の名義の使用を止めるようにいっただけで，その名義で自己の営業所の一部を使用して取引していることをいっこうに阻止しないような場合」を黙示の許諾の事例として挙げている（鴻206頁）のは，ほぼ同じような考察によるものと解される。

3　事業または営業をなすことの許諾

(1)　序

　商号の使用許諾は被許諾者が「事業又は営業」をなすことに関するものでなければならないが，当該商号によって取引行為そのものを行うことについての許諾である必要はないと解される。最判昭和32・1・31（民集11巻1号161頁）は，「営業としてなす薬局の開設者として自己の名義を使用することを他人に許容し，その他人が登録を申請した場合は，上記のとおり，その他人の申請を通じ，自己が当該薬局の営業者となることの意思を示したものと認むべきであ

るから，かかる場合は，商法23条の『自己ノ氏名ヲ使用シテ営業ヲ為スコトヲ他人ニ許容シタル』場合に該当するものと解すべきである」とし，「右薬局の業務が営業である限りは，〔取引の相手方〕が〔名義許諾者〕を本件薬局の営業主であると認めて本件取引をしたものであるときは，〔名義許諾者〕はその取引上の責任を負担すべきもの」であると判示した。本件の意義は，会社もしくは商人がその商号の使用を他の会社もしくは商人に許諾するという文脈の下であれば，本条および現行の商法14条の下でもなお有効であると解される。

(2) 手形取引との関係

手形行為自体について自己の名義の使用を許諾したような場合は，平成17年改正前商法23条の適用は認められないとされたが（最判昭和42・6・6判時487号56頁），営業をなすこと自体について名義使用が許諾されていた被許諾者が，実際には許諾された営業の範囲に属する取引につき許諾者名義で手形を振り出したのみであったという事案においては，同条の類推適用が認められた（最判昭和55・7・15判時982号144頁）。これらの判例の意義は，会社もしくは商人がその商号の使用を他の会社もしくは商人に許諾するという文脈の下であれば，本条および現行の商法14条の下でもなお有効であると解される。

(3) 事業または営業の同種性

被許諾者に商号使用が許諾される事業または営業は，許諾者が行っている事業または営業と同種のものであることが要求されるか。平成17年改正前商法23条の下で，判例は，営業の同種性を要件とすると解されていた。最判昭和36・12・5（民集15巻11号2652頁）によれば，「〔名義許諾者〕はミシンの製造販売を目的とする〔会社〕であって，電気器具の販売はその目的に含まれておらず，その種の営業を営んではいないところ，〔被許諾者〕は〔名義許諾者〕から同会社北海道営業所という名称を用いてミシンの販売をすることを許されていたが，同人は勝手に電気器具の販売をも営み，……電気器具の取引をしたというのである。そうとすれば，本件取引は〔名義許諾者〕の営業の範囲内の行為に属せず，したがって，〔名義許諾者〕は本件取引について責を負うものではないといわなければならない」と判断された。前掲・最判昭和43・6・13においても，一般論としては「特段の事情のないかぎり，商号使用の許諾を受けた者の営業がその許諾をした者の営業と同種の営業であることを要するものと解するのが相当である」とされた。その根拠として，一般には，営業の同種性がなければ取引相手方に営業主体の誤認混同も生じないということがいわれた。しかし，学説上は，営業の同種性は許諾の範囲および相手方の誤認・重過失の有

無を具体的に判断する際に考慮される一要素にすぎず，類型的にこのような要件を追加して考える必要はないとする見解が通説であったし（森本編73頁），この点は，本条および現行の商法14条の下でもそのまま当てはまると解してよいであろう。

4 相手方の誤認混同

本条は，権利外観法理に基づくものであるから，取引相手方において誤認したことにつき，重過失がないことを要求するのが，判例である（最判昭和41・1・27民集20巻1号111頁）。同判旨は，「商法23条の名義貸与者の責任は，その者を営業者なりと誤認して取引をなした者に対するものであって，たとえ誤認が取引をなした者の過失による場合であっても，名義貸与者はその責任を免れ得ないものというべく，ただ重大な過失は悪意と同様に取り扱うべきものであるから，誤認して取引をなした者に重大な過失があるときは，名義貸与者はその責任を免れるものと解するのを相当とする」というのであり，これによれば取引相手方の重過失は名板貸人において証明責任を負うものと解される（前掲・最判昭和43・6・13．大隅209頁（一一）参照）。この点，「重過失」と「過失」の区別を程度問題として重要視せず，むしろ「両当事者の利益の比較衡量の上で誤認者に責められても仕方がない程度の過失があったことを名義貸与者において立証しなければ名義貸与者は責任を免れないとする趣旨」に理解する限りで同判旨を支持するものもある（鴻209頁）。また，名板貸における相手方の重過失の要素は，取引相手方保護の要請と名板貸人の帰責性との相関関係において価値的に判断されるものと述べる（森本編74頁）のも，これとほぼ同様の趣旨に出たものであると理解される。

なお，誤認とは，営業主体を誤認することである。したがって，商号使用の許諾があることは知らなくても，名板借人が営業主体であることを知っていた場合には，本条の適用はない。

III 責任の範囲

1 許諾された事業・営業の範囲内でなされた取引

名板貸人の責任は，商号使用の許諾を与えた事業・営業の範囲内でなされた取引の効果についてのみ認められるべきである。それは許諾の範囲外の取引については，商号使用の「許諾」という帰責要素を認めることができないからで

ある。前掲・最判昭和36・12・5は，むしろこのように，許諾の範囲外の営業上の取引についての名板貸人の責任を否定するものとして理解すべきであろう。

2 取引によって生じた債務

　これは，当該取引から直接生じる債務（売買であれば，目的物引渡請求権もしくは代金支払請求権）のみならず，名板借人の債務不履行による損害賠償支払債務，契約解除による原状回復義務なども含まれる。したがって，売買契約の合意解除による手附金返還債務も本条にいう債務に含まれる（最判昭和30・9・9民集9巻10号1247頁）。許諾された事業・営業の範囲内であれば，決済のために振り出された手形債務も本条に該当する（前掲・最判昭和55・7・15）。

　名板借人による不法行為債務については，それが交通事故等の事実的不法行為によるものである場合には，営業主体の誤認という外観信頼の要素が認められないので，本条には該当しない（最判昭和52・12・23民集31巻7号1570頁）。しかし，取引的不法行為の場合には，営業主体の誤認という外観信頼の要素が十分あり得るので，本条に該当すると解するのが判例である（最判昭和58・1・25判時1072号144頁）。したがって，名板借人により詐欺的取引が行われたような場合には，それによって取引相手方が主張する損害賠償請求権につき，名板貸人は責任を免れない（大隅209頁）。また，名板借人による安全配慮義務違反等に見られる積極的債権侵害のケースにおいても，取引相手方において生じた生命・身体・財産上の損害賠償債務に本条の適用を認めるべきである（前掲・最判平成7・11・30）。この点，平成17年改正前商法23条の類推適用を安易に認めるべきではないという理由から，前掲・最判平成7・11・30を例示して，およそ不法行為債務については一般的な権利外観法理によるべきであると主張するものもある（鴻207頁(1)）。

（行澤一人）

第3章　会社の使用人等

第1節　会社の使用人

> **（支配人）**
> 第10条　会社（外国会社を含む。以下この編において同じ。）は，支配人を選任し，その本店又は支店において，その事業を行わせることができる。

I　総　説

　本条から15条までは会社の使用人に関する規定である。会社以外の商人の場合には，「商業使用人」（商20以下）の語が使用され，特定の商人に従属して，対外的に商人の営業の補助をする者を指すとされる。平成17年改正前商法では第1編総則の第6章に規定されていた商業使用人とほぼ同内容のものとして，商法・会社法にそれぞれ規定を置いている。
　本条以下は「会社の使用人」という表題が付けられているが，会社・使用人間の関係については民法・労働法に多くを委ねており，この箇所の規定は対外的な代理権に関係するものである。従来，企業の内部管理や金銭出納等，対外的代理権を持たない者を商法総則上の商業使用人とよぶかどうかについて，見解が分かれていたが，会社法では社外取締役等一部の役員の資格に関する規定（2⑮⑯・333Ⅲ①・335Ⅱ・400Ⅳ）においても「使用人」の語が使われており，用語を統一的に解するのであれば代理権を有する者に限られないことになる。もっとも，会社法第1編第3章の規定の解釈・適用に関してはいずれに解しても差異はない。使用人は独立した商人ではなくあくまで商人（会社）に従属する点で，16条以下の代理商とは異なる。従属とは商人（会社）の指揮命令に服することをいい，多くの場合，会社と使用人との間は雇用関係（あるいは委任関係）がある。このため，会社の法律上の機関を構成する代表取締役（349），代表執行役（420），代表社員（599）は使用人ではない。

〔髙橋〕

第1節　会社の使用人　　　　　　　　　　　　　　　　　§10

　商法・会社法では代理権の範囲によって3種類の使用人について規定する。「支配人」（本条），「ある種類または特定の事項の委任を受けた使用人」(14)，および「物品販売店の使用人」(15) の3種類である。本条は，会社が支配人を選任できる旨の条文である。支配人とは，会社に代わってその事業に関する一切の裁判上裁判外の行為をする権限を有するものであり (11 I)，上記の3種の中では与えられる代理権の範囲がもっとも広い。「支配人」の語はホテルや映画館等の一部の業界で利用されている職務上の名称とは異なる。また，ある者が「支配人」に該当するかどうかは，あくまで代理権の範囲の広狭により決定されるため（少数説あり）〔☞§11 II 参照〕，例えば支店長は支配人に該当するかというような肩書や役職名との対応関係が存在するわけでは必ずしもない。ただし，役職名等により，支配人であるかのような外観が生じる場合には，善意者保護規定として表見支配人の規定がある (13)。

II　支配人の選任・終任

1　支配人の選任

　本条は，会社が支配人を選任し，その本店または支店においてその事業を行わせることができる旨定める。無論，本店または支店において，その事業に関する一切の裁判上裁判外の行為をする代理権を持つ者を置いてよいとするのみで，設置が義務付けられるわけではない〔支配人の意義については，☞§11 I 2 参照〕。

　そのように広範な代理権を持つ者を選任・解任する際は，その内部的決定手続についても慎重を期する必要がある。このため会社法上，取締役が複数いる株式会社では取締役の過半数の同意をもって，または取締役会設置会社では取締役会決議をもって決定され，各取締役に決定を委任することができないものとされている（348 III ①・362 条 IV ③。なお，委員会設置会社の場合は執行役に決定を委任でき，委任があった場合は代表執行役が選任権を持つことになる〔416 IV〕）。また持分会社においては，定款に別段の定めがない限り社員の過半数をもって決定することとされている (591 II)。決定手続を経た上で会社代表者が選任するという形式をとる。このような決定手続に瑕疵があったとしても，それは会社内部手続違反にすぎず，いったん会社代表者が支配人を選任してしまうと，相手方が内部的意思決定手続の不存在について知りまたは知り得べき場合でない限り有効とする処理が一般的である（東京高判昭和62・7・20 金法 1182 号 44 頁）。

なお，支配人に他の支配人の選任権はないと解されている［☞§11参照］。

支配人に選任されるのは自然人でなければならないと考えられているが，行為能力者でなくてもよいとされる（民102）。また前述のとおり，一部役員の資格要件との関係から兼任・選任が禁じられる場合がある。すなわち，取締役の会社経営を監督すべき監査役や委員会設置会社の監査委員は会社の指揮命令に服す支配人（子会社の支配人も含む）を兼務することができないとか，現在あるいは過去に支配人となった者は社外取締役になることはできない（2⑮）といった，一部の役員の資格要件に関わることがある。また独占禁止法上の規制も存在する（独禁13・2Ⅲ）。

支配人を選任した場合，また終任によりその代理権を消滅させた場合には，会社の本店所在地において登記しなければならない（918）。

2　支配人の終任

支配人の終任は，上述の手続による解任のほか，支配人からの辞任や委任・雇用関係の消滅（民653等参照），営業主である会社の解散や事業の廃止が挙げられる。事業譲渡があったときも終任となるかは争いがある。事業譲渡契約の中で雇用契約が引き継がれるか否かによることになろうが，民法625条を前提とするならば，支配人側の同意がない限り営業譲受人の支配人となることにはならないであろう。

（髙橋美加）

（支配人の代理権）
第11条① 　支配人は，会社に代わってその事業に関する一切の裁判上又は裁判外の行為をする権限を有する。
② 　支配人は，他の使用人を選任し，又は解任することができる。
③ 　支配人の代理権に加えた制限は，善意の第三者に対抗することができない。

【文献】上田徹一郎「本人訴訟・弁護士代理原則と法令上の訴訟代理人」同・当事者平等の原則の展開（有斐閣，1997）136頁，**大隅健一郎**「**支配人**と表見支配人」田中誠二先生古稀記念・現代商法学の諸問題（千倉書房，1967）51頁

第 1 節　会社の使用人　　　　　　　　　　　　　　　　　　§ 11

I　総　説
1　序

　本条は会社においても支配人を選任できるとする前条を受けて，支配人の代理権の範囲を規定する。支配人は，会社に代わってその事業に関する一切の裁判上・裁判外の行為をする権限を有するものであり（本条I），しかもその代理権を内部的に制限しても善意の第三者には対抗できない（本条III）とされているため，広範かつ強力な権限を保有していることがわかる。さらに，他の使用人に対する選解任権という内部的人事権を有することをも示している（本条II）。そのように広範な包括的代理権を設定できることにより，取引の相手方としては支配人の代理権の有無をいちいち調査することを必要としないため安心して取引することができ，また本人たる会社の側もその都度代理権の授与行為を行う必要がないため効率的である，と説明される。

2　支配人の意義

　どのような使用人が支配人に当たるかについては，通説的見解に従えば，当該使用人がどのような範囲の代理権を授与されたかによって決定されることになる。すなわち営業主・会社に代わり，その営業・事業に関する一切の裁判上裁判外の行為をなす権限を与えられた者が支配人であり，役職名・肩書，さらには登記の存否についても，その者が支配人であるかどうかを認定する上では問題とならない。なお，役職名としての「支配人」はホテルや劇場等一部の業種に存在するが，商法が制定された頃の明治期には業種を問わず日常的な経営実務を担当する者として「支配人」が置かれるのが一般的であったため，役職名としての用語と法的概念との間に大きな乖離はなかったといわれる（沿革に関しては，髙橋美加「経営権限の委譲と包括的代理権(1)」法協 118 巻 3 号〔2001〕343頁参照）。

　これに対し，支配人と認められる名称を付して選任された者を法律上の「支配人」とし，本条にいう包括的な代理権はそのような選任契約から法律上当然に発生する代理権であるとする考え方もある。会社経営全般を統括する者の現実の役職名として「支配人」の名称は利用されなくなったが，「事業の主任者」として選任された者を支配人と説明する見解は今でも有力である（大隅・支配人 51 頁）。有力説は，本条 1 項の規定の仕方は例えば代表取締役の代表権

の規定（349Ⅳ参照）のような法定代理人の代理権規定とまったく同じ形式をとっており，それらとパラレルに考えるならば代理権授与規定というよりも，支配人として選任された者が当然に有する代理権の内容を規定したものと解するのが当然であり，また通説のように解すると，一部でも代理権が制限されていると本来支配人でないことになるために，取引の安全を害するばかりか，本条3項の適用場面についても不明瞭になる，と主張するものであった。

　有力説は文理解釈において一見優れているが，「営業の主任者」の範囲は必ずしも明瞭ではない。有力説からの通説批判の1つである取引安全に関しては，昭和13年商法改正以来置かれている表見支配人制度（13）によって，通説的見解の下でもカバーされており，逆に有力説では支配人と表見支配人との区別が困難になるといえる。また，有力説と通説的見解との実質的差異は，裁判上の代理権を営業の主任者たる地位を持つ者に認めるか否かという点ということになるが，この点については後述する。

II　支配人の代理権

1　代理権の範囲

　支配人の代理権は，本店または支店の事業に関する一切の裁判上裁判外の権限とされるが，従来は「商号」と「営業所」によって画されると説明されてきた。ところが前者に関して会社法の下では若干問題がある。すなわち，会社はその法人名である1つの商号のみ使用することとされているため，平成17年改正前商法では複数の営業目的が定款に記載されていても，1つの商号の下に営むためにこれを全体として1個の「営業」と整理されていた。このため，支配人の代理権の範囲が従来の解釈どおり「商号」によって画される場合には，支配人は会社の営業全般にわたり代理権を有することになっていた。ところが会社法において用語法の整理がなされ，個人商の営む「営業」と会社が営む「事業」とが区別され，1営業1商号を原則とする前者に比べて後者では1つの商号の下に複数事業を持つことがあり得ることが明確になった（相澤哲＝郡谷大輔「定款の変更，事業の譲渡等，解散・清算」商事1747号〔2005〕5頁）。そして，会社の支配人の代理権は「事業に関する」一切の権限と規定されたため，会社が複数事業を営んでいる場合，支配人の代理権は会社の「事業」ごとに設定できることになったようにも見受けられる。もっとも，この解釈論を前提とするならば，支配人がどの事業についての代理権を与えられているのかにつ

第 1 節　会社の使用人　　　　　　　　　　　　　　　　　　　　§11

いて明示される必要があるが，会社の支配人の場合は，個人商人の場合のように代理する営業の内容が登記事項とはなっていない（商登43 I ③・44参照）。とするならば，会社法における「事業に関し」という文言は，文字どおり，支配人の代理権の内容について事業関連性があることのみを指し，代理権の範囲を画する基準ではないと解釈するべきであろう。

支配人の代理権の範囲を画するもう 1 つの基準である「営業所」の議論は，支配人が「本店又は支店」(10) に設置されること，および支配人を設置した営業所が登記事項であること（商登44 II）からして，会社法の下でも維持される［「営業所」の実質に関する議論は主として表見支配人の認定において争われたため，☞§13 参照］。

会社以外の商人について支配人を置く場合には，商法 21 条が適用されるが，いずれも平成 17 年改正前商法 38 条と同内容であり，改正前の議論がほぼそのまま妥当する場面といえる。

2　裁判上の代理権

(1)　序

支配人は，会社に代わってその事業に関する一切の裁判上の行為をする権限を有するものとされる。「裁判上の行為」とは，会社事業に関連する訴訟の提起，控訴，上告，訴訟上の和解，仮処分の申請等が含まれる。支配人に裁判上の代理権があることにより，例えば会社の取引先に対する弁済期限の到来した債権の管理について，弁済の猶予や返済方法の変更のような裁判外の手法によるか，仮差押えの申立てや訴訟提起のような裁判上の手法による回収を目指すのか，という経営判断を支配人限りにおいて行うことが可能になる。このような裁判上の代理権が認められるため，民事訴訟法上支配人は「法令上の訴訟代理人」（民訴54）に当たる。

(2)　「訴訟担当支配人」の訴訟行為

従前から主に金融業において，債権管理および回収のために，必ずしも支配人としての包括的な代理権を与えられていない取立業者や従業員を支配人登記し，債務者財産への仮差押え等の訴訟行為を行わせる行為が，弁護士代理原則を潜脱するものではないかとの指摘がなされている（上田 136 頁）。とくに消費者向け金融業において，複数の会社の支配人となって訴訟事務に従事するいわば取立業者が存在することは社会問題としても認識されてきた。すなわち，主債務者の弁済が滞ると十分な事前交渉をしないでただちに法的手続をとり，主

債務者が本格的に争わない間は「支配人」の名を借りた者がこれを行い，主債務者が代理人を立てて争ってきた場合に初めて会社側も弁護士に委任をするというもので，これがいわば裁判所の権威を借りて債務者を圧迫し取立てを図っているに等しいとの批判がなされている。

裁判例では，非従業員の取立業者を支配人とする場合も（例えば，札幌高判昭和40・3・4高民集18巻2号174頁，東京高判昭和46・5・21高民集24巻2号195頁，東京地判昭和46・12・20判時662号62頁），一部門の代理権を有するにすぎない従業員を支配人とする場合も（仙台高判昭和59・1・20下民集35巻1-4号7頁，前橋地判平成7・1・25判タ883号278頁，千葉地判平成14・3・13判タ1088号286頁，東京地判平成15・11・17判時1839号83頁），いずれの場合も民事訴訟法54条および弁護士法72条に違反するという。ただしその効果について，旧来の裁判例では，弁護士代理原則の公益性・強行法規性や支配人制度の濫用という点を重視してその訴訟行為を絶対的な無効とし，授権の欠缺の場合の追認に関する民事訴訟法59条・34条2項の適用もなく追認も許さないとするものがほとんどであったが，最近の裁判例の中には，具体的な訴訟行為の内容に着目して追認の可否を判断するものもある（前掲・千葉地判平成14・3・13）。

他方，学説には裁判例と同様の絶対的無効を唱えるもののほか，追認を認める説や，本人訴訟の一形態として全面的に有効とする有力説もある（新堂幸司・新民事訴訟法〔第3版補正版〕〔弘文堂，2005〕169頁注(1)㈡，注釈民事訴訟法(2)〔有斐閣，1992〕337頁〔中島弘雅〕）。民事訴訟法上弁護士強制をとらない以上，営業主本人が自らの意思で裁判上の代理権を与えたことは尊重されるべきであり，支配人が非弁活動をしたとしてもそれは弁護士法77条の処罰事由とはなり得ても，支配人の訴訟行為そのものの効力まで否定する必要はないとするものである。代表取締役と支配人の類似性からしても，弁護士と会社代表者・支配人のいずれに訴訟追行させるかは本人の意思によるべきであるとされ，また手続安定の観点からも行為の有効性を説く。

有効説の立場は，前述の支配人の意義の有力説と結び付きやすい。すなわち，営業の主管者たる地位から裁判上の権限を含めた包括的代理権が授与されるとすれば，営業主が「支配人」とした者が訴訟代理人として有効に代理権を持っていること自体は肯定されやすい（弥永真生「判批」ジュリ916号〔1988〕112頁）。逆に支配人の意義を授与される代理権の範囲で決する通説的見解に従えば，従業員のように実際には事業全体の代理権を授与されているわけではない場合その者はそもそも支配人たり得ず，訴訟上の代理権も認められないこと

から，無効説へとつながりやすい。ただしこの場合でも絶対的無効という効力が常に導かれるとはいいきれない（なお，前掲・千葉地判14・3・13では支配人の意義については通説的見解によりつつ，追認による補完を認めている。同判決の評釈として，榊素寛「判批」ジュリ1285号〔2005〕121頁）。結局，僭称支配人の訴訟行為の効力を覆すか否かは，弁護士代理・法律事務取扱原則の理念をどれだけ強調するかにかかっており，弁護士法72条の公益性から非弁活動を極力封じるべきであるとの理念を貫くならば，絶対的無効という裁判例の態度も理解できる。

3　裁判外の代理権

支配人は会社の事業に関する一切の法律行為の代理権を有するものとされる。代理権の範囲は事業の目的たる行為のみならず事業のためにする行為をも含み，また他の使用人の選任解任権を含む（本条II）。「事業に関する」か否かは，行為の性質，種類等を勘案して客観的・抽象的に観察して決すべきものとされる（最判昭和54・5・1判時931号112頁）。もっとも「客観的・抽象的」な解釈の意味するところは必ずしも明らかではない。判例では借財や手形行為であれば金融機関・事業会社を問わず常に「事業に関する」と解釈する傾向がある（最判昭和37・5・1民集16巻5号1031頁，最判昭和59・3・29判時1135号125頁等）。しかし本来的には，手形行為一般を「事業に関する」とするのではなく，問題となる個別の行為が（例えば，前掲・最判昭和54・5・1の事案ならば，先日付小切手を対応する資金関係なく振り出す行為が）取引通念に照らして常軌を逸するような行為と認められるか否かによるはずであり，「事業に関する」と認定されない場合もあり得る（古館清吾「判批」金法919号〔1980〕8頁，石原全「支配人の権限濫用について」一橋論叢95巻2号〔1986〕129頁）。逆に，一見事業とは無関係な取引行為であっても，個別の事案によっては社会通念上事業関連性を肯定されることもある（例えば，東京地判平成4・12・17判時1469号149頁，地方新聞社の支社長心得が骨董品の売買仲介斡旋のために当該骨董品の寄託を受けた行為について事業に関する行為と認めたものがある）。

支配人には他の使用人の選任解任権もある。この「他の使用人」に支配人自身が含まれるか，条文の構成からは明かではないが，平成17年改正前商法において「番頭，手代其ノ他ノ使用人」とされていた箇所であったところ，改正によって前半が削除されたものと見得るため，これと同義に解するならば，支配人は含まれないとするべきであろう。

〔髙橋〕

また、支配人の権限はあくまで「事業に関する」ことにとどまり、事業そのものを変更・消滅させる権限は含まれていないため、例えば事業譲渡や事業の廃止等はできないとされている。

III 代理権の制限

以上のように広い代理権を持つ支配人ではあるが、他方で会社の使用人として会社の内部規定や指揮命令系統等によりその権限が制限されることもあり得る。しかし、支配人の代理権に内部的な制限を加えても善意の第三者に対抗できないとされる（本条III）。会社内部の制限は、外部の第三者には容易に知ることのできないものであるため、代理権があると信じた第三者の信頼を保護し、取引安全を図るものといえる。このため、悪意の第三者は保護されないが、第三者の主観的態様については、営業主である会社の側に立証責任がある。

理論的には、対外的に会社を代理する権限を授与されていながら、例えば一定額以上の取引には取締役会決議を要する（362 IV ① 参照）というように社内の特別の意思決定手続を要求するような場合を「内部的制限」と整理することは可能である。ただし、支配人の意義について通説のように解するならば、代理権の内部的制限のために代理権限の包括性が否定されると支配人であることも否定される可能性がある。内部的意思決定手続上の制約と捉えるのか、そもそも代理権そのものがないと見るのかについて、その区別は相対的であり、個別の代理権授与行為ごとに判断するほかはないと言われている（上柳克郎「判批」判評52号〔判時312号〕〔1962〕18頁）。支配人の意義に関する有力説はこの点を批判するものであったが、実際には裁判外の行為の効力に関しては支配人と認定されなくても、表見支配人(13)制度の利用による救済が可能となるため、実務的には問題にならない。裁判上の行為の効力に関し、とくに従業員の地位を持つ訴訟担当支配人を「支配人」とみなしてよいかについて裁判例が、当該従業員に授与された代理権の範囲に応じて判断している点は前述のとおりである。

(髙橋美加)

第1節　会社の使用人　　　　　　　　　　　　　　　　　　　　§12

> （支配人の競業の禁止）
> 第12条① 支配人は，会社の許可を受けなければ，次に掲げる行為をしてはならない。
> 　1　自ら営業を行うこと。
> 　2　自己又は第三者のために会社の事業の部類に属する取引をすること。
> 　3　他の会社又は商人（会社を除く。第24条において同じ。）の使用人となること。
> 　4　他の会社の取締役，執行役又は業務を執行する社員となること。
> ② 支配人が前項の規定に違反して同項第2号に掲げる行為をしたときは，当該行為によって支配人又は第三者が得た利益の額は，会社に生じた損害の額と推定する。

【文献】北村雅史・取締役の競業避止義務（有斐閣，2000）

I　趣　　旨

1　本条の概要

　支配人は，会社に対して，雇用契約あるいは委任契約に基づく義務を負担するが，会社法は，支配人が会社の本店または支店の事業に関して包括的な業務執行権と代理権を有することから，支配人に広範な不作為義務を課している。すなわち，本条1項により，支配人は，会社の許可を受けなければ，(i)自ら営業を行うこと，(ii)自己または第三者のために会社の事業の部類に属する取引をすること，(iii)他の会社その他の商人の使用人となること，(iv)他の会社の取締役，執行役または業務を執行する社員となること，が禁止される。支配人がこの義務に違反したことにより会社に損害が生じた場合は，支配人には損害賠償責任が発生するところ，本条2項は，支配人が会社の許可を受けることなく上記(ii)の行為をした場合の，損害額の推定に関する特則を設けている。
　会社以外の商人の支配人についても同じ規定がある（商23）。

2　他の競業禁止規定等との関係

　会社法は，代理商（17），事業を譲渡した会社（21），取締役（356 I ①），執行役（419 II），清算株式会社の清算人（482 IV），持分会社の業務執行社員（594）

および清算持分会社の清算人（651Ⅱ）について，競業の禁止ないし競業避止義務を定める。このうち，事業を譲渡した会社の競業禁止は，譲受人に暖簾を利用させるという事業譲渡の意義を実効性のあるものとするためのものであるという点で，競業禁止の趣旨が他と大きく異なっている（大隅313頁，鴻147頁）。

　事業を譲渡した会社以外の者は，会社の業務執行に関与する機関またはこれに準ずる会社企業の人的施設と位置付けられる関係にあるため，会社についての事業上の秘密その他の情報を知り得る立場にあることに基づいて，競業禁止が規定されている。禁止の具体的内容は，それぞれ異なっている。取締役，執行役および清算株式会社の清算人は，自己または第三者のために会社の事業の部類に属する取引（以下，「競業取引」という）をすることを，代理商，持分会社の業務執行社員および清算持分会社の清算人は，それに加えて会社の事業と同種の事業を目的とする他の会社の取締役・執行役または業務執行社員となることを，それぞれ禁止される。取締役についても，昭和25年改正前商法の下では，競業取引のほか同種の営業を目的とする他の会社の取締役または無限責任社員となることが禁止されていた（昭25改正前商264Ⅰ）。しかし，昭和25年改正商法が取締役会制度を導入し，個々の取締役が当然には会社の業務執行機関とはいえず，取締役会のメンバーとして会社の業務執行の意思決定に参画する者にすぎなくなったことに伴い，同種の営業を目的とする他の会社の取締役または無限責任社員となることが規制対象から外された（平17改正前商264Ⅰ。北村105頁）。

　これに対し，支配人は，競業取引の禁止にとどまらず，自ら営業を行うことや，他の会社その他の商人の使用人となったり他の会社の取締役等になることが禁止される。これは，その地位やその地位に基づいて得た情報等を利用して会社の利益を犠牲にして自己または第三者の利益を図ることを防止するとともに（このような行為の禁止を〔狭義の〕忠実義務ということがある），その精力を分散させることなく支配人としての職務に専念・尽力させる目的（支配人の職務専念義務〔尽力義務・精力分散防止義務〕）が存することによる（大隅154頁，鴻173頁，服部285頁）。

　独占禁止法13条は，「会社の役員又は従業員（継続して会社の業務に従事する者であって，役員以外の者をいう。）は，他の会社の役員の地位を兼ねることにより一定の取引分野における競争を実質的に制限することとなる場合には，当該役員の地位を兼ねてはならない」とする。これは，私的独占・不当な

取引制限を排除して，公正かつ自由な競争を促進するための制限であり，本条とは趣旨を異にする。各種金融関係法においても，金融機関の公正な運営を確保するために，金融機関の常務に従事する取締役・執行役が他の会社の常務に従事することが原則として禁止される（銀行7，保険8。支配人は会社の常務に従事する者と解される）。本条1項に基づく会社の許可があっても，これら独占禁止法や金融関係法上の兼職制限は免れない。

　支配人には，取締役・執行役・業務執行社員・清算人と異なり，会社との利益相反取引に関する規定はない。利益相反取引は，会社が当事者となる取引であるため，会社の業務執行機関または業務執行の意思決定機関の構成員についてのみ規定が置かれている。支配人が会社を代理して自己と取引をすると自己契約または双方代理となり，会社による許諾がなければ無効となる（民108）。支配人が会社を代理して，支配人以外の者との間で，支配人の債務を保証するなどの取引（いわゆる間接取引）を行う場合，支配人は善管注意義務違反の責任を問われるが，取引の効力については代理人の権限濫用の問題となる。

II　義務の内容

　本条1項に掲げられている禁止行為は，営業避止義務と競業避止義務に大別することができる。

1　営業避止義務

　支配人は，会社の許可を受けなければ，自ら営業をすること，他の会社その他の商人の使用人となること，および他の会社の取締役，執行役または業務を執行する社員となることが禁止される（本条1①③④）。自ら行う営業，他の会社の事業，その他の商人の事業ないし営業が，会社の事業と同種であるかどうかを問わない。これは，執行役の職務専念義務に基づく禁止であり，支配人が他の継続的勤務ないし業務に就くことによる精力分散を防止することが目的である。継続的でない取引行為は，それが会社の事業の部類に属するものでなければ禁止されない。支配人が，営業以外の継続的活動を行うことや，会社その他の商人でないものの使用人となりあるいは機関的な地位に就くことも，本条の禁止の対象ではない。

　支配人が他の会社の取締役・執行役・業務執行社員の地位に就いていないときにも，その会社の事業を継続的に主宰する立場にあるときは，事実上の主宰

者あるいは事実上の取締役として、本条1項4号の規制に服せしめるべきである（東京地判昭和56・3・26判時1015号27頁、大阪高判平成2・7・18判時1378号113頁参照）。

支配人が他の会社の会計参与、監査役または会計監査人となることは禁止されない。これらは、継続的に会社の業務執行に関与する機関ではないためである。ただし、子会社の支配人が親会社の監査役等を兼任することはできない（333Ⅲ①・335Ⅱ・337Ⅲ②・400Ⅳ参照）。これは子会社の業務財産状況も親会社監査役等の調査対象となるためであり（374Ⅲ・381Ⅲ・396Ⅲ・405Ⅱ）、本条の趣旨とは異なる理由に基づく。

2 競業避止義務

(1) 会社の事業の部類に属する取引

支配人は、会社の許可を受けなければ、会社の事業の部類に属する取引を行うことができない（本条Ⅰ②）。支配人は、会社の本店・支店の事業に関して支配権を有していることから、会社の事業に関する内部情報を知りまたは入手しやすい地位にあり、また会社の取引先とのつながりもできやすい。このような立場にある支配人がそれらの情報等を利用することにより、会社の利益を犠牲にして自己または第三者の利益を図るおそれがあることを考慮して、会社法は、支配人に競業避止義務を課している。したがって、本条1項の禁止行為のうち、2号については、代理商や取締役等の競業禁止と同じ趣旨であり、規定の文言も共通する。

「会社の事業の部類に属する取引」とは、会社の実際に行う事業と市場において競合し、会社と支配人の間に利益の衝突をきたす可能性のある取引をいう。会社の事業に付帯する取引（例えば製造業を目的とする会社にとっての原材料の購入）はこれに含まれるが（最判昭和24・6・4民集3巻7号235頁参照）、その事業の維持便益のためになされる補助的行為（金銭借入、従業員の雇用、工場・店舗用不動産の取得等）は含まれない。

不動産取引を業とする会社の支配人が自己の居住に供するために土地建物を購入したり、自動車の売買を業とする会社の支配人が自家用自動車を購入するように、支配人の行為が営利的・商業的性格を持たない場合は、本条の禁止に触れないと解すべきであるが（大隅155頁）、会社に関する情報の個人的な利用の弊害があることから、これにも本条の規制を及ぼすべきとの見解もある（渋谷光子「取締役の競業避止義務」上柳克郎ほか編・会社法演習Ⅱ〔有斐閣、1983〕134頁）。

第1節　会社の使用人　　　　　　　　　　　　　　　　　　§12

(2) 「自己又は第三者のために」の意味

　支配人は，会社の事業の部類に属する取引を，自己または第三者のために行うことが禁止される。「自己又は第三者のために」の意味について，従来，これを「自己または第三者の名において」すなわち自ら当事者となってまたは第三者を代理もしくは代表してという意味に解する説（名義説）と，「自己または第三者の計算において」すなわち行為の経済的効果が自己または第三者に帰属するという意味に解する説（計算説）が対立してきた。もっとも，支配人が会社のためでなく会社の事業の部類に属する取引を行うとすれば，① 自己の名で自己の計算で，② 自己の名で第三者の計算で，③ 第三者の名で自己の計算で，あるいは ④ 第三者の名で第三者の計算で，のいずれかとなるが，名義説・計算説のどちらによっても，以上の ①～④ は本条1項2号の規制範囲に含まれる。名義説・計算説は，平成17年改正前商法41条2項が，支配人が「自己ノ為ニ」取引を行ったときのみ営業主に介入権行使を認めていたこととの関係で盛んに議論されたが，介入権制度が廃止された会社法および平成17年改正後商法の下では，議論の実益はほぼなくなったといってよかろう。

　支配人が，会社の名において（会社を代理して）自己の計算で会社の事業の部類に属する取引を行う場合には（名義説なら本条1項2号の適用はなく，計算説なら適用があるようにも思える），支配人の代理権濫用が問題となるのであって，本条の適用はないと解される（龍田83頁参照）。

(3) 契約による競業行為の制限

　本条の競業禁止は支配人在任中の義務である。支配人は退任したが会社の使用人としての関係が継続する場合，会社と当該使用人との雇用契約上の特約により，競業行為等を制限することができる。支配人退任により雇用関係も終了した場合でも，会社との特約により退任後の競業行為を制限することはできる（大隅155頁，片木40頁）。もっとも，退任した支配人の職業選択の自由を保障するため，そのような特約は無制限に許されるわけではなく，あまりに広範な競業禁止特約は公序良俗に反して無効になる（民90）。競業禁止期間の長短，禁止の場所的範囲の広狭，禁止対象職種，代償措置の有無などを考慮して，競業禁止特約の有効性が判断される（北村156頁参照）。

3　会社の許可

　本条1項の禁止は，会社の許可によって解除される。許可は，会社の業務執行機関の決定に基づき代表機関によって与えられなければならない。支配人に

許可を与えることが会社にとって重要な業務執行になる場合には，取締役会設置会社（委員会設置会社を除く）では取締役会の決議が必要である（362 IV）。

　会社の業務執行機関は，善良な管理者の注意をもって支配人に許可を与えるか否かを決しなければならない（ただし，株主総会でこれを決する場合，株主は善管注意義務を負わない）。支配人には許可を受けるべき行為等に関する重要な事実の開示義務は規定されていないが（356 I 対比），会社の業務執行機関は，許可を与えるかどうかの判断に必要な事実の開示を支配人に求めなければならない。

　会社の許可は黙示のものでもよい（大隅155頁，服部285頁）。例えば，会社が，ある使用人が他の商人の使用人を兼ねていることを知りながらその者を支配人に選任し，その兼任について異議を述べなければ黙示の許可をしたものと見ることができる。いったん与えた許可を会社は撤回できるとする見解があるが（服部286頁），営業ないし競業取引の許可は会社と支配人との契約の一部となるから，少なくとも合理的な期間を定めて許可がされている場合に正当な事由なく一方的に許可を撤回することはできないと解すべきである。

　会社の事業の部類に属する取引（本条 I ②）の許可は，合理的な範囲を定めて包括的に与えてもよい。例えば，支配人が自己のために会社の事業の部類に属する取引を数回にわたって行う場合に，それらを一括して許可することは差し支えない。

　許可は，それを与えた際の事情を前提として与えられているので，その後の事情の変化によって，許可の効力が消滅することがある。例えば，支配人が業種の異なる他の会社の取締役となることを許可したが，その後当該他の会社が同種の事業を行うことになった場合には，当初の許可は効力を失うと解すべきである。

III　義務違反の効果

1　違反行為等の効力

　支配人が会社の許可を受けることなく，自ら営業を行い，自己または第三者のために会社の事業の部類に属する取引を行った場合（本条 I ①②の違反）でも，その取引は有効である。その取引につき会社の許可がないことを取引の相手方が知っている場合も同様である（大隅156頁，新注会(6)220頁［本間輝雄］）。

　会社が，他の会社その他の商人の使用人である者を支配人に選任した場合で

も，当該支配人と当該他の会社・商人との雇用契約の効力には影響を及ぼさない。支配人が，会社の許可を受けることなく他の会社その他の商人の使用人となった場合（本条Ⅰ③の違反）でも，支配人と当該他の会社・商人との雇用契約の効力は影響を受けない。他の会社の取締役等を支配人に選任した場合の，支配人と他の会社との関係（取締役等と会社間の関係）も原則的には影響を受けない。支配人が，会社の許可を受けることなく他の会社の取締役等に選任された場合（本条Ⅰ④の違反）でも，その選任は有効である。会社法上の機関の兼任禁止（333Ⅲ・335Ⅱ・337Ⅲ・400Ⅳ。最判平成元・9・19判時1354号149頁参照）と異なり，本条1項は，支配人の会社に対する義務と位置付けられている（そのため禁止は会社の許可によって解除できる）ので，他の会社・商人の契約の効力に影響させるべきではないためである。

会社は，いつでもその代理権を消滅させて支配人を解任することができる。支配人に本条違反があったことを理由とする解任について，会社に損害賠償義務は生じない（民651Ⅱ・656）。

2　損害賠償責任

本条1項の義務は，支配人の会社に対する債務の内容になっているので，支配人が本条1項に違反したことにより会社に損害が発生した場合，支配人は会社に対して債務不履行に基づく損害賠償責任を負う（民415・416）。

会社の許可を受けた場合は本条違反の責任はないが，例えば支配人としての任務の遂行上，自己が取締役である他の会社の利益を図るような行為を行った場合などには，善管注意義務違反（民644・656）の責任が生じ得る。

支配人が，会社の許可を受けることなく，自己または第三者のために会社の事業の部類に属する取引を行った場合については，当該行為によって支配人または第三者が得た利益の額は，会社の損害額と推定される（本条Ⅱ）。支配人が，会社との競争的取引を行う場合には会社の利益が害される危険性が大きいが，当該取引と相当因果関係のある会社の損害を証明することは困難である。そこで，会社法は，競争的取引によって支配人または第三者が得た利益の額を会社の損害額と推定することにより，損害賠償責任を追及する会社の証明の負担を軽減したわけである。また，競争的取引によって利益を得た支配人に，その利益の吐き出しを要求する意味もある。ただし，本条2項はあくまでも推定規定であるので，支配人は，会社が実際に被った損害額を（ゼロの場合もある）証明して，推定を覆すことができる。

〔北　村〕

平成17年改正前商法41条2項は，支配人が，営業主（会社その他の商人）の許諾なく自己のためにその営業の部類に属する取引を行った場合には，営業主は，これをもって営業主のためにしたものとみなすことができる，と規定していた。この営業主の権利は介入権とよばれ，支配人のほか代理商や会社の取締役等の競業避止義務違反一般についての特殊な救済方法となっていた。しかし，介入権は，支配人等が自己のために取引を行った場合に行使できるにすぎず，その効力も債権的なものにとどまると解されていたことから（前掲・最判昭和24・6・4），その効果には限界があるといわれていた。一方で，取締役の会社に対する競業避止義務違反の責任については，取締役または第三者が得た利益の額を会社の損害額と推定する規定が存していたところ（平17改正前商266 IV），会社法は，介入権の役割は損害額の推定規定でカバーすることができるとして，介入権を廃止し（一問一答127頁），損害額推定を，会社法・商法上の競業禁止規定に共通の救済として定めた（17 II・423 II・486 II・594 II・651 II，商23 II・28 II，一般法人111 II・198・217 II）。

IV 本条の類推適用

本条に相当する義務は，他の商業使用人には規定されていない。しかし，会社の事業に関するある種類または特定の事項の委任を受けた商業使用人（14）にも，本条を類推適用する必要性が指摘されている（大隅163頁，近藤光男「商業使用人の代理権」川又良也先生還暦記念・商法・経済法の諸問題〔商事法務研究会，1994〕5頁）。これらの使用人は支配人と比べて代理権の範囲が狭いことにかんがみ，代理商の競業禁止に関する規定（17）を類推適用すべきという見解もある（服部314頁）。しかし，一般に使用人は雇用契約上の付随義務である誠実義務の一環として使用者に対して競業避止義務を負担していると解されており（新版注釈民法(16)〔有斐閣，1989〕46頁〔幾代通〕），その競業禁止の範囲はそれぞれの雇用関係ごとに異なり得る。会社の事業に関するある種類または特定の事項の委任を受けた商業使用人の競業避止義務も雇用契約関係に基づく義務と捉えれば足り，禁止範囲が定型化している支配人や代理商の競業禁止規定をそのまま類推適用すべきではなかろう（森本編106頁）。

執行役員についても本条の類推適用の可否が議論されている（肯定するものとして，元木伸「商法からみた執行役員（中）」取締役の法務52号〔1998〕28頁以下，否定するものとして，松井真一「執行役員制度をめぐる理論と実務〔上〕」商事1539号

〔1999〕81頁)。執行役員は，専務・常務等の肩書が付されることが多く，通常，会社の業務執行について相当包括的な権限を与えられるが，委員会設置会社の執行役と異なり会社法上の株式会社の機関ではなく，会社との関係では重要な使用人と位置付けられている（362Ⅳ③参照)。執行役員は，支配人と異なり，本店または支店の事業に関する一切の裁判上裁判外の行為をする代理権および業務執行権を有するものではなく，その業務執行権や代理権の範囲は必ずしも定型化されていない。この点で，支配人に準じて競業避止義務と営業避止義務を当然に課すことには疑問がある。執行役員と会社との関係（雇用関係と〔準〕委任関係)から導かれる誠実義務・善管注意義務に基づく一定範囲の競業避止義務は認められるが，その内容は会社・執行役員ごとに異なるべきである。したがって，本条を執行役員に一般的に類推適用すべきではない。

　表見支配人（13）は，外観主義に基づく取引相手方保護のための制度だから，表見支配人に本条の適用・類推適用の余地はない。

(北村雅史)

（表見支配人）
第13条　会社の本店又は支店の事業の主任者であることを示す名称を付した使用人は，当該本店又は支店の事業に関し，一切の裁判外の行為をする権限を有するものとみなす。ただし，相手方が悪意であったときは，この限りでない。

【文献】岩本慧「表見支配人(1)(2)」関西大学法学論集7巻4号58頁・6号（1958）29頁，岩本慧「表見支配人についての再論」関西大学法学論集9巻5=6号（1960）344頁，服部栄三「商業使用人の代理権における外観保護」末川先生古稀記念・権利の濫用（中）（有斐閣，1962）191頁，早川徹「支配人と表見支配人」菱田政宏編・岩本慧先生傘寿記念論文集・商法における表見法理（中央経済社，1996）39頁

Ⅰ　総　説

1　趣　旨

(1) 序

通説的見解によれば支配人であるか否かは，授与される代理権の範囲によって決まることになるため，支店長等の支配人らしい名称を付された役職の使用

人であっても，その者が支配人であるかどうかはわからない。表見支配人は，実際には支配人としての代理権授与を受けていなくても，支配人らしい外観を有する者と取引をした第三者の信頼を保護する制度である。すなわち，会社の本店または支店の事業の主任者であることを示す名称を付した使用人が，当該本店または支店の一切の裁判外の行為をする権限を持つとみなされることによって，会社は取引の効果が帰属することを否定できないことになる。会社が当該使用人に事業の主任者たる名称を与えたことから生じる責任であることから，禁反言法理・外観法理に基づくものといえる。

(2) **本条の概要**

本条は禁反言・外観法理に基づく規定であるため，① 外観の存在，② 会社の外観作出に対する帰責性，および ③ 取引相手方の善意が要件となる。具体的には，① 本店または支店の事業の主任者であることを示す名称があり，② そのような名称を会社が使用人に対して付与している，または使用人がそのような名称を使用することを許諾している，そして ③ 取引相手方が善意で当該使用人の権限を信頼している，という場合に，会社は当該使用人のなした行為が会社に帰属することを否定できない。典型的には「支店長」や「本店営業部長」等の肩書を持つ者がなした取引行為を念頭に置いている。会社に効果帰属するものとみなされる行為は当該本店または支店の事業に関する裁判外の行為であり，支配人の権限とまったく一致するわけではない。

2 沿　革

表見支配人の規定は昭和13年商法改正において新設された。当時，経営組織の分化が進み，内部的な権限の制限を反映させるべく，とくに支店統括者に対し「支配人」名称を利用することを避けるようになっていた模様だが，他方で支店統括者の権限濫用行為による裁判例も多く，支店統括者の代理権限を信頼した取引相手方を保護する必要性が生じていた。そして，「営業主に代わって対外的行為をなす者」として支店統括者だけでなく，本店または支店の営業の主任者の名称を付された者に，裁判外の行為につき支配人と同一の権限がある者とみなす旨の規定が置かれた。裁判外の行為に限定されたのは，登記もなく支配人とまったく同一の権限を持たせることに躊躇があったことや，問題となったケースがほぼ取引行為（とくに手形行為）であったため，商事代理権のみでこと足りると考えられたことによる。

以上の表見支配人規定は，それ以来平成17年改正前商法にいたるまで引き

継がれ，会社法でもほぼ同内容の規定となっている。ただし，若干の文言の修正があった。「営業」が「事業」に変更された点に加えて，表見支配人が有するとみなされる権限の内容の表現が，「支配人と同一の権限を有するものとみなす」という表現から「一切の裁判外の行為をする権限を有するものとみなす」に変わっている。これにより，保護されるべき取引相手方の主観の内容が，従前は営業の主任者を支配人であると信じたことと解されるのが一般的であったのに対し，会社法の規定の下では事業の主任者に当該取引についての権限があったと信じたことである点が明確になったといえよう。

なお，個人商の場合の規定として，ほぼ同内容の規定が商法24条にある。同条では「営業所の営業の主任者」であるかのような名称を付した使用人に対して，一切の裁判外の行為をする権限があるとみなされている。

II 表見支配人に該当する者

1 事業の主任者

表見支配人制度が，事業の主任者としての肩書を持つ者が広範な代理権を有しているとの，取引相手方の信頼を保護するという趣旨である以上，逆にいえば，そのような信頼を惹起する「事業の主任者」といえるような肩書がなければ適用されない。裁判例になった例としては，「支店長」「支社長」「営業所長」「営業本部長」「出張所長」「事務所長」「取締役店長（実際は取締役ではなかったケース）」「支社長心得」等が「表見支配人」となるような「事業の主任者」であると認定されている。逆に上席者の存在をうかがわせるような役職名，例えば「副支店長」，「支店長代理」，「営業部次長」などの名称は「事業の主任者」であるとは認定されていない。

2 営業所の実質

主任者であるかのような役職名が付されていたとしても，当該使用人が置かれていた「本店又は支店」が「営業所」としての実質を備えていることが必要であるといわれている。講学上，営業所とは，営業活動の中心である一定の場所をいい，単に企業内部の問題として指揮命令が発せられる場所であるのみならず，外部に対しても，その場所で主要な活動がなされることにより，営業活動の中心として現れる場所でなければならない，と解されている。単に取引が行われるだけの販売店や，事実行為がなされるだけの工場や倉庫は当然に営業

所と認められない，といわれる。

　表見支配人との関係で問題とされたのは，生命保険相互会社の「支社長」であった（最判昭和 37・5・1 民集 16 巻 5 号 1031 頁）。同判決によれば，それは生命保険会社の特徴ともいい得るが，被告相互会社では保険契約の締結や保険料の支払に関する意思決定等生命保険業の基本的業務はすべて本社が一括して行っており，他方「支社」では，その名称にもかかわらず，業務は新規保険契約の募集と 1 回目の保険料の徴収の取次のみであって，対外的に独自の事業活動をなすべき組織を有するとはいえないために営業所としての実質がないことから「支社長」を表見支配人とは認められない，とされた。学説においても表見支配人制度が表見営業所の制度ではないこと，営業所の実質があるからこそ当該本店・支店に事業の主任者がいるとの取引相手方の信頼が問題になり得る，との理由から判例の見解を指示するものが通説といえる。他方で，外観法理ないし禁反言法理を根拠とする平成 17 年改正前商法 42 条の趣旨を貫徹させるならば，本店または支店の外観を信頼した者も保護すべきであるとする有力な見解もある。

　判例の見解による場合でも，具体的にどのような場合に営業所の実質があるといえるか，対外的に独自の事業活動をなしているといえるか，その認定には注意を要する。まして本条の場合，個々の本支店も，1 つの会社を構成する以上，営業所毎に完全に独立してリスクを負担し意思決定を行うという状況はむしろ考えにくい。むしろ一定の規模以上の取引については本店の決裁を仰ぐが一定規模以下ならば当該店舗限りで取引ができる，という事案がしばしば見受けられる。裁判例でも，必ずしも厳格に独立性を要求するわけではなく，どの程度当該店舗が独自の判断で取引をしていたか，また当該店舗がどの程度の内部的な経営組織を持つか（例えば，専属の従業員がいるか，当該店舗の長が部下への指揮命令権を持つか，等）を事案ごとに総合考慮して決せられるようである（最判昭和 37・9・13 民集 16 巻 9 号 1905 頁，最判昭和 39・3・10 民集 18 巻 3 号 458 頁，東京地判平成 8・3・25 判夕 938 号 226 頁等参照）。

　なお，例えば支店が営業所の実質を備えていないにもかかわらず，営業所としての登記がある場合には，当該支店の主任者たる役職名を持つ者に表見支配人の規定が適用されたケースがあるが（最判昭和 45・3・27 判時 590 号 73 頁），これは不実登記の効力による結果であった（908 II）。

〔髙橋〕

第1節　会社の使用人　　　　　　　　　　　　　　　　　　　　　§13

3　会社による役職の付与

　表見支配人の行為の効果が会社に帰属するためのもう1つの要件として，会社が当該使用人に「事業の主任者」たる役職名を付与したこと，あるいは使用人がそのような名称を使用することを会社が許諾・容認しているという事情が必要である（東京高判昭和40・10・12判タ185号138頁）。本条を外観保護の点から説明する以上，本人たる会社に効果帰属させるには，会社の側に外観の作出への帰責性が必要となるからである。使用人が勝手にそのような名称を自称するだけでは，会社に効果帰属しない（大阪高判昭和57・11・26判時1070号96頁）。

4　事業に関する行為

　以上のような「事業の主任者」たる名称を付与された者がなした「事業に関する」裁判外の行為は会社に効果帰属する。「事業に関する」か否かは，11条の解釈と同様で，その行為の種類や性質から客観的抽象的に観察して決すべきであるとされる［☞§11］（また，最判昭和32・3・5民集11巻3号395頁）。もっとも，「事業に関する行為」とは認められず表見支配人の規定が適用されなかったとしても，使用者責任により（民715）取引相手方を保護することも可能である（最判昭和61・11・18判時1225号116頁）。

Ⅲ　相手方の保護

　以上に見たとおり，表見支配人制度は外観理論あるいは禁反言をその趣旨とするが，この制度により保護される取引相手方はそのような「虚偽の外観」を信頼して取引に入った者に限られる。したがって取引相手方が悪意である場合，保護されない（本条ただし書）。保護される「相手方」は，取引の直接の相手方に限られるとするのが判例であり通説でもある（最判昭和59・3・29判時1135号125頁）。この点は民法の表見代理規定にも共通の解釈といえる。
　悪意の内容は，表見支配人とされる者に，問題となっている裁判外の行為をなす権限がないことを知っていたか否かということになる。この点，既述のように，平成17年改正前商法42条1項においては，表見支配人は「支配人ト同一ノ権限ヲ有スルモノト看做ス」とされていたために，同条2項にいう「悪意」はその者が支配人でないことを知っていたか否かを意味すると解されてい

た（最判昭和32・11・22集民28号807頁）。この点，会社法および平成17年改正後商法の規定において，表見支配人は「一切の裁判外の行為をする権限を有するものとみなす」との表現に変更されたことから，悪意の対象も権限の有無に変わったと解するべきであろう。なお，悪意の有無は当該取引当時を基準に判断され，悪意があったか否かの立証責任は会社の側が負う。

　表見支配人に当該取引の権限がなかったことにつき，相手方に悪意はなかったが過失があった場合，この相手方を保護すべきかについて，過失があっても保護されるとする裁判例もあるが（東京高判昭和30・12・19下民集6巻12号2606頁），学説では重過失は悪意と同視すべきだとする見解が有力である。

（髙橋美加）

（ある種類又は特定の事項の委任を受けた使用人）
第14条①　事業に関するある種類又は特定の事項の委任を受けた使用人は，当該事項に関する一切の裁判外の行為をする権限を有する。
②　前項に規定する使用人の代理権に加えた制限は，善意の第三者に対抗することができない。

【文献】大塚龍児「商法43条における使用人の代理権」商事1215号（1990）78頁，落合誠一「商業使用人」法教288号（2004）46頁，**近藤**光男「商業使用人の**代理権**」龍田節＝森本滋編・川又良也先生還暦記念・商法・経済法の諸問題（商事法務研究会，1994）1頁

I　総　　説

1　序

　本条は，事業に関するある種類または特定の事項の委任を受けた使用人が包括的な代理権を有する旨を定めた規定である。本条の使用人は，支配人のように事業全体に係る広範な代理権を有しているわけではないが，委任を受けた特定種類または特定事項に関して，例えばある商品に関して仕入・販売の一切についてまとめて委任を受けているような状況を念頭に置いている。その際，例えば個々の仕入行為にその都度代理権を付与する形式ではなく，一定の包括性を持った代理権が使用人に付与されることが本条1項により許容される。

　このような使用人の選任は営業主である会社のほか支配人も行い得る（11

II)。ただしこの使用人が「重要な使用人」に該当する場合，取締役会設置会社では取締役会決議事項（362 IV ③）となる可能性もある。

2　趣　旨

　特定の種類または事項の委任を受けた使用人に対し，包括的な代理権が利用できることによって，営業主である会社側は反復継続される取引ごとに代理権を授与する必要がないため便宜的であるし，取引相手方としても，使用人が委任を受けた事項に関して会社の側で代理権に制限を設けても善意の第三者に対抗できない旨の規定があるため（本条 II），いちいち個別の取引ごとに代理権の存在を確認する必要がなく，安心して取引に入ることができる。本条の趣旨はそのような特定の種類または事項に関する包括的代理権を設定することを許容する点にあると考えるのが通説的理解といえる。もっとも，後述するとおり，本条の趣旨に表見法理を導入し，会社内部の肩書等から代理権があると信頼した取引相手方を保護するための規定であると解する見解もある。

　本条の使用人に当たる者として，平成17年改正前商法43条では，「番頭，手代」という例示的表現が使用されていた。しかしこの例示はすでに時代にそぐわないし，表見支配人のように役職名から「中級使用人」に一定範囲の代理権が発生するかのような誤解を与える危険があった。裁判例でも問題とされるのは部長や支店長代理といった表見支配人に該当しないが一定の権限を持ち得る肩書の使用人のケースであるが，本条および平成17年改正後商法25条では相当する役職名の例示は付されず，先のとおり「ある種類又は特定の事項の委任を受けた使用人」とのみ，規定される。

II　代理権の範囲

1　代理権授与行為の必要性

　本条の趣旨は I で見たとおり，反復継続される商取引の中で，特定の種類または事項に関する包括的な代理権の存在により，営業主である会社としてはそのつど代理権授与を行う必要がなく，また取引相手方としても使用人の代理権の有無をそのつど調査する必要がなくて，双方にとって便宜的ということであった。問題は，そのような代理権はどのような場合に与えられていると認定されるか，という点である。

　通説的見解によれば本条は，例えば特定の商品の仕入と販売に関し会社を代

理して反復的継続的な取引を行うよう委任するといった，特定の種類あるいは事項につき法律行為をなす代理権授与行為を含めた委任がなされることであると考えられていた（例えば，東京地判昭和53・9・21判タ375号99頁）。

　ところが，最判平成2・2・22（集民159号169頁）は，問題の使用人の代理権の存在を主張しようとする取引相手方としては「当該使用人が営業主からその営業に関するある種類又は特定の事項の処理を委任された者であること及び当該行為が客観的にみて右事項の範囲内に属することを主張・立証しなければならないが，右事項につき代理権を授与されたことまでを主張・立証することを要しない」とした。判旨の内容は不明瞭であるが，この判旨の事案が，取引に係る交渉事務を行っていたが取引権限までは与えられていなかった「係長」の行為が問題となったケースであったため，特定種類あるいは事項についての委任が事実行為の準委任でもよいと判示したもの，と整理される。ただしその意味するところは，事実行為の準委任，例えば取引勧誘行為のみの委任であっても，当該取引締結の権限までが擬制されるということだとする見解も有力であるが（岩城謙二「番頭・手代・表見支配人（下）」NBL 449号〔1990〕28頁，近藤・代理権11頁等），取引締結権限を擬制するわけではなく，事実行為の委任の存在により立証責任が転換され，会社等営業主の側で当該使用人に代理権がなかった旨立証しなければならない，とする見解（大塚84頁等）に分かれる（両見解については後述）。

　この最高裁の判旨については批判が多い。文言解釈の上でも，本条の前身となる平成17年改正前商法43条が有権代理の規定である38条を準用していたことから，代理権授与を必要とする通説的理解に分があるであろう。実質的に見ても取引行為の勧誘だけならどんな下級の使用人であっても営業主が禁止するとは思われない（江頭憲治郎「判批」ジュリ914号〔1988〕188頁）。その後の下級審裁判例でも，とくにこの最高裁の見解は必ずしも踏襲されていないようである（東京地判平成14・5・31判タ1124号249頁，ただしこのケースは事実行為の委任すら認められない事案であったとも言い得る）。

2　取引相手方の保護

　他方で，問題となる取引について具体的に会社を代理する権限まで取引相手方に立証責任を負わせるとすると，会社内部の権限分配にふれる必要があるが，それは外部者には容易に知り得ないことであり，結果取引相手方保護のために規定された本条の趣旨を没却することになりはしないか，という危惧もあ

り得る。もっとも本条は表見支配人規定とは異なり，たとえ部長や課長といった肩書を付与されてもそのことから即代理権の授与を認めるものではない。この点は従来下級審裁判例においても認められてきた（例えば，東京地判昭和58・6・10判時1114号64頁等）。本条を「表見使用人（表見番頭）」として解釈したり，表見支配人規定の類推適用をしたりする見解も有力に主張されているが，現在のところ通説・判例では否定的である。

そこで再度平成2年最高裁判決を見るに，ここでも具体的な代理権の存在の立証を取引相手方に要求することへの躊躇が見られる。すなわち，判旨を前述のように，事実行為の準委任で代理権を擬制するものと読むのであれば，その見解は一種の表見法理的な取扱いをなしているものともいえる。ただしこの見解は先の「表見番頭」に比べると相手方が保護されるための事情は若干複雑になる。また，最高裁判旨の読み方を立証責任の転換を図ったものと解すると，会社の側で当該代理人に具体的な権限がなかったことを立証することになるが，その立証は容易であるため，結果として取引相手方保護にはならない。この意味でも平成2年最高裁判決の考え方による処理には無理がある。

結局，多くの下級審裁判例がとるように，本条の規定は有権代理の根拠規定として，当該使用人にどの範囲で代理権が与えられるかは会社内部の権限分配によって設定されるものとし，役職名の表示や事実行為の準委任の事情は民法109条の代理権授与表示に該当するかという観点で整理するのが妥当であろう。また，表見代理規定の適用を受けられず，当該取引行為を会社に効果帰属させられなくても，会社の使用者責任を問う余地は別途存在する（例えば，前掲・東京地判昭和58・6・10，前掲・東京地判平成14・5・31もそのように処理する）。

III　善意の第三者

特定の種類または事項について委任した使用人について，当該委任事項に含まれる取引権限を制限したとしても，善意の第三者には対抗できないとする（本条II）。例えば一定の取引価額以上のときは，上司の決済を要するという会社内部の手続的制限がこれに当たり，会社がそのような内部的制限を理由に取引の効果帰属を拒否しようとする場合は，取引相手方がそのような内部的制限について悪意であったことを証明しなければならない。

「善意」の解釈として，過失により代理権に加えられた制限を知らなかった者は保護されるが，過失の程度が重大である者は悪意と同視されるのは支配人

の場合と同じである（前掲・最判平成2・2・22）。会社外部の取引相手としては，当該使用人に課せられた社内的な制限を知ることは困難であるが，逆に当該取引の経過や内容が取引通念上から見て著しい異常性を持ちつつ，とくに会社に確認せずに契約を締結してしまうと，当該使用人に権限がないことを知らなかったことについて重過失があったと認定される可能性もある（東京地判平成6・4・28判時1514号132頁）。

（髙橋美加）

（物品の販売等を目的とする店舗の使用人）
第15条 物品の販売等（販売，賃貸その他これらに類する行為をいう。以下この条において同じ。）を目的とする店舗の使用人は，その店舗に在る物品の販売等をする権限を有するものとみなす。ただし，相手方が悪意であったときは，この限りでない。

1　総　説

　本条は，物品の販売等をする店舗の使用人には，その店舗にある物品の販売等に関する権限を有するものとみなす旨規定する。たとえ当該販売店舗の営業主である会社において，実際には当該使用人に物品の販売等を行う代理権を与えていなかったとしても，その店舗に現実に存在する物品の販売等についての代理権が擬制されることになる。物品の購入等をする顧客の側としては，店舗内の使用人の内誰に代理権があるか容易に知り得ず，むしろすべての店舗使用人に販売等の権限があると信頼するのが通常であることから，取引安全の見地からとくに認められている，と説明される。店舗における売買契約等においては，価額等の条件はすでに一律に決められているのが通常であり，本条のような規定を置いたとしても，営業主である会社としてもとくに不都合はない。

　なお営業主が個人商の場合は，本条と同内容の商法26条が適用される。

2　物品販売等を目的とする店舗

　本条は店舗を設けて現実に物品のやりとりを行う事業を想定している。店舗とは，一般公衆が自由に立ち入り，その場で売買等の取引を行い得る施設を念頭に置いている。店舗で行われる事業としてはレンタルビデオなどの賃貸業も

含まれる（本条括弧書参照）。

また，物品の販売等は現実になされる必要があり，さらに販売契約は店舗内で行われなければ，本条の適用はない。さらに店舗内に存在しない物品あるいは無形財産の販売や，店舗外にて行われる商談については適用されない（福岡高判昭和25・3・20下民集1巻3号371頁）。

3 相手方の善意

本条は取引相手方保護のための規定であるため，問題となる使用人が例えば清掃作業のみ行う者であるなど販売等の権限がないことを，取引相手方たる顧客の側で知っていた場合には，本条による保護は及ばない（本条ただし書）。取引相手方の悪意の立証責任は，営業主たる会社が負う。

（髙橋美加）

第2節　会社の代理商

> **（通知義務）**
> 第16条　代理商（会社のためにその平常の事業の部類に属する取引の代理又は媒介をする者で，その会社の使用人でないものをいう。以下この節において同じ。）は，取引の代理又は媒介をしたときは，遅滞なく，会社に対して，その旨の通知を発しなければならない。

【文献】岩城謙二「代理店・特約店契約」現代契約法大系(4)（有斐閣，1985）1頁，大塚英明＝東京損害保険代理業協会法制委員会・損害保険代理店委託契約書コンメンタール（上）（中）（下）（保険教育出版社，2001・2002・2005）

I　総　説
1　序

　本条は代理商の意義およびその権利義務の一内容としての通知義務を規定するものである。会社の代理商とは，会社のためにその平常の事業の部類に属する取引の代理または媒介をする者であって，会社の使用人でない者をいうとされる。すなわち代理商は，独立の商人ではあるが特定の会社のために取引の代理または媒介を行うという意味で会社の業務の補助者といい得る。会社のために取引の代理を行う者を「締約代理商」，媒介を行う者を「媒介代理商」とよび，その補助の形態は商行為法上の仲立営業（商543以下）や問屋営業（商551以下）においてなされる行為に類似する。ただし代理商の場合は特定の商人，本条の場合は特定の会社の事業の部類に属する取引に関してこれを代理・媒介するため，継続的な契約関係の存在が前提となる。このため代理商はしばしば委託者となる会社に従属する立場に置かれやすいとされ，会社の使用人に類する性格を併せ持つと考えられていることから，会社法総則中，使用人規定の後に規定が置かれる。なお，会社以外の商人の代理商の場合は，商法27条以下が適用される。また，委託者となる会社が「商人」ではない場合，民事代理商とよばれる（保険21 I 参照）。

〔髙橋〕

第2節　会社の代理商　　　　　　　　　　　　　　　　　　　　　§16

　代理商制度は沿革的にはドイツ法系の国において，商人の営業範囲の地理的拡大が見られた19世紀に発展した。委託者側としては，独立の商人を仲介者とすることによって，その仲介者の知識等を活用でき，それでいて手数料制度によるために経費を節減でき，また従業員と異なり業務監督の必要もなく，さらに契約関係によって委託者となる会社の企業規模を自由に伸縮できること等にメリットがあるとされる。なお，後述のとおり，わが国の代理商規定は任意規定と解されているが，ヨーロッパ諸国および発展途上国には，代理商等の仲介業者の従属的地位からこれを保護する強行規定の置かれた保護立法がある例が多い。

2　代理商の意義

　特定の会社のためにその取引の代理・媒介をする代理商は，委託会社の商品や役務の流通を担っているともいい得る。現実には商品販売のために代理商形態を利用することは少ないとされる。というのは，わが国の慣行上商品販売にはいわゆる仕切売買とよばれる，卸業者や小売業者がメーカーや他の卸業者から商品を買い取って転売する形式を利用する方がより一般的だとされているためである。供給者にとっては在庫管理や経理上の処理の点から，卸業者や小売業者にとっては手数料収入以上の利益取得のチャンスがある点から，代理・媒介形式のみならず委託販売（問屋営業。なお，特定の会社・商人から委託を受けて自己の名をもって継続的に物品の売買の取次をなす者はあくまで問屋であり代理商とは考えられていない）の場合と比べてみても仕切売買の方を好むとされる。とはいえ，例えばメーカー等の商品の供給者のみに当該商品の保守能力がある等，商品の提供者とそのエンドユーザーとの間に直接の契約関係が存在した方がよい場合には，代理・媒介による商品販売も行われる。

　実務上締約代理商といわれているものには，損害保険代理店や海運代理店，航空運送代理店等が挙げられる。また媒介代理商の例としては，損害保険会社のために海上保険契約の媒介をなす損害保険代理店が挙げられる。もっとも代理商であるか否かは当該契約の内容に応じて判断され，「代理店」の名称が付されていても，それが即法的にも代理商と評価されるわけではない。「代理店」の名称の下，仕切売買や委託販売がなされていることも多いため，「代理店」に付与された権限によって判断することになる。また，代理商は独立の商人である点で使用人と異なるが，現実的には両者の区別が判然としないことも多い（大判昭和15・3・12新聞4556号7頁参照）。事業所の所有関係や費用の負担

関係，報酬が手数料なのか定額か等の点から性質決定するものとされる。

II　代理商契約

　委託者となるべき会社と代理商となる商人との間の権利義務は代理商契約で定めるところによる。この契約は，それぞれ締約代理商の場合は委任契約，媒介代理商の場合は準委任契約ということになり，それぞれ民法の規定の適用を受けるが，代理商契約の継続的性質にかんがみて本条以下に特則が規定されている。内容としては，代理商の通知義務（本条），競業避止義務（17），通知受領権（18），解約時の手続（19），留置権（20）であるが，これらの規定は任意法規と解されているため，当事者間の契約によってバリエーションを付けることが可能である。もっとも，例えば損害保険代理店委託契約では，法律上の規定に敷衍した形の契約条項が入っているのが通常のようである。その他の契約条項，例えば手数料や委託者からの預り資産の管理等については，委任契約としての性質を加味しつつ，各関係法規や業界の慣習・自主規制等に従った契約を，委託会社・代理商間で締結する。

　本条は代理商の通知義務を規定する。代理商は代理・媒介後，遅滞なく委託者たる会社にその旨通知を発しなければならないとするものであり，委任者の請求がある場合にのみ受任者の報告義務がある旨規定する民法645条の特則といい得る。なお，この義務は委託会社・代理商間のいわば内部関係の問題であるため，例えばすでに代理商が委託会社を代理して第三者との間で契約を行ったにもかかわらず，この通知義務を懈怠して委託会社に契約の存在を告げず，委託会社が第三者との契約の存在を知らなかったとしても，委託会社が第三者との間の契約関係を否定できないことはいうまでもない。

（髙橋美加）

（代理商の競業の禁止）
第17条① 代理商は，会社の許可を受けなければ，次に掲げる行為をしてはならない。
　1　自己又は第三者のために会社の事業の部類に属する取引をすること。
　2　会社の事業と同種の事業を行う他の会社の取締役，執行役又は業務を執行す

第2節　会社の代理商　　　　　　　　　　　　　　　　　　　　　§17

　　　る社員となること。
　② 代理商が前項の規定に違反して同項第1号に掲げる行為をしたときは，当該行
　　　為によって代理商又は第三者が得た利益の額は，会社に生じた損害の額と推定す
　　　る。

【文献】北村雅史・取締役の競業避止義務（有斐閣，2000）

I　趣　旨

1　本条の概要

　代理商は，商業使用人ではないが，特定の会社のためにその平常の事業の部類に属する取引の代理または媒介をすることから，会社の商品等に関する情報や得意先関係などの内部情報を知りまたは入手しやすい地位にある。このような立場を利用することにより，代理商が会社の利益を犠牲にして自己または第三者の利益を図ることを防止するため，本条は，代理商が，会社の許可を受けることなく，(i)自己または第三者のために会社の事業の部類に属する取引をすること，(ii)会社の事業と同種の事業を行う他の会社の取締役，執行役または業務を執行する社員となることを禁止する。代理商がこの義務に違反したことにより会社に損害が生じた場合は，代理商には損害賠償責任が発生するところ，本条2項は，代理商が会社の許可を受けることなく上記(i)の行為をした場合の，損害額の推定に関する特則を設けている。

　会社以外の商人の代理商についても同じ規定がある（商28）。

2　他の競業禁止規定等との関係

　会社法は，会社法総則における会社企業の人的施設と位置付けられる者（支配人〔12〕，代理商〔本条〕）および株式会社・持分会社の業務執行に関与する機関（取締役〔356 I①〕，執行役〔419 II〕，清算株式会社の清算人〔482 IV〕，持分会社の業務執行社員〔594〕および清算持分会社の清算人〔651 II〕）について，会社に関する事業上の秘密その他の情報を知り得る立場にあることに基づいて，競業避止義務を定めている。競業禁止の具体的内容は，それぞれ異なっている。取締役，執行役および清算株式会社の清算人は，自己または第三者のために会社の事業の部類に属する取引（以下，「競業取引」という）をすることを，代理商，持

分会社の業務執行社員および清算持分会社の清算人は，それに加えて会社の事業と同種の事業を目的とする他の会社の取締役・執行役または業務執行社員となることを，それぞれ禁止される。支配人の禁止の範囲はもっとも広く，競業の禁止にとどまらず，自ら営業を行うことや，会社と同種の事業を行うか否かにかかわらず，他の会社その他の商人の使用人となったり他の会社の取締役等になることが禁止される（営業避止義務）。

代理商について，支配人と異なり営業避止義務が規定されていないのは，代理商は支配人ほど会社との結び付きが密接でないため（服部 330 頁），会社のために職務専念義務・精力分散防止義務を負担すべき立場になく，ただ，会社の事業に関して知り得た知識などを冒用して会社の犠牲において自己または第三者の利益を図ることを防止すれば足りると考えられたからである（森本編 112 頁）。一方，代理商は，取締役等と異なり，会社の事業と同種の事業を行う他の会社の取締役，執行役または業務を執行する社員となることも禁止される。これは，昭和 25 年改正商法により取締役会制度が導入されたことに伴い，個々の取締役が当然には会社の業務執行機関・代表機関とはならなくなったという沿革的事情によるが，今日的には，会社の機関の競業避止業務の範囲の違いを業務執行や会社代表との関係で合理的に説明することは困難になっている（北村 109 頁）。

II 義務の内容

1 会社の事業の部類に属する取引の禁止

代理商は，会社の許可を受けなければ，自己または第三者のために，会社の事業の部類に属する取引を行うことができない（本条 I ①）。「会社の事業の部類に属する取引」は 12 条 1 項 2 号のそれと同じであり，会社の実際に行う事業と市場において競合し，会社と代理商の間に利益の衝突をきたす可能性のある取引をいう。会社の事業に付帯する取引はこれに含まれるが，その事業の維持便益のためになされる補助的行為（金銭借入，従業員の雇用，工場・店舗用不動産の取得等）は含まれない。

代理商は，会社の事業の部類に属する取引を，自己または第三者のために行うことが禁止される。「自己又は第三者のために」の意味は，12 条 1 項 2 号と同じである［☞ § 12 II 2 (2) 参照］。

会社の代理商が，第三者の締約代理商として，会社の事業の部類に属する取

第2節　会社の代理商　　　　　　　　　　　　　　　　　　　　　§17

引の代理を行う場合が，本条1項1号の取引の典型例である。A会社の代理商が，第三者Bの媒介代理商として，A会社の事業の部類に属する取引の媒介のみを行う場合には，形式的には本条の取引に該当しない。しかし，当該媒介によって相手方とBとの間に取引が成立する場合には，形式的に代理商はBを代理していないが，相手方との交渉から契約締結にいたるまで実質的にBの代理人のような役割を果たすことになる。したがって，このとき，代理商は，実質的にはBのためにA会社の事業の部類に属する取引を行ったとみるべきであろう。

2　同種の事業を行う他の会社の取締役等になることの禁止

支配人と異なり，代理商が他の会社の取締役，執行役もしくは業務執行社員となることを禁止されるのは，会社の事業と当該他の会社の事業が同種のものである場合に限られる（12 I ④対比）。事業が同種の他の会社その他の商人の使用人となることも禁止されていない。これを禁止する場合には，特約が必要である。

同種の事業の判断基準は，「会社の事業の部類」と同じである（新注会(1)250頁［本間輝雄］）。定款所定の事業目的でも，会社が現在行っておらず行う予定もないものは，「同種の事業」から除くべきである。また，事業目的が同じでも，市場が競合しない場合には，同種の事業には該当しないと解される。

3　会社の許可

本条1項の禁止は，会社の許可によって解除される。許可は，会社の業務執行機関によって与えられなければならない。代理商に許可を与えることが会社にとって重要な業務執行になる場合には，取締役会設置会社（委員会設置会社を除く）では取締役会の決議が必要である（362 IV）。会社の事業の部類に属する取引の許可は，合理的な範囲を定めて包括的に与えてもよい。

代理商の一種である損害保険代理店（保険2 XXI）には，複数の保険者の代理店を兼ねるものがある（いわゆる乗合代理店）。これは，会社の許可によって競業の禁止が解除されている例である（森本編112頁）。損害保険代理店委託契約には，通常，保険代理店が他の会社と損害保険代理店委託契約を締結するには，会社の承認が必要である旨が，注意的に定められている。

生命保険会社の委託を受けた者で，その生命保険会社のために保険契約の締結の代理または媒介を行うもの（保険2 XIX）も代理商（生命保険代理店）であ

る。保険代理店を含む生命保険募集人は，一社専属制が原則であるが，生命保険募集人が2以上の所属保険会社等を有する場合においても，その保険募集に係る業務遂行能力その他の状況に照らして，保険契約者等の保護に欠けるおそれがないものとして政令（保険業法施行令40）で定める場合には，例外が認められる（保険282ⅡⅢ）。その例外に該当する場合でも，生命保険代理店が2以上の生命保険会社の代理商を兼ねようとするときは，本条による会社の許可が必要である。

Ⅲ　義務違反の効果

1　違反行為等の効力

代理商が会社の許可を受けることなく，自己または第三者のために会社の事業の部類に属する取引を行った場合（本条Ⅰ①の違反）でも，その取引は有効である。その取引につき会社の許可がないことを取引の相手方が知っている場合も同様である（大隅169頁）。

代理商が，会社の許可を受けることなく同種の事業を行う他の会社の取締役等に選任された場合（本条Ⅰ②の違反）でも，その選任は有効である。

会社は，代理商に本条違反行為があれば，いつでも代理商契約を解除することができる（19Ⅱ）。

2　損害賠償責任

本条1項の義務は，代理商の会社に対する債務の内容になっているので，代理商が本条1項に違反したことにより会社に損害が発生した場合，代理商は会社に対して債務不履行に基づく損害賠償責任を負う（民415・416）。

代理商が，会社の許可を受けることなく，自己または第三者のために会社の事業の部類に属する取引を行った場合については，当該行為によって代理商または第三者が得た利益の額は，会社の損害額と推定される（本条Ⅱ）。代理商が，会社との競争的取引を行う場合には会社の利益が害される危険性が大きいが，当該取引と相当因果関係のある会社の損害を証明することは困難である。そこで，会社法は，競争的取引によって代理商または第三者が得た利益の額を会社の損害額と推定することにより，損害賠償責任を追及する会社の証明の負担を軽減したわけである。

平成17年改正前商法の下では，代理商の競業避止義務違反に対する救済と

第2節　会社の代理商　　　　　　　　　　　　　　　　　　　　　§18

して介入権が認められていたが（平17改正前商48Ⅱ），同改正により会社法・商法上介入権は廃止され，代わりに損害額推定規定が設けられた［☞§12Ⅲ2参照］。

(北村雅史)

（通知を受ける権限）
第18条　物品の販売又はその媒介の委託を受けた代理商は，商法（明治32年法律第48号）第526条第2項の通知その他の売買に関する通知を受ける権限を有する。

1　総　　説

　代理商がどのような範囲で，委託会社のために行動する権限を有するかは委託会社・代理商間の代理商契約において定められる。例えば締約代理商であれば，委託会社のために指定された契約を締結する権限を有する旨を，媒介代理商であれば取引を媒介するのみで契約を締結する権限はない旨を，それぞれ契約することになる。そして，実際に代理商に委託する際，代理商に権限を付与すべきか検討の必要のある行為は契約締結行為に限られず，契約締結に付随する各種の行為，例えば契約目的物の対価を受領する権限や，目的物に瑕疵があった場合のクレームを受ける権限，契約内容を変更する権限や，契約の解約告知を受ける権限等が存在する。これらについても代理商契約において取り決めることになる。

　締約代理商であれば，通常契約締結に付随する各種行為もなし得る権限を有しているが，媒介代理商に付随行為の代理権だけが付与されている事態はまず想定できない。しかし顧客となる第三者の側としては，締約代理商・媒介代理商を問わず仲介者に対し一定の信頼を寄せるであろうから，取引安全の見地からとくに買主の検査通知義務のある物品売買の場面において代理商に通知を受ける権利を認めたのが本条である。本条もいわゆるデフォルト・ルールであるから契約で別段の定めが可能であるが，媒介代理商であっても通知受領権があるとしている点が特徴的であるといえる。

　後述のとおり，平成17年改正前商法49条は「売買ノ履行ニ関スル通知」の受領権を定めていたが，改正後は「売買に関する通知」の受領権へと若干文言

が修正された。また委託者が会社以外の商人である場合には商法29条が適用されることになる。

2 通知受領権の内容

本条では,代理商が受け取る通知の内容として商法526条2項の通知その他売買に関する通知を規定している。商法526条は物品の売買契約において,買主が目的物を受領した場合に遅滞なく,その物を検査しなければならず(商526 I),もし検査によりこれに瑕疵があること,またはその数量に不足があることを発見したときはただちに売主に対してその旨の通知を発しなければ,その瑕疵または数量不足に係る瑕疵担保責任等の救済が受けられなくなる(同条II前段,なおただちに瑕疵が発見できない場合,6か月以内に発見して通知できなければ同様に請求できなくなる)旨規定している。同条は商事売買における買主は売買目的物に対する商品知識があるのが通例であり,受領した物品を速やかに検査することを求めても何ら問題はなく,反面売主に買主の主張に対する善後策を講じる機会を与え,法律関係の早期安定を図るとの趣旨に基づく。同条も任意規定ではあるが,継続的な物品売買契約において買主に検査・通知の義務を課すこと自体は一般的なようである。ただし,当事者間で検査・通知を約定しても,同条のように懈怠した場合にその救済方法を一切封じる例はあまり多くないといわれている。

本条にいう代理商が受領できる通知の内容としては,契約相手方である買主がこの検査義務に基づき発見した売買目的物の瑕疵または数量の不足に関するものが例として挙げられていることになる。買主の通知義務はあくまで売買契約上の問題であるから,本来通知は売主である委託会社に対して発しなければならないところ,仲介者として現実に買主と接点を持つことになる代理商にもこの通知の受領権を認めることにより,買主としては代理商に通知すれば売主に通知したことになるといえる。

さらに本条によれば商法526条の通知は代理商が受ける通知の一例であり,より包括的には「売買に関する通知」の受領権があると規定されている。平成17年改正前商法では「売買ノ履行ニ関スル通知」に限定されていた(平17改正前商49)ことから,その他の通知の内容としてはせいぜい売買契約の履行条件等が想定されていたにすぎない。しかし,現行の規定では「売買に関する」通知に改められたことから,目的物の瑕疵に関する通知に限定されることなく,例えば売買契約解除の意思表示や,支払猶予の申入れ等も含まれることに

第2節　会社の代理商　　§19

なったと考えられる。

　もっとも、代理商が第三者との契約に際してどのような範囲で委託者を拘束するかは代理商契約の中でももっとも基本的な部分に属する事項であるから、任意規定としての本条の意義はさほど大きくないであろう。例えば損害保険代理店の委託契約では、損害保険契約の締結の権限が与えられている場合には、付随業務として保険料の領収、保険契約者からの契約の変更や解約の申出の受領（クーリングオフの場合を除く）、告知義務の受領、保険事故の発生に関する通知の受領、保険金の支払、その他保険契約の維持管理等に関する各種業務の代理権が同時に付与されている場合が多いようである。なおクーリングオフの通知を受領する権限がないのは、顧客に対する直接の販売チャネルである代理店との間にトラブルが発生することを回避するためであり、通常、顧客は契約申込時に委託者である保険会社に直接通知するよう指示を受けていることが多い。

（髙橋美加）

（契約の解除）
第19条①　会社及び代理商は、契約の期間を定めなかったときは、2箇月前までに予告し、その契約を解除することができる。
②　前項の規定にかかわらず、やむを得ない事由があるときは、会社及び代理商は、いつでもその契約を解除することができる。

【文献】大塚英明＝東京損害保険代理業協会法制委員会・損害保険代理店委託契約書コンメンタール（下）（保険教育出版社、2005）67頁以下、**中田裕康**・継続的売買の解消（有斐閣、1994）

I　総　　説

　代理商契約は委任契約または準委任契約であるから、民法上の一般的な終了事由（民653）によって代理商契約は終了する。そして民法上、委任契約を一方当事者から解約告知する場合、即時かつ無理由で解除することが可能とされている（民651）が、代理商契約の継続性にかんがみ特則として規定されているのが本条である（民法上の解除権と区別するため、以下では本条の「解除」を解約

と称する)。すなわち，まず代理商契約の存続期間を定めていない場合は，当事者は2か月前に予告することによって解約をすることができる(本条I)。この前提として，存続期間の定めがある場合には更新拒絶による解約が可能であることもいえる。また，期間の定めの有無を問わず，やむを得ない事由があるときには，いずれの当事者からでも即時に解約することができる(本条II)。

　ところで商品の流通過程においては，取引の代理・媒介をする代理商による流通よりも，仕切売買すなわち転売の形式を取りながら特定の商品供給者の「特約店」として継続的な取引関係があるケースが多いが，近時の裁判例ではこの「特約店契約」を将来的に終了させる更新拒絶や一方的な解約について制限しようとする傾向があるとされる(詳細は，中田参照)。「特約店契約」の解消に係る判例上の処理は，代理商に関する本条の手続と必ずしも一致しない部分もあり，代理商契約の解消に関する本条の解釈運用にも何らかの影響があると解する余地もあり得る。ただし，本条はすでに代理商契約の特徴から委任契約に関する民法上の原則を修正したものであるため，本条に加えてさらなる修正を加える必要があるかは，事案に応じて慎重に見極める必要があるだろう。

　委託会社が代理商契約を終了できるとしても，代理商の側としてはその契約終了により，それまで委託されていた行為のために投下した資金が回収できず損害を被るおそれもあり得る。諸外国の中には，代理商契約終了後，被った損害の補償請求権を代理商に認める立法例も存在する(フランスの例として，柏木昇「フランスの代理商」国際商事法務5巻10号〔1977〕459頁)。

II　代理商契約の解約告知

1　代理商契約に期間の定めがある場合

　当事者間で契約期間を定めている場合の更新拒絶の可否について，本条はとくに何も規定していない。このため，原則として契約期間の満了時に一方当事者が契約の更新を拒否してそのまま終了させることを制限する理由は本条からは導かれない。上述の仕切売買を行う特約店の場合についても，一方当事者からの更新拒絶は原則としては可能である。ただし，当該契約期間が相当短期のものであって，特約店が投資を回収するのに必要な期間としては明らかに足りないという場合には，必ずしも期間満了時に一方的な更新拒絶ができるわけではないとする裁判例もある(例えば，札幌高決昭和62・9・30判時1258号76頁)。代理商契約の更新拒絶の可否については，仕切売買を行う特約店の場合同様，

民法の原則以外に修正する規定を持たない以上，特約店に関する裁判例の考え方は期間の定めのある代理商契約にも及ぶように思われる。

2　代理商契約に期間の定めがない場合

　当事者間で契約期間の定めがない場合であっても，本条1項によれば，各当事者は2か月前に予告すれば解約できることになっている。代理商契約の特殊性ゆえに即時の解約を認める民法651条1項の規定の特則を置いた形となっているが，仕切売買を行う特約店のケースではさらに解約権の行使を制限する裁判例が見られる。すなわち特約店ケースにおいても，解約に当たっては予告期間を設けるが，この場合の予告期間は，契約の内容や業種に応じて一義的ではないとするようである（例えば，名古屋高判昭和46・3・29下民集22巻3=4号334頁）。また解約には相手の不利益にならない時期を選ばねばならず，例えば相手方に不利な時期に解約した場合は相手方に生じた損害を賠償しなければならない（民617・651Ⅱ参照。また，前掲・名古屋高判昭和46・3・29にもその旨の判示がある），とするものもある。さらにそもそも特約店契約の解約に当たり「契約の継続を期待しがたい特段の事情」を要求して，解約権そのものを制限的に解する裁判例もある（例えば，東京地判昭和56・5・26判時1020号64頁等）。

　これに対して，代理商に関する本条1項は一律に2か月の予告期間を定めるものであるが，この規定はあくまで任意規定であるから代理商契約の中で変更することは可能であるとされる（短縮することも可能である，横浜地判昭和50・5・28判夕327号313頁）。しかも本条は民法651条の特則規定と解されているため，併せて損害賠償をする必要もない。また本条1項に基づく解約申入れを行う際に解約理由の開示もとくに要求されていない。代理商契約の解約に関するルールを特約店のそれと同様に解約権を制限する方向で扱うためには，本条による解約ルールのほかに契約外在的な一般条項を持ち出す手法が考えられるが（東京地判平成10・10・30判時1690号153頁では権利濫用の有無を検討する），本条のルール以上の解約権の制限が必要かどうかは個別の事案ごとに見きわめる必要があるだろう。

3　やむを得ない事由がある場合

　本条2項はいわば債務不履行による法定解約の場合を規定しているといえる。代理商契約が信頼関係に基づく継続的な委任契約である以上，その信頼関係を破壊するような「やむを得ない事由」がある場合には即時解約を認めるも

のである。何が「やむを得ない事由」に当たるかは，代理商契約の内容から判断するほかはない。

なお，代理商契約中に一定の事由の発生があれば当事者の一方または双方が将来に向かって契約を解消できる旨約定していることも多い。これらはいわば合意解約事由であって本条2項の規定は約定の存否によらず適用があるが，約定では代理商側の重大な契約違反や信用不安，企業秘密の漏洩や販売目標不達成等が即時解約事由に挙げられることが多く，実質的には本条2項の適用場面と重なる部分も多い。ただし，契約中の「即時解約事由」を理由として，委託会社側が一方的に代理商契約を解約できることにしてしまうと，あるいは一方的な解約が不当な取引拒絶（独禁19）に該当するおそれもあり（特約店の販売方法に関して，東京高判平成14・12・5判時1814号82頁），合意解約事由の内容に合理性がなければ契約内容自体が無効になる可能性もある。

（髙橋美加）

（代理商の留置権）
第20条　代理商は，取引の代理又は媒介をしたことによって生じた債権の弁済期が到来しているときは，その弁済を受けるまでは，会社のために当該代理商が占有する物又は有価証券を留置することができる。ただし，当事者が別段の意思表示をしたときは，この限りでない。

1　総　説

本条は代理商の留置権を規定したものである。商人間の留置権であって民法上の留置権（民295）とは成立要件を異にする。仲介業者の留置権としては問屋の留置権（商557・31）が有名であるが，これは代理商の留置権と共通であり，問屋の規定は代理商の規定を準用する形式をとっている。商法には，ほかにも商人間の双方的商行為により生じた債権についての留置権の規定があるが（商521），これは留置される目的物と被担保債権との間に牽連性を必要としない点で民法上の留置権とは異なるとされる。本条の留置権は，そのような商人間の留置権よりもさらに成立範囲が広く，留置目的物の取得原因が本人たる委託会社との間の商行為による必要はなく，しかも委託会社の所有物でなくてもよいとされている。商人間の留置権に加えて本条のような特別の留置権を認め

第2節　会社の代理商　　　　　　　　　　　　　　　　　　　　§20

たのは，委託者と継続的な関係に立つ代理商は，しばしば委託者の所有物となっていない物であっても断続的にこれを第三者から取得して商人のために占有することが少なくないことから，留置目的物の要件を緩和した留置権が必要とされたと説明されている。ところで媒介代理商は本条の留置権を有するが，同じく媒介を業とする仲立人には留置権の規定はない。仲立人は原則として，その媒介した行為について当事者のために支払その他の給付を受けることができないとされていること（商544）がその理由と考えられている。

　なお，本条の留置権は別段の意思表示をもって排除することができるとされる（本条ただし書）。また委託者が会社でない場合は商法31条が適用される。

2　留置権成立の要件

　代理商の留置権の被担保債権となるものは，代理商が「取引の代理又は媒介をしたことによって生じた債権」である。例えば，代理や媒介に係る手数料や立替金の償還請求権などがこれに当たる。これの債権の弁済期が到来している場合に，留置権が発生する。

　留置の目的物になるものは，単に委託会社のために代理商が占有する物または有価証券とされる。被担保債権と留置目的物の間には牽連関係が必要ない点は，商人間の留置権と同様であるが，債務者（委託者）との間の商行為によって代理商の占有下に入るという限定もなければ，そもそも債務者（委託者）の所有物である必要もない点は商人間の留置権とは異なっている。

3　留置権の効力

　代理商の留置権の効力はその他の商法上の留置権と共通しており，一般的には留置的効力のみであって優先弁済権はないとされる。もっとも，留置権に基づく競売が行われた場合，目的物の上の他の担保権は売却によって消滅するのか否かは確定していないといわれる（園尾隆司「留置権による競売および形式的競売の売却手続」金法1221号〔1989〕7頁）。しかし商法上の留置権は破産手続において民法上の留置権と一線を画す。すなわち，民法上の留置権は破産財団に対しては効力を失うとされているが（破66Ⅲ），商法上の留置権は破産手続において特別の先取特権とみなされ（同条Ⅰ），優先弁済権を認められる。また同様に，民事再生手続の中では別除権（民再53Ⅰ），会社更生手続においても更生担保権（会更2Ⅹ）とされており，開始決定後も留置権の効力は残る。

（髙橋美加）

第4章　事業の譲渡をした場合の競業の禁止等

> **（譲渡会社の競業の禁止）**
> 第21条① 　事業を譲渡した会社（以下この章において「譲渡会社」という。）は，当事者の別段の意思表示がない限り，同一の市町村（東京都の特別区の存する区域及び地方自治法（昭和22年法律第67号）第252条の19第1項の指定都市にあっては，区。以下この項において同じ。）の区域内及びこれに隣接する市町村の区域内においては，その事業を譲渡した日から20年間は，同一の事業を行ってはならない。
> ② 　譲渡会社が同一の事業を行わない旨の特約をした場合には，その特約は，その事業を譲渡した日から30年の期間内に限り，その効力を有する。
> ③ 　前2項の規定にかかわらず，譲渡会社は，不正の競争の目的をもって同一の事業を行ってはならない。

【文献】宇田一明・営業譲渡法の研究（中央経済社，1993），服部栄三＝星川長七編・**基本法コンメンタール**〔第4版〕商法総則・商行為法（日本評論社，1997）

I　総　説

1　事業譲渡の意義

(1)　客観的意義の事業

　会社は，さまざまな財産を用いて事業を営む。会社法が事業という用語を使うときは，「事業を行う」「事業の部類に属する取引」など会社の事業活動を指す場合が多いが（9・10・121①②など），会社の事業上の財産を指す場合もある。前者を主観的意義の事業といい，後者を客観的意義の事業という。事業の譲渡というときの事業とは，客観的意義の事業を意味する。事業上の財産は，会社が事業のために保有している個々の財産，あるいはその集合体を意味するのではない。会社の事業用財産は，事業目的のために有機的・組織的に結合し作用することによって，経済的な活力を持つことになる。客観的意義の事業とは，このように有機的に一体となった会社の事業用財産の総体を意味する。

事業用財産が有機的に結合されるのは，それらが事業上の秘訣，ノウハウ，経営の組織，得意先関係，仕入先関係といった価値のある事実関係に基づいて組織されているからである。このような事実関係を暖簾という。暖簾を中心に結合された事業用財産の総体の価値は，1つひとつの財産の価値の総和よりも大きくなるのであって，客観的意義の事業はそれ自体取引の対象となる。そうでなければ，とくに客観的意義の事業という概念を認める意味はないことになる。

(2) **会社法総則の事業譲渡**

会社がその事業の全部または一部を他の会社その他の者に譲渡することを，事業の譲渡（事業譲渡）という。事業を構成する各種の財産を個別に処分すると企業が解体する。これに対し，一定の事業目的のために有機的に結合された組織的財産をそのまま移転すれば，暖簾を基礎とする事業の付加価値を維持することができ，事業活動（主観的意義の事業）の承継が容易に行われる。このように，事業の譲渡とは有機的に結合された組織的財産の譲渡であるが，その中核である暖簾関係の移転によって必然的に事業活動の承継が行われる。そして，事業譲渡である限り，原則的に本条の競業禁止（または競業避止義務）が事業を譲渡した会社に課されることになる。そのため，事業譲渡では，① 客観的意義の事業の移転，② 事業活動の承継，③ 事業を譲渡した会社の競業禁止という三位一体構造が認められる（森本編80頁）。

平成17年改正前商法は，会社を含めて商人がその営業の全部または一部を譲渡することを営業の譲渡（営業譲渡）とよんでいたが，会社法は，会社については「事業（の）譲渡」という文言に変えた。これは，個人商人は商号1個ごとに1つの「営業」を営むものとされていることとの関係から，1個の商号しか持たない会社が行うものの総体は「営業」と区別して「事業」とよぶことにしたことによる（江頭859頁）。事業を譲渡する会社を，本条から24条までの規定（会社法総則における事業譲渡に関する規定）において，「譲渡会社」という。

(3) **事業譲渡概念の多義性**

会社法は，第1編総則において，譲渡会社の競業禁止や譲渡会社の商号を続用した事業の譲受人の責任など，事業譲渡の当事者および当事者の事業上の債権者・債務者の利害調整のための規定を置くとともに，467条1項1号2号等において，会社が事業譲渡を行う場合の会社内部の手続について定めている（株式会社に関する467条以下のほかに，特別清算開始後の清算株式会社について536

条1項，清算持分会社について650条参照）。事業譲渡契約の締結は会社の代表機関が行うが，事業譲渡が会社に重大な影響を及ぼすことから，株式会社がその事業の全部または重要な一部を譲渡する場合や株式会社が他の会社の事業の全部を譲り受ける場合には，株主総会の特別決議による承認を必要とする（467 I ①‐③・309 II ⑪）。持分会社については明文の規定はないが，定款変更や合併等に準じて（637・793 I・802 I・813 I），原則として総社員の同意が必要であると解すべきである。

会社法総則上の事業譲渡と467条1項により株主総会の特別決議による承認が必要な事業譲渡の意義については，議論がある。判例（最大判昭和40・9・22民集19巻6号1600頁）によると，事業（営業）譲渡とは，①一定の目的のために組織化され有機的一体として機能する財産の譲渡で，②譲渡会社がそれまで当該財産によって営んでいた事業活動が譲受人に承継され，③譲渡会社が法律上当然に競業避止義務を負うものをいう。この立場は，467条1項の事業譲渡を会社法総則でいう事業譲渡（21以下）と同じ意味に理解するものである。

学説には基本的にこれと同じに解する説（かつての多数説であり，後述のように，競業避止義務を不可欠の要件とするかどうかで，さらに見解が分かれる）のほか，事業用財産の全部の譲渡または重要な一部の譲渡も467条1項1号2号の事業譲渡であるとする少数説（松田427頁），一定の目的のために組織化され有機的一体として機能する財産の譲渡であれば足り，事業活動の承継は必ずしも要件ではないとする折衷説（竹内昭夫・会社判例百選〔第5版〕〔有斐閣，1993〕59頁，弥永383頁）がある。

少数説には，株主保護を重視するあまり取引安全を著しく害し，またこれに反対株主の株式買取請求権（469）を認めることは体系的バランスを欠くという批判がある。規定の文言にも大きくはずれるから，現在はこの説の賛同者はほとんどいない。

折衷説は，株主の利益と直接関係のない事業活動の承継を，株主総会特別決議が必要な事業譲渡の要件とすることは適当でないとする。もっとも，事業活動の承継を要件からはずすと，組織的・有機的一体となった事業財産であるか否かが明確でなくなるという批判もある（森本367頁）。近時は，主力工場の移転等株主の利害に重要な影響を及ぼす取引に株主総会特別決議を不要とすることは適当でないことから，譲渡会社の製造販売等に係るノウハウが付随して移転されれば，従業員・得意先等の移転がなくとも事業譲渡の要件を満たすとの

見解も主張されている（江頭859-860頁注(1)）。

　なお，学説には，競業避止義務の負担により譲渡会社が当該事業を行えなくなることが，株主総会特別決議を要する決定的理由であるとして，競業避止義務の負担を467条1項にいう事業譲渡の不可欠の要件とするものがある（前田713頁）。しかし，有機的一体となった組織的財産の譲渡があれば，あるいはそれに加えて事業が譲受会社に承継されれば，譲渡会社にとって，他の組織再編行為と同等の基礎的変更があったというべきであり，また本条の競業避止義務は範囲が限定されているから，競業避止義務の負担は必ずしも定款所定の目的変更にはつながらない。したがって，競業避止義務の負担を467条1項にいう事業譲渡の不可欠の要件と解すべきではなかろう。いずれにしても，競業避止義務が特約で排除されても会社法総則における事業譲渡でなくなるわけではない。

　会社法総則上の事業譲渡には，事業の全部譲渡と一部譲渡の双方が含まれる。複数の種類の営業を行っている会社が，そのうち1つの営業を全部譲渡する場合は，事業の一部の譲渡となる。重要でない一部の譲渡であれば467条1項2号に該当せず株主総会特別決議を要しないが，それが事業の譲渡である限り，本条以下の会社法総則規定の適用はある。

2　本条の趣旨

　事業譲渡は，譲渡会社と事業の譲受人の間の契約に基づいて行われる。当該契約を事業譲渡契約という。本条との関係では，事業の譲受人は会社でも会社でなくともよい。本条の解説においては，譲受人が会社である場合も含めて譲受人とよぶ。事業譲渡契約に基づき，譲渡会社は，事業の譲受人に事業に属する各種の財産を移転し，客観的意義の事業の中核となる得意先・仕入先関係・経営のノウハウなどの事実関係（暖簾）を伝授し，譲受人をして譲渡会社の事業をそのまま継続させるようにしなければならない。

　事業譲渡は，譲受人に，暖簾を利用して事業を承継させることを目的とするのであるから，譲渡会社が，事業譲渡後も同種の事業を行って従前の得意先を奪うなど，譲受人による暖簾の利用を妨害することは，事業譲渡契約の趣旨からして許されない。しかし，このことから，譲渡会社が当然に同種の事業を行えないことにはならない。そこで本条は，事業譲渡を実効性のあるものとするとともに，譲渡会社の事業活動の自由との調整にも配慮して，譲渡会社に次のような競業禁止（競業避止義務）を定めている。すなわち，会社が事業を譲渡

した場合，譲渡会社は，原則として同一市町村および隣接市町村の区域内において，20年間同一の事業をすることができない（本条Ⅰ）。特約によってこの競業の禁止範囲を拡大するとしても，30年を超えて競業を禁止することはできない（同条Ⅱ）。競業禁止にかからない場合でも，譲渡会社は，不正の競争の目的をもって同一の事業を行うことができない（同条Ⅲ）。

　本条の競業禁止の根拠について，かつては，事業譲渡とは企業の主体としての地位を引き継がせることであるとする理解から譲渡会社の競業避止義務を導く立場があった（田中耕太郎・改正商法総則概論〔有斐閣，1938〕339頁）。これに対し，地位の引継ぎによって譲渡会社はその企業とは他人になるが，同種の事業を始めるか否かは地位の引継ぎとは別問題であるとの批判があった（竹田97頁）。現在では，譲受人に暖簾を利用させるという事業譲渡の実効性を確保することが，譲渡会社の競業避止義務の根拠となるとする見解が通説である（大隅314頁，鴻148頁，森本編85頁）。その上で，譲渡会社の競業避止義務については，①事業譲渡から当然に導かれるもので，本条はこの義務の範囲を明定したにすぎないとする説（石井81頁，鴻148頁，宇田73頁），②事業譲渡によっても譲渡会社には同種の事業を行ってはならない義務が当然には生じないので，競業避止義務は法がとくに定めた義務であるとする説（竹田96頁），③競業避止義務は法律によって政策的に認められた義務だが，競業禁止の特約があるときは本条2項の範囲内では意思表示に基づく義務であるとする説（服部415頁）がある。事業譲渡の本質を事実関係（暖簾）の移転と解する限り，譲渡会社には譲受人に原則的にそれをそのままの形で（暖簾の利用を譲渡会社に妨害されることなく）利用させる義務があるということができるから，譲渡会社には，事業譲渡契約上の債務として当然に競業避止義務が存すると解され，本条はその競業禁止の範囲について明確な合意がないときに，その範囲を法定したものということができる。よって①説が基本的に妥当と考えるが，他の説によっても本条の解釈に違いを生ぜしめるものではなかろう。本条が一定の範囲内における競業を一般的に禁止していることからすると，これを法定の義務とみるかどうかは言葉の問題であるとする見解もある（大隅314頁）。

　本条は，事業譲渡をする者が会社であれば，譲受人が会社でない場合でも適用される（22・23対照）。会社以外の商人が営業を譲渡した場合の譲渡人の競業禁止については，商法16条が本条と同内容の規定を置いている。

3 他の競業禁止規定との比較

　会社法は，支配人（12），代理商（17），取締役（356 I ①），執行役（419 II），清算株式会社の清算人（482 IV），持分会社の業務執行社員（594）および清算持分会社の清算人（651 II）について，競業の禁止ないし競業避止義務を定める。禁止の具体的内容はそれぞれ異なっており，詳細は各規定の解説に譲るが，以上の競業禁止ないし競業避止義務は，会社の業務執行に関与する機関の地位またはこれに準ずる会社企業の人的施設と位置付けられる関係にある者が，会社についての事業上の秘密その他の情報を知り得る立場にあることにかんがみ，いわゆる忠実義務の一環として規定されている。そのため，「自己又は第三者のために会社の事業の部類に属する取引を行うこと」や「同種の事業を行う他の会社の取締役，執行役又は業務を執行する社員となること」が規制される。何が「会社の事業の部類に属する取引」に該当するかは，以上の規定の趣旨に基づいて個別具体的に判断されることになる。一方，本条は，事業の譲受人に暖簾を利用させるという事業譲渡の意義を実効性のあるものとするために譲渡会社の競業を禁止するもので，支配人や取締役等の競業避止義務とは規定の趣旨が大きく異なっている。このことから，同一市町村または隣接市町村という定型化された範囲内において同一の事業を行うことが禁止されているのである。

　本条の違反があれば，事業の譲受人は，譲渡会社に債務不履行または不法行為に基づく損害賠償を請求できる（片木52頁）。本条違反に基づく損害賠償請求に関しては，他の競業禁止規定と異なり損害額の推定（12 II・423 II 等）はない。損害額の推定は，忠実義務を負う者が競業避止義務に違反した場合に，損害賠償額の証明を容易にするとともに違反者が得た利益を吐き出させるという側面も備えた特殊な救済制度として，昭和56年の改正で取締役の競業避止義務違反について導入され，平成17年会社法において介入権に代わるものとして支配人等にも規定されるにいたったものである。事業の譲渡会社は譲受人に対して忠実義務を負うわけではなく，従前より介入権制度もなかったため，会社法においても事業の譲渡会社の競業避止義務違反について損害額推定は定められていない。

II 譲渡会社の競業禁止

1 競業禁止の内容

　事業譲渡契約において当事者間に別段の意思表示がない限り，譲渡会社は，同一市町村の区域内および隣接する市町村の区域内においては，その事業を譲渡した日から20年間は，同一の事業を行うことができない（本条I）。本条1項の市町村は，東京都の特別区の存する区域および政令指定都市（自治252の19 I）では区を意味する。以下の解説では，そのような区も市町村に含めることとする。

　本条1項における市町村の区域内とは，事業譲渡前に譲渡会社の譲渡対象となる本店・支店が所在する市町村をいう（大隅315頁）。そのような本店・支店がそれが所在する市町村および隣接する市町村を超えた地域を市場としてカバーする場合でも，本店・支店の所在地を基準に競業禁止の範囲を決することになる。また，例えば，A市に本店を有しA市に隣接するB市に支店を設置して事業を行っている会社が，B市の支店の事業を譲渡する（事業の一部の譲渡）場合，本条1項の規定によれば，当該譲渡会社はB市においてはもちろんA市においても同一の事業を行うことができなくなる。このような事態においては，事業譲渡の当事者が，競業禁止の範囲を特約で調整する必要が生ずるであろう（関239頁）。本条1項の競業禁止の範囲は，基本的に商法制定時（明治32年）と同じであり，明らかに今日の取引形態（とくにインターネットを利用した販売など）には適合しにくくなっているので，特約による調整の必要性は大きいといえる。

　譲渡会社が同一の営業をすることができないというのは，本店・支店を設けると否とを問わず，同一事業に属する企業取引が禁止されるという趣旨である（服部413頁）。したがって，譲渡会社が，譲渡対象となった支店の所在する市町村および隣接する市町村の区域外に本店・支店を有している場合，その本店・支店の事業は譲渡対象となった支店の所在する市町村および隣接する市町村の区域を市場としてはならない。

　「同一の事業」とは事業譲渡契約において譲渡対象とされ譲受人に承継された事業をいい，譲渡会社の定款所定の事業目的でも譲渡対象とならなかったものは含まない。その意味では，平成17年改正前商法19条に規定されていた「同一ノ営業」が登記された営業を意味していたのとは異なり，むしろ会社法

17 条 1 項 2 号(代理商の競業避止義務)にいう「同種の事業」に近いといえる。実際には同一事業であるか否かが判然としない場合がある(洋菓子の販売業と和菓子の販売業,同じ商品の小売業と卸売業など)が(関 238 頁),譲受人がその事業(営業)から収益をあげることを譲渡会社が妨げるべきではないという競業禁止の趣旨からすると,市場が重なる場合に顧客が競合するものは同一の事業と解するべきである。

競業禁止は,事業譲渡契約の効果というよりは,この契約の履行の効果と考えられるので,競業禁止の始期である事業を譲渡した日とは,事業譲渡契約締結の日ではなく,事業譲渡契約が履行され,譲受人が営業(事業)活動を行える状態になった日をいう(大隅 315 頁,服部 414 頁)。

譲渡会社の代表者が個人としてあるいはその者が実質的に支配する別会社を利用して競業行為を行う場合は,法人格否認の法理(いわゆる濫用事例)により,本条違反となる(大隅 316 頁,田邊 152 頁,名古屋高判昭和 47・2・10 高民集 25 巻 1 号 48 頁)。

2 特約による競業禁止の範囲の拡大・縮小

本条 1 項の競業禁止は任意規定であり,事業譲渡契約の当事者間の特約によって,本条 1 項により定められた競業禁止の内容を拡大または縮小することができ,競業避止義務を排除することもできる。そのことを前提として,本条 2 項は,1 項の競業禁止の内容を当事者間の特約で拡大する場合,その特約は,事業を譲渡した日から 30 年の期間内に限り効力を有するものとした。これは,競業禁止が譲渡会社の事業活動の自由をあまりにも制限するべきではないという価値判断に基づくものである。

平成 17 年改正前商法 25 条 2 項の下では,法定の競業禁止の内容を特約で拡大する場合でも,譲渡対象となる営業所(本店・支店)が所在する都道府県および隣接都道府県の範囲を超えて競業を禁止してはならないとする場所的制限と,競業禁止の期間は 30 年を超えてはならないとする時間的制限があった。しかし,今日の会社・商人の事業活動範囲の状況からすると,場所的制限を設けることに合理的理由は乏しい(インターネットビジネスを念頭に置けば,都道府県単位の制限でも狭すぎると言える)ことから,改正法はこれを廃止し,時間的制限のみを残した(立案担当 140 頁)。

当事者間の特約で,単に譲渡会社が競業を行わない旨を定めた場合は,その期間は本条 2 項により 30 年となる。特約により 30 年を超える競業禁止の期間

を定めた場合，当該特約が全部無効となるのではなく，30年の範囲内で効力を有すると解すべきである（大隅315頁）。

3 不正の競争の目的による競業の禁止

本条1項に定められた競業禁止の区域または期間の外においても，あるいは特約によって縮小ないし拡大された競業禁止の区域・期間の外においても，譲渡会社は，不正の競争の目的をもって同一の事業を行ってはならない（本条Ⅲ）。競業避止義務が特約によって排除されている場合でも同様である。その意味で，本条3項の規制は強行規定であると解されている（反対，山本爲三郎「営業譲渡と競業避止義務」法学研究（慶應）73巻2号〔2000〕107頁）。

不正競争の目的をもって同一の事業を行うとは，譲渡会社が譲受人の事業上の顧客を奪おうとするなど，事業譲渡の趣旨に反する目的で同一の事業をするような場合を意味する（大判大正7・11・6新聞1502号22頁，森本編85頁，鴻148頁，田邊153頁，弥永・総則・商行為法52頁）。平成17年改正前商法の下では，商号登記の効力に関する同改正前商法20条の「不正ノ競争ノ目的」が，一般人に自己の営業を既登記商号使用者の営業と混同誤認させて競争上自己に有利な展開を意図することを意味していたことから，本条3項に相当する平成17年改正前商法25条3項所定の「不正ノ競争ノ目的」に一般人をして譲渡会社が譲渡前の事業を継続しているものと誤信させることを含める見解もあった（大隅315頁，基本法コンメンタール48頁〔大原栄一〕）。しかし，本条3項と平成17年改正前商法20条は規定の趣旨が異なっており，本条3項における不正の競争の目的があるというためには，譲受人の営業（事業）に重大な影響を及ぼすことを知りながらあえて同一の事業を行うことが必要だが，一般人をして誤信させることは必ずしも必要ないというべきであろう。なお，平成17年改正前商法20条は，同年の改正によって削除されたので，会社法・商法において「不正の競争の目的」という文言が使われているのは，本条3項と商法16条3項（営業を譲渡した会社以外の商人の競業禁止）のみである。

Ⅲ 本条の類推適用

1 会社分割，事業の現物出資

平成17年改正前商法の下では，会社分割の対象となるのは分割会社の営業であり，それは商法総則にいう営業譲渡の対象と同じく，一定の営業目的のた

め有機的一体となった組織的財産を意味するものと解されていた。それゆえ，会社分割の実効性を確保するため，商法総則における営業譲渡人の競業禁止（平17改正前商25）が分割会社にも類推適用されるものと解釈されていた（原田晃治「会社分割法制の創設について」会社分割に関する質疑応答〔別冊商事法務233号(2000)〕10頁）。会社法の下では，会社分割の対象は，分割会社が事業に関して有する権利義務の全部または一部となり（2㉙㉚），必ずしも事業譲渡と同じ有機的一体となった組織的財産でなくともよいこととなったので，会社分割一般について事業譲渡の譲渡会社の競業禁止規定を類推適用する基礎が存するとは言えなくなった。もっとも，会社法の下でも，会社分割により承継される権利義務が従前と同じく客観的意義における事業の実質を有し，吸収分割承継会社または新設分割設立会社がその事業活動を承継するものである場合には，本条を類推適用すべきである（江頭809頁）。

事業の現物出資は事業譲渡ではないが，現物出資者には本条を類推適用すべきである。事業の現物出資と事業譲渡は，いずれも法律行為による事業の移転であり，対象となる事業の範囲についての考え方は同一であるためである。

2 事業の賃貸借，経営委任

会社がその事業の全部または一部を一体として他の会社に賃貸する契約を事業の賃貸借という。事業の賃貸借では，賃貸人は目的物である有機的一体となった組織的な事業用財産を賃借人に利用させる義務を負い，賃借人はそれに対して賃料を支払う。このような事業の賃貸借の実効性を確保するため，賃借人は，賃貸借期間中は，本条1項と同じ場所的範囲において競業避止義務を負担すべきである（大隅325頁）。

企業の経営を他人に委任する契約を経営の委任という。経営の委任には，事業の損益が委任者に帰属する経営管理契約と，受任者に帰属する狭義の経営委任がある（森本編88頁）。狭義の経営委任は，経済的実質が事業の賃貸借と類似するので，委任者は，委任期間中は，本条1項と同じ場所的範囲において競業避止義務を負担すべきである。

（北村雅史）

（譲渡会社の商号を使用した譲受会社の責任等）
第22条　① 事業を譲り受けた会社（以下この章において「譲受会社」という。）が譲渡会社の商号を引き続き使用する場合には，その譲受会社も，譲渡会社の事業によって生じた債務を弁済する責任を負う。
② 前項の規定は，事業を譲り受けた後，遅滞なく，譲受会社がその本店の所在地において譲渡会社の債務を弁済する責任を負わない旨を登記した場合には，適用しない。事業を譲り受けた後，遅滞なく，譲受会社及び譲渡会社から第三者に対しその旨の通知をした場合において，その通知を受けた第三者についても，同様とする。
③ 譲受会社が第1項の規定により譲渡会社の債務を弁済する責任を負う場合には，譲渡会社の責任は，事業を譲渡した日後2年以内に請求又は請求の予告をしない債権者に対しては，その期間を経過した時に消滅する。
④ 第1項に規定する場合において，譲渡会社の事業によって生じた債権について，譲受会社にした弁済は，弁済者が善意でかつ重大な過失がないときは，その効力を有する。

細目次

I　総説
　1　事業譲渡契約の効果
　2　本条の概要
II　商号続用譲受会社の弁済責任
　1　弁済責任の根拠
　2　商号の続用
3　弁済責任の内容
4　譲受会社の免責
5　譲渡会社の免責
6　商号続用譲受会社の弁済責任規定の類推適用
　(1)　事業の現物出資，会社分割
　(2)　事業の賃貸借，経営委任
　(3)　商号以外の名称の続用
III　商号続用譲受会社への弁済の効力

【文献】山下眞弘・会社営業譲渡の法理（信山社，1997）

I　総　説

1　事業譲渡契約の効果

　事業譲渡契約は，譲渡会社（事業を譲渡する会社。21 I）が，有機的一体となった組織的財産（客観的意義の事業）を，契約の相手方である譲受人に譲渡する債権契約である。原則的には，当該事業を構成する一切の財産が譲渡の対象となるが，特約によって一部の財産を除外することができる。破綻企業の再生のための事業譲渡では，債務の承継がされないことも多い。
　事業譲渡では，会社の合併や分割と異なり，財産の包括承継が生じるわけで

はなく，譲渡会社は，譲渡対象である財産の種類に従い，個別的に移転手続をしなければならない。第三者に対する対抗要件が必要な場合は，それぞれ（場合によっては譲受人と協力して）備える義務がある（民 177・178・467，会社 130・133，商 687 等）。第三者との継続的な取引関係（賃貸借契約，継続的供給契約等）を移転する場合には，当該第三者の合意を要する。商業使用人等との雇用関係を承継させるのに使用人の個別的同意が必要か否かについては，雇用関係のような人的関係は有機的一体となった組織的財産の人的構成要素であることから，個別的同意なくして原則的に譲受会社に承継されるとする説（服部 411 頁。神崎 151 頁は代理商関係についても同様に解する。なお，大阪高判昭和 38・3・26 高民集 16 巻 2 号 97 頁参照）と，法の特別規定なしには民法 625 条 1 項の例外を認め難いから，使用人の同意なくして承継することはできないとする説（鴻 146 頁）に分かれる。

　債務が承継される場合は，債務引受け・弁済の引受け（民 474）または債務者の交替による更改（民 514）などを行う必要がある。事業譲渡契約の当事会社間の重畳的（併存的）債務引受けは，債権者の合意がなくても効力を生じる（大判大正 6・11・1 民録 23 輯 1715 頁）。債務の引受けによって譲渡会社が債務を免れる（免責的債務引受け）ためには，債権者の合意が必要であり，事業譲渡契約に債務の承継が含まれていても，債権者の合意がなければ，譲渡会社は免責されない。もっとも，この場合でも重畳的債務引受けの効果は生じると解すべきである（奥田昌道・債権総論〔増補版〕〔悠々社，1992〕477 頁参照）。

2　本条の概要

　事業譲渡契約において，譲渡会社の事業によって生じた債権または債務を移転しない旨を定めた場合，当該債権についての債権者・債務者は依然として譲渡会社である。しかし，本条は，事業譲渡の後，事業を譲り受けた会社（以下，本条から 24 条において，「譲受会社」という）が，譲渡会社の商号を継続して使用（続用）する場合について，債権者および債務者保護の観点から特別の規定を設けている。

　まず，譲渡会社の事業によって生じた債務のうち，事業譲渡契約において譲受会社に移転しない旨が定められた債務についての債権者との関係では，譲受会社が譲渡会社の商号を続用する場合，譲受会社も当該債務を弁済する責任を負うものとする（本条 I）。その上で，譲受会社がその責任を負担しないようにするための手続（本条 II）および譲受会社が債務を弁済する責任を負う場合の

譲渡会社の責任は一定期間経過後に消滅すること（本条Ⅲ）が規定されている。次に，譲渡会社の事業によって生じた債権のうち，事業譲渡契約において譲受会社に移転しない旨が定められた債権についての債務者との関係では，譲受会社が譲渡会社の商号を続用する場合，当該債権についての債務者が譲受会社にした弁済は，弁済者が善意でかつ重大な過失がない限り有効であるとする（本条Ⅳ）。

　本条は，事業譲渡が行われた後（事業譲渡契約に基づく移転義務が履行された後）に譲受会社が譲渡会社の商号を続用している場合に適用される。事業の譲渡に官庁の許可が必要な場合に，その許可を得ていないときは，仮に事業の実質的支配が移転しても，本条1項（当時は，平17改正前商26）の適用はないとする判例がある（横浜地判平成7・3・31金判975号37頁）。

　本条は，事業譲渡の当事者がいずれも会社である場合に関する規定である。会社以外の商人間の営業譲渡において譲受人が譲渡人の商号を続用した場合には，商法17条が本条と同内容の規定を置いている。会社が会社以外の商人にその事業を譲渡した場合，または会社が会社以外の商人から営業を譲り受けた場合については，会社法24条が適用される規定の調整を行っている〔☞§24〕。

Ⅱ　商号続用譲受会社の弁済責任

1　弁済責任の根拠

　本条1項は，事業譲渡契約において，譲渡会社の事業によって生じた特定の債務を譲受会社に移転しない旨の特約を置いている場合でも，譲受会社が譲渡会社の商号を続用する場合には，譲受会社も当該債務について弁済する責任があると規定する。この弁済責任の根拠については，見解が分かれている。

　伝統的な通説は，商号続用時の外観保護に着目し，事業譲渡が行われた場合に譲受会社が譲渡会社の商号を続用しているときは，譲渡会社の債権者は，事業の主体が交替したことを知らないか（事業主体の混同），または知っていても譲受会社が債務を引き受けているものと考えること（債務引受けの誤信）が通常であるので，譲受会社もまた弁済の責任を負うと解する（鴻149頁，関244頁，神崎152頁）。すなわち，商号続用の場合には，事業の主体が依然として譲渡会社であるかのような外観，あるいは債務が譲受会社に移転したような外観があることから，その外観を信頼した債権者を保護するのが，商号続用譲受会社の

弁済責任の根拠であるというのである。判例（本解説に引用する判例はすべて平成17年改正前商法に関するものだが，以下の説明では，同改正前商法26条に関する判例も，本条1項の判例として扱うこととする）もこれを根拠にするものが多い（最判昭和47・3・2民集26巻2号183頁）。

　この伝統的通説に対しては，外観保護の規定とするのなら善意者のみ保護の対象となるはずであるが（本条IV対比），本条1項は悪意の債権者への適用を文言上排除していないという問題点が指摘されている。また，事業主体の混同については，債権者が事業の主体の交替を知らなければ依然として債権者としては譲渡会社を債務者と解すればよく，債務引受けの誤信については，債権者が事業譲渡の事実を知っているのに，商号続用から債務の引受けを信頼したと言えるかは疑問である，という批判がある（近藤112頁）。また，本条は，すでに取引の終わった譲渡会社に対する債権（旧事業主体の過去の債務）を問題にしているのだから，事業主体の同一性についての外観の信頼を譲受会社の弁済責任の根拠とするのは正当でなく，債務を引き受けない譲受会社が商号を続用する場合に外観への信頼が問題となるとすれば，事業主体の交替を知らなかったために債権者が権利保全の措置を講じる機会（事業譲渡の結果譲渡会社が弁済能力を欠くにいたる場合は詐害行為の取消し〔民424〕，事業譲渡の時点において譲渡会社が破綻状態にないのであれば譲渡会社の財産に対する担保権の設定などが考えられる）を失ったことへの救済程度であろうとも言われている（田邊154頁，東京地判平成12・9・29金判1131号57頁参照）。

　そこで，第2の見解として，本条1項は，事業上の債務は企業財産が担保となっていると認められることから，債権者を保護するために，企業財産の現在の所有者である譲受会社に債務引受けを義務付けたとする学説が主張されている（服部418頁，志村治美・現物出資の研究〔有斐閣，1975〕241頁）。たしかにこの説（便宜上，「企業財産担保説」とよぶ）によると，権利外観主義に基づかないので本条1項が債権者の善意悪意を問題にしないこと，および，債務と企業財産を結び付けることから本条3項が事業譲渡後2年経過すれば原則として譲渡会社の責任が消滅することを，一貫して説明できる。しかし，この説についても，商号続用の場合だけ本条1項の責任が生じることや，本条2項に基づき登記または通知をすることによって譲受会社が債務を免れることの理由を十分に説明できないという問題がある（山下244頁）。また，本条1項によって譲受会社は譲り受けた事業の積極財産の限度で責任を負うのではなく無限責任を負担することとの整合性がとれない，という批判もある（森本編86頁）。

このように，上記両説とも，本条１項から３項の規定の根拠としては首尾一貫しないことから，外観保護と企業財産の担保機能の両方が，本条１項の弁済責任の根拠であるとする見解も主張されている（大隅318頁，弥永・総則・商行為法56頁）。この見解によれば，上記伝統的通説と第２の見解の両方に対する批判を受けるともいえるが，おそらく代表的な上記２つの説が述べる根拠が合わさったものとして，本条１項ないし３項を説明せざるを得ないのではないか（判例にも両方の根拠を挙げるものがある。東京地判平成12・12・21金法1621号54頁）。

上記代表的な２説には問題点が多いとして，本条１項の弁済責任をさらに別の根拠に求める学説がある。

まず，商号を続用する譲受会社は事業上の債務も承継する意思があるのが通常であり，商号を続用しない譲受会社にはその意思が通常ないものとして，本条１項から３項および23条のような規定がされているとする見解がある（山下246頁，田邊155頁）。この説は譲受会社の意思に本条１項の責任の根拠を求めるもので，商号続用譲受会社が登記や通知によって責任を負わない旨を表明すれば責任を免れること（本条Ⅱ）および商号を続用しない譲受会社が債務引受けの広告を行えば債務を負担すること（23Ⅰ）を合理的に説明できるとされる。しかし，実際には破綻の危機に瀕している会社から債務を切り離して企業を再生させるために商号を続用する事業譲渡が利用されることが少なくないことにかんがみると，商号を続用する場合には譲受会社は債務を引き受ける意思を有しているのが通常であるとの理解そのものに疑問があるといわれる（落合誠一「商号続用営業譲受人の責任」法教285号〔2004〕29頁）。

次に，本条１項の責任およびその母法となったドイツ商法の規定を検討した結果，首尾一貫した根拠を見出すことは困難であるとして，譲受会社が譲渡会社の商号を続用する場合は，譲受会社は，対外的には，譲渡会社の事業活動に参加するものとして取り扱い，合名会社の成立後加入した社員が，その加入前に生じた会社の債務についても責任を負うのと同様，譲受会社も事業譲渡前の譲渡会社の債務について弁済責任を負うとする学説もある（小橋一郎「商号を続用する営業譲渡人の責任」上柳克郎先生還暦記念・商事法の解釈と展望〔有斐閣，1984〕17頁）。しかし，合名会社の新入社員が加入前の会社の債務について責任を負うのは，合名会社が法人であることから説明されているところ，この学説がなにゆえに，譲受会社の責任と合名会社の新入社員の責任を同一に考える必然性があるのかについては，十分な根拠が認められないという批判がある

(落合・前掲30頁)。

　このほか，譲受会社が債務を引き受けないなら本条2項の措置を講じるように誘導するために，本条1項の責任が定められたとする見解も主張されている(落合・前掲31頁)。この説は，本条1項が問題となるのは債務者（譲渡会社）に弁済資力がない場合であることから，譲渡会社と譲受会社が債権者と協議することなく抜け駆け的に事業譲渡をすることを防止することが，本条1項2項の目的であるとする。もっとも，破綻処理的でない事業譲渡において，譲渡後に譲渡会社の弁済能力に問題が生じたときなどにも本条1項の適用が考えられるので（譲渡前に譲渡会社の資力に問題はなかったため，債権者は事業譲渡の可能性に注意せず，事業主体の交替を知らないでいる場合もあり得よう），その場合も含めて商号続用時には本条2項の措置に誘導することが法の趣旨であるといえるかどうかについては，なお検討を要する。

2　商号の続用

　本条1項の譲受会社の弁済責任は，譲受会社が，事業譲渡の後，譲渡会社の商号を続用した場合に生じる。譲受会社が事業譲渡前の譲渡会社の商号とまったく同一の商号をそのまま使用する場合のほか，取引通念上，従前の商号と同一の商号を継続して使用したと見られる場合も，商号の続用に当たる。1で述べた伝統的通説を前提にすると，抽象的には，一般人が事業主体の交替を知り得ないか，知ったとしても債務が譲受会社に承継されたと信じる程度に，類似した商号が用いられる場合が，商号続用に当たることになる。

　具体的に，どのような場合に取引通念上商号の続用があったといえるかについては，判例の蓄積がある。①自然人の商号に会社の種類を示す字句を付加した場合は商号の続用に当たる（自然人が営業譲渡人である場合であるから24条2項を介して本条1項が適用される）。例えば，「名和洋品店」に「株式会社」という字句を付加して「株式会社名和洋品店」とした場合（東京地判昭和34・8・5下民集10巻8号1634頁），同じく「大阪屋」を「株式会社大阪屋」とした場合（東京地判昭和45・6・30判時610号83頁），「鉄玉組」を「株式会社鉄玉組」とした場合（前掲・最判昭和47・3・2），「ステッキオカダ」を「有限会社ステッキオカダ」とした場合（神戸地判昭和41・8・27判時472号62頁）などである。②商号中の「会社」の位置が前後逆になった場合も商号の続用に当たる。例えば「株式会社内外タイムス」を「内外タイムス株式会社」とした場合（東京地判昭和55・4・14判時977号107頁），「万善株式会社」を「株式会社マンゼン」とし

た場合（大阪地判昭和57・9・24金判665号49頁）である。後者の判例は、「万善」と「マンゼン」は判然区別できず、また同一市町村で同一商号を同一営業のために登記できないとする平成17年改正前商法19条の規定の適用を避ける意図があったことも、商号の続用と判断する根拠としている。③会社の種類が変更になった場合も商号の続用になる。例えば、「三洋タクシー合資会社」を「三洋タクシー株式会社」にした場合である（大阪地判昭和46・3・5判タ265号256頁）。このほか、④「株式会社日本電気産業社」と「株式会社日本電気産業」（大阪地判昭和40・1・25下民集16巻1号84頁）のように、両商号がきわめて近似している場合や、「株式会社笠間電化センター」と「株式会社笠間家庭電化センター」（水戸地判昭和54・1・16判時930号96頁）のように主要部分が同一で商号が近似している場合、さらに「株式会社キャロン」と「株式会社キャロン製靴」（いずれも製靴業を営む。神戸地判昭和54・8・10判時964号116頁）、「株式会社藤和」と「株式会社藤和リフォーム」（いずれもリフォーム業を営む。東京地判平成15・6・25金法1692号55頁）のように商号の主要部分が同一でかつ両者が同じ事業目的を有している場合も、商号の続用があるとされる。

　一方、商号の続用がないとされたものとして、「いせ屋家具マート」と「有限会社四日市いせ屋家具」（大阪地判昭和43・8・3判タ226号181頁）、「モトブシーサイドプラザ」と「シーサイドプラザ運営株式会社」（那覇地判昭和54・2・20判時934号105頁）、「協同組合肉の宝屋チェーン」と「株式会社肉の宝屋」（東京地判昭和60・11・26金判756号25頁）がある。もっとも、商号そのものの類似性だけではなく、それ以外の事情を考慮して商号続用かどうかを判断する判例もある。例えば、譲渡会社と譲受会社が同一の建物で従来の看板をそのまま使用し、かつ譲渡会社の商号入りの納品書等を使用していたことも考慮して、「マルト食品興業株式会社」と「マルショウ食品興業株式会社」は商号の続用があるとしたもの（札幌地判昭和45・12・25判時631号92頁）や、譲渡人と譲受人の営業主体の関連性・営業目的・得意先に対する通知、その引継ぎの有無等の諸般の事情を考慮して、「第一化成株式会社」と「第一化成工業株式会社」は商号の続用があるとしたもの（東京地判昭和42・7・12下民集18巻7=8号814頁）がある。ただし、本条1項は、あくまでも商号の同一性を中心に判断すべきで、他の事情はあくまでも補助的判断材料にとどめるべきであろう（鈴木千佳子・総則・商行為百選51頁）。

　最高裁判所は、譲渡会社の「有限会社米安商店」という商号と譲受会社の「合資会社新米安商店」という商号について、「新」の字句は債務を承継しない

ことを示す字句であるとし、会社の種類も異なるから、商号の続用には当たらないとした（最判昭和 38・3・1 民集 17 巻 2 号 280 頁）。「新」の字は責任を遮断する字句であるとしてこれに賛同する見解もあるが（実方正雄「判批」法時 35 巻 13 号〔1963〕104 頁），「新」の字句を付加しただけで続用に当たらないとするのは形式的にすぎるとして，この最高裁判例の立場に反対する見解も多い（服部 418 頁，大隅 320 頁，田邊 156 頁）。

なお，本条の「商号を引き続き使用する」とは，事業譲渡の直後から譲渡会社の商号を続用する場合を意味するが，譲受会社が事業譲渡から一定期間経過後に譲渡会社の商号を使用し始めた場合でも，事業譲渡から当該商号使用までの期間の短さ等から実質的に商号続用と解される場合がある（前掲・東京地判昭和 42・7・12）。

3　弁済責任の内容

本条 1 項により，商号を続用する譲受会社は，事業譲渡前に譲渡会社の事業によって生じた債務について，弁済する責任を負う。事業譲渡の当時，譲受会社が当該債務の存在を知っていたか否かを問わない。「譲渡会社の事業によって生じた債務」には，譲渡会社の取引上の債務ばかりでなく，譲渡会社が事業上負担することとなった不法行為による損害賠償債務（最判昭和 29・10・7 民集 8 巻 10 号 1795 頁参照）や不当利得を理由とする債務も含まれる。当該債務につき譲渡会社が有していた抗弁は譲受会社も主張することができる（大隅 318 頁，近藤 113 頁）。

譲受会社は，譲り受けた事業の積極財産の限度で責任を負うのではなく（759 Ⅲ・764 Ⅲ 対比），その意味で無限責任を負担することになる（森本編 86 頁，鴻 149 頁）。

事業譲渡により当該債務が譲受会社に移転していないことを知っている債権者との関係でも，譲受会社は本条の責任を負うかについて，判例は基本的に負うとしているが（東京地判昭和 54・7・19 下民集 30 巻 5-8 号 353 頁），負わないとするものもある（東京地判昭和 49・12・9 判時 778 号 96 頁）。学説では，外観保護が本条 1 項の責任の根拠であることから，債務が譲受会社に移転していないことについて悪意の債権者については本条 1 項の適用を否定するものもある（渋谷達紀「企業の移転と担保化」竹内昭夫 = 龍田節編・現代企業法講座(1)〔東京大学出版会，1984〕232 頁）が，債権者の善意悪意を問うことなく商号続用譲受会社は本条 1 項の責任を免れないとする見解が多数説である。企業財産担保説を根拠

(あるいは根拠の1つ)にすれば,相手方の善意悪意を問題にしないのは当然であるといえるし(近藤光男「営業譲渡に関する一考察」神戸法学年報3号〔1987〕85頁),外観理論を根拠にしても,商号を続用しながら本条2項の登記や通知をしていない譲受会社側の事情からすると,悪意の債権者との関係でも本条1項の適用を認めてよいとの説明が可能である(大塚龍児「営業譲渡と取引の安全」金判565号〔1979〕60頁,池野千白「企業外観法理と商法26条」中京法学37巻3=4号74頁〔2003〕参照)。規定の文言(本条ⅠとⅣの比較)からしても,本条1項は債権者の善意悪意を問題にしていないとみるのが自然である。

譲渡会社または譲受会社において必要な株主総会決議(467Ⅰ①-③)を欠くため事業譲渡が無効であれば,原則的に本条の適用はないが,譲受会社が商号を続用して事実上譲り受けた事業を継続している場合は,譲受会社は事業譲渡が無効であることを抗弁として本条1項の責任を免れることはできない(前掲・大阪地判昭和40・1・25,前掲・東京地判昭和55・4・14)。

本条1項は,事業譲渡契約において当該債務が譲受会社に移転しない場合を前提としているので,本条1項により譲受会社が弁済責任を負う場合でも,譲渡会社は責任を免れるわけではない。したがって,重畳的債務引受けを行った場合と結果的には同じことになり,譲渡会社と譲受会社は,債権者に対して不真正連帯債務者の関係に立つ。譲受会社が弁済した場合は,譲渡会社に求償することができる。

4　譲受会社の免責

事業を譲り受けた後遅滞なく,譲受会社がその本店所在地において譲渡会社の債務を弁済する責任を負わない旨を登記した場合には,譲受会社は,債権者一般に対して本条1項の弁済責任を負わない(本条Ⅱ前段。手続につき,商登31,商登則53Ⅱ)。譲受会社および譲渡会社が,事業譲渡後遅滞なく,譲受会社が譲渡会社の債務を弁済する責任を負わない旨を第三者に通知した場合,その通知を受けた第三者に対する譲渡会社の債務について,商号続用譲受会社は弁済の責任を負わない(本条Ⅱ後段)。登記や通知によって譲受会社が免責される理由は,1で述べた伝統的通説の立場からすれば,債務を譲受会社に移転しない旨を債権者に知らせることによって債権者の誤信を解くことになるからであると説明される。

本条2項の登記および通知は遅滞なくしなければその効力を生じない。この登記にも,商業登記の一般的効力に関する908条1項が適用されるので,登記

前に債務の履行請求があった場合，譲受会社は免責の主張をすることができない（大隅318頁）。通知が遅滞した場合は，通知の時点でいまだ債権者からの請求がない場合でも，譲受会社は免責されない。

譲受会社が免責の登記をした場合でも，譲受会社が譲渡会社であるかのように積極的に行動したこと等により，債権者らが譲受会社を譲渡会社と同一主体であると信じ，仮に別主体であるとしても譲受会社が譲渡会社の債務を引き受けたものと信じていたという事情があれば，譲受会社が，免責登記の存在を理由に譲渡会社の債務の支払を拒絶するのは信義則上許されないとされる可能性がある（前掲・東京地判平成12・12・21）。

5 譲渡会社の免責

本条1項により譲受会社が弁済責任を負う場合でも，本来の債務者である譲渡会社が債務を免れるわけではない。ただし，その場合の譲渡会社の責任は，事業を譲渡した日後2年以内に請求または請求の予告をしない債権者に対しては，その期間が経過したときに消滅する（本条Ⅲ）。それ以後は，譲受会社のみが責任を負う。

本条1項は，譲渡会社の事業によって生じた債務を譲受会社に移転しない合意がある場合に，商号を続用する譲受会社に弁済責任を負わせるものであるが，その場合でも主たる債務者は譲渡会社であるはずである。にもかかわらず譲渡会社の責任が事業譲渡後2年で消滅し，譲受会社の弁済責任のみが存続することの理由付けは，1で述べた本条1項の責任の根拠をどのように理解するかによって異なる。

企業財産担保説からは，事業上の債務については企業財産の所有者である譲受会社が主たる債務者としての地位を占めていると認められるので，従来の債務者である譲渡会社は事業譲渡から2年経過すると免責されると説明される（服部418頁）。この説の論者には，譲渡会社と譲受会社との間で譲受会社が重畳的債務引受けをする合意があった場合でも本条3項を適用すべきとの見解もある（服部421頁）。

本条1項の責任の根拠を外観保護に求める伝統的通説の立場からは，本条3項の免責についての理由付けは困難であると思われる。伝統的通説と企業財産担保説の両方が本条1項の責任の根拠であるとする見解からは，事業上の債務は実質上は事業そのものの債務とみられるから，事業譲渡の後は本則として譲受会社が主たる債務者たるべきものとし，譲渡会社をなるべく速やかに譲渡し

た事業関係から離脱させようと図っていると説明されている（大隅321頁）。本条1項の弁済責任は、事業譲渡の当事会社間で、ある債務を移転しない旨が合意されている場合を前提としているにもかかわらず、本条3項が本来の債務者であるはずの譲渡会社の責任が消滅するとしている以上、法は事業上の債務と事業との結び付きの強さを重視していると解さざるを得ないであろう。

譲渡会社の責任は、事業譲渡の日の後2年以内に、債権者が履行の請求をした場合あるいは請求の予告をした場合は消滅しない。請求のほかに請求の予告を認めたのは、2年内に弁済期が到来しないか条件の成否が確定しない期限付きあるいは条件付きの債権を考慮したものである（服部421頁）。2年の期間の始期である事業を譲渡した日とは、事業譲渡契約締結の日ではなく、事業譲渡契約が履行され、譲受人が営業（事業）活動を行える状態になった日をいう。

本条の2年の期間は除斥期間である。この期間の経過前に、その債権が短期消滅時効（民174、商567・626等）により消滅することはあり得る。

6 商号続用譲受会社の弁済責任規定の類推適用

(1) 事業の現物出資、会社分割

事業の現物出資は事業譲渡ではないが、本条が類推適用される（前掲・最判昭和47・3・2、神戸地洲本支判平成16・4・20判時1867号106頁）。現物出資は事業譲渡とは異なるが、いずれも法律行為による事業の移転であり、対象となる事業の範囲についての考え方は同一であるためである。

事業譲渡と異なり事業に関して有する権利義務の全部または一部が包括承継される会社分割においては、別途公告または通知を必要とする債権者保護手続が定められ（789・793Ⅱ・799・802Ⅱ・810・813Ⅱ等）、分割があったことや分割契約・分割計画の事前・事後開示が行われることなどから（782・791・794・801・803・811・923・924等）、仮に吸収分割承継会社・新設分割設立会社が分割会社の商号を続用する場合でも、本条は原則的に類推適用されないと解する。

(2) 事業の賃貸借、経営委任

会社がその事業の全部または一部を一体として他の会社に賃貸する契約を事業の賃貸借という。事業の賃貸借では、目的物である有機的一体となった組織的な事業用財産の所有権は賃貸人に存するが、賃借人は自己の名をもって自己の計算で事業を行い、賃貸人に賃料を支払う。事業の賃貸借において、賃借人が賃貸人の商号を用いて事業を行う場合は、本条1項を類推適用すべきであるというのが通説的見解である（大隅325頁、鴻153頁、田邊158頁。東京高判平成

13・10・1 判時 1772 号 139 頁，東京地判平成 16・4・14 判時 1867 号 133 頁）。本条 1 項の根拠を，債権者が事業の主体が交替したことを知らないかまたは知っていても譲受会社が債務を引き受けているものと考えることが通常である点に求めるのであれば，事業の賃貸借において賃貸人の商号を賃借人が使用する場合も，債権者に同様の誤認等が生じることから，類推適用の基礎があるとされるわけである。これに対し，本条 1 項の責任の根拠を企業財産の担保に求める見解によれば，企業財産の所有権が賃貸人にとどまる賃貸借では，類推適用の基礎は薄弱となる（服部 430 頁。伊藤敦司「商法 26 条の適用範囲に関する一考察」杏林社会科学研究 19 巻 4 号〔2004〕50 頁は，この場合にも企業収益力は賃借人に移転する点に留意すべきという）。

　基本的には類推適用を肯定すべきであるが，事業譲渡と事業の賃貸借は法的性質が異なり，またいったん本条 1 項の責任が発生すれば賃貸借の期間が終了しても責任が消滅しないことにかんがみると，事業の賃貸借への本条 1 項の類推適用は，賃貸借期間が長期に及ぶなど，実質的に事業譲渡にある程度類似した事例に限り認められると解すべきであろう（永田均「商号への消費者信頼保護機能の拡大と限界」立命館法学 304 号〔2005〕182 頁参照）。

　企業の経営を他人に委任する契約を経営の委任という。経営の委任には，事業の損益が委任者に帰属する経営管理契約と，受任者に帰属する狭義の経営委任がある（森本編 88 頁）。いずれの場合にも経営委任においては事業は委任者の名で行われるから，事業上の債権者・債務者の保護を目的とする本条の類推適用の必要はないと解されてきた（大隅 327 頁，田邊 159 頁）。もっとも，近時多発している預託金会員制ゴルフクラブの預託金返還請求事件に係る紛争において，ゴルフクラブの経営委任に，本条 1 項の類推適用が問題となっている。後述(3)で説明するように，そのような事例では，委任者の商号とも受任者の商号とも異なるゴルフクラブの名称を用いて行われることになるため，一般の経営委任とは異なった状況にある。判例には，経営委任の実態を事業の賃貸借や実質的な事業譲渡と捉えることによって（前掲・東京高判平成 13・10・1，大阪高判平成 14・6・13 判タ 1143 号 283 頁），あるいは企業財産担保説のような根拠を持ち出し，狭義の経営委任では事業の担保となるべき収益力に基づく価値に変化が生じ，譲渡人（委任者）が保有しているところの引当財産（責任）の範囲が減縮されてしまう危険が生じることになることを理由に（東京地判平成 16・1・15 金法 1729 号 76 頁），本条 1 項を類推適用するものがある。経営委任には事業の賃貸借以上にバリエイションがあり，本条 1 項の類推適用にはなお慎重であ

るべきであろう（高橋美加「経営委任契約における会社法 22 条 1 項の類推適用について」江頭還暦・上 186 頁）。

(3) 商号以外の名称の続用

本条 1 項は，譲渡会社の商号を譲受会社が続用する場合の規定であるが，商号以外の名称が続用されたため，一般人が事業の主体の交替（事業譲渡があったこと）を認識しにくい場合がある。例えば，旅館・ホテルを経営する会社が，当該旅館・ホテルにその商号とは異なる名称を付けている場合，当該旅館・ホテル名はその会社の事業を表す名称ということができる。事業譲渡において商号ではなく譲渡人の事業を表す名称が続用される場合に，本条の適用ないし類推適用が可能かどうかが問題になる。

判例には，譲受会社が譲渡会社の商号は続用しないが，譲渡会社の事業を表す名称（これを一般に「屋号」という）を続用する場合に，本条 1 項を適用ないし類推適用するものがある（前掲・東京地判昭和 54・7・19〔譲渡会社の商号「株式会社下田観光ホテル海山荘」の「下田観光ホテル海山荘」の部分を譲受会社が屋号として続用〕，東京高判昭和 60・5・30 判時 1156 号 146 頁〔譲渡人の商号であり屋号である「丸政園」を譲受会社が屋号として続用〕，東京高判平成元・11・29 東高民時報 40 巻 9-12 号 124 頁〔譲渡会社の商号「有限会社徳泉閣ホテル」の重要な構成部分である「徳泉閣ホテル」を譲受会社が屋号として続用〕，前掲・東京地判平成 12・9・29〔譲渡会社の商号「株式会社九段ゼミナール」の「九段ゼミナール」を譲受会社が屋号として続用〕）。これらの判例は，譲受会社が続用した屋号が譲渡会社の商号またはその重要な構成要素でもあったという事例であり，本条 1 項の適用対象に比較的近いものであったといえる。もっとも屋号と商号は法的には別個のものであり（ただし，古瀬村邦夫「屋号（営業名）の続用と商法 26 条 1 項」民事特別法の諸問題(4)〔第一法規出版，2002〕429 頁参照），本条 2 項の免責のための登記が認められるのは商号そのものの続用の場合のみであるから，屋号の続用（とくに譲渡会社が商号とは別の屋号を有している場合）一般について，本条 1 項を広く類推適用することには，慎重でなければならないであろう（なお，長野地判平成 14・12・27 判タ 1158 号 188 頁参照）。

近時は，預託金会員制ゴルフクラブの事業が，預託金返還債務を除外して譲渡され，ゴルフクラブの名称が譲受会社に続用されている場合，会員が譲受会社に対して預託金返還請求をする際に本条 1 項の類推適用が問題になるケースが多い（本条 1 項の類推適用を否定するものとして，東京地判平成 13・3・30 判時 1770 号 141 頁，東京高判平成 14・8・30 金判 1158 号 21 頁など。肯定するものとして，

§22

大阪地判平成6・3・31判時1517号109頁，東京地判平成13・8・28判時1785号81頁，東京高判平成14・9・26判時1807号149頁，前掲・東京地判平成16・4・14など）。この問題について，最高裁判所は，譲渡会社の商号とゴルフクラブの名称は別であり，譲受会社はゴルフクラブ名のみを続用した事例において，「預託金会員制のゴルフクラブの名称がゴルフ場の営業主体を表示するものとして用いられている場合において，ゴルフ場の営業の譲渡がされ，譲渡人が用いていたゴルフクラブの名称を譲受人が継続して使用しているときには，譲受人が譲受後遅滞なく当該ゴルフクラブの会員によるゴルフ場施設の優先的利用を拒否したなどの特段の事情がない限り，会員において，同一の営業主体による営業が継続しているものと信じたり，営業主体の変更があったけれども譲受人により譲渡人の債務の引受けがされたと信じたりすることは，無理からぬものというべきである。したがって，譲受人は，上記特段の事情がない限り，〔平成17年改正前〕商法26条1項〔会社22条1項〕の類推適用により，会員が譲渡人に交付した預託金の返還義務を負うものと解するのが相当である」と判示した（最判平成16・2・20民集58巻2号367頁）。

　最高裁の立場は，上記屋号続用に関する諸判例よりも，本条1項の類推適用範囲を拡大したものといえるが，あくまでもゴルフクラブの名称が「営業主体を表示するものとして用いられる」場合に限定している。そのような場合がゴルフクラブに特有の現象なのか，あるいは他の事業にも共通に見られるものなのかはなお検討を要するが（宇田一明「ゴルフ場事業譲渡に伴うクラブ名続用会社の責任管見」札幌学院法学22巻2号〔2006〕149頁参照），一般的に商号以外の事業に関係する名称（例えば商標等）の続用に本条1項の（類推）適用範囲を拡大することについては，事業譲渡が企業の組織再編の手段の1つとして機能していることから，その円滑化を阻害するおそれもあるので，慎重な対応が必要である（小林量「判批」民商131巻6号〔2005〕895頁参照）。

III　商号続用譲受会社への弁済の効力

　事業譲渡契約において，当事会社が，ある債権を移転しない旨の特約をした場合，当該債権の債権者は依然譲渡会社であるから，譲受会社に対する弁済は，弁済として効力を生じない。しかし，譲受会社が譲渡会社の商号を続用する場合は，譲渡会社の債務者は，事業譲渡があったことを知らないことが多い。そこで，本条4項は，商号続用がある場合に，譲渡会社の事業によって生

じた債権について譲受会社にした弁済は，弁済者が善意無重過失である限り，その効力を生じることとする。

　本条4項は外観保護の規定である。商号が続用されている場合には，債務者は事業譲渡の事実を知らないで譲受会社を譲渡会社と誤認する，すなわち現に事業を営んでいる会社を依然譲渡会社と考えることが多いので，債務者のそのような外観に対する信頼を保護しようとするのである。したがって，本条4項でいう善意とは，事業譲渡のあったことを知らないことをいう（服部422頁，大隅322頁）。事業譲渡の事実は知っているが，債権が譲受会社に移転しなかったことについて善意の弁済者には本条の適用はない。本条4項は，債権の準占有者に対する弁済に関する民法478条と同趣旨の規定であるが，商号続用の事実があれば適用され，また善意でかつ重大な過失がない限り弁済者は保護を受けることができるから，本条4項の規定は民法478条よりも保護の要件が定型化され，かつ弁済者により有利に保護を強化したものということができる（片木54頁）。

　本条4項が適用されれば譲受会社への弁済が有効となるため，弁済者は真の債権者である譲渡会社への二重払いの必要はなくなる。譲渡会社は，譲受会社が受領した金銭等について，不当利得（民703・704）を根拠にして返還を請求できる。

　本条4項は，指図証券および無記名証券については適用がない（服部422頁，近藤215頁）。指図証券や無記名証券の場合，債権者かどうかは，証券の所持によって決まり，商号が考慮されることはないからである。したがって，債務者が証券を所持しない商号続用譲受会社を債権者である譲渡会社と誤信してこれに弁済しても，本条4項によっては保護されないことになる。記名証券についても，呈示証券・受戻証券としての性質がある以上，証券の所持人に弁済すべきであるから，商号の外観に関する本条4項の適用はないと解される（服部422頁）。

　事業の現物出資や事業の賃貸借についても，商号の続用があれば本条4項を類推適用すべきである（大隅325頁，田邊158頁）。経営委任では委任者の名で経営が行われるので，本条4項の類推適用の必要は原則的にないと解される。会社分割への類推適用は認める余地があるが，債務者が会社分割があったことについて善意無重過失とされる例はあまりないと思われる。

〔北村雅史〕

（譲受会社による債務の引受け）

第23条 ① 譲受会社が譲渡会社の商号を引き続き使用しない場合においても，譲渡会社の事業によって生じた債務を引き受ける旨の広告をしたときは，譲渡会社の債権者は，その譲受会社に対して弁済の請求をすることができる。
② 譲受会社が前項の規定により譲渡会社の債務を弁済する責任を負う場合には，譲渡会社の責任は，同項の広告があった日後2年以内に請求又は請求の予告をしない債権者に対しては，その期間を経過した時に消滅する。

I 本条の趣旨

　事業譲渡契約は，譲渡会社（事業を譲渡する会社。21 I）が，有機的一体となった組織的財産（客観的意義の事業）を，契約の相手方である譲受人に譲渡する債権契約である。事業譲渡は，会社の合併や分割と異なり，財産の包括承継が生じるわけではなく，譲渡会社は，譲渡対象である財産の種類に従い，個別的に移転手続をしなければならない。債務が承継される場合は，債務引受け・弁済の引受け（民474）または債務者の交替による更改（民514）などを行う必要がある。

　事業譲渡では，原則的には，当該事業を構成する一切の財産が譲渡の対象となるが，特約によって一部の財産を除外することができる。譲渡会社の事業によって生じた債務を，譲受会社（事業を譲り受けた会社。22 I）に移転しない旨を事業譲渡契約において定めた場合，当該債務について譲受人は責任を負わないのが原則である。ただし譲受会社が譲渡会社の商号を継続して使用（続用）すれば，22条1項により，譲受会社も当該債務について弁済の責任を負うことになる。本条1項は，譲受会社が譲渡会社の商号を続用しない場合でも，譲受会社が譲渡会社の事業上の債務を引き受ける旨の広告をしたときには，債権者は譲受会社にも弁済を請求できるものとする。債務引受けの広告により譲受会社が責任を負うことになった場合には，譲渡会社の責任は，原則として当該広告の後2年を経過したときに消滅する（本条II）。

　本条1項の譲受会社の責任は，譲渡会社の債務を承継していないにもかかわらず，債務を引き受ける旨の広告をした場合に，弁済の請求に対して債務を引き受けていないという抗弁を主張することを認めないという趣旨のもので，いわゆる禁反言則に基づくものである（大隅320頁，鴻150頁）。

〔北　村〕

本条は，事業譲渡の当事者がいずれも会社である場合に関する規定である。会社以外の商人間の営業譲渡において譲受人が譲渡人の商号を続用した場合には，商法18条が本条と同内容の規定を置いている。会社が会社以外の商人にその事業を譲渡した場合，または会社が会社以外の商人から営業を譲り受けた場合については，会社法24条が適用される規定の調整を行っている〔☞§24参照〕。

II 債務引受けの広告を行った譲受会社の弁済責任

1 債務引受けの広告

本条1項により，譲受会社が譲渡会社の事業上の債務について弁済する責任を負うのは，譲受会社が債務を引き受ける旨の広告をした場合である。何が債務引受けの広告となるかについて，広告の方法と広告内容が問題となる。

広告の方法は，新聞広告，ちらし，インターネット上の広告といった，不特定多数人に対して行われた場合だけでなく，大多数の債権者に個別的になされた書状や電子メールの送付でもよい（田邊156頁）。新聞記者に対する取材機会の提供も，のちに新聞に記事が掲載されることを予想して行われかつ実際に掲載されれば本条1項の広告に該当する（那覇地判昭和54・2・20判時934号105頁）。

広告内容が「債務を引き受ける旨」となるのは，必ずしも「債務を引き受ける」という文言が表示された場合だけではない。広告中に，取引通念上債務を引き受ける趣旨と認められる内容が含まれていればよい。ではどのような内容の広告があれば債務引受けの趣旨が含まれると認められるであろうか。

かつて最高裁判所は，「今般弊社は……地方鉄道軌道業並に沿線バス事業を……より譲受け，京浜急行電鉄株式会社として新発足することになりました」という広告中の「地方鉄道軌道業並に沿線バス事業を……譲受け」とあるのは，右事業に伴う営業上の債務をも引き受ける趣旨を包含すると解するを相当とする，と判示した（最判昭和29・10・7民集8巻10号1795頁）。営業譲渡（事業譲渡）を行った旨の広告であれば債務引受けの趣旨が含まれるとするわけである（同旨の判例として，東京地判昭和31・10・24下民集7巻10号2985頁，東京地判昭和34・4・27下民集10巻4号836頁，東京高判昭和35・7・4東高民時報11巻7号204頁，福岡高判昭和36・6・15金法280号4頁）。しかし，この判例の立場に対して，学説では，営業譲渡の事実の通知と債務引受けの広告は異なるとして批判

§23

が強かった（服部420頁，鴻150頁）。

その後，最高裁判所は，旧3会社が営業を廃止し新たに被上告会社が設立されて旧3会社と同一の中央卸売市場における水産物等の卸売業務を開始するという趣旨の取引先に対する単なる挨拶状には，旧3会社の債務を控訴会社において引き受ける趣旨が含まれていない，と判示した（最判昭和36・10・13民集15巻9号2320頁）。挨拶状も多数の取引先に送付される以上，方法としては広告に該当し得るが（東京高判平成10・11・26判時1671号144頁参照），その内容が，単に旧会社が事業を廃止し新会社が事業を開始する旨を述べるだけでは債務引受けの広告にはならないとしたわけである。当該挨拶状には事業の譲渡ないし譲受けという文言は用いられていないようだが，その内容から新会社が旧会社の事業を承継したことが明らかであり，この最高裁判例は，前掲・最判昭和29・10・7とは異なる考えを示していると考えられる（前田重行「判解」総則・商行為百選55頁）。その後の判例は，おおむね，単なる事業譲渡がされたことを述べる挨拶状では，本条1項の債務引受けの広告にはならないとしている（名古屋地判昭和51・11・19判時852号108頁，名古屋地判昭和60・7・19判時1179号96頁，前掲・東京高判平成10・11・26，名古屋地判平成13・7・10判時1775号108頁）。

本条1項の債務引受けの広告であるというためには，挨拶状その他の広告方法の中で，事業譲渡の事実とともに譲受会社が譲渡会社の事業上の債務を引き受ける旨が別途何らかの形で示されていなければならない。例えば，挨拶状に譲受会社が譲渡会社の事業上の借入金の返済等を行う旨が具体的に記載されていた事例（東京高判平成12・12・27金判1122号27頁）や，挨拶状に「今後の取引は，〔営業譲受人〕が従業員共々，〔営業譲渡人〕の義務を引き継ぐとともに，債権債務を責任をもって継承する」旨の記載があった事例（東京地判平成13・5・25金法1635号48頁）においては，債務引受けの広告があるとされている。

2　弁済責任の内容

本条1項により，債務引受けの広告をした譲受会社は，事業譲渡前に譲渡会社の事業によって生じた債務について，弁済する責任を負う。「譲渡会社の事業によって生じた債務」には，譲渡会社の取引上の債務ばかりでなく，譲渡会社が事業上負担することとなった不法行為による損害賠償債務（前掲・最判昭和29・10・7）や不当利得を理由とする債務も含まれる。

本条1項は，事業譲渡契約において当該債務が譲受会社に移転しない場合を

〔北　村〕

前提としているので，本条1項により譲受会社が弁済責任を負う場合でも，譲渡会社は責任を免れるわけではない。したがって，重畳的債務引受けを行った場合と結果的には同じことになり，譲渡会社と譲受会社は，債権者に対して不真正連帯債務者の関係に立つ。譲受会社が弁済した場合は，譲渡会社に求償することができる。

広告をしただけで責任が発生するのであるから，債権者が実際の広告を見たかどうかを問わない（関247頁）。ただし，譲受会社が債務を引き受けていないことを知っている債権者は保護の対象にならないと解される（前掲・東京地判昭和31・10・24）。

3 譲渡会社の免責

本条1項により譲受会社が弁済責任を負う場合でも，本来の債務者である譲渡会社が債務を免れるわけではない。ただし，その場合の譲渡会社の責任は，事業を譲渡した日後2年以内に請求または請求の予告をしない債権者に対しては，その期間が経過したときに消滅する（本条Ⅱ）。それ以後は，譲受会社のみが責任を負う。22条3項と同じく，事業上の債務と事業との結び付きが強くなっているわけである［☞§22 Ⅱ 5 参照］。

譲渡会社の責任は，事業譲渡の日の後2年以内に，債権者が履行の請求をした場合あるいは請求の予告をした場合は消滅しない。請求のほかに請求の予告を認めたのは，2年内に弁済期が到来しないあるいは条件の成否が確定しない期限付きあるいは条件付きの債権を考慮したものである（服部421頁）。

本条の2年の期間は除斥期間である。この期間の経過前に，その債権が短期消滅時効（民174, 商567・626等）により消滅することはあり得る。

Ⅲ 本条の類推適用

1 事業の現物出資，会社分割

事業の現物出資は事業譲渡ではないが，本条が類推適用される（大隅317頁，弥永・総則・商行為法58頁）。現物出資は事業譲渡とは異なるが，いずれも法律行為による事業の移転であり，対象となる事業の範囲についての考え方は同一であるためである。

会社分割においても，吸収分割承継会社・新設分割設立会社が，あえて事実（債務の承継をしない）と異なる債務引受けの広告を行った場合は，本条の類推

適用の可能性があると解する。

　譲受会社が広告ではなく個別的に債務引受けの意思表示をした場合にも，その意思表示を受けた債権者に対して譲受会社は弁済責任を負うとする見解がある（鴻151頁，服部420頁，大隅320頁）。しかし，個別の債務引受けの通知を本条の広告と解することはできない。個別の意思表示を受けた債権者に対しては，意思表示の一般原則（民93）により，譲受会社が弁済の責任を負うと考えるべきである。

2　事業の賃貸借，経営委任

　会社がその事業の全部または一部を一体として他の会社に賃貸する契約を事業の賃貸借という。事業の賃貸借では，目的物である有機的一体となった組織的な事業用財産の所有権は賃貸人に存するが，賃借人は自己の名をもって自己の計算で事業を行い，賃貸人に賃料を支払う。事業の賃貸借において，賃借人が賃貸人の債務を引き受ける旨の広告をした場合は，本条1項が類推適用されるとする見解が多い（大隅325頁，鴻153頁，田邊158頁）。事業の譲渡と事業の賃貸借には法的性質や経済的実態に相違点もあるが［☞§22Ⅱ6(2)参照］，賃借人があえて事実（債務の承継をしない）と異なる債務引受けの広告を行った場合は，本条の類推適用によって善意の債権者を保護すべきであろう。

　企業の経営を他人に委任する契約を経営の委任という。経営の委任には，事業の損益が委任者に帰属する経営管理契約と，受任者に帰属する狭義の経営委任がある（森本編88頁）。いずれの場合にも経営委任においては事業は委任者の名で行われるから，事業上の債権者・債務者の保護を目的とする本条の類推適用の必要はないと解されている（大隅327頁，神崎157頁・158頁，田邊159頁）。たしかに，受任者が委任者の名で債務引受け広告をしたとしても，委任者が責任を負うという当然のことを述べているだけであり，問題は生じない。もっとも，近時紛争が多発しているゴルフ場の経営委任契約では，ゴルフ場経営が委任者の商号とも受任者の商号とも異なるゴルフクラブの名称を用いて行われることになるため，一般の経営委任とは異なった状況にあり［☞§22Ⅱ6(2)参照］，場合によっては（とくに実質的に事業譲渡や事業の賃貸借に類似する事例の場合）受任者がゴルフクラブ名で行った債務引受けの広告に本条の類推適用の可能性がないとはいえないであろう。

（北村雅史）

（商人との間での事業の譲渡又は譲受け）
第 24 条 ① 会社が商人に対してその事業を譲渡した場合には、当該会社を商法第 16 条第 1 項に規定する譲渡人とみなして、同法第 17 条及び第 18 条の規定を適用する。
② 会社が商人の営業を譲り受けた場合には、当該商人を譲渡会社とみなして、前 2 条の規定を適用する。

I 趣　　旨

　22 条および 23 条は、事業譲渡の当事者がいずれも会社である場合（21 条 1 項の譲渡会社と 22 条 1 項の譲受会社の間の事業譲渡の場合）における、譲渡会社の商号を続用した譲受会社の責任等、および債務引受けの広告を行った譲受会社の責任について定めている。一方、商法 11 条以下の商法総則規定中の「商人」には会社を含まないので（商 11 I）、商法 17 条および 18 条は、営業譲渡の当事者がいずれも会社以外の商人である場合（商法 16 条 1 項の譲渡人と商法 17 条 1 項の譲受人の間の営業譲渡の場合）における、譲渡人の商号を続用した譲受人の責任等、および債務引受けの広告を行った譲受人の責任について定めている。会社法 22 条と商法 17 条、会社法 23 条と商法 18 条は基本的に同内容の規定であるが、これらの規定は、事業譲渡ないし営業譲渡の当事者の一方が会社で他方が会社以外の商人である場合についての、譲渡会社（譲渡人）の商号を続用した譲受会社（譲受人）の責任等、および債務引受けの広告を行った譲受会社（譲受人）の責任に関して、そのままでは適用されない。
　そこで、本条は、事業譲渡（営業譲渡）の当事者の一方が会社以外の商人である場合について、実質的に同様の規制を及ぼすために、一定のみなし規定を置いている。すなわち、会社が会社以外の商人に事業を譲渡した場合には、当該会社は商法 16 条の譲渡人（営業を譲渡した商人）とみなされ、商法 17 条および 18 条の規定が適用される（本条 I）。会社以外の商人が会社にその営業を譲渡した場合には、当該商人は譲渡会社とみなされ、会社法 22 条および 23 条の規定が適用される（本条 II）。
　なお、譲渡会社の競業禁止に関する 21 条の規定は、文言上、事業の譲受人が会社でなくとも適用があるので、みなし規定を置く必要はない（商 16 も同じ）。

〔北　村〕

II 規定の内容

会社は自己の名をもって商行為 (5) をすることを業とする者であるから商法4条1項の商人（いわゆる固有の商人）であるが，本条の「商人」には会社は含まれない (12 I ③)。

1 会社がその事業を会社以外の商人に譲渡した場合

会社がその事業を会社以外の商人に譲渡した場合は，当該会社は商法総則の営業譲渡における譲渡人（商 16 I）とみなされて商法 17 条および 18 条の規定が適用される（本条 I）。したがって，事業の譲受人が譲渡会社の商号を続用した場合，譲受人も譲渡会社の事業によって生じた債務を弁済する責任を負う（商 17 I）。会社以外の商人はその商号中に会社であると誤認されるおそれのある文字を用いることはできないが (7)，譲受人が譲渡会社の商号から「株式会社」「合名会社」「合資会社」「合同会社」の文字を取り除いた商号を使用する場合も，原則として譲渡人の商号の続用があるものと解される。譲受人が事業の譲渡の後遅滞なく譲渡会社の債務を弁済する責任を負わない旨を登記するか，譲渡会社と譲受人が第三者にその旨を通知した場合は，譲受人は弁済責任を負わない（通知の場合は通知を受けた第三者に対してのみ弁済責任を負わない。商 17 II）。譲受人が小商人（商7，商則3）である場合は，商号を続用する譲受人は譲渡会社の債務を弁済する責任を負わない旨を登記することができない（商法 7 条による商法 17 条 2 項前段の適用排除）。商法 17 条 1 項の責任を譲受人が負う場合は，譲渡会社の責任は，事業を譲渡した日後 2 年以内に請求または請求の予告をしない債権者に対しては，その期間を経過した時に消滅する（商 17 III）。譲渡会社の事業によって生じた債権について，その譲受人にした弁済は，弁済者が善意でかつ重大な過失がないときは，その効力を有する（同条 IV）。

譲受人が譲渡会社の商号を続用しない場合においても，譲受人が譲渡会社の事業によって生じた債務を引き受ける旨の広告をしたときは，譲渡会社の債権者は，譲受人に対して弁済の請求をすることができる（商 18 I）。その場合，譲渡会社の責任は，広告があった日後 2 年以内に請求または請求の予告をしない債権者に対しては，その期間が経過した時に消滅する（同条 II）。

2 会社以外の商人がその営業を会社に譲渡した場合

会社以外の商人がその営業を会社に譲渡した場合は，当該商人は会社法総則の事業譲渡における譲渡会社（21 I）とみなされて22条および23条が適用される（本条II）。したがって，譲受会社が譲渡人の商号を続用する場合には，譲受会社も譲渡人の営業によって生じた債務を弁済する責任を負う（22 I）。会社以外の商人はその商号中に会社であると誤認されるおそれのある文字を用いることはできないが（7），譲受会社が譲渡人の商号に「株式会社」「合名会社」「合資会社」「合同会社」の文字を付加した商号を使用する場合も，原則として商号の続用があるものと解される〔☞§22 II 2 の①の類型参照〕。譲受会社が営業の譲渡の後遅滞なく譲渡人の債務を弁済する責任を負わない旨を登記するか，譲渡人と譲受会社が第三者にその旨を通知した場合は，譲受会社は弁済責任を負わない（通知の場合は通知を受けた第三者に対してのみ弁済責任を負わない。22 II）。22条1項の責任を譲受会社が負う場合は，譲渡人の責任は，営業を譲渡した日後2年以内に請求または請求の予告をしない債権者に対しては，その期間を経過した時に消滅する（22 III）。譲渡人の営業によって生じた債権について，その譲受会社にした弁済は，弁済者が善意でかつ重大な過失がないときは，その効力を有する（同条 IV）。

譲受会社が譲渡人の商号を続用しない場合においても，譲受会社が譲渡人の営業によって生じた債務を引受ける旨の広告をしたときは，譲渡人の債権者は，譲受会社に対して弁済の請求をすることができる（23 I）。その場合，譲渡人の責任は，広告があった日後2年以内に請求または請求の予告をしない債権者に対しては，その期間が経過した時に消滅する（同条 II）。

III 事業譲渡（営業譲渡）の当事者と本条等の類推適用

譲受人がそれまで商人でなかった場合でも，事業（営業）の譲受けによって商行為を業として行うことになる場合は，事業（営業）の譲受けは開業準備行為として附属的商行為（商503）となり，譲受人は事業（営業）譲渡契約締結の時点では少なくとも商人資格を取得すると解される（大隅306頁，服部409頁）。ただし，事業譲渡の対象である事業がいわゆる絶対的商行為（商501）または営業的商行為（商502）に該当しない場合は（大判昭和12・11・26民集16巻1681頁は理髪業を，東京地判昭和31・7・4下民集7巻7号1748頁は質屋業を，それぞ

れ商行為ではないとして営業譲渡人の競業避止義務を否定した)、会社でない譲受人は原則として商人にはならない（例外として、有限組合10参照）。その場合でも譲渡会社の商号を譲受人が自己を表す名称として使用した場合には、本条1項および商法17条を類推適用すべきである。ただし、譲受人は商人ではないから、譲渡人の債務を弁済する責任を負わない旨を登記することはできない（商17Ⅱ前段）。そのような譲受人が譲渡会社の商号を使用しなかった場合でも、譲渡会社の事業によって生じた債務を引き受ける旨の広告をしたときは、本条1項および商法18条を類推適用すべきである。

　会社がその事業全部を譲渡した場合でも、当然には解散しない。会社以外の商人がその営業全部を譲渡する場合には商人資格を喪失する場合がある。その場合でも営業譲渡は営業の後始末をする行為として商行為（商503）となり、営業譲渡が完了するまでは譲渡人は商人であり続ける（大隅307頁）。

　営業譲渡ないし事業譲渡の対象は商人の営業（事業）でなければならないので、絶対的商行為または営業的商行為に該当しない事業を商人でない者から会社が譲り受けた場合は、商法・会社法上の営業譲渡・事業譲渡にはならない（前掲・大判昭和12・11・26）。もっとも、当該事業の譲渡人の氏名または名称を事業の譲受会社がその商号として（会社であることを示す文字を付加して）用いたときは、本条2項および22条を類推適用してよいと考える（商人からの事業譲受ではないから、22条2項前段の登記はできない）。そのような譲受会社が事業の譲渡人の氏名・名称を使用しなかった場合でも、譲渡人の事業によって生じた債務を引き受ける旨の広告をしたときは、本条2項および23条を類推適用すべきである。

（北村雅史）

第 2 編 株式会社

第 1 章　設　　立（§§ 25-103）
第 2 章　株　　式（§§ 104-235）
第 3 章　新株予約権（§§ 236-294）
第 4 章　機　　関（§§ 295-430）
第 5 章　計 算 等（§§ 431-465）
第 6 章　定款の変更（§ 466）
第 7 章　事業の譲渡等（§§ 467-470）
第 8 章　解　　散（§§ 471-474）
第 9 章　清　　算（§§ 475-574）

第 2 編前注（§§ 25-574）

【文献】江頭憲治郎・会社法人格否認の法理（東京大学出版会，1980）149 頁，**大塚**久雄・株式会社発生史論（大塚久雄著作集第 1 巻）（岩波書店，1969），**加藤**貴仁・株主間の議決権配分（商事法務，2007），後藤元・株主有限責任制度の弊害と過少資本による株主の責任（商事法務，2007）7 頁，並木和夫「株主有限責任の原則の検討」法学研究（慶應）60 巻 12 号（1987）99 頁，**藤田**友敬「株主の有限責任と債権者保護(1)(2)」法教 262 号 81 頁・263 号（2002）122 頁，**吉原**和志「株主有限責任の原則」法教 194 号（1996）14 頁

I 株式会社の概念

1 株式会社の意義

「会社」は，営利事業を営むことを目的とする社団法人の一類型であり，会社には，株式会社・合名会社・合資会社および合同会社の 4 つの種類があることは，すでに述べた〔☞序論 I〕。

会社のうち，「株式会社」は，その構成員（すなわち「株主」）たる地位が株式と称する細分化された割合的単位の形をとり，かつ，その業務執行が株主により直接または間接に選任された第三者機関によって行われる会社である。

⑴ 株　　式

株式会社の構成員である株主が会社との間で有する法律関係（権利・義務関係）の総体（地位）を「株式」（share〔米・英〕；Aktie〔独〕；action(s)〔仏〕）という。株式は，均一の割合的単位の形をとり（持分均一主義〔109 I・308 I・454 III 等〕），各株主は，その株式を複数所有することが認められる（持分複数主義〔32 I ①・121 ② 等〕）。

他方，持分会社（合名会社・合資会社・合同会社）においては，各社員は，それぞれ 1 個の持分を所有し（持分単一主義〔585 I II・587 I 等〕），その持分の量が出資の価額（576 I ⑥）および損益分配の結果（622 I）を反映してそれぞれ異なる（持分不均一主義）。

会社に対する地位を均一の割合的単位で表すことは，当該地位の価格を金銭的に表示すること（取引相場の表示）が容易になるので，その取引を活発に行うことを可能にする。それに対し，持分単一主義・不均一主義をとると，その価

第2編前注（§§ 25-574）　　　　　　　　第2編　株式会社

格の表示方法が難しく，活発な取引には適さない。もっとも，持分不均一主義をとっていても，「額面」制度をとれば，持分の券面額により地位の割合的表示が可能となるから（社債につき，723 I 参照），それを活発な取引の対象とすることが不可能ではない。しかし，平成13年商法改正以後の日本の株式会社制度は，額面株式が廃止され，無額面株式のみの制度となっているので，各株式の均一性は，制度の不可欠の要件となっている。

　なお「種類株式」制度が存在するので（108），株式の内容は常に均一というわけではなく，定款に特段の定めがない限り均一に取り扱われるということである。

(2) 第三者機関制

　株式会社には，1人または2人以上の取締役を置かなければならず（326 I），株式会社の業務執行は，取締役（もしくは取締役会が選任した業務執行取締役）または取締役会が選任した執行役により行われる（348・363・418）。すなわち，取締役は株主が選任するが（329 I），株式会社の業務執行は，株主が直接または間接に選任した第三者によって行われる（第三者機関制）。

　他方，持分会社においては，社員は，定款に別段の定めがある場合を除き，会社の業務を執行する（590 I）。定款の定めによっても，社員の誰にも業務執行権限がない旨の定め（すなわち「第三者機関制」の定め）は，置けないと解される（自己機関制）。

　株式会社において第三者機関制がとられる理由は，第1に，「所有と経営の分離」を想定しているからである。すなわち，株式会社には，きわめて多数の構成員（株主）を持つものがあり，そうした会社において株主が直接に業務執行に関与することは，情報伝達・意思決定プロセス等を考えれば不可能である。また，第三者機関制をとることにより，業務執行者の専門家化も図れる。業務執行を行う人材の確保のため，株式会社のうち公開会社については，取締役が株主でなければならない旨を定款で定めることができないものとされている（331 II）。

　第2に，大規模組織を運営するため不可欠な「権限の集中・ヒエラルキー化」を，第三者機関制の方が行いやすいからである。自己機関制の下で，ある出資者が他の出資者に対し指揮・命令する組織を作ることは，実際上，さほど容易なことではない。

　もっとも，第三者機関制の必要は，株主が多数または経営組織が大規模である株式会社につき実質的に生ずるものであるから，立法論として，株主が少

数・経営組織小規模の株式会社につき自己機関制の選択を認めることは、考えられないわけではない（デラウェア州会社法351、ドイツ有限会社法6Ⅳ参照）。

2 株式会社の特色

持分会社にも一部存在する属性であるので、株式会社の定義に含めるべき事項ではないものの、株式会社の重要な特色といえるものについても、次にふれる。

(1) すべての構成員の有限責任

株式会社の構成員である株主の責任は、その有する株式の引受価額を限度とする (104)。すなわち、株主の責任は「有限責任」である。また、当該株式の引受価額に相当する出資の履行は、株主となる前に行う必要があるので (34Ⅰ・63Ⅰ・208Ⅰ)、株主となった者の責任は、会社債権者に対し直接に責任を負うことのない「間接有限責任」である。

合名会社においては、すべての社員の責任が無限責任であり (576Ⅱ)、合資会社においては、一部の社員の責任が無限責任である (576Ⅲ)。すなわち、社員の責任の点につき、株式会社と合名会社・合資会社との差異は明瞭である。しかし、合同会社においては、すべての社員の責任が有限責任であり (576Ⅳ)、かつ「間接有限責任」である点 (578・604Ⅲ) は、株式会社と同じである。

したがって、構成員の責任は、株式会社と合同会社とを区別する指標ではない。しかし、「すべての構成員の有限責任」は、伝統的に、株式会社の重要な特色とされてきた（大塚25頁、鈴木＝竹内22頁）。

株主の有限責任が正当化される理由として、①少額投資の糾合の必要（分散投資の勧奨）、②所有と経営の分離（株主の会社支配権の喪失）、③株式市場形成の容易化（無限責任の場合、会社債権者は、事実上富裕な株主の責任しか追求しないから、資産家か否かにより、同一会社の各株主の投資リスクひいては所有株式価値に差異が生じ、株式市場を有効に機能させられなくなる。藤田(1)83頁）が挙げられるが、これらは、株式所有が分散した上場会社等の株主の有限責任の正当化理由にしかならない。中小企業・子会社等の株主（極端なケースは一人会社の株主）にも有限責任が認められることを正当化する根拠としては、④失敗の可能性が高くても社会的に望ましい企業活動の促進の必要性、⑤会社債権者の方が株主よりリスク負担能力が勝るケースがある（1つの会社に依存する度合いの高い中小企業の株主より、多数の取引先との間でリスク分散ができる金融機関の方がリスク

第2編前注（§§ 25-574）

負担能力が高い。吉原17頁）等が挙げられよう。

　株主の有限責任は，社会的に有用な役割も果たし得る半面，会社債権者に対し犠牲を強いる点も否定できないので，会社法上，有限責任の見返りとして会社・株主側に一定の措置を要求している。それは，第1に，株主に対する分配可能額の規制であり（461），第2に，計算書類等の開示制度である（378・440・442）。また，株主の有限責任が正義・衡平に反する個別の事案において，裁判所がそれを排除するケースもある［☞法人格否認の法理 Ⅲ 4 参照］。

(2) 株式の譲渡性

　株式は，譲渡・質入れすることができる（127・146 I）。しかし，昭和41年の商法改正以後，定款の定めにより株式を「譲渡制限株式」とすることが可能となったので（2⑰・134・136-145），「株式の自由譲渡性」を株式会社の特色ということはできない。

　ただし，株式会社における譲渡制限株式と，他の社員の承諾がなければ他人に譲渡することができない持分会社の持分（585）との間には，制度上相当大きな差異があることも否定できない。なぜなら，譲渡制限株式の譲渡等承認請求を会社が承認しない場合には，会社は，対象株式を買い取るか，または指定買取人を指定しなければならない（140）。したがって，譲渡制限株式は，会社側に先買権がある株式にすぎず，株主は，買受希望者を見つけさえすれば，所有株式を換金することができる。それに対し，持分会社の持分譲渡については，他の社員が承認を拒んだ場合にも，会社または他の社員側にその買取義務があるわけではない。譲渡を拒まれた社員には，任意退社の権利があるにすぎず（606 I），その権利も，定款で別段の定めをすれば，各社員に「やむを得ない事由」がある場合の退社のみに制限することができる（606 Ⅲ）。

　共同企業においては，各構成員の投下資本の回収の自由の要請と，他の構成員の共同事業者を選ぶ自由の要請との衝突があるので，どの程度構成員の地位の譲渡性を制約すべきかにつき，立法論としていろいろな選択肢があり得るわけである。株式については，上場会社等における「株式の自由譲渡性」が制度の出発点として存在するので，会社法上は，比較的効力の弱い譲渡制限しか認められていない。より強力な株式の譲渡制限措置を望む当事者は，株主間契約等により措置するほかない。

(3) 資本多数決の原則

　株式会社の株主は，株主総会において，原則として，その有する株式1株につき1個の議決権を有する（308 I）。すなわち，2株を有する株主は，1株を有

する株主の2倍の議決権を行使できる。他方，持分会社の業務執行の決定においては，各社員は，定款に別段の定めがある場合を除き，その有する出資の価額にかかわらず1人が1議決権を有する（590Ⅱ）。上記の株式会社の意思決定方式を指して，「資本多数決の原則」とよぶことが多い。

　株式会社において「資本多数決の原則」が行われる理由として，1株1議決権であると各株主の配当請求権割合と議決権割合とが通常一致するので，企業価値の向上に向けて議決権を行使する政策的に望ましいインセンティブが生ずるからである，とする見解がある（加藤68頁）。しかし，この見解では，持分会社において，損益分配は原則として各社員の出資の価額に応じて定まるにもかかわらず（622Ⅰ），業務執行決定権は原則として1人1議決権である点を説明できない。そこで，株式会社において「資本多数決の原則」が行われる理由としては，株式所有が分散した上場会社等においては，株主相互間に信頼関係がないので，1人1議決権制であると，自己の意思に反した会社運営が行われるリスクを懸念して大口出資をする者がいなくなるからである，言い換えれば，大口出資を募る必要性から「資本多数決の原則」が行われている，と考えるべきである。

　したがって，株式会社でも，株主相互間に信頼関係がある閉鎖型のタイプの会社においては，「資本多数決の原則」を修正したいというニーズが強い。会社法上は，議決権制限株式の制度（108Ⅰ③・Ⅱ③・115），および，全株式譲渡制限会社における議決権の「属人的定め」（109Ⅱ・105Ⅰ③）が認められている。しかし，外国に例がある，種類株式としての複数議決権株式および議決権の上限制・逓減制株式等は，日本では認められていない。

　資本多数決の原則に関係し，「資本多数決の濫用」に対する対処という問題がある（109Ⅰ・831Ⅰ③）。

Ⅱ　株式会社の類型

1　会社法上の類型

　株式会社は，資産規模，株主数等から見て，実態はさまざまである。会社法は，一定の要件に該当する株式会社を，「公開会社」（2⑤），「大会社」（2⑥），「取締役会設置会社」（2⑦），「会計参与設置会社」（2⑧），「監査役設置会社」（2⑨），「監査役会設置会社」（2⑩），「会計監査人設置会社」（2⑪），「委員会設置会社」（2⑫），「種類株式発行会社」（2⑬），「旧有限会社」（会社法整備法2

I),「特例有限会社」（会社法整備法3Ⅱ）と定義し，他と異なる規制を加えている。そのそれぞれについては，すでに述べた［☞§2Ⅱ1(2), 5-13参照］。

2 会社法以外の観点からする類型

株式会社を，法律以外も含めた会社法以外の観点から大別すると，次のようになる。

(1) 上場会社

株式が金融商品取引所（金商2 XVI・80-156の22）に上場され，不特定多数の株主が毎日入れ替わる株式会社が「上場会社」である。平成18年末現在，約3800社ある。株式所有は分散し，経営者（常勤で業務執行を行う取締役・執行役）は，事実上株主のコントロールを脱している（株主でなく，経営者が事実上後継経営者を決定できる）のが通常であることから，一方では，経営者が株主の利益最大化以外の目標を追求するのを株主の立場からいかに監視できるか，が問題とされる。また他方では，上場会社は，大量の商品・サービスの提供，雇用の提供等により，国民経済に大きな影響を与える存在であるから，その経営者は，株主の利益ばかりではなく，他のステイクホルダーの利益も尊重すべきであるとの議論もある。これらが「コーポレート・ガバナンス」論といわれる。

(2) 中小企業

約250万社ある株式会社の大部分は，「中小企業」（中基2Ⅰ）である株式会社である。通常，大株主である自然人が経営者であり，所有と経営は分離していない。その経営者は，自己の財産の大部分を会社につぎ込んでいるのが通例なので，内紛等により経営から排除されると悲惨な状況になり，中小企業をめぐる訴訟の多くは，そうした状況で起こる。そうした事態を招かないために，株主間契約等の実務的工夫の必要性が指摘される。

中小企業のうち，「ベンチャー企業」とよばれるものは，成長意欲の強い起業家の事業に対しベンチャー・キャピタル・ファンドが資金を提供し，早期の株式上場を目指すものである。

(3) 従属会社

他の1社または数社が株式の所有を通じ議決権の大部分を有する結果，他社に従属している株式会社が「従属会社」である。約1万社ある大会社（2⑥）のうち上場会社でないものの多くは，従属会社であるが，上場会社である従属会社も少なからずある。従属会社は，当該会社の利益最大化よりも，企業グ

第 2 編前注（§§ 25-574）

ループ全体の利益の最大化を目標に経営されがちであることから，企業グループ全体の利益と従属会社少数株主の利益との対立という問題が生じやすい。

　合弁会社は，2 社以上の会社が共同で運営する従属会社と見ることができる。

(江頭憲治郎)

第1章 設　　立

第1章前注（§§ 25-103）

【文献】相澤哲＝岩崎友彦「会社法総則・株式会社の設立」商事1738号（2005）4頁，ジョイント・ベンチャー研究会編著・ジョイント・ベンチャー契約の実務と理論（判例タイムズ社，2006）

I 株式会社の設立に関する規定

1 株式会社の設立方法

　株式会社の設立は，株式会社という1個の法人を成立させる手続である。

　株式会社の設立につき，明治23年の旧商法は，定款の作成後主務官庁の認可を得て株主を募集し，創立総会終了後主務官庁の免許を得て会社が成立する「免許主義」を採用していた（旧商159・166）。明治32年の現行商法の制定時に，法定の要件を充足する手続が履行されれば当然に株式会社が成立する「準則主義」（general incorporation〔米〕；System der Normativbedingungen〔独〕）が採用された。平成17年制定の会社法も，準則主義を採用している。

　準則主義といっても，法定の要件としてどの程度のものを課すかについては，各国法上相当の差異があり，英米法系の会社法は，原則として，定款の作成のみで株式会社の成立を認める（創立主義）。しかし，わが国の会社法は，定款の作成以外に，対内的には社団の実体の構築（構成員である株主の確定〔25 II・36 III・60・63 III〕・機関の選任〔38・88〕），対外的には物的有限責任の裏付けとなる出資の履行（34・63）を要件として課している。

　会社法は，株式会社の設立方法として，① 発起人が設立時発行株式の全部を引き受ける方法（25 I①〔発起設立〕）と，② 発起人が設立時発行株式を引き受けるほか，設立時発行株式を引き受ける者の募集をする方法（25 I②〔募集設立〕）との2種類を規定している。実際には募集設立が行われる例は少な

〔江　頭〕

第1章前注（§§ 25-103）

く，それを存置すると制度が複雑になる点にもかんがみ，法制審議会会社法（現代化関係）部会における会社法要綱案の検討過程においては，当初，募集設立の方法を廃止する案が有力であった（要綱試案・第四部第二3）。しかし，原始株主になる者で責任発生等を嫌い発起人になりたがらないものもいること，外国人が発起人になると手続的に煩雑であること等を理由に，実務界には募集設立廃止反対論が強く，会社法の下においても，募集設立は存続することとなった。

　株式会社は，発起設立・募集設立の方法によるほか，新設合併（753）・新設分割（763）・株式移転（773）の方法によっても設立される。本章の規定のほとんどは，新設合併・新設分割・株式移転については適用されない（814 I）。

2　発起設立・募集設立の設立手続

　発起設立・募集設立の手続を，会社法と同法制定以前の法制との差異を中心に述べる。

(1)　定款の作成・認証

　発起設立，募集設立のいずれにおいても，発起人が定款を作成し（26），公証人の認証を受けなければならない（30）。当該認証を受けた定款の変更は，会社の成立前は，法定の場合以外認められない（30 II）。

　会社法制定前は，設立時発行株式数が原始定款の絶対的記載事項とされていたが（平17改正前商166 I ③），会社法ではその記載は不要となり，「設立に際して出資される財産の価額又はその最低額」が記載されることになった（27 ④）。最低資本金制度（平17改正前商168ノ4）が廃止されたので，設立に際して出資される財産の価額の最低限に関する規制はない。

　発行可能株式総数は，会社法の下でも定款の絶対的記載事項であるが（37 I・98・113 I），公証人による定款の認証を受ける前にそれを記載する必要はなく，設立手続の完了前にそれを定めればよいものとされている（30 II・37 I・98）。

　公告方法は，会社法制定前（平17改正前商166 I ⑨）と異なり，定款の絶対的記載事項ではなく，定款に公告方法の定めがないときは，官報に掲載する方法が同社の公告方法となる（939 IV）。

(2)　出　資

　設立時に発起人が割当てを受ける設立時発行株式数，当該株式と引換えに払い込む金銭の額等は，発起人全員の同意により定めねばならない（32 I）。募集

第1章前注（§§ 25-103）　　　第2編　株式会社　第1章　設立

設立の場合には，設立時募集株式の数，その払込金額等も，発起人全員の同意により定めねばならない（58 I II）。

設立時発行株式につき金銭を払い込む場合には，払込取扱金融機関において払い込まねばならないが（34・63 I），払込金保管証明制度は，会社法制定前（平17改正前商189）と異なり，募集設立についてのみ適用される（64）。

発起人が出資の履行をしない場合には，失権手続により権利を喪失させる（36）。失権の結果，発起人が1株も権利を取得しなくなった場合には，同人は発起人の要件を欠くことになるので（25 II），発起人の記載を変更した定款に再度公証人の認証を受ける必要が生ずる（相澤＝岩崎10頁）。設立時募集株式の引受人が所定の期日（期間）に払込みをしない場合には，特段の手続を要せず，当然に失権する（63 III〔打切り発行〕）。

会社法においては，発起人・設立時取締役の引受・払込担保責任の制度（平17改正前商192）は廃止されている。また，現物出資等の価額が定款記載の価額に著しく不足する場合における発起人・設立時取締役の財産価額塡補責任は，募集設立についてのみ無過失責任とされ，発起設立については過失責任とされている（52・103 I）。

(3)　設立時役員等の選任・解任

設立時取締役（38 I）などの設立時役員等（39 III）は，発起設立においては発起人により（38-41），募集設立においては創立総会の決議により，選任される（88-90）。

設立手続中における設立時取締役の職務は，設立手続の調査（46・93），設立時代表取締役等の選定・解職等（47・48）に限られ，会社成立後の取締役の職務とは大きく異なる。そこで，会社法の下においては，設立時取締役と取締役とは別の概念とされ（相澤＝岩崎13頁），したがって，会社法制定前と異なり，設立時取締役には，発起設立における検査役の選任申立義務はないものとされている（33 I．平17改正前商173 I 対比）。また，会社法制定前の実務の取扱いでは，設立手続中において，取締役会が，① 定款に定める本店の所在地（最小行政区画）内における会社の住所（地番）の決定，② 株主名簿管理人（123）の決定を行っていたのに対し，会社法の下では，これらの行為も発起人が行うべきことになる（相澤＝岩崎13頁）。

(4)　設 立 登 記

株式会社は，その本店の所在地において設立の登記をすることによって成立する（49）。設立に際して支店を設けた場合には，支店所在地において，本店

〔江　頭〕

第 1 章前注（§§ 25-103）

所在地における設立の登記から 2 週間以内に登記することを要するが（930 I ①），支店所在地における登記の登記事項は，商業登記の電子化により本店所在地の登記所に登記された情報へのアクセスが容易化したことから，会社法制定時に大幅に簡素化された（930 II）。

II 設立の手続開始前の行為

1 一 般

　株式会社の設立に関する会社法の規定は，発起人による定款の作成から始まっているが（26），発起設立にせよ募集設立にせよ，株主が複数いる会社の設立が目論まれる場合には，定款の作成前に，株主になろうとする者の間で，各人の出資比率，成立後の会社における役職の配分，事業の運営方針等に関し，種々の交渉が行われるのが通例である。交渉の結果を踏まえて「株主間契約」が締結され，その内容にそった定款が作成される場合もある。

2 合弁契約

　合弁会社（joint ventures）は，複数の企業（2 社の場合がもっとも多い）が，ともに高い比率の出資を行い，かつ人員の派遣等を通じて経営に能動的に参加する会社である。新規分野への進出の際のコスト削減・リスク分散の目的，技術力のある企業と販売力のある企業とによる能力の相互補完の目的，外国企業の単独進出を認めない発展途上国への進出の目的等で多く行われる。合弁会社を設立する際には，設立手続開始前に，参加企業間において詳細な合意が締結され，「合弁契約書」（joint venture agreements）とよばれる詳細な株主間契約が締結される。合弁契約は，通常，全株主が契約当事者となった株主間契約であるという特徴も備えている。

　合弁契約書に多く含まれる条項については，本書中，別に解説がある〔☞合弁契約〕。

（江頭憲治郎）

合弁契約

【文献】澤田壽夫ほか編著・国際的な企業戦略とジョイント・ベンチャー（商事法務，2005），ジョイント・ベンチャー研究会編著・ジョイント・ベンチャー契約の実務と理論（判例タイムズ社，2006），宍戸善一・動機付けの仕組としての企業（有斐閣，2006），**森田果**「**株主間契約**(1)-(6完)」法協118巻3号-121巻1号（2001-2004），森田果「株主間契約をめぐる**抵触法**上の問題(1)(2完)」法学67巻1号（2003）39頁・6号（2004）166頁，国谷史朗＝平野惠稔「株主間契約による企業（資本）提携・再編」商事1534号（1999）46頁，大杉謙一＝樋原伸彦「ベンチャー企業における種類株式の活用と法制」商事1559号（2000）13頁，**武井**一浩「日本版LLC制度とジョイント・ベンチャー実務への利用可能性」上級商法・閉鎖会社編〔第3版〕（商事法務，2006）299頁

I 合弁契約の意義

　合弁事業が行われる理由は多岐にわたる。例えば，海外で著名なブランドを有し日本市場への進出を考えている外国資本A社と，日本において同種製品の一定の流通網をすでに有している日本のJ社とが（国際）合弁を行うとする。A社は自らが有していない日本における流通網と顧客ベースを，J社は海外で一定のブランド力を有しているA社製品の販売権・商権を得ることで，相互補完的な事業関係が創設される。合弁事業が開始される理由としては，こうした経営資源の相互補完のほか，大規模な設備投資や技術開発を要する事業の開始などのコスト削減・リスク分担・新技術へのアクセス，発展途上国における外資規制の遵守や現地国での国際摩擦回避などが挙げられる。

　合弁事業の形態としては，会社形態（株式会社，合同会社など）と組合形態とが代表的である（いずれがよいのかは，さまざまな考慮要素によってケース・バイ・ケースである）。株式会社形態を採用した合弁事業では，合弁事業を開始するパートナーが契約当事者となって株主間契約が締結されるのが通常である。かかる株主間契約が俗に合弁契約とよばれる。

　合弁契約では，合弁事業開始に当たって決めておく必要がある合意内容が規定されるが，①各当事者が共通の目的に向かって協力する動機付けを確保する仕組みと，②かかる協力を現に相手方当事者が行っていることを実効的にモニタリングする仕組みが規定されることが特徴的といえる（詳細について，宍

〔武井〕

戸70頁以下)。以下では，2以上の事業当事者が株式会社を設立して合弁事業を開始する場合に締結される合弁契約において，通常規定される条項例を紹介する（ベンチャーキャピタリストなどが参加する場合にはさらにいろいろな特殊性があるが，本稿の射程外とする）。

II 合弁契約で規定される条項例

1 契約の目的

合弁契約で当事者の合弁創設の意図を規定しておく理由としては，単に確認的意味のほか，合弁契約規定の解釈における一定の指針とする（例えば，重大な契約違反の有無や競業避止義務の解釈など），株式会社の目的（27①）の基礎とする，などが挙げられる。

2 定　　義

合弁契約においても，契約の効率的なドラフティングのため，特定の意味を置いた用語について定義規定が置かれることが多い。

3 会社の設立

合弁開始に際して株式会社等を設立する場合，会社設立に関する規定が合弁契約にも置かれる。①会社の目的，商号，本店所在地，当初の資本額，授権資本枠，会社役員の状況など会社法上設立に際して決めておくべき事項，②会社設立手続を実行するための各種分担にかかる取決めなどである。定款の内容を契約添付書類として合意しておくこともある。

4 株式保有割合

合弁会社における当事者の株式保有割合は，合弁運営の根幹に関わる最重要事項の1つである。例えば50：50なのかそれとも51：49など支配株主がいるのかによって，合弁会社のあり方も根本的に異なる。なお，いわゆる労務やノウハウの拠出もあることから，金銭出資額に応じた株式保有割合が合意されるとは限らない。

5 合弁会社の機関設計とその運営方法（少数株主保護のあり方を含む）

合弁会社の機関設計とその運営方法のあり方は合弁契約の根幹を構成する事

項である。取締役会の設置，監査役の設置，株主総会の権限の範囲などの基礎的事項について，会社法の下で自由度がかなり高まっている。また，少数株主が存在する合弁の場合，少数株主保護の程度は合弁契約上の重要な交渉事項である。

そこで合弁契約では，会社役員に関する事項（会社役員の員数および構成，代表取締役に関する事項，監査役・監査役会を置くか否かおよびその権限等），取締役会を置くのか否か，株主総会および取締役会の各決議事項の範囲と決議要件，種類株式を発行する場合には株主総会および種類株主総会の決議事項のあり方，取締役会以外の意思決定プロセス（ステアリング・コミッティーの設置等）などが詳細に規定される。

なお，合弁契約において規定される当事者のもっとも重要な法的義務の1つは，①株主として合弁契約の規定に従って議決権行使を行うこと，および②自らが指定して選任した会社役員にも合弁契約の規定に従った行動をとらせることである。①については，議決権拘束契約の法的効果に関する活発な解釈論がある（議論の状況について，江頭311頁以下，森田・株主間契約など参照）。②については例えば，各株主が指定して選任した取締役が合弁契約に従った会社運営を行わなかった場合，「当該株主はその取締役をコントロールできないという理由で本契約に基づく責任を免れるものではない」，「速やかに取締役交代に向けた必要なアレンジを行う」などの趣旨の規定が置かれることがある。

6　合弁会社の資金調達

合弁開始後に必要となる運転資金等の調達に関して，一定のルールを合弁開始時点であらかじめ規定しておくことがある。追加出資義務に関する約定（全株式譲渡制限会社では株主割当てによる募集株式の発行が多い），現当事者（株主）以外の第三者からの出資引受けに関する約定（必要により資金調達間の権利調整と希薄化防止規定を含む），銀行借入れなどデットでの資金調達を行う場合の約定（各当事者からの保証提供義務の有無ほか），資金調達に係る決定機関（取締役会決議事項の範囲，少数株主の拒否権設定等）に関する規定などが置かれる。

7　配当など株主分配

合弁事業からの利益配当が合弁当事者にとって重要な意義を持つケースもあり，配当のあり方など合弁会社の資本政策について，一定のルールを合弁契約で規定しておくこともある。利益配当の決定が少数株主側の拒否権事由と規定

されることも少なくない。

利益分配とは逆に、損失負担に関する規定が置かれることもある。損失負担（減資や債権放棄を含む）の条件・時期、損失負担の上限などである。損失負担に関する規定は、資金調達に係る規定とも密接に関連する［☞6］。

8　株式の譲渡

合弁契約では、パートナーが合弁会社から抜けることで当該合弁事業自体が成り立たなくなるデメリット、株式譲渡を通じた exit 機会の確保の要請、株式を譲渡するとしても他方当事者の競争事業者に譲渡されることは容認できないことなどの諸事情が背景となって、株式譲渡制限に関してさまざまな約定が置かれる。規定の内容は、譲渡制限を受ける株式の範囲、譲渡禁止期間、譲渡承認機関、譲渡承認を要する事由、先買権規定など、いろいろなバリエーションがある。

会社法では、こうした合弁契約における自由度の高い株式譲渡制限約定について、その効果を正面から受け止めた立法がなされており（種類株式制度の拡充を含む）、株式譲渡制限関連約定の法的安定性・実効性は（従前よりも）格段に改善した。

9　各当事者の行為義務等

上記の諸事項以外に、合弁契約では、各合弁当事者に一定の作為義務や不作為義務（covenants）を課す規定が置かれる。典型例としては、各当事者の競業避止義務（各当事者の市場における地位等によって独占禁止法上の論点にも配慮する必要が生じる）や秘密保持義務などがある。少数株主に（会社法上の権利を超えた）一定の情報開示請求権が付与される場合もある。

10　業務運営関連

合弁事業の業務運営に関する事項についても規定が置かれるのが通常である。例えば、上記Ⅰでふれた A 社と J 社との合弁を例にとると、A 社と合弁会社との間で締結される契約関係（商標ライセンス契約など）や J 社と合弁会社との間で締結される契約関係（独占販売契約など）の概要、合弁会社が取り扱う製品の範囲（合弁会社または J 社が有する独占販売権の範囲や競業避止義務の限界、いわゆる improvements の取扱いなどに関連する）、製造・研究開発・販売・販促等に関する基本方針などである。

なお，こうした業務運営関連事項については，（関係する一方契約当事者と）合弁会社が契約当事者となって事業関連契約を別途締結する必要があるものがある。かかる事業関連契約は合弁契約本体とその法的効果をリンクさせておくことが多く（例えば，いわゆるクロス・デフォルト条項を規定しておくなど），またそれが合弁契約自体の実効性を担保する機能［☞13］を果たす得策にもなる。

11 デッドロックへの対処方法

50：50の合弁の場合（ちなみに50：50の合弁は統計的にもかなり多い）や50：50でない場合で少数株主側に一定の拒否権が付与されている場合には，いわゆるデッドロックに陥った際の解決方法も検討しておく必要がある。デッドロックについて合弁契約上は何も規定しない（したがって，デッドロックが生じた際にその場で解決方法を探る）例もあるが，何らかの規定を置く場合には，①より上位の担当者で話し合う機会を設定する（合弁で役員となっている者の上位職位となる者〔株主の代表という側面も持つ者〕同士が直接トップ会談を行うコミッティーを置くなど），②社外取締役や議長など第三者的立場の関係者が決定するところに従うものとする（ただし，適切な第三者の選定等において難点もある），③仲裁・ADRなど裁判外の紛争解決方法に頼る（ただし，仲裁等で対応することになじまないデッドロック事項も少なくない），④交渉期限設定や株式買取オプションなどで一定の合弁解消措置にリンクさせる（ただし，「合弁解消先にありき」では合弁継続を目的としたデッドロックの解決手段とならないので，デッドロック交渉の際に両当事者からの歩み寄りを期待した伝家の宝刀としての効果も企図されている）などがある。

なお，合弁会社の役員は各株主から一種の人事異動の一環で派遣されてきている例が少なくないが，会社法の建前からは，合弁会社の取締役といえども（派遣元の）個別株主の利益でなく会社全体の利益の最大化を図ることが，善管注意義務・忠実義務の内容として求められている。合弁会社における会社役員の利益相反に関する論点は，会社法下の株式会社法制でも根本的解決をみていない論点であり（なお，合弁会社の形態として合同会社を採用する場合には株式会社形態ほど深刻な問題とならないとも考えられる。武井306頁以下），会社法制と合弁会社実務との乖離が残されている主要論点の1つである。かかる法制と実務との乖離が，各株主が相手方派遣役員を会社法上可能な手段を駆使して無為に訴えようとする（現実には，かかる訴えの可能性を1つのテコにして交渉を有利に行おうとする）など，デッドロック状況をさらに悪化させることもあり得る（閉鎖型

の会社におけるこうした会社法上の法的手段の使われ方について，江頭49頁など）。そこでこうした一種の負のスパイラルを防ぐため，例えば，各株主が派遣した取締役について会社からの一定範囲の免責をあらかじめ約定するなど，一定の工夫が合弁契約で約定されることもある（この場合，上記①のようなコミッティーが併せて置かれることが多く，株主同士の直接の話合いの機会をもって状況の改善を図る意図が込められている）。なお，取締役会決議を経ない利益相反行為も，株主全員の合意がある場合には無効とならないと解されている（最判昭和49・9・26民集28巻6号1306頁。最近の事例として，東京地判平成18・5・29判時1965号155頁）。

12　合弁解消・終了

合弁の解消・終了に関しては，①解消・終了の事由，②解消・終了の方法，③合弁契約終了後の取扱いなどについて規定が置かれる。

合弁の解消・終了の事由としては，一方当事者に重大な違約があった場合［☞13］，一方当事者の支配権の移動（例えば，競争事業者に支配権を掌握された場合，営業秘密等の把握を伴う合弁自体を継続することは困難になる）などの事情変更，合弁の目的の達成または不成功（例えば，事業開始から10年経過しても黒字とならない場合には合弁事業は継続しないとあらかじめ合意していたとき）などがある。

合弁の典型的な解消方法は一方当事者（または合弁会社自身）による株式買取りである。買取り条項の実効性確保の観点から，価格や手続の定め方などに関連した多くのバリエーションがある。会社の解散について規定しておく例もある（なお，裁判所が合弁会社の解散を認めなかった事例として，東京地判昭和63・5・19金判823号33頁）。

さらに，合弁契約終了後も存続する当事者の義務の内容（契約期間中にすでに生じている損失負担や法的責任，守秘義務，競業避止義務等）や合弁事業の過程で生じた知的財産権等の財産の処遇（ライセンスに関する取決めを含む）など，合弁契約終了後の取扱いについて定めておく必要がある。

13　契約違反に対する措置

通常の契約と同様，合弁契約でも一方当事者に違約があった場合の措置に関する規定（契約解除規定，損害賠償規定・補償規定など）が置かれる。ただ，合弁契約に規定される義務は，民法の損害賠償法理に従った金銭賠償では違約を受

けた当事者の十分な救済とならない場合が多く，また他人が代わって履行できない作為義務も裁判上の救済を求めることが困難な場合が多い。それだけに合弁契約の各条項の実効性確保のあり方は（デッドロックの解消手段と並んで）合弁契約実務における永遠の課題である。そこで合弁契約違反に対するサンクションについても，懲罰的賠償，株式の強制売渡し・買取り等のオプション条項ほか，さまざまな実務上の工夫が試みられている。合弁契約にとどまらず（クロス・デフォルト条項などを通じて）事業関連契約の解約事由とリンクさせることも，実務上は重要な効果を果たしている。

なお，多数株主側が違約を行い少数株主側が一定の法的救済を求める（一種の典型的）ケースを考えてみると，対象行為の内容いかんによっては，その行為について求められる法的決定機関が，合弁会社の① 株主総会決議事項だったのか，② 種類株主総会決議事項だったのか，③ 取締役会決議事項だったのかによって，少数株主側が当該対象行為の無効または取消しを求めることができるのか否かの結論が異なり得る。これは，少数株主保護のあり方について興味深い実務上の差異をもたらすことになる［☞5］。

14 紛争解決方法

通常の契約と同様，いわゆる dispute resolution に関する規定は合弁契約でも置かれる。dispute resolution の選択肢としては，裁判，仲裁，仲裁以外の ADR が代表的である。国内の合弁契約では（裁判管轄地を定めた）裁判を紛争解決手段として選択する例が多いが，国際合弁のように外国判決の承認・執行の論点がある場合や，合弁事業における特殊性（営業秘密の保持等），他のステークホルダーとの関係の配慮（例えば，パートナー同士がもめていることを公開したくない場合等）などから，非公開の仲裁が選択される例もある。

15 準 拠 法

国際合弁の場合には，準拠法の定めも重要となる。合弁契約の準拠法を海外法と定めた場合に，日本の株式会社を設立して行われる合弁事業において，いかなる事項が（対象会社従属法としての）日本法の適用を受け，いかなる事項が（合弁契約準拠法としての）海外法の適用を受けることになるのか，難しい解釈論となる事項も少なくない（この点に関する論稿として，例えば，森田・抵触法）。

（武井一浩）

第1節　総　　則

> 第25条① 株式会社は，次に掲げるいずれかの方法により設立することができる。
> 1　次節から第8節までに規定するところにより，発起人が設立時発行株式（株式会社の設立に際して発行する株式をいう。以下同じ。）の全部を引き受ける方法
> 2　次節，第3節，第39条及び第6節から第9節までに規定するところにより，発起人が設立時発行株式を引き受けるほか，設立時発行株式を引き受ける者の募集をする方法
> ② 各発起人は，株式会社の設立に際し，設立時発行株式を1株以上引き受けなければならない。

I　本条の意義

本条は，設立の方法としていわゆる発起設立と募集設立との2つの方法があること（本条I），および，発起人が設立時発行株式を1株以上引き受ける義務を負うこと（本条II）を規定する。

II　発起設立と募集設立

1　発起設立（本条1項1号）

発起設立とは，発起人が設立時発行株式の全部を引き受ける方法である。発起人は，まず定款を作成し，定款につき公証人の認証を受け，株式発行事項を決定し，設立時発行株式の全部を引き受け，引き受けた株式について出資を行い，取締役・監査役を選任する（26-56）。

発起設立の場合には，設立手続の当事者は設立を企画した少数の発起人のみであり，発起人相互に関する情報取得コスト・モニタリングコストが安価であるのが通常なので，株式引受人全員の確定が容易であり，その後の設立手続も簡便なものとされている。取締役・監査役の選任には創立総会は不要で発起人

の議決権の過半数という便宜な方法によればよく (40)，払込金保管証明 (64) は不要で払込金受入証明または預金通帳や取引明細表等で足りるし，発起人の現物出資財産等に係る価額填補責任が無過失責任から過失責任に緩和される (52 Ⅱ・103 Ⅰ)。

2 募集設立（本条1項2号）

募集設立とは，発起人が設立時発行株式の一部を引き受けるほか，設立時発行株式を引き受ける者の募集をする方法である。発起人は，まず定款を作成し，定款について公証人の認証を受け，株式発行事項を決定し，かつ，設立時発行株式の一部を引き受ける。設立時発行株式の残部については，縁故募集または公募によって株主を募集し，株式引受人は出資を履行する(26-37・39・47-103)。

募集設立の場合には，募集に応じて申込みを行う発起人以外の者が会社設立企画について不案内であったり，相互に人的信頼関係のない多数の者が参加することになったりする可能性があるから，それらの者に発生する（設立される会社はどのようなプロジェクトを行っていくのか，ともに出資者となる発起人や他の株主はどのような者であるのか，などについての）情報取得コスト・モニタリングコストが発起設立に比べて大きなものになり得る。そこで，設立手続について株式申込人への周知が必要とされ，金融商品取引法上の募集に該当する場合には，会社法上の手続のみならず，金融商品取引法上の情報開示手続等も遵守する必要が生じる。さらに，株式引受人の確定やその後の設立手続についても厳格なものが要求される。株式申込人に対して情報を開示した上で (59)，払込取扱金融機関から出資についての保管証明書を取得することが要求されるし (64)，出資の履行後に創立総会を開催して会社の組織等について決議しなければならない (73-101)。

以上のような両手続の差違のため，定款の作成から設立登記にいたる手続に要する期間は，発起設立であれば1日で終わる場合もあるのに対し，募集設立の場合には最短で4～5日，通常で2週間程度かかることになる（江頭57頁）。

3 募集設立の存在意義

平成2年商法改正前は，発起設立の場合に裁判所による検査役の調査が要求されていた（平2改正前商173）ため，発起設立よりも募集設立の方が主に利用されていた。しかし，平成2年改正において発起設立の場合の検査役の調査の制度が廃止されたため，手続の煩雑な募集設立を利用する必要性は減少し，発

起設立の利用が主になった。そもそも，株式会社設立の実際は，とりあえず会社を設立しておき，事業が軌道に乗ったところで株式を公開するのが一般的であって，設立の当初から一般投資家に対して出資を募りたいというニーズが大きいとは考えにくい。一般投資家からすれば，そのような会社のプロジェクトの良否を判断するのに必要な情報が少なすぎるのが通常であろう。実際，現在の募集設立の実務では，設立時に発起人およびその縁故者以外の出資を募る例はほとんどなく，設立段階から公衆の出資を受けるという本来想定されていた形では運用されていない（江頭56頁）。

このため，会社法立法段階においては，募集設立の方法は廃止し，発起設立の方法に一本化することも検討された（立案担当14頁）。商法と異なり，会社法においては株式会社の最低資本金制度が存在しないため，少額の出資による発起設立をした直後に株式を引き受ける者を募集することにより，募集設立と実質的には同等の結果が得られることになる。そして，募集設立においては，発起人以外で引受人となる者を保護するために手続が加重されているから，あえて募集設立を選択するニーズは考え難いようにも見えるからである。

しかし，実務において募集設立の方法が用いられる可能性が皆無ではないとして募集設立の方法も維持されることとなった。発起設立に比べると一般的に多くのコストを必要とするにもかかわらず，募集設立を利用することの考えられるメリットとしては，①設立当初から発起人としての責任を負わない形で出資者になりたいというニーズに応えることができること，②外国人が発起人となった場合の認証に伴う煩雑な手続（発起人の意思確認・同一性確認，委任状の真正の確認等）を回避できること（発起設立によった場合は日本人が設立した直後に株式を外国人に譲渡するなどの対応が必要になる），③定款の内容が設立の障害になった場合に，定款作成をやり直して公証人の認証を再度取得することを要せず，創立総会だけで定款変更ができること，などが挙げられる（論点解説7頁，江頭57頁注4）。

4 その他の株式会社の設立方法

新設合併（2㉘），新設分割（2㉚），株式移転（2㉜）によっても，株式会社が設立される。これらの方法については，第2編第1章の規定のほとんどが適用除外とされており（814），矛盾が生じないようにされている。なお，持分会社の株式会社への組織変更は，すでに成立していた持分会社という法人が株式会社という法人に変わるだけであって，新たに法人が成立するわけではないか

ら，設立には含まれない。

III 発起人による株式引受け

1 引受けの法的性質

発起人による株式引受けの法的性質をめぐっては，会社設立のためにする発起人の一方的法律行為（単独行為）であるとか，一方的意思表示であると同時に発起人相互間の契約でもあるとか，発起人間の組合契約であるとか，会社設立のための合同行為である（通説）とか，さまざまな説明がなされてきた（新注会(2)131頁〔田中昭〕）。しかし，いずれの立場によったとしても，会社設立に伴う引受けの効力については民法の意思表示の規定が適用された上で51条による修正がなされる点で変わりはなく，実益のある議論ではない。

2 引受けの要否

平成17年改正前商法下においては，発起人による引受けの要否について明文規定はなく争いがあったが，会社法は，かつての判例・通説に従い（大判昭和7・4・19新聞3405号14頁，大判昭和9・12・19法学4巻626頁），発起人の株式引受義務を明定した。もっとも，発起人の引受けが単なる義務にすぎないのか，それとも発起人たる地位の存続要件になるのか（前掲・大判昭和7・4・19も参照），については依然として議論の余地があり得る。しかし，引受けが発起人たる地位の存続要件になるとする立場においても，株式を引き受けなかった者は発起人としての責任を免れることはできないとされているから（大隅＝今井・上181頁），いずれの立場によったとしても結論は変わらない。

なお，他人名義で引受けを行った場合については，名義貸与者が引受人となるのか（形式説），それとも，名義借用者が引受人となるのか（実質説），争いがある。商法下の判例は，名義借用者が引受人となると解していたが（最判昭和42・11・17民集21巻9号2448頁。ただし，会社設立時ではなく設立後の募集株式発行の事案），これは会社法においても維持されると解される（江頭92頁注5）。このことと，定款への署名という形式的基準で決定される発起人（26 I）の株式引受義務との関係をどのように整理するかは，議論が分かれている。この点については，発起人はあくまで定款への署名によって決定され，名義借用者が出資義務を履行したことは第三者の弁済にすぎないと解する立場（江頭61頁注2，高松高判平成8・5・30判時1587号142頁〔有限会社の事案〕）と，実質的な出捐を

〔森　田〕

行った名義借用者が定款に署名を行ったものと解する立場（東京高判平成16・9・29判タ1176号268頁）とがある。

3 引受けの時期・方式

平成17年改正前商法の下においては，発起人の株式引受けの方式として，書面（または電磁的方法）によることが要求されていた（平17改正前商169）。これは，昭和13年改正において，会社設立行為の確実を期し，会社設立の基礎を強固ならしめるためには，少なくとも設立当初の株式が発起人によって何株引き受けられているかを明確にする必要があるために追加されたものである（新注会(2)130頁［田中］）。これに対し，会社法における発起人による株式引受けの方式は，法定されていない（59ⅢⅣと対比）。もっとも，設立登記の添付書類として，設立時発行株式の割当てに関する32条1項の発起人全員の同意を証する書面が必要になるから（商登47Ⅲ），各発起人がそれぞれ何株の引受け・割当てを行ったかについて，いずれにしろ設立登記の時までに書面を作成しなければならないことに変わりはない。引受けについて法律上別段の形式は要求されていないから，特定の発起人が引き受けるべき株式の種類および数を明らかにし，かつ，当該発起人の署名または記名押印のある書面であれば足りる（大隅＝今井・上212頁）。

実務上は，発起人会議事録（発起人が1人の場合は発起人決定書）に各発起人の引受株式数を記載する形で引受けがなされることが多い。募集設立の場合も同様である（江頭77頁注2）。この発起人会の開催時点ではまだ定款が作成されていないから，このやり方では定款に署名をした「発起人」（26Ⅰ）による株式引受けであるとは解されないとする大審院判例がある（大判昭和3・8・31民集7巻714頁）。しかし，あまりに形式的すぎるとして，定款作成前であっても定款の作成を条件としてあらかじめ引受けをなすことができると解するのが学説である（新注会(2)132頁［田中］）。

すべての発起人が同時に株式を引き受ける必要はない。しかし，発起設立の場合は払込期日までに（36Ⅰ参照），募集設立の場合には株主を募集する前に（59Ⅱ参照），株式の引受けをなさなければならない。発起人・引受人間の衡平的取扱いを実現するためであるとされている。

4 引受けの効果

株式を引き受けた発起人は，金銭出資の場合は払込金額を払い込み，現物出

資の場合にはその目的財産の全部を給付する義務を負う (34 I)。引受けを行った発起人は，出資の履行をすることで設立時発行株式の株主となる権利を譲渡することができるが，成立後の株式会社に譲渡を対抗することはできない (35)。

もっとも，出資の履行の催促 (36 I II) によって定められた期日までに出資の履行をしなければ設立時発行株式の株主となる権利を失うだけであり (36 III)，平成17年改正前商法の下における場合とは違って発起人が引受担保責任を負うわけではない（平17改正前商192対比）。ただし，出資の履行をしなかったことにより，設立時出資財産の最低額 (27④) に満たなくなって会社設立ができなくなった場合や，設立後の会社財産がその事業リスクに応じて不十分であって株主・経営者に非効率的な経営インセンティブを生じさせる過小資本状態になってしまったような場合には，一般条項に従って，発起人が会社および第三者に対して損害賠償責任を負う (53) 可能性が残されている。

5 引受けの瑕疵

いったんなされた引受けの無効または取消しについては制限があり，心裡留保（民93ただし書）および通謀虚偽表示（民94 I）の規定は引受けに適用されないし (51 I)，会社成立後は，錯誤無効（民95）・詐欺または強迫による取消し（民96）を主張することができなくなる (51 II)。これに対し，意思無能力・制限行為能力・無権代理の場合には，これらの意思表示に関する民法の規定の適用を制限する51条のような規定が存在しない以上，引受行為は取消しの対象となるし無効になると解さざるを得ない。

もっとも，引受けをなした発起人を保護するための民法の意思表示規定の適用には制限があるとしても，発起人以外の第三者を保護するための規定，典型的には詐害行為取消権（民424）や否認権（破160以下，民再127以下，会更86以下）の規定の適用があり得るかについては争いがある。この点に関しては，民法424条の規定の適用を認めると，株式会社の設立が無効となって会社関係者に大きな影響を与える可能性があることを理由に適用を否定する見解もある（宇都宮地判昭和33・7・25下民集9巻7号1433頁〔ただし，現物出資の事案であり，かつ，株式引受行為と現物出資履行行為とのいずれが取消し対象なのかは明確ではない〕）。しかし，引受けが取り消されたからといって株式会社の設立が無効になるとは限らないし (828 I ①)，いったん会社に拠出された財産が流出することによって損害を被った会社債権者は，発起人・設立時取締役・設立時監査役に

対して損害賠償責任を追及することができる（53Ⅱ）。さらには，詐害目的での会社設立の場合は，発起人や他の株主が通謀している場合が多いと想定されるから，民法424条の適用を全面的に認めるべきであろう（加藤貴仁「判批」ジュリ1305号〔2006〕138頁。なお，東京地判平成15・10・10金判1178号2頁〔現物出資の場合について，株式会社の資本を毀損しない範囲に民法424条の適用を限定する〕）。もっとも，引受行為が詐害行為に該当するとして取り消されたとしても，取消しの効果は債権者と株式会社の間でのみ生じるにすぎないから（大連判明治44・3・24民録17輯117頁），株式会社が発起人に対して再度の引受けを請求できるわけではない。

(森田　果)

第2節　定款の作成

> **(定款の作成)**
> **第26条** ① 株式会社を設立するには，発起人が定款を作成し，その全員がこれに署名し，又は記名押印しなければならない。
> ② 前項の定款は，電磁的記録（電子的方式，磁気的方式その他人の知覚によっては認識することができない方式で作られる記録であって，電子計算機による情報処理の用に供されるものとして法務省令で定めるものをいう。以下同じ。）をもって作成することができる。この場合において，当該電磁的記録に記録された情報については，法務省令で定める署名又は記名押印に代わる措置をとらなければならない。

細　目　次

I　発起人の意義とその地位
　1　発起人の意義
　　(1)　一　般
　　(2)　発起人の資格
　　(3)　発起人の員数
　2　発起人の地位
　　(1)　発起人組合
　　(2)　設立中の会社
II　定款の作成
　1　定款の意義
　　(1)　一　般
　　(2)　定款の性質および効力
　2　定款の作成および発起人全員の署名・記名押印
　　(1)　作　成
　　(2)　発起人全員の署名・記名押印
III　電磁的記録による定款の作成
　1　電磁的記録
　2　署名・記名押印に代わる措置

【文献】大賀祥充・株式会社設立の法理（慶応通信，1975），大森忠夫「会社の設立」田中耕編・講座⑴143頁，北沢正啓「設立中の会社」同・株式会社法研究（有斐閣，1976）1頁，小林量「ドイツにおける設立中の会社をめぐる法律関係についての議論の展開」龍田節＝森本滋編・川又良也先生還暦記念・商法・経済法の諸問題（商事法務研究会，1994）89頁，平出慶道・株式会社の設立（有斐閣，1967），松山三和子「設立中の会社の構成員としての発起人の責任」愛知大学法学部法経論集142号（1996）1頁，丸山秀平「いわゆる『会社の前身（Vorgesellschaft）』について」田中誠二先生米寿記念論文・現代商事法の重要問題（経済法令研究会，1984）18頁，森本滋「会社設立中に会社のためになされる行為の法的取扱い」論叢92巻4＝5＝6号（1973）253頁

I　発起人の意義とその地位

1　発起人の意義

(1)　一　般

本条1項2項は，株式会社の設立には，発起人が定款を作成し，発起人の全

〔江　頭〕

員がそれに署名・記名押印すること（定款を電磁的記録をもって作成した場合には，法務省令で定める署名・記名押印に代わる措置をとること）を要求している。この規定から，判例・通説は，「発起人」とは，定款を書面をもって作成したときはそれに署名または記名押印した者，電磁的記録をもって作成したときは署名・記名押印に代わる措置として法務省令に定めるもの（電子署名。会社則225 I ①）をした者であると解している（いわゆる「形式的概念」。大判明治41・1・29民録14輯22頁，大判昭和7・6・29民集11巻1257頁，大判昭和14・7・7民集18巻833頁，鈴木 = 竹内57頁，大隅 = 今井・上181頁，河本74頁，前田26頁，江頭61頁）。発起人をそのように定義すべき実質的理由として，発起人は，定款の作成以外にも設立に関する種々の権限を有し（31-33・36-38・40-45・57-60・64・65・67・68・70・71・78・82・83・87・95等）かつ設立に関する責任を負担すること（52-56・103等），会社成立による報酬・特別利益を受ける資格を有すること（28③），および現物出資をする資格を有すること（34 I・63 I 対比）等から，発起人の範囲は明確である必要があるからである，と説かれる。具体的には，次の点が問題になる。

(ア) 設立を企画し尽力した者

発起人を形式的概念で捉える結果，実質的に株式会社の設立を企画しそれに尽力しても，定款に署名・記名押印または電子署名をしなかった者は，発起人ではない（前掲・大判明治41・1・29，前掲・大判昭和14・7・7）。会社の設立に実質的に何も関与しなくても，定款に署名・記名押印または電子署名した者は，発起人である。定款に署名等をしないまま，実質的に設立に尽力したにすぎない者は，募集設立において発起人のような外観を呈した場合に，擬似発起人としての責任を負うにとどまる（103 II）。

ただし，発起人の義務・責任の面と権利の面とを区別し，前者の面については，定款に署名等をしていなくても，実質的に設立中の会社の機関として行動した者は発起人としての責任を負う，と解する少数説もある（小町谷操三「発起人の責任」田中耕編・講座(1) 273頁）。

(イ) 第三者による出資の履行

定款に署名・記名押印または電子署名をすることにより発起人が確定するので，定款の署名者（A）が実質的にはいわゆる「名義貸し」であり，Aが引き受けた株式（25 II・32 I）についての出資の履行を名義借人（B）が行っても，当該Bの出資の履行は「第三者の弁済」（民474）にすぎず，Bが発起人（原始株主）となるわけではない（高松高判平成8・5・30判時1587号142頁〔有限会社の

原始社員について〕)。この点で，名義貸しにより設立時募集株式の引受けまたは募集株式の発行等がされた場合の法律関係（実質的出捐者である名義借人が株主となる。最判昭和42・11・17民集21巻9号2448頁）とは異なる。

もっとも，名義借人のイニシアティブでことが運ばれる通常の名義貸しのケースと異なり，定款の署名者側（A）が名義借人（出捐者・B）を欺罔したような事案においては，出捐者を救済するため，定款上の「A」の記載を「B」の署名と認め，Bを原始株主（原始社員）と認めた例がある（東京高判平成16・9・29判タ1176号268頁〔有限会社〕）。

(2) 発起人の資格

発起人は，自然人・法人のいずれであってもよい。外国人も発起人となり得る。

(ア) 自然人である発起人

自然人が発起人となる場合につき，別段資格の制限はないので（331Ⅰ対比），未成年者その他の制限能力者も発起人となり得る。ただし，制限能力者が発起人となる場合には，次のように，民法の定める要件が充足されねばならない。

未成年者の場合には，法定代理人の同意を得て発起人となるか（民5ⅠⅢ・6Ⅰ），または，法定代理人が未成年者である発起人を代理することを要する（民824・859Ⅰ・864）。

成年被後見人の場合には，後見人が成年被後見人である発起人を代理することを要する（民859Ⅰ・864）。

被保佐人または被補助人（それにつき補助人の同意を要する旨の審判があるとき）の場合には，保佐人または補助人の同意を得て発起人となることを要する（民13Ⅰ・16）。

法定代理人が発起人を代理して設立に関する行為をしたときは，罰則（960Ⅰ①・964Ⅰ①・966①・967Ⅰ①・976等）は，行為者である法定代理人に対し適用される（田中誠・上174頁注3）。

(イ) 法人である発起人

法人は，私法人・公法人，営利法人・非営利法人のいずれであるかを問わず，株式会社の発起人となることができる。

しかし，判例によれば，法人，例えば会社（A）がB株式会社の発起人となるためには，A社の定款所定の目的の範囲内にB社の設立発起行為をなすことが含まれていなければならない（大判大正2・2・5民録19輯27頁）。したがっ

て，A社が同社の目的 (27①) と異なる事業目的を掲げるB社の発起人となることは，その結果としてのB社株式の取得が持株比率等から判断して資産運用としての投資の範囲におさまるものであれば問題ないが（会社が資産運用目的で他社株式を保有できることは当然である），B社を子会社として支配する意図であれば，A社の定款所定の目的に反する行為となる（実務相談(1) 372 頁）。もっとも，現在の判例の基準による会社の定款所定の目的の範囲は，非常に広いので [☞§3 II 2(2)]，法人が会社である場合に関する限り，それが株式会社の発起人となるについて支障が生ずることは少ないであろう。

外国法人は，成立が認許される法人であれば発起人となり得る（民35）。外国法人は，公証人に対し定款認証の嘱託をする際，当該法人の本店の所在する国の公証権限ある官公署の作成した法人資格証明書，代表者の代表権限証明書，署名証明書の添付を要する（昭和36・1・30民事甲第233号民事局長通達）。

法人が発起人となる場合には，法人の代表者が設立に関する行為をするので，罰則は，行為をした取締役・執行役その他業務を執行する役員または支配人に対して適用される (972)。

(3) 発起人の員数

発起人の員数につき，法定の制限はない。したがって1人でも足りる。平成2年改正前商法165条には「株式会社ノ設立ニハ7人以上ノ発起人アルコトヲ要ス」との定めがあった。しかし，個人企業の「法人成り」および事業分割による子会社設立等，一人会社を認めることにつき社会的要請があり，かつ，設立時にのみ複数の発起人の存在を要求してみても，藁人形的な発起人を用意することは容易であり，名目的な発起人の存在が後に発起人の責任追及・株主権の帰属等に関し無益な法的紛争を惹起する弊害があることから，同改正により，一人会社の設立が容認された（大谷33頁）。諸外国においても，昔は複数の発起人を要求する例が多かったが，今日では，米国ではほぼ全州が一人会社の設立を認めており（デラウェア州一般会社法101条(a)，カリフォルニア州会社法200条(a)等），イギリスは，1992年に一人会社の設立を許容し（2006年会社法7条(1)），ドイツは，1980年に有限会社につき，1994年に株式会社につき一人会社の設立を許容した（有限会社法1条，株式法2条）。フランスは，1985年に有限会社につき一人会社の設立を許容したが（商法223-1条・223-4条），株式会社については，一人会社の設立・永続をともに認めていない（鳥山恭一「一人会社の法規整」早稲田法学65巻3号〔1990〕1頁）。

〔江頭〕

2 発起人の地位

(1) 発起人組合

(ア) 意 義

発起人が複数存在する場合には，発起人間に会社の設立を共同して行う旨の合意が存在するはずである。判例上，この合意は，民法上の組合契約（民667）であるとされ（大判明治43・12・23民録16輯982頁，大判大正7・7・10民録24輯1480頁），組合は「発起人組合」とよばれる。

発起人は，発起人会を開催し，定款内容・設立時発行株式に関する事項(32)の決定，発起人総代の選任（民670Ⅱ）等を行って議事録に全員が署名し，その発起人会議事録の内容を発起人組合契約（規約）とするのが，通常の実務である。もっとも，発起人会議事録に署名しても，定款に発起人として署名・記名押印または電子署名をしなかった者は組合員でなくなり，当該議事録に署名しなかった者も，定款に署名等をすれば当然に組合員になると解される（松田二郎・株式会社の基礎理論〔岩波書店，1942〕256頁）。組合の成立後も，民法の規定に従う組合員の加入・脱退はあり得る（前掲・大判明治43・12・23，大判昭和13・5・17民集17巻996頁）。しかし，募集設立において設立時募集株式の引受けの申込みをしようとする者に対し発起人の氏名・名称等が通知（59Ⅰ②・27⑤）された後は，設立時募集株式の申込人の期待の保護の見地から，加入・脱退は制限される（前掲・大判昭和13・5・17）。

発起人組合が存在する場合には，発起人による定款の作成，株式の引受け・出資の履行，設立事務の執行等は，組合契約の履行行為の側面を持つ。

(イ) 発起人組合の業務の執行

発起人組合の業務の執行（設立事務の意思決定）は，別段の規定（32・37ⅠⅡ）がない限り，発起人の過半数で決する（民670Ⅰ）。実務上は，発起人総代を定め，業務の執行をこれに一任することが少なくない。

発起人組合の組合員の人的範囲と後述［☞(2)参照］する「設立中の会社」の執行機関である発起人の人的範囲とは，一致する。発起人組合の業務の執行のうち，定款の作成，設立時発行株式の引受け・出資の履行，設立時役員等の選任，設立時募集株式の割当て等は，「設立中の会社」に効果が帰属する行為である。それに対し，設立事務所の賃借，設立時募集株式の申込みをしようとする者に対して行う通知の印刷の委託，設立時募集株式の募集の広告の委託といった株式会社の設立に必要な取引行為は，たとい「設立中の会社」の名義で

行われても，それに効果が帰属するものではなく，発起人・発起人組合に対してのみ効果が帰属すると解すべきである［☞(2)(イ)参照］。

開業準備行為や従前から個人企業等として行われ会社成立後は会社の事業目的となる営業行為等は，株式会社の設立に必要な行為に属さないから，原則として発起人組合を代理する行為とはいえず，たとい発起人組合の名において行われても，全組合員について当然にはその効力を生じない（大隅＝今井・上185頁，北沢・研究46頁。なお，最判昭和35・12・9民集14巻13号2994頁は，「組合員の過半数において組合を代理する権限を有する」ことを理由に，発起人組合のした「営業行為」の効力が全組合員に及ぶことを認めたが，当該営業行為も発起人組合の事業の一部に含む旨が組合員により合意されていた特殊な事案と解すべきであろう）。

(ウ) 発起人組合の債務に対する発起人の責任

発起人組合に帰属する債務につき，各発起人は，分割責任を負う（民675）のが原則で，別段の規定（54・56等）がある場合には連帯責任を負う。例えば，ある発起人が発起人組合の業務執行として行った行為により会社または第三者に対し損害賠償責任を負う場合（53）には，同発起人および当該行為につき任務懈怠等の責任を負う他の発起人があれば当該発起人は，連帯して損害額全額につき賠償責任を負い（54），それ以外の発起人は，発起人組合の債務となる当該損害額につき分割責任を負担する。発起人の意思解釈として原則として各発起人が連帯責任を負うとする見解（鈴木竹雄「判批」判民昭和11年度28事件120頁，北沢12頁注12），会社不成立の場合の規定（56）を類推して各発起人が一般に連帯責任を負うとする見解（松田＝鈴木・上10頁）もあるが，それらの見解によると，何のため特定の場合に連帯責任が規定されているかの説明が困難であるし，実質的にも，私人であり単に一時的にその地位にあるにすぎない発起人に無限責任監査法人の社員等に匹敵する責任（会計士34の10の6Ⅰ）を負わせることは行きすぎであろう。

(2) **設立中の会社**

(ア) 意　　義

発起人は，「設立中の会社」（Vorgesellschaft；errichtete Gesellschaft）の原始的構成員であり，かつその執行機関である。

設立中の会社とは，発起人による定款の作成に始まる設立手続中の各行為の効果がなぜ成立後の株式会社に帰属するのかを説明する法律構成で，ドイツの判例・学説に由来し（田中耕・上243頁），わが国の通説・裁判例（東京高判昭和51・7・28判時831号94頁，東京高判平成元・5・23金法1252号24頁等）にも採用

されている。すなわち，株式会社については，その設立登記〔49〕前に「設立中の会社」という会社成立を目的とする「権利能力なき社団」が成立しており（発起人はその執行機関であり，発起人・設立時募集株式の引受人〔62〕および創立総会〔65〕は，それぞれ成立後の会社の株主および株主総会に相当する。なお設立中の会社の成立時期は，定款が作成されかつ各発起人が設立時発行株式を1株以上引き受けた時点とする見解が有力である〔北沢・研究8頁，大隅＝今井・上186頁〕），設立中の会社と成立後の会社とは同一の存在であるから（同一性説），設立中の会社のすべての関係が成立後の会社に帰属すると説明する。

通説・裁判例は，「設立中の会社」という観念を用いることにより，発起人の行う定款の作成，設立時発行株式の引受け・出資の履行，設立時役員等の選任，設立時募集株式の割当て，創立総会の招集等の効果が成立後の株式会社に帰属することを説明するわけであるが，もちろん，設立中の会社・同一性説がそれを説明する唯一の理論というわけではない。設立中の会社・同一性説を有害・無益であると批判し，他の説明で足りるとする見解もある〔大賀197頁は，発起人は会社設立の意思表示の表意者でありかつ株金払込みに関し信託の受託者の地位に立つとし，長谷川雄一「設立中の会社の否認論」愛知大学大学院・社会科学論集〔1984〕55頁は，法人の設立を直接の目的とする行為は法定移転，財産引受等は第三者のためにする契約〔民537〕であるとする〕。

「設立中の会社」の観念を採用する見解の中においても，発起人が行う開業準備行為・設立費用に属する取引等も同人が設立中の会社の機関として行う行為と見て成立後の会社に効果を帰属させ得ると解すべきか否かをめぐり，(イ)に述べるように見解が対立している。

(イ) 成立後の会社に効果が帰属する行為の範囲

第1説は，法人の形成（株式会社の設立）それ自体を直接の目的とする行為，すなわち定款の作成，設立時発行株式の引受け・出資の履行，設立時役員等の選任，設立時募集株式の割当て，創立総会の招集等のみが「設立中の会社」の機関としての発起人の権限に属し，それ以外では，法定の要件を満たした財産引受け（28②。一種の「開業準備行為」である）のみが発起人の権限に属すると解する（石井＝鴻100頁，田中誠・上167頁，森本・論叢276頁）。言い換えると，設立費用に属する取引行為等は，たとい発起人が設立中の会社の名義で行ったとしても成立後の会社に効果が帰属するものではなく，発起人・発起人組合に帰属するにすぎないと解するわけである。

第2説は，第1説が認める行為のほか，設立事務所の賃借，設立時募集株式

の申込みをしようとする者に対して行う通知の印刷の委託，設立時募集株式の募集広告の委託等の株式会社の設立に必要な取引行為，すなわち定款に記載すれば設立費用（28④）となし得る行為は，定款に記載するか否かにかかわらず「設立中の会社」の機関としての発起人の権限に属すると解する（田中耕・上249頁，大隅＝今井・上206頁，松田・前掲262頁，北沢・研究14頁）。そして，成立後の会社がその取引から生じた債務を弁済したときは，法定の条件を満たし会社の負担に帰すべき設立費用の総額を超える額を発起人に対し求償できるとする。もっとも，この見解によった場合も，発起人は，当該取引行為の効果を「設立中の会社」に帰属させず，発起人・発起人組合に対してのみ帰属させる形でも行為をなし得るわけで，個々の取引行為が設立中の会社の名における行為であるか発起人組合の名における行為であるかは，具体的場合に応じた当事者の意思解釈の問題であるという（北沢・研究22頁注17）。

　なお，この見解に立つと，会社が不成立に終わった場合に，取引行為の相手方が誰に債務の履行を請求できるかという問題があり，会社不成立のときは設立中の会社は遡及的に消滅するとする見解もあるが（田中耕・上248頁），権利能力なき社団の解散と解し，発起人が無資力で責任（56参照）を履行できない場合には設立時募集株式の引受人は取引債権者に劣後して弁済を受けるとするものもある（平出312頁，加藤雅信「『設立中の会社』と『会社不成立』」平出慶道ほか編・北澤正啓先生還暦記念・現代株式会社法の課題〔有斐閣，1986〕90頁）。

　第3説は，第2説が認める行為のほか，開業準備行為，営業行為等も設立中の会社の機関としての発起人の権限に属し，成立後の会社に帰属させ得ると解する。もっとも，発起人が行ったこれらの行為が当然に成立後の会社に帰属すると解するのではなく，財産引受け（28②）と同様の要件を満たした開業準備行為（平出110頁）とか，設立中の会社の構成員全員の同意を得た営業行為（松山24頁）といった行為のみが成立後の会社に帰属するとしている。

　判例は，成立後の会社に効果が帰属する発起人の行為の範囲に関し，「〔平成17年改正前〕商法168条1項6号〔28②に相当する〕の立法趣旨からすれば，会社設立自体に必要な行為のほかは，発起人において開業準備行為といえどもこれをなしえず，ただ原始定款に記載されその他厳重な法定要件を充たした財産引受のみが例外的に許される」とするので（最判昭和38・12・24民集17巻12号1744頁），上記の第3説を採用しないことは明らかである。そして，判例が第1説・第2説のいずれをとるかは必ずしも明らかではないが，大審院には，設立費用に属する取引行為（設立時募集株式の募集の広告の委託）につき，「若右ノ

金額カ会社ノ負担ニ帰スヘキ設立費用トシテ定款ニ掲ケタル金額ニ包含セラレ且創立総会ニ於テ之ヲ承認シタリトセハ右ノ広告料ヲ支払フヘキ義務ハ同会社ニ承継セラレタルモノニシテ発起人タル上告人ハ之カ義務ヲ負担セサルコト如上ノ説明ニ依リ明ナリ」として，定款への記載を条件に成立後の会社への効果の帰属を認めたものがあるので（大判昭和2・7・4民集6巻428頁。同旨，大判昭和8・3・27法学2巻1356頁），現在もこの立場が不変のものとすれば，いわば第1説と第2説との中間の立場と見ることができる。

　上記の見解の中では，第1説を支持すべきである。第2説・第3説をとると，発起人が無資力等の場合，会社が成立当初から想定外の債務を負って出発することになりかねず，成立時の会社の財産的基礎の堅固（資本充実）を図った法の趣旨（28・33）に反するからである。設立中の会社・同一性説の本来の存在意義は，第1説が認める範囲の事項の説明にあったはずであり［☞(ｱ)参照］，それ以上に「設立中の会社」の概念を肥大させることには，弊害が伴う。

　第2説・第3説が支持される実質的理由の1つは，発起人が無資力の場合の取引相手方の保護の要請であり，たしかに禁反言的状況・法人格否認的状況等において取引相手方の保護が必要なケースも存在する。しかし，当該保護は，発起人の権限を広く解するのではなく，事案に応じた個別的な救済の法理によるべきである（札幌地判昭和51・3・19判タ342号328頁，前掲・東京高判平成元・5・23，東京地判平成7・11・17判タ926号244頁）。別の理由として，会社側に有利な取引行為は成立後の会社への帰属を認めた方がよいというものがあり得るが，会社にとって都合のよい機会主義的処理が本当にできるか，という問題がある［☞§28 III 4(2)参照］。

II　定款の作成

1　定款の意義

(1)　一　　般

　定款（articles of incorporation［米］；memorandum of association［英］；Satzung［独］；status［仏］）には，2つの意味があり，実質的には，会社の組織・運営・管理を定めた基本的規則それ自体をいい（実質的意義の定款），形式的には，その規則を記載（電磁的記録で作成した場合には「記録」）した書面（電磁記録で作成した場合には，情報を記録したファイル）をいう（形式的意義の定款）。

〔江　頭〕

第 2 節　定款の作成　　　　　　　　　　　　　　　　　　§ 26

　本条1項にいう「定款を作成〔する〕」とは，実質的意義における定款を定め，かつ形式的意義の定款を作成することである（大判昭和5・9・20新聞3191号10頁）。

　定款に記載（記録）しなければならない事項，および記載（記録）できる事項については，別に定めがある（27-29参照）。なお，会社の組織・運営・管理に関する事項は，すべて定款で定めねばならないわけではなく，軽微・細目的な事項は，取締役会，監査役会等において定める規則（「株式取扱規程」，「取締役会規程」，「監査役会規程」等）に定めることもできる。それらの規則が株主を拘束するためには，常に法令（31Ⅱただし書にいう「（当該株式会社）の定めた費用」等）・定款により授権されている必要があるとする見解（石井編・註解172頁）と，なるべく一定事項につき当該規則を作成する旨および制定・変更の手続を定款中に明定しておくことが適当であるにとどまるとする見解（田中誠・上172頁）とがある。

　会社の設立時に作成される定款が一般に「原始定款」とよばれる。しかし，原始定款の語には，その時点の構成員全員の同意により作成された定款という意味が付されることが多く，創立総会において多数決で変更された定款（96・73・85）は，株式会社の設立時の定款ではあっても，この意味の原始定款とはいえない。

　本条に基づき作成された定款は，公証人の認証を受けることを要する（30）。そして，会社の成立前は，発起人が定めた場所に備え置き，発起人・設立時募集株式の引受人は，発起人が定めた時間内は，いつでも，その閲覧等の請求ができる（31ⅠⅡ・102Ⅰ）。会社の成立後は，その本店および支店に備え置き，株主・債権者は，営業時間内は，いつでも，その閲覧等の請求ができる（31ⅠⅡ）。親会社社員は，裁判所の許可を得て，その閲覧等の請求ができる（31Ⅲ）。

(2)　**定款の性質および効力**

(ア)　**性　　質**

　定款は，法の授権に基礎を有し，作成者である発起人を拘束するのみならず，後に入社した株主をも当然に拘束するところから，単に法律行為的約款と見るのは適当ではなく，自治立法権に基づく一種の「自治法」であると解されている（松本烝治・日本会社法論〔巖松堂書店，1929〕91頁，田中耕・上105頁，大隅＝今井・上13頁，田中誠・上170頁）。

　定款が自治法と解されることから，定款の解釈は，「法令の解釈」に関する

もの（民訴318 I）として上告受理の申立ての対象となるとする見解もある（石井編・註解 171 頁，松田 94 頁）。しかし，大審院の判例には，「会社ノ定款ノ解釈ハ契約書ノ解釈ト同シク事実裁判所タル原裁判所ノ専権ニ属スルヲ以テ之ニ批難ヲ加ヘ上告ノ理由ト為スコトヲ得ス」としたものがある（大判大正6・4・6民録23輯628頁）。また，定款の解釈方法として，法の解釈と同一の原理（定款の文言に表れない個別事情に基づく解釈をすべきでない）により行うべきであるとする見解もあるが（石井編・註解 172 頁），私的な団体の自治的決定によるものにすぎないから，その解釈は，原則として法律行為の解釈方法によるべきであるとする見解（新注会(2) 57 頁［中西正明］）もある。

(ｲ) 効　力

定款は，作成者である発起人を拘束するのみならず，後に入社した株主および会社の機関を当然に拘束する。株主総会・種類株主総会の招集手続・決議方法が定款に違反する場合，および，株主総会・種類株主総会の決議の内容が定款に違反する場合には，決議取消事由となる（831 I ①②）。内容的・手続的に定款に違反する取締役会決議および業務執行取締役等の行為は，対株主関係においては無効である。

会社外の第三者は，当然に定款に拘束されるものではなく，株主および会社の機関が定款に拘束される結果として，第三者には間接的に効果が及ぶにすぎない。会社の機関が定款違反の行為をした場合にも，対第三者関係においては，行為は当然に無効となるわけではない。例えば，代表取締役の権限に対し定款で制限を加えても，善意の第三者に対抗することはできず（349 V），公開会社における募集株式の発行等のように取引の安全が強く要請される場合には，定款違反の代表取締役の行為も原則として無効とならないと解される。もちろん，場合によっては，定款違反が対第三者関係において無効事由となることもある（定款の認めない種類株式の発行等）。

定款は，法の授権に基礎を有するものであるから，会社法の強行規定に反する定款規定は無効である（その他，公序良俗に反する定款規定，株式会社の本質に反する定款規定も無効である）。しかし，どの規定がその意味の強行規定であるか（定款自治を認めない規定であるか）を会社法が文言上明確に線引きしたと解すべきか否かについては，争いがある［☞§29 Ⅲ参照］。

第 2 節　定款の作成　　　　　　　　　　　　　　　　　　　§ 26

2　定款の作成および発起人全員の署名・記名押印

(1)　作　　　成

(ア)　一　　　般

　本条 1 項によれば，株式会社を設立するには，発起人が定款を作成しなければならない。「定款の作成」とは，実質的意義における定款を定め，かつ形式的意義の定款を作成することである点は，前述した [☞ 1 (1)]。

　定款の作成の法的性質につき，とりわけ発起人が複数存在する場合に関し議論がある。判例には，合資会社の設立に関してではあるが，「合資会社ノ設立行為タル定款ノ作成ハ契約ニ非スシテ合同行為ナリ」とした上で，それは会社設立の効果を生じさせようとする各社員の併行する意思表示からなるものであるから，当該意思表示には相手方を観念する余地はなく，したがって虚偽表示の規定（民 94 I）は定款の作成に適用されず（心裡留保〔民 93〕の規定は適用がある），会社設立の真意なしに定款が作成された場合にも会社成立は妨げられない，としたものがある（大判昭和 7・4・19 民集 11 巻 837 頁。なお，51 I 参照）。

　学説においても，複数の発起人による定款の作成は，主観的意味を同じくし，発起人相互間に法律関係を生じさせるものでなく，会社設立・法人格取得に向けられた意思表示であるから合同行為であって，民法 93 条ただし書・94 条・100 条ただし書・108 条・117 条，商法 504 条等は適用されないとされている（大賀 210 頁）。学説の多くは定款の作成の合同行為性を認めるものの，中には，発起人の行う一連の行為を「設立行為」と称し，設立行為を合同行為と性格付け，定款の作成を設立行為の一部と位置付ける形でそれを認める見解が少なくない（大森 146 頁，大隅 = 今井・上 213 頁等）。

　定款の作成につき，発起人が錯誤を理由として当該意思表示の無効を主張し（民 95），詐欺・強迫を理由として取消しを主張する（民 96）ことは妨げられない（大森 154 頁）。しかし，発起人が設立時発行株式の引受けの無効・取消しをすることができなくなった時点（51 II）以後は，錯誤・詐欺・強迫を理由とする定款作成の意思表示の無効・取消しを主張することはできないと解すべきである（新注会 (2) 61 頁［中西］）。

(イ)　書面行為

　本条 1 項は，定款を電磁的記録をもって作成する場合 [☞ III 参照] を除き，実質的意義における定款を記載した書面の作成を要求している。すなわち，書面行為が要求される。

〔江　頭〕

当該書面の形式については，定款を分冊とし，その本文と発起人の署名の部分とを分離させても，定款としての効力に影響するわけではない（大判大正15・2・25判例拾遺（一）民43頁，前掲・大判昭和5・9・20）。定款の各葉間に署名者の契印があることも，有効要件ではない（大判昭和8・5・9新聞3561号7頁）。定款の抹消部分に発起人全員の調印がないからといって，定款は無効とはならない（大判昭和8・5・22民集12巻1230頁）。

(2) **発起人全員の署名・記名押印**

(ア) **一　般**

発起人が書面により定款を作成したときは，その全員がこれに署名し，または記名押印しなければならない（本条I）。定款に署名または記名押印した者が「発起人」であり，それ以外の者は発起人でないことは前述した［☞I1(1)参照］。

署名とは，自署，すなわち自己の名を自ら書くことである。したがって，記名押印と区別された「署名」を他人が代行することはできない。通称による署名も認められる（東京地判大正3・10・29評論3巻商法269頁）。発起人の署名に発起人という文字を付すことは，必ずしも必要ではない（大判昭和8・9・12民集12巻2313頁）。

記名押印は，他人が代行することも認められる（松田＝鈴木・上15頁，石井編・註解173頁，大森162頁）。

署名・記名押印は，募集設立の場合には，設立時募集株式の引受けの申込みをしようとする者に対し発起人の氏名・名称等が通知される時点までにすることを要し，その後に署名・記名押印をした者があっても，そのものは発起人とはならない［☞I2(1)(ア)参照］。ただし，設立時募集株式の申込人全員の同意があれば，追加署名をなし得ると解する余地がある（新注会(2)68頁［中西］）。発起設立の場合には，会社成立前であれば，いつでも追加署名は可能である。ただし，いずれの場合も，すでに定款につき公証人の認証を受けておれば，発起人の追加について改めて公証人の認証が必要となる。

(イ) **代理人の行為による場合**

定款の作成およびそれへの署名・記名押印を，代理人によって行うこともできる。

発起人が他の発起人を自己の代理人とすることも認められる。この場合には，双方代理の禁止の規定（民108）は適用されない（東京控判大正10・4・8新聞1896号17頁）。定款の作成が発起人全員にとって同一の意味内容を持つ効果

第 2 節　定款の作成　　　　　　　　　　　　　　　　　　　§ 26

を生じさせるものであり，発起人相互間に法律関係を生じさせるものではないからである [☞ (1)(ア)参照]。もっとも，双方代理の禁止の規定が適用されない理由として，発起人組合契約の履行として行われることを挙げる見解（松本・前掲 116 頁），定款の作成は実質上組合契約の締結であり，利害対立する契約でないことを挙げる見解（松田 94 頁）もある。

　代理人が定款の作成を行うときは，代理人が定款に本人のためにすることを示して署名または記名押印しなければならない（前掲・大判昭和 7・6・29）。定款の作成は書面行為であるから，定款自体に代理人が本人のためにすることを表示する必要があり，それがない場合は，定款以外の委任状等により代理権が証明されても，有効な代理行為とならない。なお他人による記名押印の代行は認められるから [☞ (ア)参照]，本人の意思に基づき他人が本人の記名押印を代行した場合には，機関による行為として，本人の記名押印と同様の効力が生ずる。

　法人が発起人である場合には，代表者が法人のためにすることを示して署名または記名押印することを要する。

　無権代理人が定款を作成した場合には，本人が追認すれば，本人の行為としての効力を生ずる（民 113 I。松田＝鈴木・上 15 頁，石井編・註解 173 頁，大森 162 頁）。

III　電磁的記録による定款の作成

1　電磁的記録

　定款は，「電磁的記録」をもって作成することができる（本条 II）。電磁的記録をもって作成された定款には，定款の認証（30 I）として，指定公証人が認証文に相当する情報を電磁的方法により付すことになる（公証 62 ノ 6 I，指定公証人の行う電磁的記録に関する事務に関する省令 9 I）。電磁的記録をもって作成された定款は，会社が支店における株主等の閲覧請求に応じることを可能とするための措置として法務省令で定めるもの（会社則 227①）をとっているときは，本店にのみ備え置けば足りる（31 IV）。

　電磁的記録とは，「電子的方式，磁気的方式その他人の知覚によっては認識することができない方式で作られる記録であって，電子計算機による情報処理の用に供されるものとして法務省令で定めるもの」をいう（本条 II 前段括弧書）。当該「法務省令で定めるもの」は，「磁気ディスクその他これに準ずる方

〔江　頭〕　　　　　　　　　　　　　　　　　　　　　　　　　　　　273

法により一定の情報を確実に記録しておくことができる物をもって調製するファイルに情報を記録したもの」とされているが（会社則224），「その他これに準ずる方法」は，①磁気テープ，フロッピー・ディスク等の磁気的方式によるもの，②ICカード，ICメモリー等のように電子的方法によるもの，③CD-ROMのように光学的方式によるもののいずれでも構わないとされている（西村総合法律事務所ネット・メディア・プラクティスチーム編著・IT法大全〔日経BP社，2002〕31頁）。ただし，定款は，設立の登記の申請書に添付する必要があり（商登47Ⅱ①），登記申請書に添付できる電磁的記録は，「日本工業規格X 6223に適合する90ミリメートルフレキシブルディスクカートリッジ」または「日本工業規格X 0606に適合する120ミリメートル光ディスク」のいずれかに該当する構造の磁気ディスクでなければならないとされている（商登19の2，商登則36Ⅰ）。

2　署名・記名押印に代わる措置

　定款を電磁的記録をもって作成したときは，「当該電磁的記録に記録された情報については，法務省令で定める署名または記名押印に代わる措置」（電子署名。会社則225Ⅰ①）をとらなければならない（本条Ⅱ後段）。

　電子署名とは，電磁的記録に記録することができる情報について行われる措置であって，①当該情報が当該措置を行った者の作成に係るものであることを示すためのもの，および，②当該情報について改変が行われていないかどうかを確認することができるもののことである（会社則225Ⅱ）。会社法上は，電子署名につき，それ以上の要件は規定されていないが，定款は，設立の登記の申請書に添付する必要がある（商登47Ⅱ①）。そして，登記申請書に添付する電磁的記録につき措置する電子署名は，一定の要件を満たすものであることが要求されており（商登19の2，商登則36Ⅲ），かつ，当該電磁的記録には，一定の電子証明書を記録することが要求されている（商登19の2，商登則36Ⅳ②）。

　電磁的記録をもって作成した定款の認証の嘱託は，発起人が当該定款に電子署名を行い，かつ，これに，電子署名に係る地方公共団体の認証業務に関する法律（平成14法153号）3条1項の電子証明書その他自己が電子署名を行ったことを確認するために必要な事項を証明するために作成された電磁的記録であって法務大臣が指定するもの（電子証明書）を付した上で，これを電気通信回線により指定公証人に送信して行う（公証62ノ6Ⅲ，指定公証人の行う電磁的

第2節　定款の作成　§27

記録に関する事務に関する省令9 I）。指定公証人は，発起人またはその代理人が指定公証人の面前で当該電磁的記録に電子署名をしたことを自認したとき，定款の認証を行う（公証62ノ6 I）。

(江頭憲治郎)

（定款の記載又は記録事項）
第27条　株式会社の定款には，次に掲げる事項を記載し，又は記録しなければならない。
1　目的
2　商号
3　本店の所在地
4　設立に際して出資される財産の価額又はその最低額
5　発起人の氏名又は名称及び住所

細　目　次

I　趣　旨
　1　序　説
　　(1)　定款の絶対的記載事項の内容
　　(2)　絶対的記載事項を定款に記載すべき時期
　2　沿　革
　　(1)　株式会社の場合
　　(2)　旧有限会社の場合
　3　経過措置
　　(1)　旧株式会社の場合
　　(2)　旧有限会社の場合
II　目的（本条1号）の意義
　1　序　説
　2　「目的」の具体性
　3　「目的」の明確性
　4　「目的」の営利性
　　(1)　登記実務
　　(2)　会社法における営利性
　　(3)　本条1号と105条の関係
　　(4)　「目的」の営利性を緩和する意義
　5　「目的」の適法性
　6　その他
III　商号（本条2号）の意義
　(1)　序　説
　(2)　類似商号規制の廃止と同一住所・同一商号の禁止
　(3)　不正目的の商号等の使用禁止
　(4)　商号に使用し得る文字
IV　本店の所在地（本条3号）の意義
V　設立に際して出資される財産の価額またはその最低額（本条4号）の意義
　1　総　説
　2　「会社ノ設立ニ際シテ発行スル株式ノ総数」の削除
　3　最低資本金制度の廃止
　　(1)　最低資本金制度の趣旨と沿革
　　(2)　最低資本金規制の見直しの背景
　　(3)　最低資本金規制の撤廃をめぐる論議
　　(4)　残された問題
　4　「設立に際して出資される財産の価額又はその最低額」の意義
　　(1)　序　説
　　(2)　「出資される財産の価額又はその最低額」
　　(3)　出資額が定款記載額に満たない場合
　　(4)　「出資される財産の価額又は最低額」の下限額
　　(5)　設立時における資本金および準備金の計上
VI　発起人の氏名または名称および住所（本条5号）の意義
VII　発行可能株式総数

[文献]　相澤哲＝岩崎友彦「会社法総則・株式会社の設立」商事1738号（2005）4頁，稲葉威雄・会社法の基本を問う（中央経済社，2006），**岩原紳作**「日本私法学会シンポジウム『新会社法の意義

と問題点』I 総論」商事 1775 号（2006）4 頁, **江頭憲治郎**「『会社法制の現代化に関する**要綱案**』の解説（I）」商事 1721 号（2005）4 頁, **江頭憲治郎**ほか「**座談会**・『会社法制の現代化に関する要綱案』の基本的な考え方」商事 1719 号（2005）8 頁, **江頭憲治郎**ほか「**座談会**・『会社法制の現代化に関する**要綱試案**』をめぐって」商事 1685 号（2004）8 頁, **落合誠一**「会社の営利性について」江頭還暦・上 1 頁, **神作裕之**「**会社法総則**・擬似外国会社」ジュリ 1295 号（2005）134 頁, **郡谷大輔**＝**岩崎友彦**「会社法における債権者保護（上）（下）」商事 1746 号 42 頁・1747 号（2005）19 頁, **近藤光男**＝**志谷匡史**・改正株式会社法 IV（弘文堂, 2005）, **弥永真生**「日本私法学会シンポジウム『新会社法の意義と問題点』V 会社法と**資本制度**」商事 1775 号（2006）48 頁, **吉原和志**「株式会社の設立」ジュリ 1295 号（2005）17 頁

I 趣　旨

1 序　説

(1) 定款の絶対的記載事項の内容

　本条は, 株式会社の定款に必ず記載・記録しなければならない事項を定めた規定である。

　定款の記載事項は, 講学上, 絶対的記載事項, 相対的記載事項, 任意的記載事項に分類されてきた。絶対的記載事項とは, 定款に必ず記載または記録しなければならない事項であって, これを記載または記録しないときには定款自体が無効となるものである。相対的記載事項とは, 定款で定めないとその事項の効力が認められないものである。これを定款に記載しなくても定款自体の効力が否定されるわけではない点で絶対的記載事項と異なり, 定款に定めない限り効力が認められない点で任意的記載事項と異なる。任意的記載事項とは, 定款に記載せず他の方法で定めても有効であるにもかかわらず, 会社の意思で定款に記載する事項のことである。定款に記載しなくても定款自体が無効となるわけではない点で絶対的記載事項と異なり, また定款に記載せず株主総会決議あるいは取締役会規則等により定めても効力が生ずる点で相対的記載事項と区別される。それでも, 定款に記載すればことの趣旨が明確になる等の意味があるため, 定款に規定されるものである。いったん定款に定められた場合には, その事項を変更するには定款変更の要件を満たさない限り変更できないことになる。これに対し, 定款中に定められてもその定めが強行規定に違反するため, または会社の根本規範としての定款の性質にそぐわないため会社法上の効力を生じない事項がある。これは無益的記載事項とよばれる（江頭 73 頁）。

　本条は, 株式会社の定款に記載または記録しなければならない事項として, ① 目的, ② 商号, ③ 本店の所在地, ④ 設立に際して出資される財産の価額ま

たはその最低額，⑤発起人の氏名または名称および住所，を定める。平成17年改正前商法166条が定款に記載しなければならないと定めていた事項［☞2(1)］に比較して，かなり簡略化されている。

これらの事項が記載された定款は公証人による認証を受けなければならず(30)，これらの事項の記載を欠くときは，定款全体が無効となり，設立無効の原因ともなると解される。これらの事項が定款の絶対的記載事項であることは明らかであるが，定款の絶対的記載事項は，本条に掲げる事項に限定されるのか。平成17年改正前商法166条1項3号は，明文により，「会社ガ発行スル株式ノ総数」（発行可能株式総数）を定款の絶対的記載事項としていたのに対して，本条はそうした定めを欠く。そのため，発行可能株式総数については，以下に述べるように見方が分かれている［☞(2)参照］。

(2) 絶対的記載事項を定款に記載すべき時期

発起人の作成する26条1項の定款は，公証人の認証を受けなければならないため (26 I・30 I)，本条が掲げる事項は，それまでに定款に記載されなければならない。しかし，発行可能株式総数については，それまでに定款に定めなくても，会社の成立時までに，発起設立の場合には発起人全員の同意により，募集設立の場合には創立総会の決議により，定款を変更してその定めを設ければよいことになった (37 I II・98)。設立過程における株式の引受状況を見ながら発行可能株式総数を適切に確定できるように，定款への記載時期をずらしたにすぎない。会社法の下で，授権株式数を意味する発行可能株式総数を定款に定めることの必要性とその意義が低下したわけではない。したがって，会社成立時の定款においてこの定めがなければ，定款自体が無効になると解さざるを得ない。前述した定款の絶対的記載事項の定義に従えば，発行可能株式総数もまた，これに含まれるというべきである（江頭66頁，神田41頁）。もっとも，登記実務においては，これを定款の絶対的記載事項に含めないとしている（平成18年3月31日付民事局長通達第2部第1・1(1)・別冊商事法務297号26頁）。

この点に関連して，原始定款とは，公証人による認証時のものをいうのか，会社成立時のものをいうのか，問題になる。上記の登記実務の立場は，前者の考えに立つものであるが，発行可能株式総数を定款の絶対的記載事項と解する立場に立っても，同様に解すべきと考える。そう解することが，発行可能株式総数の定めについて，定款を変更してその定めを置くことができるとする会社法 (37 I II・98) の規定の仕方により適合的といえるからである。

なお，定款の絶対的記載事項であっても，設立時にのみ意味を有する一時的

な規定あるいは経過措置的規定は，定款の附則として記載されるのが一般的である。本条に掲げる事項のうち，「設立に際して出資される財産の価額又はその最低額」および「発起人の氏名又は名称及び住所」の事項がそうした性質のものである。

2 沿　革

(1) 株式会社の場合

　何を定款の絶対的記載事項とするかは，会社形態により異なり，また，時代によっても異なる。

　明治32年制定の商法では，①目的，②商号，③資本の総額，④1株の金額，⑤取締役が有すべき株式の数，⑥本店および支店の所在地，⑦会社が公告を為す方法，⑧発起人の氏名および住所，であった。昭和13年改正法では，上記の⑤の事項が定款の絶対的記載事項から削除された。昭和25年改正法では，授権資本制度および無額面株式制度が採用されたため，定款の絶対的記載事項も以下のように大幅に変更された。①目的，②商号，③会社が発行する株式の総数，④額面株式を発行するときは1株の金額，⑤会社の設立時の発行株式総数につき株主に対する新株の引受権の有無または制限に関する事項，新株引受権を特定の第三者に付与する場合はその事項，⑥会社の設立に際して発行する株式の総数ならびに額面・無額面の別および数，⑦会社の設立に際して無額面株式を発行するときはその最低発行価額，⑧本店および支店の所在地，⑨会社が公告を為す方法，⑩発起人の氏名および住所，とされた。その後，これらの事項のうち，昭和30年の改正では，新株引受権に関する5号が，昭和37年改正では，⑧から支店の所在地の事項が削除された。昭和56年改正では，無額面株式の最低発行価額を定める平成13年改正前商法168条ノ3が新設されたことに伴い⑦の事項が，平成13年6月改正では，額面株式が廃止されたことに伴い④の事項が，それぞれ削除され，⑥の事項の一部が修正された。

　かくして，会社法制定直前で株式会社の定款の絶対的記載事項は，目的，商号，会社が発行する株式の総数，会社の設立に際して発行する株式の総数，本店の所在地，会社が公告を為す方法，発起人の氏名および住所，となっていた。そして，会社法では，これらのうちから，さらに設立時発行株式数および会社の公告方法の事項が削除されたのである。また，前述のごとく，発行可能株式総数は原始定款に記載しなくてもよいことになった。一方，新たに「設立

第2節　定款の作成　　　§27

に際して出資される財産の価額又はその最低額」が定款の絶対的記載事項に加えられたのである。

(2) 旧有限会社の場合

昭和13年制定の有限会社法6条では，以下の事項が定款の絶対的記載事項とされていた。すなわち，①目的，②商号，③資本の総額，④出資1口の金額，⑤社員の氏名および住所，⑥各社員の出資の口数，⑦本店および支店の所在地，である。その後，昭和37年改正により，⑦の事項から「支店」の所在地が削除されたが，それ以外の事項は加除修正されていない。

3　経過措置

(1) 旧株式会社の場合

整備法により，旧株式会社の定款は，新株式会社の定款とみなされることになった（会社法整備法66Ⅱ）。とはいえ，平成17年改正前商法166条の定める定款の絶対的記載事項と，本条の定める定款の絶対的記載事項とが完全に一致していないため，このみなし規定だけで，会社法が求める定款の絶対的記載事項がすべて満たされることになるわけではない。そこで整備法76条1項は，旧株式会社の定款における絶対的記載事項（ただし，6号の「会社の設立に際して発行する株式の総数」を除く）に関する記載・記録は，これに相当する新株式会社の定款における記載・記録とみなされるとする。かくして，旧株式会社等の定款に記載された，目的，商号，会社が発行する株式の総数，本店の所在地は，そのまま会社法上の目的，商号，発行可能株式総数，本店の所在地，としてみなされることになる。

(2) 旧有限会社の場合

整備法により，旧有限会社の定款，社員，持分，出資1口は，それぞれ存続する株式会社の定款，株主，株式，1株，とみなされることになる（会社法整備法2Ⅱ）。しかし，旧有限会社法の定める定款の絶対的記載事項と会社法の定める定款の絶対的記載事項とは一致していないため，さらに整備法5条1項により，旧有限会社法6条1項1号の「目的」，同2号の「商号」，同7号の「本店の所在地」は，それぞれ新株式会社の定款における「目的」「商号」「本店の所在地」の記載・記録とみなされると定められている。また，旧有限会社法6条1項3号の「資本の総額」，同4号の「出資1口の金額」，同5号の「社員の氏名・住所」，同6号の「各社員の出資口数」については，新株式会社の定款に記載・記録がないものとみなされる（会社法整備法5Ⅰ）。これらの事項は，会

〔森〕

社法では定款の絶対的記載事項とされていないためである。

なお、会社法の定款の絶対的記載事項である発行可能株式総数は、旧有限会社の資本の総額を当該旧有限会社の出資1口の金額で除して得た数とされている（会社法整備法2Ⅲ）。

Ⅱ　目的（本条1号）の意義

1　序　　説

「目的」とは、会社が営もうとする事業のことである。それゆえ事業目的ともいわれる。事業を現実に営んでいるかどうか、またその数は問われない。会社の目的は、商号、本店所在地と並んで、会社を特定するための基本標識であるところから、定款の絶対的記載事項とされている。登記事項でもある（911Ⅲ①）。

会社の権利能力は、この定款所定の目的の範囲内に制限されるかという問題がある。平成18年改正前民法43条の下で、多数説・判例はこれを肯定してきたが、近年ではむしろ同条の会社への類推適用を否定する見解が多くなっていた。同条は、イギリス判例法の能力外法理を継受したとされるが、そのイギリスでも近年の法改正により、会社が能力外の抗弁を主張できないことになっていた。ところが、平成18年改正民法34条は、法人は定款所定の目的により権利能力が制限されると明文で定めている。この法人には会社も含まれるため（民33Ⅱ）、会社の権利能力は定款所定の目的により制限されることが明文で明らかにされたことになる。これは上記の立法動向および学説の状況にそうものとはいえず、こうした立法のあり方を疑問視する見解もある［☞§3Ⅱ2(2)参照］。

他方、取締役は、法令・定款に従って行為すべき義務があるから（355）、定款所定の目的の範囲外の行為をすれば、会社あるいは第三者に対して責任を負うべきことになる（423・429、なお963Ⅴ③）。また、株主あるいは監査役はそうした行為を差し止めることができる（360・385）。

このように定款に記載された「目的」は法的に重要な意義を有するが、それでは、どのように記載すればよいのか。これまでわが国の商業登記実務では、この「目的」の適格性は「具体性」、「明確性」、「営利性」および「適法性」の基準により判断されてきた。そのうちとくに「具体性」「明確性」の基準が厳格に運用されたことが、後述するような弊害を生ぜしめることになった。そこ

第2節　定款の作成　　　　　　　　　　　　　　　　　　　　§27

でそうした運用を緩和するため，会社法の下では，「目的」の適格性を判断する基準の一部が大きく見直されることになった。

2　「目的」の具体性

　これまで，会社の目的は，会社の事業が何であるかを具体的に確知できる程度に明確に定めなければならないとされてきた。会社の債権者その他の利害関係者に適切な情報を提供するということもその理由の1つであったが，最大の理由は，これまで類似商号規制が行われてきたことにある。すなわち，平成17年改正前の商法および商業登記法の下では，他人が登記した商号については，同一市町村内において同一の営業のために同一の商号を登記することはできなかった（平17改正前商19）。また，同一市町村内において同一の営業のために他人が登記した商号と判然区別することができない商号もまた登記することができなかった（平17改正前商登27）。このような類似商号規制が行われているところでは，「目的」の記載が抽象的・包括的でもよいとなると，類似商号規制の及ぶ範囲はきわめて広範囲なものとなり，既登記商号に独占的な保護を与えたのと変わりないことになる。こうしたおそれを防止するために，会社の目的は明確かつ具体的に記載しなければならないと解されてきたのである。

　実際の登記実務では，同一商号または類似商号であるかどうかの判定は，「同一の営業」であるかどうかで判断されがちであった。そのため「同一の営業」と判定されないように，事業目的を必要以上に細分化して定款に記載する実務が広がり，以下のような弊害を生ぜしめることになった。①商号選択の際，類似商号規制に違反しないかどうかを十分調査する必要が生じ，迅速な会社設立が困難になったこと，②審査の厳格化は，IT事業のように馴染みの薄い新規分野に不利に働き，また円滑な起業の障害となったこと，③また，こうした事情に付け込み，商号権の売買で稼ぐいわゆる「商号屋」が暗躍するようになったことなどである（相澤＝岩崎5頁，江頭65頁）。

　そこで，会社法は，こうした弊害を除去するために，類似商号規制そのものを廃止することにした。登記審査のあり方も見直され，通達により，設立登記等において，会社の目的の具体性について審査は要しないとされた（平成18年3月31日付民事局長通達第7部第2・別冊商事法務297号133頁）。その結果，会社の「目的」の記載は，「商業」「商取引」「製造業」「小売業」「ITビジネス」「健康食品業」「総合サービス業」「輸出入業」等といった抽象的・包括的なものでもよいことになった。

〔　森　〕

§27　　　　　　　　　　　第2編　株式会社　第1章　設立

もっとも，抽象的な事業目的でもよいとなると，新規事業の実施や子会社利用による事業展開が容易になる［☞6参照］反面，株主が取締役による目的外行為を差し止めることが困難になる不利益も予想される。しかし，株主には，定款の目的を具体性のないものに変更する定款変更手続に参加する機会が保障されていること，あるいは，具体性のない目的の会社の株主になることを了解して会社の構成員となっているのであるから，そうした不利益は自己責任の問題と割り切ってよいとされたのである（法務省民事局商事課・意見募集「『会社法施行後の会社の目的における具体性の審査の在り方』について」）。

3　「目的」の明確性

目的の明確性とは，定款に記載された目的の意義が明瞭であって，何人にも理解できることをいう（新注会(2)77頁［中西正明］）。実際に明確性があるかどうかは，①目的を示す語句の意義が一般人に明らかであるか，②目的全体の意味が明らかであるかどうかを社会通念に従って判断するとされていた（法務省民事局第4課職員編著・会社の商号と事業目的〔新訂第2版〕〔商事法務研究会，1990〕83頁）。例えば，専門用語でその意味が明瞭であってもそれが専門家にしかわからないもの，あるいは，外来語で国語辞典等の辞書類に掲載されていないようなものは，明確性があるとはいえない（全株懇モデル26頁）。明確性を欠くとされた先例として，「事業者の経営に関する一般の指導及び指針」「株主の商品発送の共同事業，株主の仕入れおよび販売に関する共同事業」等の記載例がある（法務省民事局第4課職員編著・前掲85頁）。

なお，目的の記載は，すべて日本文字によらなければならない。ただし，社会的に認知された語句であれば，明確性の基準に反しない限り，ローマ字を使用することができる（「目的の登記にローマ字を含む語句を用いることについて（平成14年10月7日民商第2365号民事局商事課長通知）」民月57巻11号201頁）。

4　「目的」の営利性

(1) 登記実務

これまで，登記実務では，定款に記載される目的は，営利性を有する事業でなければならないと解されてきた。営利性を有するものであれば，公益性の高いものでもよい（例えば，「身体障害者の職業指導若しくは職業斡旋」〔昭和42年2月28日民事四発100号民事局第4課長回答〕）。しかし，営利性のないことが一見明瞭である事業（例えば，「（一）社会福祉への出資並びに永続退職従業員の扶助，（二）会

社及び業界利益のための出費並びに政治献金」〔昭和40年7月22日民事四発242号民事局第4課長回答〕）は，会社の目的とすることはできないとされてきた。

　このように，営利性を有しない事業は会社の目的とすることはできないと解されてきたが，社会的存在としての会社に期待される寄付金あるいは政治献金をなすことは，定款所定の目的の範囲内の行為であると解されている（最大判昭和45・6・24民集24巻6号625頁）。

　定款に記載される目的が営利性を有するものであることを要するとされる理由は，株式会社が営利法人であることに求めるのがこれまで一般的であったといえる（中村均・定款作成の理論と実務〔民事法研究会，2000〕28頁）。こうした理由付けによる限り，会社法においても後述のごとくこれまでどおり営利性の概念が認められることから，定款に記載されるべき目的は，今後も営利事業に限られるという結論が導かれることになる。

(2) **会社法における営利性**

　会社法の下でも，営利性の概念は基本的に維持されているということができる。この点について異論はあまりないといえるが，これまでとまったく同じように営利性を観念できるか，あるいは，何に根拠を求めるかという点については，見方が分かれている。会社法は営利社団か否かという問題についてまで改正を加えるという含意はないと理解する見解（山下友信「新会社法の意義」法教304号〔2006〕7頁），あるいは，5条があるがゆえに，平成17年改正前商法52条1項の下で一般に解釈されていたと同じように，商行為をなすことを目的とする要件の中に，営利性がその前提として定められていると解釈できるとして，会社法の下でも営利性は要件とされていると説く見解（落合24頁）がある。また105条1項が，株主に剰余金の配当を受ける権利および残余財産の分配を受ける権利を定めていることに営利性の根拠を求める見解もある（一問一答25頁）。

　これに対して，105条2項が，剰余金の配当を受ける権利および残余財産の分配を受ける権利のすべてを与えない旨の定款の定めは無効であると定めるところから，依然として営利性は株式会社の本質的要素であると解し得るとしても，そのいずれか一方の権利を与えない旨の定款の定めは有効であると定めている点で，営利性は相対化されていると論じる注目すべき見解がある（神作・会社法総則138頁）。

　この見解は，純粋に非経済的目的だけのために会社形態を用いることはできないが，部分的にでも経済的目的の追求が含まれていれば，会社形態を用い

て，慈善的，他益的，共益的目的を追求できるとする。そして，このように，法人の存在目的たる「目的（Zweck）」が相対化されている以上，「事業目的（Gegenstand）」についても柔軟に解してよく，共益的あるいは慈善的・利他的な目的であっても，営利性の要素が他の事業目的に含まれている場合には，登記し得るかどうか再検討すべき余地があると説く（神作・会社法総則141頁）。

(3) **本条1号と105条の関係**

上記の最後の見解の説くように，会社の事業目的に，営利事業が一部でも含まれている限り，共益的あるいは慈善的・利他的な事業目的についても，会社の目的として定款に記載することができると解することに賛成したい。これまで営利事業に限定してきた登記実務も改められるべきと考える。もっとも，その根拠については，105条2項の規定から直接導かれるというよりも，本条1号が会社の事業目的を定款の絶対的記載事項としている趣旨と105条の関係に注目すべきと考える。会社法が事業目的を定款の絶対的記載事項としているのは，会社がどのような事業を目的とするかが出資者にとってきわめて重要な意味を有するからである。換言すれば，本条1号は，出資者にとって重要な意味を有する事業を記載することを求めていると解される。会社法制定前は，剰余金配当請求権および残余財産分配請求権は株主の基本権と考えられており，定款でその権利を制限し得るとは想定されていなかったといえよう。こうした株主の基本的権利を保障するためには，定款に記載される事業目的は，分配の財源たる利益を生み出す事業，すなわち営利事業に限定すべきことになる。これまでの登記実務は，まさしくそうした趣旨にそって運用されてきたといえる。

これに対して，会社法は，105条という規定を新たに設け，1項において株主にこれらの権利があると定めることで，営利性がこれまでどおり株式会社の本質的要素であることを明らかにしつつも，2項において，株主が定款でこれらの権利の一方あるいは大半を行使しないと定めることを容認している。これは，1項で定めた営利性について，定款自治により，いわば営利性の程度を定めることを認めたものと解することができる。剰余金を分配する権利および残余財産を分配する権利の全部を与えない旨の定めでない限り，定款で営利性の程度を大幅に低下させることができるのである。このように，定款自治により営利性の程度を引き下げる場合，その限りで「株主利益最大化の原則」に例外を設けることを意味する。

この105条2項の定款の定め方としては，営利事業を行うが，その利益の大

半を非営利事業に寄付する形のものもあれば，事業目的として営利事業と非営利事業を併記し，非営利事業に支障を与えない範囲で利益を分配するという形のものもあってもよいと考える。いずれにしても，その会社の実態は，非営利事業が主で，株主は最低限のリターンに甘んじるというところにある。そして，同項は，そうした会社の実態を許容しているのである。とすれば，そうした実態を持つ会社の事業目的が，そのまま，定款，そして登記に反映されなければ，本条1号が，会社の「目的」を定款の絶対的記載事に定めた趣旨に反することになるのではあるまいか。

なお，定款により，どこまで営利性の程度を引き下げることができるのか。その程度によっては，営利法人としての会社の本質に違反すると説く見解もある〔☞§3 Ⅳ 1 (3)参照〕。しかし，上記のような考え方をとれば，営利法人としての本質に違反するかどうかの問題というより，定款の定めが105条2項に違反するかどうかの解釈問題というべきことになる。

(4) 「目的」の営利性を緩和する意義

この105条2項の立法趣旨は，営利性という要件を維持する限り，株式会社という会社形態の利用について，当事者の選択肢を拡大するところにあると考える。つまり，営利のみを追求し，すべての利益を分配するために利用してもよいし，リターンとしては弁当代あるいは手間賃程度にとどめ，むしろ環境保護等のボランティア事業を主たる目的として株式会社を利用してもよいのである。この後者のように株式会社形態を利用するニーズは，いわゆる社会的企業の台頭の例を挙げるまでもなく，決して非現実的とはいえない。また，そうした目的で株式会社を利用させることの社会的意義も小さくない。なぜなら，株式会社は，経済的価値を効率的に創出する最高かつ最大の制度的仕組みであり，こうした仕組みを利用して，非営利事業を大規模にかつ効率的に行うことが可能となるからである。もっとも，すべての事業を非営利事業とすることはできない。営利性という要件は不可欠といえるからである。

このように会社形態を柔軟に利用することは，これまでのわが国の株式会社法制では認められていなかったことである。会社法によって新たに拓かれた可能性として，高く評価し得よう。

なお，会社が営む事業が営利事業であれ，非営利事業であれ，会社がその事業としてする行為であるから商行為 (5) として取り扱われることはいうまでもない。

5 「目的」の適法性

　会社の目的は，適法でなければならない。法令に違反すること，公序良俗に違反することは許されない。定款の「目的」につき，適法であることだけを要件としている立法例もある（デラウェア一般会社法101条(b)）。先例によれば，「債権の取立業務」という目的は，弁護士法72条に違反するが（昭和35年11月26日民事甲2966号民事局回答），「割賦債権買取業務」という目的は，同法73条に違反しないとされる（昭和54年12月24日民四第6466号民事局第4課長回答）。

6　そ　の　他

　会社が完全子会社を有する場合，両社は実質上一体的関係にあるから，当該会社が定款に記載すべき目的には，完全子会社が営む事業目的も含まれていなければならないと解されている。会社の権利能力が定款記載の目的に制限されると解されているため，完全親会社の目的の範囲内に完全子会社の目的が含まれていなければならないからである。

　また，官庁の許認可または免許を要する事業の中には，その許認可または免許の申請に際して，定款に当該事業が目的として記載されていることを要するものがある（中村・前掲31頁）。

III　商号（本条2号）の意義

(1)　序　　説

　定款には，「商号」を記載しなければならない（本条②）。会社は，その名称を商号とする（6 I）。会社の同一性を表す名称は1つであるから，会社の商号は1つに限られる。これは，会社が数個の事業を営む場合でも同じである。この点は，個人商人が数個の事業を営む場合，その事業ごとに商号を用いることができるのと異なる。

　株式会社は，その商号中に「株式会社」という文字を用いなければならない（6 II）。会社は，その商号中に，他の種類の会社であると誤認されるおそれのある文字を用いてはならない（6 III）。ただし，特例有限会社の場合，「有限会社」という名称を商号中に用いなければならない（会社法整備法3 I）。

　また，会社でないものは，その名称等に会社であると誤認されるおそれのあ

第 2 節　定款の作成　　　　　　　　　　　　　　　§ 27

る文字を用いてはならない (7)。銀行業等特定の事業を営む会社は，その商号中に銀行等その事業を示す一定の文字を使用しなければならない（銀行 6 I，信託業 14 I，保険 7 I）。一方，銀行業等の事業を営む会社でないものは，その各業者であることを示すべき文字をその商号中に用いることはできない（銀行 6 II，信託業 14 II，保険 7 II，金商 31 の 3・66 の 6）。会社の商号は登記される（911 III ②）。

(2)　**類似商号規制の廃止と同一住所・同一商号の禁止**

　これまでの類似商号規制は，既述したように [☞ II 2 参照] 弊害が大きくなったため，会社法の下では削除されている。その結果，同一市町村内で同一営業を営む会社が複数登記することが許容されることになった。なお，類似商号規制が廃止されたことで，あらかじめ商号を確保しておく必要がなくなったため，商号の仮登記の制度も廃止された。

　ただし，同一商号・同一住所の会社の登記まで許されるわけではない。これまでも，この場合，たとえ異なる目的を定めているとしても，登記実務では認められてこなかった（昭和 63 年 2 月 16 日民四 712 号民事局第 4 課長回答）。不動産登記等では，法人はその住所（本店または営業所の所在場所）と商号（名称）によって特定されることから（不登 25 ⑦，なお不登則 65 II），同一住所・同一商号では混乱が生じるおそれがあるためといえる。この規制は会社法の下でも維持されており，平成 17 年改正商業登記法 27 条は，この趣旨を明文化している。このため，現在でもなお，予定した商号と同一住所で，同一の商号がないかを調査する必要は残ることになる。異なる文字が用いられている場合は，同一とはされない（論点解説 12 頁）。

(3)　**不正目的の商号等の使用禁止**

　以上のルールに従えば，原則としてどのような商号でも定款に定めることができる。商号選定の自由（商 11）は従来より大きく拡大されたといえる。しかし，会社法の下でも，不正の目的をもって他の会社であると誤認されるおそれのある商号等を使用することは許されず (8 I)，それに違反する商号等の使用によって営業上の利益を侵害され，または，侵害されるおそれがある会社は，その営業上の利益を侵害する者または侵害するおそれがある者に対し，その侵害の停止または予防を請求することができる（8 II，平 17 改正前商 21 II と同趣旨）。

　また，不正競争防止法の下で，周知商号権者は，同一または類似の商号の使用により商品・営業の混同を生じさせる行為があるとき，著名商号権者は，商

品・営業の混同を生じさせる行為がなくても，その商号の使用差止めあるいは損害賠償を請求することができる（不正競争2Ⅰ①②・3・4）。

その他，公序良俗に反する商号（例えば，「公安調査機関」）はもちろんのこと，会社の支店・部門を示すような商号は，独立した会社を表わすとはいえないので，認められない。

(4) **商号に使用し得る文字**

商号を登記するには，日本文字以外に，ローマ字その他法務大臣の指定するものを用いることができる（商登則50）。具体的には，ローマ字，アラビア数字，コンマ，ハイフォンなどである。定款に商号を英文と日本文字で併記することはできるが，その両方を登記することはできないとされる。株式会社の場合，英文で株式会社を示す表記（Company Limited, Corporation, Incorporated）をしても，日本文字による株式会社を省くことはできない［☞(1)参照］。

Ⅳ 本店の所在地（本条3号）の意義

定款には，「本店の所在地」を記載しなければならない（本条③）。会社法4条は「会社の住所は，その本店の所在地にあるものとする」と定めるので，本店の所在地を定款に記載することは，会社の住所を決定する意味を持つことになる。こうした会社の住所としての「本店の所在地」は，商号と並んで，会社を特定するために必要な基本標識であるため，定款の絶対的記載事項とされているのである。

本店とは，主たる営業所，つまり数個の営業所がある場合に，会社の全事業に向けて最高指揮が発せられ，かつ，そこに全事業が統括される営業所のことである（大隅健一郎・会社法の諸問題〔新版〕〔有信堂，1983〕95頁，新注会(2)83頁〔中西〕）。所在「地」とは，独立の最小行政区画すなわち市町村（東京都では区を含む）を意味する（通説）。地番まで記載する必要はない。発起人は，設立に関わる事務の一環として，この最小行政区画内において，本店の具体的な所在場所を定めることができる（論点解説15頁）。

しかし，上記の「主たる営業所」に当たるかどうかは，客観的に定まる事実問題であるから，そうした営業活動の中心地（実質上の本店）が，定款に記載された「本店の所在地」と必ずしも一致しない場合が生じる（大阪地判昭和51・9・8判時869号99頁）。本条は，会社の住所を形式的に定める趣旨と解され

第2節　定款の作成　　　　　　　　　　　　　　　　　§27

るから，本条にいう「本店の所在地」とは定款または登記に記載された地と解すべきことになる。このように本条の「本店」は形式的に定まることになる（形式上の本店）。

　かくして形式上の本店と実質上の本店との2つの意味がある。この両者が乖離している会社の場合，会社の「本店」につき一定の法律効果を定める規定が，そのいずれの意味の本店を想定しているかは，その規定の趣旨から判断されるべきこととなる（大隅・前掲98頁）〔☞§4 Ⅳ参照〕。

　「本店の所在地」には以下のような法律効果が結び付けられている。まず，会社の組織に関する訴え（835 Ⅰ），責任追及等の訴え（848），役員の解任の訴え（856），社債発行会社の弁済等の取消しの訴え（867）において，その訴えの専属管轄を定める標準となることである。もっとも，会社非訟事件の場合には，本店の所在地を管轄する地方裁判所の管轄に属するとされる（868）。

　次に，株式会社の設立登記（911 Ⅰ），その変更の登記（915），新設合併・新設分割・株式移転の登記（922 Ⅰ・924 Ⅰ・925 Ⅰ），吸収合併・吸収分割による変更の登記（921・923）は，本店の所在地においてしなければならない。

　このように，株式会社は本店の所在地において設立の登記をすることで成立し（49），本店の所在地は前述した訴えの専属管轄地となるので，わが国において設立する会社の本店を外国に置くことはできないと解されている（実務相談(1) 110頁，江頭66頁）。

　また，定款（31 Ⅰ），株主名簿（125 Ⅰ），株主総会議事録（318 Ⅱ），計算書類等（442 Ⅰ），吸収合併契約等（782 Ⅰ・794 Ⅰ），新設合併契約等（803 Ⅰ・815 Ⅲ）は本店に備え置くことになるが，その本店とは形式上の本店のことと解されている。

　これに対して，債務の履行場所（商516），手形小切手関係（手2 Ⅲ・4・21・22 Ⅱ・27・48 Ⅱ・52 Ⅰ Ⅲ・60 Ⅰ・76 Ⅲ・77 Ⅱ，小8），会社の普通裁判籍（民訴4 Ⅳ），渉外関係に関する場所的法律関係においては，会社の住所が本店の所在地にあると定める4条を適用して解決すべき事項があるかは疑わしいと考えられている〔☞§4 Ⅰ Ⅱ参照〕。

　なお，登記においては「本店の所在場所」が登記事項になっているため（911 Ⅲ③），本店が置かれる場所を地番まで記載することを要する。なお，旧定款の「本店ノ所在地」（平17改正前商166 Ⅰ⑧）の記載は，整備法76条1項により会社法による定款の「本店の所在地」の記載とみなされるため，とくに変更する必要はない。

V　設立に際して出資される財産の価額またはその最低額（本条4号）の意義

1　総　　説

　設立時に会社に確保されるべき財産の規模は、どのような基準によって定まるのか。平成17年改正前商法は、以下の2つの基準を設けていた。第1は、最低資本金制度である。株式会社の場合は1000万円、有限会社の場合は300万円を下回ってはならないとされていた（平17改正前商168ノ4、旧有9）。第2は、「会社ノ設立ニ際シテ発行スル株式ノ総数」を定款に記載しなければならないとされていたことである（平17改正前商166Ⅰ⑥）。

　これに対して、会社法は、規制の仕方を大きく変更した。まず、資本金の額については下限の定めを置かないことにし、最低資本金制度を廃止した。また、定款に記載すべき事項は、設立時に発行する株式数ではなく、「設立に際して出資される財産の価額又はその最低額」（以下、「設立時出資額またはその最低額」とする）であると改めた（本条④）。

　会社を設立するのに、これまでのように最低資本金を用意する必要がなく、定款に出資される財産の価額またはその最低額を記載するだけで足りるようになったのである。実務にとって、きわめて大きな意義を有する改正といえる。また株式会社の基本的制度のあり方を大きく見直すものであり、会社法理論の観点からも、きわめて重要な意義を有する改正といえる。

　こうした改正がなぜ行われたのか、その理由と背景を探ることから始めたい。

2　「会社ノ設立ニ際シテ発行スル株式ノ総数」の削除

　平成17年改正前商法では、定款に設立時に発行する株式数を記載しなければならないとされていた。定款に設立時発行株式数が記載されていれば、設立時に発行される株式の発行価額（発起人全員の同意で定められる。平17改正前商168ノ2②）を乗じることで、設立時の会社の財産的規模がわかることになる。このように設立時発行株式数により会社の資本的規模の概要を明らかにすることができるところに、設立時発行株式数を定款の絶対的記載事項とすることの意義が見出されていた（新注会(2)83頁［中西］）。

　それだけでなく、定款に設立時発行株式数が記載されることを前提にして、

第2節　定款の作成　　　　　　　　　　　　　　　　　　　§27

以下のような厳格な設立手続が定められていた。まず，設立時発行株式数を基準にして，その4倍以内の範囲で会社の発行可能な株式総数の上限，すなわち授権株式数が定まり，その発行可能株式総数もまた定款の絶対的記載事項とされていたことである（平17改正前商166Ⅰ③）。また，いったん設立時発行株式数が定款で確定された以上，発起人が引き受けた株式について出資を履行しない場合でも失権は認められず，会社成立後に引受け・払込みのない株式があった場合には，発起人および会社成立当時の取締役は引受・払込担保責任を負うとされたのである（平17改正前商192Ⅰ）。このように平成17年改正前商法が，定款で，設立時発行株式数ならびに発行可能株式総数を確定させることに重きを置いていたことは，それらを変更する手続が想定されていなかったところにも表れている。

　しかし，定款でまず設立時発行株式数を確定させた上で，一連の設立手続を進めていくという平成17年改正前商法の規制方法では，最初に確定した株式数とのつじつまあわせが厳格に求められることになるため，設立手続が硬直的になりやすい。さらに，会社成立後に引受け・払込みのない株式があれば，すでに設立に際して必要な出資額が確保されていたとしても，なお発起人や会社成立時の取締役に引受・払込担保責任を課すことも不合理といえた。そこで会社法は，「会社ノ設立ニ際シテ発行スル株式ノ総数」を定款の絶対的記載事項から削除し，それに代えて直截に「設立に際して出資される財産の価額又はその最低額」を定款に記載すればよいとしたのである。なお，設立時発行株式数は，発起人全員の同意で定めることができることになった（32Ⅰ①）。もはや定款の記載事項ではないから，定款に記載しない限り（32Ⅰ柱書括弧書），公証人の認証後でも，自由に変更することができる（30Ⅱ。論点解説8頁）。

3　最低資本金制度の廃止

(1)　最低資本金制度の趣旨と沿革

　資本（会社法では資本金）の制度は，会社法の中でとりわけ評価の難しい制度といえる。会社債権者の保護のために不可欠とする見方がある一方，会社債権者の保護にとってそれほど意味のあるものではないとする見方もあり，立法のありようも国により異なるからである。EU諸国では，1976年に制定された第2ディレクティブに基づき，最低資本金が定められ，純資産が資本金の2分の1以下になった会社は強制解散されるなど，基本的には厳格な資本制度が維持されている。

〔森〕

これに対して，アメリカでは，デラウェア州法のように資本制度により配当規制を維持している州法もあるが，その資産維持機能は弱く，全体的には，資本制度による資産維持機能は否定される傾向にあるとされる（資本制度の比較法的状況については，森本滋編著・比較会社法研究〔商事法務，2003〕185頁以下［伊藤靖史：アメリカ，斉藤真紀：イギリス，小林量：ドイツ・フランス］，小林量「コーポレート・ファイナンス法制の柔構造化」商事1603号〔2001〕19頁参照）。

こうした比較法的状況の下で，わが国の会社法制ではこれまで資本制度が重視されてきたといえるが，その立法政策は必ずしも一貫していたわけではない。資本が4分の1未満になった場合には会社の解散事由に当たるとした旧商法（明23法32号230条第4），資本が半額に減少した場合には株主総会招集・報告義務を，会社財産で会社債務を完済できなくなった場合には破産申立義務を，それぞれ取締役に課した昭和13年改正前商法（174条）の下では，資本制度は，会社債権者を保護する機能を相当程度有していたといえる。

しかし，昭和25年の商法改正により，授権資本制度が創設され，資本の額は定款の記載事項ではなくなった。資本の額は，原則として，発行済額面株式の株金の総額および発行済無額面株式の発行価額の総額の合計額として算定されることになった。当時発起人は最低7名とされたから，最低7株で会社が設立できたのである。こうした法制の下では，資本充実・維持の原則，資本不変の原則，そして資本確定の原則といういわゆる資本の3原則を堅持したところで，資本制度の会社債権者保護機能はそれほど大きいとはいえない。

こうした問題意識から，昭和59年に法務省から公表された「大小（公開・非公開）会社区分立法及び合併に関する問題点」，昭和61年に提出された「商法・有限会社法改正試案」を経て，最低資本金制度の導入が図られるようになった。最低資本金制度に期待されていた機能は，詐欺的な会社設立を防止すること，個人が安易に有限責任会社を設立することを抑止すること，不法行為債権者を保護すること，僅かな損失で破産に陥らないように損失を吸収すること，無謀な経営を行うインセンティブを防止すること等であった。当初案では2000万円が提示されていたが，平成2年改正商法で実現した最低資本金制度は，株式会社が1000万円，有限会社が300万円（それまでは10万円）に引き上げるというものであった（平17改正前商168ノ4，旧有9）。

ところが，その最低資本金制度が平成17年制定の会社法により撤廃されたのである。なぜ，資本制度の立法政策がこのように短期間で劇的に変化したのか。その背景については，立法担当官により以下のように説明されている。

(2) 最低資本金規制の見直しの背景

(ア) 時代的背景

　最低資本金制度が見直されることになった最大の契機は，この制度の負の側面が意識されるようになったことである。最低資本金制度は平成2年に導入されたが，その頃にバブル崩壊が始まり，その後「失われた10年」とよばれる停滞期が続いた。IT関連などの新事業の創出，起業の容易化，ベンチャー企業の育成，雇用の受け皿整備など，さまざまな景気刺激策・企業支援策が相次いで実施されることになった。しかし，最低資本金規制はそうした起業・創業にとって障害として意識されるようになったのである。

　同様の動きはわが国だけでなく，資本制度が厳格なEUでもみられ，フランスのように創業促進のため有限会社の最低資本金規制の廃止に踏み切るところが現れていた。

　こうした時代的背景の中で，わが国でも最低資本金規制を緩和し先送りする仕組みが講じられた。平成15年2月1日より施行された改正新事業創設促進法は，事業を営んでいない個人が新たに会社を設立して事業を開始する場合には，経済産業大臣から創業者の確認を受けることで，設立の日から5年間に限り最低資本金規制の適用が猶予される特例を認めたのである。その結果，いわゆる「1円設立」が可能になった。短期間で多数の特例申請がなされたことで，最低資本金規制が起業にとって相当高いハードルになっていることは否定しがたいこととなった。しかも起業家，零細な事業者からだけでなく，特区の構造改革を目指す地方公共団体，分社化で企業集団の効率的運営を図る経済界からも，最低資本金規制の撤廃を望む声が広がっていったのである。

(イ) 最低資本金規制の機能と機能の選別

　最低資本金制度の見直しを進める上で理論上重要な意味を持ったのは，最低資本金規制の機能分析である。この規制に以下の3つの機能が含まれていることが解明されたことで，いずれの機能を残しあるいは撤廃するかという議論が可能となったのである。

(a) 最低資本金規制の3つの機能

　最低資本金規制には，以下の3つの機能が含まれるとされた。第1は，設立時における払込価額規制としての機能である。設立時における払込価額の下限額が1000万円以上なければならないという意味である。第2は，配当を行う場合の純資産額規制としての機能である。配当可能限度額は純資産額から資本金の額を控除して得た額が基本となるが，資本金の額が常に1000万円以上で

なければならないことは，純資産額が1000万円以上なければ配当することができないことを意味する。第3は，資本金として表示する計数の下限としての機能である。すなわち，資本金の額として1000万円を下回る額を表示することが禁止されるとなると，たとえ純資産額が0円またはマイナスであるような場合であっても，資本金の額としてはあくまで最低でも1000万円と表示し，純資産額との差額はマイナス勘定として表示しなければならないことになる（要綱試案補足説明35頁）。

(b) 撤廃する機能と維持する機能

最低資本金規制の3つの機能のうち，第1および第3の機能は廃止され，第2の機能は実質的に維持すべきとされた。

第1の機能，すなわち，設立時の出資額の下限額に関する規制としての機能については，要綱試案では，a案（旧有限会社と同額の300万円），b案（300万円より引き下げた額），c案（最低資本金を撤廃する）の3案が提示されていた。意見照会では，a案とc案の支持が多かったが，要綱案では，c案が採用され，資本金の下限額には制限を設けないこととされた（要綱案・第二部第二1(1)②）。このように最低資本金制度の廃止に踏み切った最大の理由は，創業・起業の足枷とならないようにすることにあったようである（江頭「要綱案の解説(1)」9頁）。

また，第3の機能についても，会社の純資産額がいくらであろうと，常に資本金の額を1000万円以上と表示し，その差額は損失として計上しなければならないというのは合理的とはいえないとして廃止された。これらの機能の廃止は，会社法には平成17年改正前商法168条ノ4に相当する規定が置かれていないところに現れている（立案担当15頁）。

これに対して，第2の機能は，株主に会社財産を払い戻す際，会社債権者のために一定額の財産を残しておかなければならないことを意味するから，資本の額を用いなくても，端的に一定の純資産額が現実に確保されるようになっていればよいといえる。要綱試案では，その一定の金額は300万円と定められた（要綱試案・第四部第二1(2)）。旧新事業創出促進法上の確認有限会社の最低資本金に合わせたとされる。有限会社の300万円という仕切りこそ会社債権者保護のための水準を示すものであり，株式会社の最低資本金1000万円という仕切りは株式会社という複雑な機構の会社形態を動かしていくための水準を示したものであるという理解が基本になっているようである（江頭35頁注(3)）。

〔森〕

(ｳ) **新たな会社債権者保護策**

　最低資本金制度が廃止されただけではなく，それまで会社債権者保護の支柱とされてきた資本制度そのものも大きく見直されている。資本制度が会社債権者保護のために持ち得る効果はきわめて限定的なものにすぎないという懐疑論（郡谷＝岩崎（下）29頁）が出発点とされた結果である。資本確定の原則および資本充実の原則は基本的に廃棄され，資本維持の原則の意義も大幅に低下したと解する見解が有力であるが（弥永23頁），それに批判的な見方も根強い（稲葉・問う99頁）。会社法の下では，従来のように発起人・取締役等に引受・払込担保責任は課せられていない。資本金は，それに見合う会社財産を確保するための基準額ではなく，むしろ，拠出された会社財産の額に見合う額として決定される（445，会社計算74Ⅰ）という発想の転換が行われている。「資本」あるいは「資本金」は，もはや「資本金の額」という貸借対照表上の一計数として位置付けられているにすぎず（郡谷＝岩崎（上）47頁，なお弥永・資本制度51頁），資本から法規範的意義が失われてしまったのである（上村達男「新会社法の性格と会社法学のあり方」森淳二朗＝上村編・会社法における主要論点の評価〔中央経済社，2006〕98頁）。

　このように，最低資本金制度が廃止され，資本制度が「質的転換」を遂げてしまった会社法（江頭ほか「座談会・『要綱試案』をめぐって」16頁［森本滋］）の下では，会社債権者保護のためには，むしろ，以下の制度が重要とされている。すなわち，(a)会社の現在の責任財産の状況が適切に開示されること，および(b)会社に適切な財産が留保されるように，不当な財産流出を防止することである。具体的には，(a)の目的のために，会計帳簿作成の適時性・正確性の明文化（432Ⅰ），会計参与制度の創設，会計監査人の設置範囲の拡大（326Ⅱ），全株式会社に貸借対照表の公告義務（440Ⅰ），等の措置が新たに講じられている。また，(b)の目的のために，配当・自己株式取得等の会社財産の払戻しに対する統一的な財源規制（461），財源規制違反の配当等を行った取締役等の責任につき分配可能額を超える部分について総株主の同意による責任免除の制限（462Ⅲ），純資産額が300万円を下回る場合の剰余金配当の禁止（458），等の手当てが行われている（相澤＝岩崎16頁（注1））。

(3) **最低資本金規制の撤廃をめぐる論議**

(ｱ) **争　点**

　最低資本金規制の撤廃は，会社法における会社債権者保護のあり方，またその理論に大きく影響するため，多くの論議をよぶことになった。

§27　　　　　　　　　　　　　　第2編　株式会社　第1章　設立

　第1は，最低資本金制度の実効性をめぐってである。最低資本金は，会社債権者保護におけるセイフティー・ミニマムともいうべき制度であり，いちいち細かく調べる余裕はない場合でも，最低資本金に相当する会社財産はあるはずだという，それなりの安心感を与える役割があるとされる（新山雄三「規制緩和とコーポレート・ガバナンスの行方」森＝上村編・前掲16頁）。

　これに対して，次のような反論がある。与信判断の際に問題となるのは，資本金の額でなくて，含み損益等も考慮した正味の純資産の額である。資本金の額自体は象徴的なものにすぎない（三上徹「特集・会社法現代化要綱試案を読み解く――金融実務への影響」金法1695号〔2004〕53頁）。あるいは，資本金の額は多い方が会社の信用面でプラスであるとしても，そのことと最低資本金をいくらにするかは別問題である。会社設立後，会社財産が目減りしても，純資産が最低資本金に満つるまで増資義務があるわけではないので，取引先としては，最低資本金の額にはこだわらない。銀行法では，銀行の最低資本金は20億円以上となっているが，それは一般公衆である債権者保護に必要なためである。そうした特別な必要がある場合には個々の業法で対処すればよいというのである（弥永真生ほか編著・ゼミナール会社法現代化〔商事法務，2004〕14頁〔松井秀樹〕）。

　第2は，株主有限責任制度という特権を株主に付与したのであるから，その特権の対価あるいは条件として，株主に対するリターンの制限（剰余金配当規制・資本減少等の際の債権者保護手続），会社の計算の適正，開示の確保そして最低資本金規制が不可欠である。それでこそ，会社法制の基本原理である公正・公平の理念にかなった制度になるとされる（稲葉・問う88-94頁）。こうした一種のバランス論が，批判論のもっとも主要な論拠となっている。

　これに対して，会計制度や開示制度が十分に発展していなかった時代においては，資本制度は会社債権者保護のために重要な役割を演じていたとしても，これらの制度が格段に進歩した現在では，資本制度の根本的な見直しが求められてもよいと説く見解がある（森本編著・前掲169頁〔森本：主要国における資本制度の現状と改正の動向――序説〕）。

　実際，わが国の会社法制の歴史を見れば，会計制度，開示制度そして資本制度の3つの制度が常にセットで実現されてきたわけではない。平成2年商法改正に際しても，そうしたバランス論が主張されていたが，結局実現したのは，最低資本金制度の導入だけであり，計算書類の開示には手が付けられなかった（江頭ほか「座談会・『要綱試案』をめぐって」14頁〔江頭〕）。逆に，平成17年会社法制定の際には，最低資本金制度が廃止された反面，会計参与制度の導入，貸

〔森〕

借対照表の公告義務などにより計算・開示制度の改善が図られたのである（江頭ほか「座談会・『要綱案』の基本的な考え方」11頁〔江頭〕）。

(イ) 実証的な検証の欠如

こうした争点をめぐる議論は，いずれも決め手を欠いているようにみえる。それらの主張を実証的に検証することが困難なためである。最低資本金制度には，会社の財務基盤の強化を促す効果はあるとしても，そのことによる債権者保護の改善と起業阻害効果に関する実証的な比較検討がないという指摘は，まさにこうした問題点を衝くものといえる（大杉謙一「LLCにおける定款自治の基礎」弥永真生ほか編・現代企業法・金融法の課題〔弘文堂，2004〕25頁）。

また，平成2年に導入された最低資本金制度が平成17年に廃止されるという極端な方向転換は，制度のバランス論という観点だけではうまく説明できないように思われる。この点で興味深いのは，会社債権者保護の問題は，中小企業同士の問題であるという見方である。倒産で会社債権者に迷惑をかけるのは主に中小企業であり，また，会社法による保護を必要とするのも，自己防衛力のない中小企業の会社債権者である。したがって，会社法がどのような会社債権者保護法制を用意すべきかは，中小企業関係者がどのように考えるかがポイントになると指摘されている（江頭ほか「座談会・『要綱案』の基本的な考え方」11頁〔江頭〕）。

こうした観点に立てば，平成2年に導入された最低資本金制度が平成17年に廃止されるという一見ドラスティックに見える方向転換も，中小企業同士の利害調整につき当事者の時代感覚に適合した形を選択した結果，たまたまそうなっただけのことであって，実態としてそれほど大きなブレがあるわけではないと解することになるのであろうか。

(4) 残された問題

それでは，最低資本金制度が廃止されたことで，会社法上どのような問題が残されることになるのか。まず，会社法で会社債権者保護のために新たに導入された措置が期待どおりに機能するかという問題がある。とりわけ，会計参与制度に対しては懐疑的な見解もある（島原宏明「債権者保護機能からみた資本制度」企業会計57巻9号〔2005〕28頁）。また，そもそもそれらの措置で足りたのかという疑問も残されたままである（最低資本金制度および資本充実の原則の廃止・放棄の代償措置が不十分であると指摘するのは，弥永・資本制度53頁）。

さらに，実体のない株式会社が設立されるおそれも高まるであろうが，わが国では，こうした点に関して実証的研究はほとんどなされていない。EUで

は，最低資本金制度の厳格なドイツを避け，1ポンドでも設立できるイギリスの私会社を利用するケースは相当数あるが，そうした会社の中には，その後の計算書類公開等のランニングコストを嫌って撤退する企業も少なくないため，顕著な弊害として認識されていないともいわれているようである。

しかし，そうしたおそれが現実化した場合には，法人格否認の法理（最判昭和44・2・27民集23巻2号511頁），取締役の第三者に対する責任（429），不法行為責任（民709・715），詐害行為取消権（民424）あるいは否認権（破160，会更86，民再127）などにより会社債権者の救済を図る必要がある。そのため，裁判所の後見的役割が重要となる。平成15年の要綱試案では，この点に言及されていたが，それは裁判所マターであるとされ，要綱案ではふれられていない。

もっとも，既存の制度・法理だけで会社債権者との関係において公正性を確保できるのか，疑問がないわけではない。今後は，461条の分配可能額の範囲内で剰余金の配当等を行っても，それによって会社債権者に対する弁済に支障をきたしたり，会社の存続に悪影響を与える場合には善管注意義務違反とされる可能性が高まると予測する見方がある。最低資本金という一種のセーフハーバーがなくなった会社法の下では，取締役・執行役は，会社の事業にふさわしいリスク対応資本・バッファーを確保して事業を行うことが求められると考えるのである（弥永・資本制度53頁）。

こうした考え方は，支配株主にも及ぼし得るのであろうか。すでに平成2年の商法改正に際して，最低資本金の額が低い場合には，不法行為債権者や労働債権者との関係では，支配株主に責任を負わせるべきと説く見解が少なからず存在した（昭和61年5月15日法務省民事局参事官室「商法・有限会社法改正試案」三14参照）。「リスクに応じた合理的出資」がなされていない場合には，自己資本が適切な水準に達しておらず過少資本であるから，株主の有限責任を否定すべきであると理解したのであろう。しかし，この捉え方は，問題の本質が，自己資本の水準にあるのでなく，株主のインセンティブのゆがみにあることを看過していると論じる最近の論文がある。有限責任であると，事業の失敗の結果がすべて自己に帰属しないため，株主のリスク選択についてのインセンティブがゆがみやすい。こうした株主のインセンティブのゆがみという要素に着目して，株主の責任を解釈すべきであるというのである（後藤元・株主有限責任制度の弊害と過少資本による株主の責任〔商事法務，2007〕4頁・542頁）。

株主の責任という株式会社の基本的制度について考慮すべき要素・視角を鋭く指摘するものといえる。新たな問題提起として注目されるが，一方，支配株

第2節　定款の作成

主にこれまで以上に多くを委ねる会社法の下では，会社支配の側面から株主の責任を問いかけていくことの必要性もまた強まっているのではあるまいか。この（支配）株主の責任の問題は，これまで最低資本金というセーフハーバーがあったことで曖昧にされてきたところがある。会社法の下で新たに登場する理論的問題は少なくないが，これはもっとも基本的な問題の1つといえよう。

4　「設立に際して出資される財産の価額又はその最低額」の意義

(1)　序　　説

本条4号は，定款に「設立に際して出資される財産の価額又はその最低額」（以下では，「設立時出資額」として記述）を記載しなければならないとする。平成17年改正前商法のように設立時発行株式数でなく，設立時出資額を記載することになったため，設立時に確保されるべき会社財産の規模が，より直截に示されることになる。

このように，より直截に設立時出資額の記載が求められる趣旨については，立法担当官により，以下のように説明されている。株式会社は，株主となるものが出資した財産を基礎にして事業活動を行うことで利益を獲得し，その利益を出資者たる株主に分配することを目的とする法人である。株主による出資がなければ，事業活動を営んで利益を獲得することができず，またその利益を分配することもできなくなる。その意味で，出資の確保は，① 会社の事業活動，および② 株主間の公正な利益分配のため必要不可欠な前提となっているのである。このような出資の確保の必要性について，会社債権者保護の観点から説明する考え方もあるが，適切とはいえないとされる（葉玉匡美・新・会社法100問〔第2版〕〔中央経済社，2006〕71頁）。

しかし，この設立時出資額を定款の絶対的記載事項とする趣旨は，設立時に出資者がリスクを引き受ける事業の元手を端的に示させることにあると考える。前述のように，① 会社の事業活動，および② 株主間の公正な利益分配の必要不可欠な前提と説明するときには，定款記載額がその前提にふさわしい金額であるかが問われることになりかねないからである。

(2)　「出資される財産の価額又はその最低額」

定款に記載される「出資される財産の価額」とは何か。株式会社に対する出資は，引き受けた株式に対して金銭を払い込むか，または金銭以外の財産を給付することにより行われる。したがって，会社設立に際して出資される財産の価額は，引き受けられた株式につき，金銭出資の場合には払い込まれる金額に

より，現物出資の場合には，金銭以外の財産が給付され，その財産の内容および当該財産の価額が定款に記載されること（28①）により定まる。すなわち，現物出資について「価額」とは，出資される個々の現物出資財産の時価の合計額ではなく，発起人が当該財産の価額として合意した価額のことを意味する（論点解説 21 頁）。

しかし，このようにして定まる金額が，確定額として，必ず定款に記載されなければならないわけではない。「その最低額」を記載してもよい。引き受けられた株式につき，金銭の払込みまたは金銭以外の財産の給付が確実に履行されない場合も生じ得るからである。「最低額」について特定の算定方法が定められているわけではない。前述のようにして定まる価額を超えず，後述する下限額以上の範囲で自由に定めてよい。

実際には，この「最低額」で記載される場合が多くなると予想される。募集設立の場合には，出資の履行状況を確実に予測し得ないため，「最低額」を記載せざるを得ない場合が一般的であろうし，発起設立の場合にも，いったん定款に記載した価額は，定款の認証後は，変更することができなくなるため（30Ⅱ），「最低額」を記載していた方が，後述するような手続をとらずに済むからである。

(3) 出資額が定款記載額に満たない場合

「出資される財産の価額又はその最低額」であるから，単に定款に一定の価額を記載すれば足りるわけではなく，その価額について「出資される」必要がある。定款に記載した価額に，現実の出資額が満たない場合が生じ得る。たとえ，「最低額」を記載しても，出資が履行されない株式が予想より多くなれば，やはり，出資額が「最低額」に満たない可能性を否定できない。実際に出資される額が定款記載額に満たないままでは，有効な記載とはいえず，定款は無効となり，ひいては設立無効事由となると解する。

こうした事態を回避するには，以下の手当てが必要となる。発起設立の場合，いったんこの定款記載額について，公証人の認証を受けると，もはや定款変更によってその価額を修正することはできない（30Ⅱ参照）。したがって，この定款記載額が満たされるまで，追加的に株式の引受けを求め，その出資の履行を求めるべきことになる。これに対して，募集設立の場合には，定款変更について 30 条 2 項の制約はないため，創立総会の決議によって，この出資財産の価額を修正して定款を変更すれば（96），追加的な株式の引受けを求めずに済む。

第 2 節　定款の作成　　　　　　　　　　　　　　　　　　　　§ 27

　逆に，失権した株式があっても，定款に記載された価額を満たす出資がなされている限り，その設立手続を続行してよい。しかし，定款に記載された価額を満たす出資がなされていても，失権の結果，1 株も引き受けない発起人が出た場合はどうか。会社法は，発起人が，設立時株式を少なくとも 1 株以上引き受けることを求めている以上（25 II），改めて発起人が株式を引き受け，出資を履行する手続をとらなければならない。それなくして会社を設立しても，設立無効事由になると解すべきである。

(4)　「出資される財産の価額又は最低額」の下限額

　以上のように，定款には設立時出資額が記載されるが，その下限額には制限があるのか。ゼロと定めることも可能かという問題がある。

　ちなみに，設立時の資本金の額については，会社法上，ゼロとなる場合があることは想定されているといえる（会社計算 74）。しかし，出資財産の価額については，会社法上ゼロとなることは想定されていないといわざるを得ない。発起人は，設立時発行株式を 1 株以上引き受け（25 II），かつ，発起人は引き受けた設立時発行株式につき，引受け後遅滞なく，金銭の全額を払い込むか，または金銭以外の財産の全部を給付しなければならないと定められているからである（34 I 本文）。このように払込（給付）行為が要求されている以上，出資される財産の価額がゼロであることは許されないと解する見解がある（新会社法実務相談 5 頁）。

　この結論は支持し得るが，設立時出資額とは，設立時に出資者がリスクを引き受ける事業の元手を示させることにあると考える立場からは，端的に，リスクを引き受ける元手がゼロ円ということはあり得ないと解すべきであろう。もっとも，最低通貨単位以上の価額が示されていれば，それで足り，その定款記載額が，会社の事業目的にふさわしい価額であるかどうかは問われない。

(5)　設立時における資本金および準備金の計上

　株式会社の資本金および準備金は，定款に記載しなければならないわけではないが，定款で定めることはできる。もっとも，定款で資本金を定めると，公証人の認証を受けた後は，変更することができなくなる（30 II）という制約を受けることになる。そのため，成立後の株式会社の資本金および準備金は，発起人の全員の同意で定める方法（32 I ③）により，定められることが多いであろう。なお，資本金の額は，登記事項である（911 III ⑤）。

〔　森　〕

VI 発起人の氏名または名称および住所（本条5号）の意義

　発起人は定款を作成し，その全員が定款に署名または記名押印しなければならないが（26 I），それだけでなく，本条によって，定款にその氏名または名称および住所を記載しなければならない（本条⑤）。この記載は，会社の設立事務を行う義務と権限を有する発起人が誰であるかを明らかにする重要な意義を有しているため，定款の絶対的記載事項とされているのである。発起人の同一性を認識し得る限り，その住所を欠いても，定款は無効となるわけではない（大判昭和8・5・9民集12巻1091頁。江頭66頁）。また，署名または記名押印およびこれに付記した住所をもって，本文に記載すべき氏名・住所を兼ねさせることもできる（大判昭和8・9・12民集12巻2313頁）。発起人の氏名だけでなく名称も挙げられているのは，自然人以外に法人もまた発起人となり得ることを前提としているためである。発起人の住所は必ずしも日本国内にある必要はない。

VII 発行可能株式総数

　会社が将来発行する予定の株式の数（「発行可能株式総数」）は，本条に掲げる事項には含まれていないが，既述のように［☞ I 1(2)参照］，定款の絶対的記載事項と解される。

　この発行可能株式総数は，会社が設立の際および将来にわたり通算してどれだけの数の株式を発行する可能性があるかを示すものである。会社設立時に発行される株式数を除いた残りは未発行株式となり，取締役会等はその枠内での発行を授権されることになる。そのため，一般的には授権資本とよばれる。公開会社では発行可能株式総数（授権株式数）の少なくとも4分の1は設立時に発行しなければならず（37 III 本文），また，定款の変更により既存の発行可能株式総数を増加する場合にも発行済株式総数の4倍までしか増加できない（113 III 本文）。ただし公開会社でない全部株式譲渡制限会社ではこうした制約は課されていない（37 III ただし書・113 III ただし書）。このように授権の限度が法定されている理由としては，取締役会等に株式の発行権限を無限に認めるのは濫用のおそれがあること，授権株式制度は必ずしも授権後に登場する将来の株主の意思を反映しているわけではないこと，とくに新株発行により既存の株主が被る持分比率の低下の限界を画する必要があることが挙げられている（神

第2節　定款の作成　　　　　　　　　　　　　　　　　　　　§27

田118頁)。

　この発行可能株式総数は，定款認証時の定款に記載しなくてもよいが，そのときには，発起設立の場合，株式会社の成立の時までに，発起人全員の同意により定款を変更して発行可能株式総数の定めを設けなければならない (37 I)。定款認証時の定款に発行可能株式総数を定めている場合でも，株式会社の成立の時までに，発起人全員の同意により定款を変更することができる (37 II)。また，募集設立の場合には，株式会社の成立の時までに，創立総会の決議によって定款を変更して発行可能株式総数の定めを設けなければならない (98)。設立時設立登記申請の添付書類として提出する定款 (商登47 II ①) には，この発行可能株式総数の定めが規定されていなければならない。

　発行可能株式総数を会社成立の時までに定めればよいとされているのは，失権等により設立時発行株式数が減少し，その4倍以内という基準を満たし得なくなる可能性があるからである。なお，公開会社でない全株式譲渡制限会社には，設立時発行株式数の4倍以内という制約が課せられていないが，その理由は，そうした会社では，基本的に株主総会の特別決議で株式発行が決定され (199 II・200 I・202 III ④・309 II ⑤)，取締役会が権限を濫用するおそれが小さいこと，ベンチャー企業では設立の短期間に大量の株式発行が必要となる場合が多いからである。

　なお，平成17年改正前商法は，発行可能株式総数を増加させる場合についてのみ明文で規制していたが，会社法は，発行可能株式総数を減少・廃止させる場合についても，明文で定めている。すなわち，会社は，定款を変更して発行可能株式総数についての定めを廃止することができない (113 I)。また，定款を変更して発行可能株式総数を減少するときは，変更後の発行可能株式総数はその定款変更が効力を生じたときにおける発行済株式総数を下ることができない (113 II)。

　　　　　　　　　　　　　　　　　　　　　　　　　　　(森　淳二朗)

第28条　株式会社を設立する場合には，次に掲げる事項は，第26条第1項の定款に記載し，又は記録しなければ，その効力を生じない。
1　金銭以外の財産を出資する者の氏名又は名称，当該財産及びその価額並びにその者に対して割り当てる設立時発行株式の数 (設立しようとする株式会社が

> 種類株式発行会社である場合にあっては，設立時発行株式の種類及び種類ごとの数。第32条第1項第1号において同じ。)
> 2 株式会社の成立後に譲り受けることを約した財産及びその価額並びにその譲渡人の氏名又は名称
> 3 株式会社の成立により発起人が受ける報酬その他の特別の利益及びその発起人の氏名又は名称
> 4 株式会社の負担する設立に関する費用(定款の認証の手数料その他株式会社に損害を与えるおそれがないものとして法務省令で定めるものを除く。)

細 目 次

I 総 説
 1 本条の意義
 2 本条の沿革
 3 いわゆる「資本充実の原則」の意義
II 現物出資
 1 一 般
 2 現物出資の目的物
  (1) 目的物の適格性
  (2) 目的物の会計・税制
 3 現物出資に関する定款の記載
  (1) 現物出資をする者の氏名または名称
  (2) 出資される財産およびその価額
  (3) 現物出資者に対し割り当てる設立時発行株式の数
 4 現物出資者
  (1) 発起人であること
  (2) 詐害行為取消権との関係
III 財産引受け
 1 一 般
 2 財産引受けと認められる行為の範囲
 3 財産引受けに関する定款の記載
  (1) 株式会社の成立後に譲り受けることを約した財産およびその価額
  (2) 譲渡人の氏名・名称
 4 財産引受けの効力
 (1) 一 般
 (2) 定款に記載がない財産引受け
IV 発起人の報酬・発起人の特別の利益
 1 発起人が受ける報酬
 2 発起人が受ける特別の利益
  (1) 意 義
  (2) 法的性質
V 設立費用
 1 一 般
 2 設立費用の範囲
 3 設立費用に関する定款の記載
 4 設立費用の負担

【文献】**大塚**市助「株主の出資義務」田中耕編・講座(2)449頁, **久保**寛展・ドイツ現物出資法の展開(成文堂, 2005)

I 総　説

1 本条の意義

　本条は，株式会社の設立に際しいわゆる「変態設立事項」(qualifizierten Gründungen [独])があるときは，定款に記載(記録)しなければ効力を生じない旨を定める規定である。本条各号に列挙された変態設立事項は，発起人によって濫用的に利用され，株式会社の財産的基礎を危うくする危険が大きいので，一定の規制を設ける趣旨である。

　すなわち，変態設立事項は，本条により定款の相対的記載事項［☞§29 I 参

照〕の1つとされることで，発起人全員の同意が要求されるのみならず（26Ⅰ），とくに適用除外の対象とされていない限り裁判所の選任する検査役の調査を要し，裁判所は，当該事項を不当と認めたときは変更の決定をすることができ（33。なお，産業再生18参照），当該事項の相当性は，設立時取締役・設立時監査役の調査の対象ともなる（46ⅠⅡ）。募集設立においては，変態設立事項は，以上に加え，設立時募集株式の引受けの申込みをしようとする者に対して通知されるとともに（59Ⅰ②），創立総会に当該事項に関する検査役の報告の内容等が提出され（87Ⅱ），かつ設立時取締役等の当該事項に関する調査結果が報告され（93ⅠⅡ），創立総会が当該事項を不当と認めたときは，定款の変更をすることができる（96・97）。

　なお，株式会社の設立に際し，金融商品取引法に基づき内閣総理大臣に対して有価証券届出書を提出する場合には，①金銭以外の財産を出資の目的とするときはその旨および当該財産の内容・価額，②発起人が受ける特別利益があるときは当該発起人の氏名・特別利益の内容，③会社設立後に譲り受けることを約した財産があるときは譲渡人の氏名および財産の内容・価額，④会社の負担に帰すべき設立費用および発起人の報酬があるときはその額を記載しなければならず（金商5Ⅰ，企業開示8Ⅰ，第二号様式・記載上の注意(9)d・(21)），目論見書にもそれを記載しなければならない（金商13Ⅱ，企業開示12）。

　本条は，変態設立事項は「第26条第1項の定款」，すなわち発起人が作成した定款に記載（記録）すべきことを要求している。したがって，募集設立の場合であっても，創立総会において定款を変更し変態設立事項を追加することはできない（最判昭和41・12・23民集20巻10号2227頁。反対，論点解説19頁）。創立総会における変態設立事項の追加は，それを行う必要性も乏しいし，当該決議に反対する設立時募集株式の引受人に対して事後に引受条件（59Ⅰ②）を変更するよう強制する結果になるからである（上記の反対説は，上記の判例は平成17年改正前商185Ⅰ〔「創立総会ニ於テ第168条第1項ニ掲グル事項ヲ不当ト認メタルトキハ之ヲ変更スルコトヲ得」〕が存在した下における解釈であり，会社法の下では先例性がないと主張するが，当該規定が消滅しても，株式引受けの条件の変更を強制される株式引受人の利益という実質論〔赤堀光子「判批」法協85巻1号99頁〕に変わりはない）。

　変態設立事項のうち，発起人が受ける特別利益以外のものに関する定款の定めは，会社の成立後比較的短期間でその意味を失う。したがって，それらの事項に関する定款の定めは，会社成立後相当の期間が経過し，それらの事項に関する紛争を生ずるおそれがなくなった時点（例えば，設立費用が繰延資産として貸

借対照表に計上されている期間内は，抹消できない）においては，定款変更の規定によらずに抹消できると解すべきである（新注会(2) 96 頁［上柳克郎］）。

2 本条の沿革

現行商法（明治 32 法 48 号）の制定時に，変態設立事項は定款に規定しなければ効力を有しない旨の規定が置かれた（昭 13 改正前商 122）。しかし，制定当時の同条は，定款の相対的記載事項一般に関する規定であり，変態設立事項のほか，「〔株式会社の〕存立時期又ハ解散ノ事由」（同条①），「株式ノ額面以上ノ発行」（同条②。昭和 13 年商法改正後は 168 I ③）が含まれていた。昭和 13 年商法改正（商 168 条となる）により，財産引受けに関し規定が設けられるとともに（同条 I ⑥），「数種ノ株式ノ発行並ニ其ノ各種ノ株式ノ内容及数」（同条 I ②）も同条に付加され，2 項に，「現物出資ハ発起人ニ限リ之ヲ為スコトヲ得」と規定された。昭和 25 年商法改正により，同条 1 項には変態設立事項のみが規定されることとなり，ほかは，別の規定に移されるかまたは定款の相対的記載事項ではなくなった。平成 2 年商法改正により，定款の認証手数料および払込取扱金融機関に支払うべき報酬は，定款に記載しなくても設立費用として会社に負担させられる旨が規定された（平 17 改正前商 168 I ⑧）。

本条は，平成 17 年改正前商法 168 条から大きな変更はないが，定款に記載しなくても設立費用として会社に負担させられるものの範囲を法務省令で定められることとされた点に注意を要する（本条④）。本条には，平成 17 年改正前商法 168 条 2 項に相当する明文の定めがないが，会社法の下においても現物出資は発起人のみが行える点については，平成 17 年改正前商法の下におけると変わりない（設立時募集株式の引受人については，金銭の払込み以外の出資方法は想定されていない〔63 I〕。34 I 対比）。

3 いわゆる「資本充実の原則」の意義

変態設立事項に規制を加える趣旨は，それが発起人により濫用的に利用され，株式会社の財産的基礎を危うくすることを防止するためである。とくに現物出資・財産引受けの対象財産が過大に評価される場合に金額的に影響が大きいので，当該財産が定款に定めた価額以上の価値を有することの要求は，いわゆる「資本充実の原則」の重要な 1 つの発現事例とされてきた（松本烝治・日本会社法論〔巌松堂書店，1929〕125 頁，田中耕・上 236 頁，鈴木＝竹内 26 頁，大隅＝今井・上 198 頁）。

第 2 節　定款の作成　　　　　　　　　　　　　　　　　§28

　資本充実の原則とは，資本金（払込剰余金を含む。鈴木＝竹内 26 頁）の額に相当する財産が出資者から確実に拠出されることを要求するものであり，それは，会社債権者・株主双方の利益の保護を目的とするものである（新注会(2) 95 頁〔上柳〕）。ところが，最近，学説の一部に，例えば現物出資財産が過大に評価されると株主間における価値移転が生ずるから，資本充実の原則は，株主間の公正確保の制度ではあるものの，現物出資財産の過大評価は，会社債権者との関係では，配当拘束のかかる計数（資本金・準備金）の増加が実財産の増加よりも大きいという結果を生ずるにすぎず，何ら会社債権者を害しない（「資本充実の原則」は，会社債権者の保護と無関係の制度である）と主張するものがある（藤田友敬「株主の有限責任と債権者保護(2)」法教 263 号〔2002〕127 頁，郡谷大輔＝岩崎友彦「会社法における債権者保護（上）」商事 1746 号〔2005〕50 頁）。しかし，資本充実の原則が会社債権者の保護と無関係であるとの主張は，次の 2 点において誤りである。

　第 1 に，ある金額（財産）が出資された旨のアナウンスがされることの会社債権者に及ぼす影響は，決して小さくない（大隅＝今井・上 259 頁）。会社が危機の状況における募集株式の発行等を考えればこのことは明らかであり，例えば，金融危機に際し，政府が金融機関に対し 1 兆円の資本注入を行ったと称して，真実は 1000 億円しか出資しなかったとしたら，何が起こるであろうか。また，「見せ金増資」は，通常，会社債権者を欺く目的で行われる。

　第 2 に，出資に際し貸借対照表の資産の部に虚偽の計数が計上されると，たしかにそれだけでは株主への分配可能額が増えるわけではないが，その後に資本金・準備金の減少手続をとれば，実財産を社外流出させ会社債権者への引当財産を実質的に減少させることが可能になる（江頭憲治郎「ストック・オプションの費用計上と商法」落合還暦 58 頁注(16)）。

　上記の最近の主張は，そうした問題は監査・開示により解決すべき事項であると主張するのかもしれないが，中小企業の実態等にかんがみるとその手段だけでは不十分であるから，裁判所の選任する検査役の調査を始めとする種々の資本充実を図る方策がとられてきたわけである。

II　現物出資

1　一　般

　株式会社の設立に際し，金銭以外の財産が出資される場合には，定款に，出

資者の氏名・名称，当該財産およびその価額，ならびに，その者に対して割り当てる設立時発行株式の数（設立しようとする株式会社が種類株式発行会社である場合にあっては，設立時発行株式の種類および種類ごとの数）を記載（記録）しなければ，その効力を生じない（本条①）。この「金銭以外の財産」が出資される形を，一般に「現物出資」とよんでいる（33 X ①・207 I 参照）。

　株式会社の設立には，実際には個人企業が「法人成り」するケースが多く，その場合発起人は，資産の多くを金銭以外の事業資産の形で有していることが多い。また，代替性のない資産（特許権等）を中核に株式会社が設立されることもある。そうした場合に，現物出資制度の効用がとくに大きい。しかし，金銭以外の財産（現物）の経済価値の算定は難しい場合があり，当該価値が過大評価されると他の出資者（株主）・会社債権者が損害を被るので〔☞ I 3 参照〕，定款に上記の記載（記録）をし，かつ裁判所の選任する検査役の調査等の一定の措置〔☞ I 1 参照〕をとることが要求されている。

　現物出資は，規定上，金銭出資とは別個独立の出資類型とされており（34 I 参照），現物出資を金銭出資に代えて他の財産を提供する代物弁済の約束（民482）とみることはできないし，出資財産の売買あるいは株式と出資財産との交換とみることもできない（松本・前掲 128 頁，石井編・註解 232 頁）。したがって，例えば定款に現物出資の記載がなく，現物出資の効力が生じない場合には，当該設立時発行株式の引受け自体が無効なのであって，当該出資を約束した者に現物出資に代わる金銭の払込義務が残るわけではない。もっとも，金銭出資の義務を負う株式引受人と発起人との間で，現物の給付をもって金銭の払込みに代える旨の合意がされた場合には，当該合意は会社法の定めに反して無効であるが（34 I・63 I），株式引受人の金銭の払込義務は消滅しない（大判昭和11・11・18 法学 6 巻 236 頁）。定款に記載のない現物出資が上記のいずれであるかは，株式引受行為の解釈の問題である（新注会(2) 101 頁〔上柳〕）。

2　現物出資の目的物

(1)　目的物の適格性

　現物出資の目的物となり得る財産として，動産，不動産，債権，有価証券，知的財産権，事業の全部または一部等があり得るが，以下に，問題となりがちな点を説明する〔☞ III 1 参照〕。

(ア)　貸借対照表計上能力

　現物出資の目的物は，貸借対照表に資産として計上できるものであることを

〔江　頭〕

第2節　定款の作成　　　　　　　　　　　　　　　　　　§28

要するとの見解が多い（大塚493頁，新注会(2)102頁〔上柳〕）。これに対し，会社への移転可能性・会社債権者の強制執行可能性など把握可能な財産的価値を有することが真の要件であり，貸借対照表計上能力はその結果にすぎない，とする見解がある（久保183頁）。

　(イ)　暖簾・ノウハウ

　暖簾（得意先関係・仕入先関係・営業上の秘訣等）も，現物出資の目的物となり得る。暖簾のみの現物出資が認められるか（大塚495頁），事業の現物出資の一部としてしか認められないか（石井編・註解234頁）につき争いがあるが，同種の事業を営む会社の設立においては，暖簾のみの現物出資もあり得よう。

　ノウハウ（技術上の知識・経験）は，特定人を離れ会社への移転（伝授）が可能なものであれば，現物出資の目的物となり得る（大隅健一郎「ノウ・ハウの現物出資」同・商法の諸問題〔有信堂，1971〕185頁）。いわゆる労務出資（民667Ⅱ）は，現物出資の目的物となり得ない。

　(ウ)　債　　権

　出資者が会社に対し債務を負うことは，一定の期日に現物出資財産を会社に給付しなければならないとの要件（34Ⅰ）を満たせないところから，現物出資の目的物にできない（大塚494頁）。

　第三者に対する債権は，現物出資の目的物となり得る。ただし，現物出資者に対する強制執行の可能性等，権利承継に関する危険が排除されていることが要件である（久保191頁）。

　利用権（ライセンス等）は，合意された期間内は解約の可能性が排除されているものでなければ，現物出資の目的物にできない（久保191頁）。

　(エ)　他人の物・現存しない物

　現物出資の目的物が定款作成時に出資者の所有に属することは，必ずしも必要ではなく，給付の時（34Ⅰ）までに出資者が取得または処分権を獲得すればよい（大塚493頁）。

　現存しない財産は，将来生産されるはずのものであっても，現物出資の目的たり得ないとする見解があるが（大塚493頁。定款に価額等を具体的・特定的に記載することが困難であり，かつ一定の期日に確実な給付が期待できるか否かわからないことを理由とする），定款作成時に現存しないことだけで一律に現物出資の目的物としての適格性に欠けると解する必要はなかろう（新注会(2)103頁〔上柳〕。名古屋地岡崎支判昭和43・3・25判時541号59頁は，現物出資の目的物の一部が農地であって，引渡当時，当時の農地調整法5条による市町村長等の認可を得ていなかった

〔江　頭〕

ときは，会社の成立によってただちに土地の所有権が移転せず，その意味で給付は完全とはいえないかもしれないが，その理由でただちに定款による現物出資の取決めそのものが無効になるものと解することはできない，とする）。

(2)　目的物の会計・税制

　現物出資の目的物の会社による会計上の受入価額は，定款で定めた価額ではなく，給付があった日（34 I）における当該財産の価額である（会社計算74 I①ロ）。したがって，税制上，出資者は，当該価額と帳簿価額との差額につき，給付日の属する事業年度の所得として課税される。

　しかし，出資者が会社であり，当該現物出資が共通支配下の取引に当たるとき（子会社の設立等）は，会計上，会社の受入価額は，出資者の直前の帳簿価額となる（会社計算74 I①ハ）。税制上も，出資者が会社であって，当該現物出資が企業グループ内再編または共同事業を営むための「適格現物出資」（法税2⑫の14，法税令4の2 IX-XII）に当たる場合には，譲渡前の帳簿価額による移転があったとみなされるので，出資者の譲渡損益の計上は繰り延べられる（法税62の4）。

3　現物出資に関する定款の記載

　現物出資がある場合には，発起人が作成する定款に，次の事項を記載（記録）することを要する。

(1)　現物出資をする者の氏名または名称

　現物出資者は，発起人に限られる［☞4(1)参照］。

(2)　出資される財産およびその価額

　現物出資の目的物である財産は，その同一性が明らかになる程度に具体的に表示しなければならない。

　定款に記載（記録）する目的物の価額は，必ずしもその給付がされる日（34 I）における当該財産の実価額［☞2(2)参照］である必要はなく，後者の価額以下の価額であればよい。現物出資に対する法規制の目的は，対象財産の過大評価の防止であるから，実価額に比して低すぎる対象財産の評価額に現物出資者が同意することには，法は介入しないわけである。この定款に記載する価額は，現物出資者に対し割り当てる設立時募集株式の数を定める基準となる数額なので，確定額であることを要し，算式をもって規定することは認められない（論点解説21頁）。

　なお，445条1項にいう「給付をした財産の額」は，給付がされる日におけ

第2節　定款の作成　　　　　　　　　　　　　　　　　　　　§28

る当該財産の実価額であり，定款に記載した価額ではない（郡谷大輔監修・会社法関係法務省令（会社法施行規則・会社計算規則・電子公告規則）逐条実務詳解〔清文社，2006〕696頁）。他方，27条4号にいう「設立に際して出資される財産の価額」は，「又はその最低額」の語との対比から明確な確定額であると解されるので，現物出資がされる場合には，定款に記載した価額をいうと解される（論点解説21頁）。

(3) **現物出資者に対し割り当てる設立時発行株式の数**

この記載は，発起人が金銭出資をする場合における32条1項1号に対応する。設立しようとする株式会社が種類株式発行会社（2⑬）である場合には，設立時発行株式（25Ⅰ①）の種類および種類ごとの数を記載することを要する（本条①括弧書）。

現物出資者に対し割り当てられる設立時発行株式の数は，通常，定款に記載した現物出資財産の価額を当該設立時発行株式数で除した数額が32条1項2号の金銭の額を同項1号の数で除した数額と等しくなるように定められるであろう。しかし，必ずしもそうである必要はない。設立時募集株式について（58Ⅲ）と異なり，発起人の株式引受けについては，引受条件の均等は要求されていないからである。

4　現物出資者

(1) **発起人であること**

現物出資は，発起人以外が行うことはできない［☞Ⅰ2参照］。現物出資者の資格を発起人に限定する実質的理由は，現物の実価額が定款に記載した価額に著しく不足する場合には，出資者に対し一種の瑕疵担保責任として無過失責任を負わせる必要があるが（52Ⅱ本文括弧書），それを履行できる資力の有無が不明では困るからである。

(2) **詐害行為取消権との関係**

現物出資行為が詐害行為取消権（民424）の対象となるかにつき，①それは団体的行為であり民法の規定を適用すべきでないこと［☞§26Ⅱ2(1)(ｱ)参照］，②現物出資が取り消されると設立無効を惹起する可能性が高いこと，③株式会社には持分会社のような設立取消しの訴え（832②）の規定がないことを理由に，否定的に解する裁判例がある（宇都宮地判昭和33・7・25下民集9巻7号1433頁）。しかし，②については，設立無効の惹起は現物出資以外でも生じ得ること，③については，設立の取消し（の訴え）と個々の出資行為の取消しと

〔江　頭〕

は別であること（相澤哲＝葉玉匡美「外国会社・雑則（上）」商事1754号〔2006〕104頁）を理由に，現物出資行為も詐害行為取消権の対象となると認める裁判例もあり（東京地判平成15・10・10金判1178号2頁），後者を支持すべきである。

III 財産引受け

1 一 般

　発起人が設立中の会社［☞§26 I 2⑵参照］のために，株式会社の成立後に財産を譲り受けることを第三者との間で約する行為を，一般に「財産引受け」とよんでいる。財産引受けを行う場合には，定款に，その旨，当該財産およびその価額，ならびに，その譲渡人の氏名・名称を記載（記録）しなければ，その効力を生じない（本条②）。

　財産引受けは，その目的物の価値が過大評価されると会社の財産的基礎を危うくするし，現物出資に対する規制を免れる目的で利用されるおそれもある（昭和13年改正により財産引受けに関する規定が設けられる前は，株式引受人が財産を設立中の会社に対し売却し，その代金を払込金額に充当することにした場合に，成立後の会社に対しその効果の帰属を主張できるか等が，しばしば争われた。大判昭和7・12・24法学2巻837頁，大判昭和10・4・19民集14巻1134頁等）。そこで，本条により，現物出資と同様に定款への記載を要求し，かつ裁判所の選任する検査役の調査等の一定の措置［☞ I 1］をとることが要求されている。法定の措置が講じられれば，行為は，成立後の会社に対し「その効力を生〔ずる〕」。すなわち，契約の相手方は，成立後の会社に対し，代金の支払等の履行を請求できる。財産引受けは，一種の開業準備行為であり［☞§26 I 2⑵(イ)］，本来成立後の会社に対し効果が帰属する性質のものではないが，実務上の必要性もあることから，例外的に，一定の要件の下に成立後の会社に対する効果の帰属を認めたものである。

　財産引受けの相手方（譲渡人）になれる者については制限がなく，発起人でもそれ以外の者でも構わない。発起人が相手方である場合において，1つの物（例えば価額1000万円の土地）につき，その一部（例えば500万円）を現物出資として取り扱って株式を引き受け，残部を財産引受けとして取り扱って金銭の支払を受ける処理ができるかにつき，これを肯定する見解もある（松田＝鈴木・上31頁）。しかし，①現物出資には無効・取消しの制限がある（51）のに対し，財産引受けは民法上の契約であるから当該制限はない，②現物出資につ

第 2 節　定款の作成　　　　　　　　　　　　　　　　　§ 28

いては裁判所の変更決定により当然に定款変更の効力が生ずるが，財産引受けについてはそうではない（相手方が変更を承諾しない限り，契約の効果が成立後の会社に帰属しない）等，両者の効果は異なるので，1 つの物につき単純に両者の併存を認めることは困難である（新注会(2) 111 頁［上柳］）。もっとも，変態設立事項に関する規制を経た上で出資者に対する出資の一部払戻しを認めることには，実質的な弊害は認められないので，法的には 1 個の現物出資行為があるものとして取り扱い，金銭の支払は，財産引受けの対価としてではなく，現物出資者に対する一種の補償の付与として定款に記載することを認めるべきである（新注会(2) 111 頁［上柳］，大隅＝今井・上 202 頁）。

2　財産引受けと認められる行為の範囲

　財産引受けは，発起人が設立中の会社のためになす売買・交換・請負等による財産取得行為である。財産引受けの対象となり得る財産の範囲は，現物出資の目的物の範囲［☞ II 2 (1)参照］とほぼ一致する。ただし，現物出資のような給付時の制約（34 I）がないだけ，対象財産の範囲が広くなる可能性がある。財産の貸借契約も，財産引受けとして可能とする見解がある（東京高判昭和 37・1・27 下民集 13 巻 1 号 86 頁。現物出資の対象にはならない性質のものである）。

　財産引受けは，成立後の会社にとって有益な行為ではあり得ても，株式会社の設立に必要な取引行為ではないから，一種の開業準備行為である。財産引受け以外の発起人がなす開業準備行為（資金の借入れ，従業員の雇用，広告・宣伝等）または営業行為の効果を成立後の会社に帰属させる方法があるかという問題があり，それらの行為も，財産引受けと同様に定款の記載・裁判所の選任する検査役の調査等の手続を経れば成立後の会社に帰属させ得るとする見解がある（平出慶道・株式会社の設立〔有斐閣，1967〕110 頁）。しかし，この見解に対しては，財産引受けに関する検査役の調査は，その対価の定め方が適切か否かの調査であって，それが成立後の会社のために適当なものか否かに関する調査ではないから，開業準備行為・営業行為一般にまで財産引受けに関する規制を拡張することは認められないとする批判がある（新注会(2) 110 頁［上柳］）。

3　財産引受けに関する定款の記載

　財産引受けについては，発起人が作成する定款に，財産引受けを行う旨（取引内容）のほか，次の事項を記載（記録）することを要する。

〔江　頭〕

(1) 株式会社の成立後に譲り受けることを約した財産およびその価額

目的財産の表示については，現物出資につき述べたところと同じである [☞ II 3(2)参照]。価額は，成立後の会社が支払う価額である。成立後の会社が支払う反対給付が金銭以外の物である場合には，その物および評価額を記載すべきである（大隅＝今井・上 202 頁）。

(2) 譲渡人の氏名・名称

譲渡人になれる者の範囲について制限はない [☞ 1 参照]。譲渡人である弁護士等が定款記載の価額が相当であることの証明（33 X ③）を行えないことは当然である（論点解説 22 頁）。

4 財産引受けの効力

(1) 一　般

財産引受けは，会社の成立を条件として効力が発生する行為である。当該行為は，現物出資と異なり，団体法的制約が課される行為ではなく，錯誤（民95），詐欺・強迫（民96），危険負担（民534），瑕疵担保（民570）等につき，民法の規定がそのまま適用される。裁判所または創立総会が財産引受けに関する定款の記載に変更を加えたときは（33 VII・96），譲渡人が当該変更を承認しない限り，契約は効力を生じない。

財産引受けは，設立中の会社の機関としての発起人が成立後の会社のために締結する契約であるが，設立中の会社の成立時期は，一般に，定款が作成されかつ各発起人が設立時発行株式を 1 株以上引き受けた時点とされている [☞ § 26 I 2(2)(ｱ)]。そこで，財産引受けを定款に記載するためには，定款作成前に財産引受けに関する契約が締結されている必要があるが，定款作成前は設立中の会社は未成立のはずであり，なぜ成立後の会社に効力が及ぶ契約の締結が可能なのか，という疑問が生ずる（大阪地判昭和 32・12・24 下民集 8 巻 12 号 2459 頁参照）。この点は，設立中の会社の成立前に，発起人となるべき者によって将来の会社のために締結された財産取得契約が，設立中の会社の成立と同時に設立中の会社により追認される，と説明するものが多い（大隅＝今井・上 204 頁注(9)，新注会(2) 114 頁［上柳］）。

(2) 定款に記載がない財産引受け

財産引受けは，定款に記載しなければ「その効力を生じない」。すなわち無効であるが，判例は，当該財産引受契約の無効はいずれの当事者も主張することができる（単に会社の保護規定として会社側のみが無効を主張できるのではなく，

譲渡人が無効を主張することもできる）と解している（最判昭和28・12・3民集7巻12号1299頁）。そして，成立後の会社が無効の財産引受けを総会特別決議（467 I ⑤・309 II ⑪）等により承認（追認）しても，無効が治癒され有効になるわけではないとする（前掲・最判昭和28・12・3，最判昭和42・9・26民集21巻7号1870頁，最判昭和61・9・11判時1215号125頁）。

　学説にも，財産引受けは，現物出資規制の潜脱手段として用いられるので，定款への記載，裁判所の選任する検査役の調査等の規制を経たもののみを有効と認めたことを理由に，判例の見解を支持するものがある（大隅＝今井・上255頁注(2)，石井＝鴻・101頁，森本滋「会社設立中に会社のためになされる行為の法的取扱い」論叢92巻4＝5＝6号〔1973〕273頁）。これに対し，定款に記載のない財産引受けは，設立中の会社の機関である発起人の無権代理行為にすぎず，成立後の会社が追認することはできる（無効の主張を譲渡人側に認める必要はない）とする見解がある（鈴木＝竹内63頁，北沢正啓「設立中の会社」同・株式会社法研究〔有斐閣，1976〕44頁，平出・前掲115頁，川又良也「判解」会社判例百選〔第5版〕〔有斐閣，1992〕19頁，前田38頁）。後者の見解は，会社にとって有利な取引につき会社に追認を認めないことは，財産引受けの譲渡人に契約からの離脱の自由を与えるだけで，成立後の会社の株主・会社債権者の利益保護にならないとか，会社成立後に同一の目的物につき新たな売買契約を締結することができる以上，既存の財産引受けの追認を認めない理由はないことを，その実質的理由として挙げる。

　しかし，後者の見解は支持し難い。有効な財産引受けの要件としては，定款への記載以外に，裁判所の選任する検査役の調査等も要求されているわけであり，その手続を省略した成立後の会社による追認は，法規制の潜脱となる危険が大きい。それに加えて，後者の見解の「定款に記載のない財産引受けは，設立中の会社の機関である発起人の無権代理行為だから，成立後の会社が追認できる」という論理に従えば，発起人の行った開業準備行為一般が無権代理行為として追認可能になろうし，開業準備行為と発起人がなす営業行為とは厳密には区別できないから（東京高判昭和51・7・28判時831号94頁），問題は，営業行為の追認にも拡大するであろう。しかし，そうなると，会社に有利な取引のみ選択して追認することは，現実には不可能になる可能性が高く，後者の見解が前提とする，会社に有利な行為しか追認されないはずであるとの前提も，なし崩し的に空洞化する危険が高いように思われる（設立中の会社のなす営業行為の成立後の会社への帰属を認めてきたドイツの判例の動きにつき，小林量「ドイツにおけ

る設立中の会社をめぐる法律関係についての議論の展開」川又良也先生還暦記念・商法・経済法の諸問題〔商事法務研究会，1994〕89頁参照）。

なお，成立後の会社が定款に記載のない財産引受けであることを理由として債務の履行を拒むことができる場合であっても，その主張が信義則違反として認められないケースもある（前掲・最判昭和61・9・11〔成立後の会社が代金の一部も弁済しながら，契約から9年経過後に無効を主張した場合につき，信義則違反として認められないとされた例〕）。

財産引受けが定款に記載されながら，会社法で要求される検査役の調査を受けなかった場合の効力については，当該行為を無効とする明文の規定がなく，検査役の調査を経ない財産引受けも規定上予定されていること（52 II ①）を理由に，有効と解する見解がある（論点解説20頁）。しかし，52条2項1号は，検査役の調査が適法に適用除外される場合（33 X）を予想した規定であり，財産引受けが定款に記載されながら違法に検査役の調査を受けないケースは，通常生じ難く（商登47 II ③），もしそれが生じたとすれば相当悪質な場合であるから，行為は無効と解すべきであろう。

IV 発起人の報酬・発起人の特別の利益

1 発起人が受ける報酬

株式会社の成立により発起人が受ける報酬があるときは，定款に，当該報酬の内容（金額・支払時期等）およびその発起人の氏名・名称を記載（記録）しなければ，その効力を生じない（本条③）。発起人の会社設立への尽力に報いる趣旨で，成立後の会社から報酬が支払われることがあり得るが，それは会社に経済的負担を課す行為だからである。

会社の成立後一時に現金で支払われるもの，または，会社成立後一定期間内に一定限度額の範囲内で支払われるもの（大判昭和11・7・4判決全集3輯7号29頁。大判昭和9・3・20民集13巻386頁は，この種のものを「特別利益」と見るようであるが，疑問である）がここにいう「報酬」に当たることは明らかである。金銭が期間限定なく毎事業年度支払われる形のもの，または，会社の業績に従い金額が変動する形のもの等も，会社の費用として会計処理されるものは，ここにいう報酬と解してよい。

会社の設備の利用に関する特権とか会社の製品の買取の特権も，会社の費用負担に帰することを理由に，ここにいう「報酬」に当たるとする見解があるが

〔江頭〕

(新注会(2) 99頁 [上柳])，会社法では，「報酬」の語は比較的狭い意味で使われるので (361Ⅰは，職務執行の対価として会社から受ける財産上の利益一般は「報酬等」とよんでいる)，それらは，「特別利益」と解する方が適当であると考える。

会社が支払った発起人の報酬は，会計上，創立費として，繰延資産とすることができる (企業会計基準委員会実務対応報告19号・繰延資産の会計処理に関する当面の取扱い3(3))。

2 発起人が受ける特別の利益

(1) 意　義

株式会社の成立により発起人が受ける報酬以外の「特別の利益」があるときにも，定款に，その内容およびその発起人の氏名・名称を記載（記録）しなければ，その効力を生じない（本条③）。

発起人に対し他の株主と異なる特別の財産上の利益または経営参与権・監督是正権に属する利益を付与する目的は，一般に，発起人の功労に報いるというより，合弁会社等の閉鎖型のタイプの会社においては，原始株主（例えば合弁会社の場合，将来ともその株主構成に変化はないことが想定されている）間において，資本多数決を修正する自益権・共益権の配分が必要だからである。種類株式（108）・全株式譲渡制限会社における一定の権利に関する属人的定めの許容（109Ⅱ）等により，資本多数決を修正する定款自治の許容される範囲は広がったが，原始定款において発起人に対し特別の利益を付与するという方法で，より自由な権利配分が認められる。

ここにいう「特別の利益」として発起人に対し付与することができる財産上の利益の例には，剰余金の配当に関する優先権，残余財産の分配に関する優先権（これらは，109Ⅱ・105Ⅰ①②によっても可能である），募集株式の発行等において割当てを受ける優先権，会社への原材料の販売・会社の製品の買取等に関する特権，現物出資した財産の買戻権等があり得る。「特別の利益」は，発起人に属人的に帰属する利益であり，発起人に対し優先株を割り当てること等は，通常の設立時発行株式の割当行為（32Ⅱ）にすぎない（優先株式の優先権は，株式に帰属する属性であり，発起人に対し属人的に帰属するものではない）から，ここには入らない（大隅＝今井・上197頁，松田＝鈴木・上30頁）。

経営参与権・監督是正権に属する「特別の利益」の例として，株主総会における議決権（109Ⅱ・105Ⅰ③によっても可能である）・株主提案権・帳簿閲覧権等に関する特権，総会決議に関する拒否権等があり得る。発起人に「特別の利

益」として取締役の指名権を付与する等も，合弁会社等において有用なので，認められると解すべきである（ドイツにおいて監査役を派遣する権利につき，Hüffer, AktG §26 Rn. 3 [7 Aufl. 2006]）。

(2) 法的性質

発起人の特別の利益は，会社成立後，定款変更により当該発起人の意思に反して剥奪することはできない。その意味で，一種の「債権者的権利」である。

特別の利益を付与された発起人が株主でなくなった後も同人につき利益が存続するかについて，とくに株主資格の存続を前提としている場合を除き存続するとする見解が多いが（大森忠夫「会社の設立」田中耕編・講座(1) 158 頁，石井編・註解 230 頁，大隅＝今井・上 197 頁），実際には，例えば会社への原材料の販売・会社の製品の買取等に関する特権等も，合弁の当事者（合弁会社の株主）であることが前提となっている場合が多いであろう。解釈上の疑いを避けるため，利益喪失事由も，定款上規定することが望ましい。

「特別の利益」の譲渡が可能か否かは，通常は譲渡を予定していないであろうが，全保有株式の譲渡に随伴しての譲渡等は可能と解される場合もあろう。この点も，定款上明定することが望ましい。

V　設立費用

1　一　般

株式会社が設立に関する費用を負担する場合には，費用の額を定款に記載（記録）しなければ，その効力を生じない。ただし，定款の認証の手数料その他株式会社に損害を与えるおそれがないものとして法務省令で定めるものについては，定款への記載（記録）がなくても，会社の負担とできる（本条④，会社則 5）。

設立に関する費用を相当の範囲で成立後の会社が負担することは，ある意味で当然であるが（前掲・繰延資産の会計処理に関する当面の取扱い3(3)参照），無制限に会社の負担としたのでは，成立後の会社の財産的基礎を危うくしかねない。そこで，本条により定款に総額を記載することを求め，裁判所の選任する検査役の調査等を経ることを要求している。

2　設立費用の範囲

ここにいう「設立に関する費用」（以下，「設立費用」という）とは，発起人が

会社の設立のために費消する費用であり，設立事務所の賃料，設立事務員に対する報酬，設立事務に要する通信費用・文房具購入費用，設立時募集株式の申込みをしようとする者に対して行う通知（59Ⅰ）・目論見書（金商13）等の印刷費用，有価証券の募集の届出（金商4）に要する費用，設立時募集株式の広告費用（大判昭和2・7・4民集6巻428頁，大判昭和3・3・26新聞2831号7頁），証券会社に買取引受けを委託する場合の引受手数料（石井編・註解242頁，新注会(2)115頁［上柳］），創立総会の招集費用などが含まれる。株券の発行は，会社の成立後に行われる行為であるが，株券発行会社は，設立後遅滞なく株券を発行しなければならないので（215Ⅰ），株券の印刷費は，設立費用に含まれると解してよい（石井編・註解242頁）。これらは，定款に記載した額の範囲内で，成立後の会社の負担となる。

定款の認証（30）の手数料のほか，株式会社に損害を与えるおそれがないものとして法務省令で定めるものに関する費用は，定款に記載しなくても，成立後の会社の負担とできる。法務省令で定められているのは，①定款に係る印紙税，②払込取扱金融機関（34Ⅱ・63Ⅰ・64Ⅰ）に支払うべき手数料・報酬，③裁判所が決定した検査役の報酬（33Ⅲ），④設立の登記の登録免許税（登税別表第一24（一）イ）である（会社則5）。

他方，会社成立後の開業に必要ないわゆる開業準備費用は，ここにいう設立費用ではなく，会社の負担とすることはできない。会社成立後に備える土地購入費（大判明治44・5・11民録17輯281頁，前掲・大判昭和10・4・19）・事務所賃料（東京地判昭和37・12・8金法332号26頁）などは，開業準備費用である［☞Ⅲ2参照］。

なお，発起人が設立費用に当てるために第三者から借入れをした場合における借入債務自体は，設立費用ではない（大判大正13・12・2新聞2348号5頁，東京高判昭和52・10・31判時875号104頁）。借入金のうち実際に設立に必要な費用として支出された額のみが設立費用となる。

3 設立費用に関する定款の記載

定款には，設立費用の総額を記載（記録）すれば足り，その細目を記載する必要はない（松本・前掲129頁）。

4 設立費用の負担

設立費用は，多くの場合，発起人がいったん立替払いをし，本条により会社

の負担とできる限度で成立後の会社に対して求償することになろう。しかし、発起人が取引相手方に対し未払額を残したまま会社が成立するとどうなるか。この場合については、次のように見解が対立している。

　大審院の判例は、設立費用の全部または一部が未払のまま会社が成立した場合には、債務は、定款に記載した金額の範囲で成立後の会社に帰属し、その金額の範囲で取引の相手方は、成立後の会社に対し弁済等を請求できる（発起人には請求できない）と解している（前掲・大判昭和2・7・4、大判昭和8・3・27法学2巻1356頁）。[☞§26Ⅰ2(2)(イ)参照]。この立場を現行法に引き直せば、取引の相手方は、①定款の認証の手数料その他会社に損害を与えるおそれがないものとして法務省令（会社則5）で定めるものについては、当然に成立後の会社に対し弁済等を請求でき、②それ以外の設立費用と認められるものについては、定款に記載した金額の範囲で成立後の会社に対し弁済等を請求できる（発起人には請求できない）ことになると解される。しかし、この立場に立つと、とくに②について、その総額が定款に記載した金額を超えている場合にどうなるかという問題があり（西原寛一・会社法〔岩波書店、1969〕84頁は、その場合には、契約の順序により、その限度額で打ち切ると主張する）、取引の相手方の地位が著しく不安定になる。

　そこで、学説上、大別して2説が唱えられている。第1は、設立費用に係る債務は、定款に記載された金額の範囲においても成立後の会社に直接帰属することはなく、取引の相手方は、発起人に対し請求できるにとどまり、弁済した発起人が定款記載の金額の範囲で成立後の会社に対し求償できるにすぎないと解するものである（石井編・註解244頁、田中誠・上191頁注(11)、河本96頁、前田42頁）。この見解は、「設立中の会社」の機関としての発起人の権限は、法人の形成それ自体を直接の目的とする行為に限られ、設立費用に属する取引行為は、発起人・発起人組合にのみ帰属すると解するものである［☞§26Ⅰ2(2)(イ)］。

　第2は、設立費用に属する取引は、定款に記載した金額のいかんにかかわらずすべてが成立後の会社に帰属し、定款記載の額を超過する部分については、会社が発起人に対し求償できると解するものである（鈴木＝竹内64頁、大隅＝今井・上206頁、北沢・前掲38頁、平出・前掲107頁、龍田417頁）。この見解は、会社の成立に必要な取引行為（設立費用に属する取引）は、定款記載の金額に包含されるか否かにかかわらずすべて設立中の会社の機関としての発起人の権限に属すると解するものである。

第2節　定款の作成　　　　　　　　　　　　　　　　　　　　§29

　結論としては，上記の第1の見解を支持すべきものと考える。第1の見解には，発起人が無資力の場合にも成立後の会社の財産的基礎を危うくしてはならず，取引の相手方は，一般に発起人の信用をあてにして取引しているはずであるとの実質判断があるのに対し，第2の見解は，「設立中の会社」の機関の権限いかんという抽象論以上の実質論に欠けるからである。第2の見解の中で，取引の相手方は成立後の会社および発起人の双方に対し請求できるとする見解（鈴木 = 竹内64頁，平出・前掲125頁）は，実質判断として取引の相手方の保護を徹底したものであるが，なぜそこまで取引相手方を保護すべきかという疑問がある（前田42頁）。

　　　　　　　　　　　　　　　　　　　　　　　　　　　　（江頭憲治郎）

第29条　第27条各号及び前条各号に掲げる事項のほか，株式会社の定款には，この法律の規定により定款の定めがなければその効力を生じない事項及びその他の事項でこの法律の規定に違反しないものを記載し，又は記録することができる。

　　　　　　　　　　　　　　　細　目　次

I　本条の趣旨
II　株式会社における定款自治
　1　沿　革
　　(1)　従来の商法における定款自治の狭さ
　　(2)　有限会社法における定款自治の広さ
　　(3)　平成13年および14年商法改正以後
　2　定款自治の拡大の背景
　　(1)　理論上の背景
　　(2)　株主間契約との関係
　　(3)　「株主平等の原則」に基づく制約
III　定款に定め得る事項の範囲
　1　一　般
　2　この法律の規定により定款の定めがなければその効力を生じない事項
　　(1)　意　義
　　(2)　会社法が定款に別段の定めを置くことができると明文で定める事項
　3　その他の事項でこの法律の規定に違反しないもの
　　(1)　意　義
　　(2)　定款に規定できる事項の例
　4　本条の規定によらず定款に記載できない事項
　5　任意規定の範囲を明文規定がある場合に限定する立法指針の検討
　　(1)　条文の任意規定性を限定する立法指針に対する批判
　　(2)　個別規定の解釈をめぐる疑問
　　(3)　立法指針に欠けるもの
IV　定款自治の拡大の意義
　1　実務その他にとっての意義
　　(1)　法律と並ぶ経営の規範
　　(2)　最適の選択と差別化のためのツール
　　(3)　規律の空洞化
　　(4)　その他にとっての意義
　2　定款自治拡大の弊害と対応策
　　(1)　定款自治の拡大がもたらす弊害
　　(2)　定款自治拡大に対する対応策
　3　定款自治の拡大と会社法理論
　　(1)　序
　　(2)　利害調整の柔軟化のツールとしての位置付け
　　(3)　効率性の理念と公正性の理念の関係
　　(4)　会社法理論と本条の関係
V　まとめ

【文献】相澤哲 = 岩崎友彦「会社法総則・株式会社の設立」商事1738号（2005）4頁，相澤哲 = 郡谷

〔森〕

大輔「会社法制の現代化に伴う実質改正の概要と基本的な考え方」商事 1737 号（2005）11 頁，**稲葉威雄・会社法の基本を問う**（中央経済社，2006），稲葉威雄＝**郡谷**大輔「会社法の主要論点をめぐって」企業会計 58 巻 6 号（2006）145 頁，川島いづみ「少数派株主の保護と株主間の**利害調整**(1)(2)」専修法学論集 70 号（1997）1 頁・73 号（1998）57 頁，**神作裕之**「会社の機関」商事 1775 号（2006）36 頁，神田秀樹「株式会社法の強行法規性」法教 148 号（1993）86 頁，**神田秀樹＝藤田友敬**「株式会社法の特質，多様性，変化」三輪芳朗＝神田＝柳川範之編・会社法の経済学（東京大学出版会，1998）453 頁，**黒沼悦郎**「会社法の**強行法規性**」法教 194 号（1996）10 頁，**近藤光男**ほか「定款自治による株主の救済（上）」商事 1698 号（2004）4 頁，宍戸善一「定款自治の範囲の拡大と明確化」商事 1775 号（2006）17 頁，宍戸善一ほか「定款自治の範囲に関する一考察」商事 1675 号（2003）54 頁，野村修也「株式の多様化とその制約原理」商事 1775 号（2006）29 頁，**藤田友敬**「会社法と関係する経済学の諸領域(1)」法教 259 号（2002）44 頁，前田雅弘「会社の管理運営と株主の自治」商法・経済法の諸問題（川又良也先生還暦記念）（商事法務研究会，1994）139 頁，**松本烝治**「株式会社に於ける定款自由の原則と其例外」商法解釈の諸問題（有斐閣，1955）211 頁，**森田果**「**株主間契約**(1)-**(6完)**」法協 118 巻 3 号-121 巻 1 号（2001-2004）

I 本条の趣旨

　本条は，株式会社の定款に記載・記録できる事項を定めた規定である。
　定款の記載事項は，講学上，絶対的記載事項，相対的記載事項，任意的記載事項に分けられてきた。絶対的記載事項とは，定款に必ず記載されなければならない事項であって，その記載を欠けば定款自体が無効になるものである。相対的記載事項とは，定款に記載しなくても定款自体の効力は否定されないが，定款で定めないとその事項の効力が認められないものである。任意的記載事項とは，定款に記載せず他の方法で定めても有効であるにもかかわらず，会社の意思で定款に記載する事項のことであることについてはすでに述べたとおりである［☞§27 I 1(1)参照］。
　ところが，本条は，株式会社の定款の記載事項を，①27 条各号および 28 条各号の掲げる事項，②この法律の規定により定款の定めがなければその効力を生じない事項，③その他の事項でこの法律の規定に違反しないもの，の 3 つに区分している。しかも，本条は，この 3 つの区分について，②③に主眼を置き，①と対比する形で規定している。こうした定め方は，絶対的記載事項，相対的記載事項，任意的記載事項という講学上の区分に従ってなされたものでないことは明らかである。本条が，②③に主眼を置き，①と対比する形で規定しているのは，①のように法の求めに従って定款に記載する場合と異なり，会社の意思に従って定款に記載できる事項を明らかにすること，換言すれば，②③が定款自治の認められる事項であることを明らかにするためと解される。

第2節　定款の作成　　　　　　　　　　　　　　　　　　　　§29

　すなわち，①にいう27条各号の事項は，必ず定款に記載しなければならない事項であり，28条各号の事項は，それを行うか否かを当事者は選択できるが，その事項を選択した以上，必ず定款に記載しなければならないものである。絶対的記載事項と変態設立事項の違いはあれ，いずれも，当事者が法の定めと異なる要件を定款に定める余地のない事項である点において共通している。

　これに対して，②の「この法律の規定により定款の定めがなければその効力を生じない事項」とは，会社法に定めのある事項であって定款で別段の定めを置くことができる旨の明文の定めがある場合に，定款で規定の内容とは異なる定めを置くことができると定めたものである。また，③の「その他の事項でこの法律の規定に違反しないもの」とは，会社法に定めのない事項について，会社法に違反（潜脱を含む）しない限り，定款に記載することができると定めたものである。したがって，②と③は，明文の根拠に基づくか否かの違いはあれ，いずれも会社の意思，すなわち当事者の意思に従って，定款に定めを置く点で共通している。会社法の規定（27・28）に従って定款に記載することを要する①の事項の場合とは対照的に，当事者の意思に従って定款に記載し得る事項であることを明らかにする趣旨といえよう。

　しかし，本条は，以上にとどまらず，その定款自治が認められる範囲を明確に線引きした規定であると意味付ける見解があることから，議論をよんでいる。この点は，②と③の定め方に立ち入って説明しなければならないため，後に詳述する［☞Ⅲ参照］。

Ⅱ　株式会社における定款自治

1　沿　革

(1)　従来の商法における定款自治の狭さ

　明治32年に現行の商法典が制定されて以来，その第2編会社に関する規定は，戦前・戦後を問わず，たびたび改正が繰り返されてきた。それは，経済事情の変化に常に対応していかざるを得ない会社法制の宿命ともいえた。平成に入りグローバリゼーションのいっそうの広がりの中で，その変化が速まり，商法改正の頻度はさらに高まった。それでも，株式会社に関する規定の多くは強行規定であると解されていたため，立法が時代の舵取りをしていくという構図には変わりはなく，定款自治は，かなり限定された範囲でしか認められてこな

〔森〕

かった。定款自治が認められる場合であるかどうかは，主に明文の規定で定められていた。とはいえ，解釈により定款自治を認めることまで排除されていたわけではない（例えば，少数株主権の行使要件の軽減）。

(2) **有限会社法における定款自治の広さ**

有限会社では，人的会社の要素が加味され，またその活動の社会的影響も株式会社と比較すれば小さいため，社員の自主性・自律性に委ねられている部分が大きく，「定款自由の原則」が妥当すると解されてきた（川島いづみ「有限会社と定款」志村治美先生還暦記念・現代有限会社法の判例と理論〔晃洋書房，1994〕117頁）。議決権（旧有39Ⅰ但書），利益配当（同法44），残余財産分配（同法73）のように明文で定款に別段の定めを置くことが認められている場合に限らず，解釈による定款自治もまた，緩やかに認められていた。株式会社における株主平等原則に対応する原則もないこともあって，出資口数によらず，1人1議決権とすること，一定数以上の出資口数の社員の議決権を制限することは可能であり，また複数議決権の付与，特定の社員の権利を出資口数割合以上に強化する内容の定めについても無効ではないとされていた。ただし，具体的な強行法規もしくは有限会社の本質，あるいは公序に違反し，かつ，社員の基本的権利を奪うような定め方は許されないと解されていた（川島・前掲118頁，江頭憲治郎・株式会社・有限会社法〔第4版〕〔有斐閣，2005〕125頁）。

(3) **平成13年および14年商法改正以後**

株式会社においても転機が訪れることになった。経済構造の変化，企業活動の国際化の進展を背景にして，平成9年の商法改正以後，規制緩和の流れが明確になった。とりわけ平成13年および14年商法改正以後，株式会社法制の柔軟化が大きく進展することになった。額面株式制度が廃止され，自己株式の取得・保有規制が原則禁止から原則容認に方向転換され，また定款で自由に設計できる範囲が大幅に拡大されたからである（種類株式の多様化，取締役の責任制限，重要財産委員会・委員会等設置会社の導入など）。

このように，わが国で株式会社について定款自治が認められるようになったのは，この平成13年・14年商法改正以後のことといえる（議決権に関するルールについて，この改正以前では定款自治の範囲が狭かったと理解することに懐疑的な見解としては，森田・株主間契約(5)2349頁注(35)）。このようにして，わが国でも株式会社における自由度は高められたが，米国で認められているような契約自由とは次元が異なり，自由度は高めるけれども，その代わりに定款への記載を求める形になっている。こうした特徴は，登記制度に由来するものであると指摘す

る見解もある（神田秀樹「商法大改正の動向」資本市場 202 号〔2002〕33 頁）。

こうした傾向は，その後の平成15年改正でも維持されており，すでに平成17年会社法制定以前から，定款自治の範囲の拡大はわが国商法を支える中核的な指導理念となりつつあったとも指摘されていた（近藤ほか10頁）。

2 定款自治の拡大の背景

(1) 理論上の背景

株式会社における定款自治の拡大を促した最大の背景は，会社法規定の強行法規性の論拠に関して，新たな会社法理論が登場してきたことにある。

(ア) 伝統的な考え方

わが国では，従来，会社法の規定は，会社の外部関係に関する規定も会社の内部関係に関する規定もともに強行法規であって，法令に別段の定めがある場合を除き定款自治は許されないと解されてきた。会社の外部関係に関する規定が強行規定であるのは，取引の安全あるいは会社債権者等の第三者保護のためであり，また，会社の内部関係に関する規定が強行規定であるのは，経営者あるいは多数派株主の専横から一般株主を保護するためであり，それぞれ合理的理由があると考えられていたためである。

(イ) 「法と経済学」と台頭

1970年代から80年代にかけて，アメリカの会社法学の世界に大きな変革が生じた。それは，法と経済学派の台頭である。それまで，アメリカの会社法学に影響を与えてきたバーリ＝ミーンズ流の経済学は，経営者支配をコントロールし投資家を保護するための公的規制と会社法を捉えていたのに対し，新たに登場した企業の経済学は，企業の利害関係人間の契約内容として捉えるところに大きな特徴があった（藤田48頁）。すなわち，企業の本質を企業をめぐる利害関係者間の契約と捉え，彼らの間の利害を調整するルールである会社法も一種の契約条項のようなものとして理解したのである。つまり，会社法のルールを「当事者が合意したであろう契約内容」としてみる見方が広がっていった。

こうした立場から，会社法は原則として任意法規（定款自治）であるべきだという主張が展開されるようになった。会社の利害関係人が富の最大化をもたらすような契約のセットを見出し得るならば，会社法が一定のルールを押しつけることはかえって効率性を損なうことになるから，会社法は原則として任意法規であるべきと説くのである。こうした理解の下では，会社法の存在意義は関係当事者に標準契約を提供し，取引コストを削減するところに求められるこ

とになる。

　もっとも，現在の組織の経済学では，企業は単なる契約であるということを超えて，物的資産へのコントロールへの割り振りという角度から捉え直されてきており，会社法の存在意義についても，単純に標準書式として捉えるのではなく，より多様な機能の分析が行われるようになっているとされる（藤田51頁）。

(ｳ) わが国における強行法規性の見直し論議

　こうした「法と経済学」の登場を背景にして，わが国でも強行法規性に関する議論が盛んになった。例えば，会社法の個々の規定の強行法規性の判断基準として，以下のような視点を提示するものがある。第1に，閉鎖会社と公開会社で区別し，閉鎖会社の株主は情報を入手し判断できる立場にあるから，定款自治は広く認めてよい。第2に，合意の形成過程に着目し，全員一致を要する原始定款か，定款を全員一致で変更した場合に限り，規定と異なる定款の定めを有効と考えることもできる。第3に，商法の規定の内容を類型化して類型ごとに強行法規か任意法規かを検討していくことも考えられる。このとき，定款自治に委ねた方が，株主の利益を増進するような性質の規定であるかどうかが判断の分かれ目になる（黒沼・強行法規性13頁）。

　また，基本的に強行法規である会社法のルールがなぜ国によって異なるという多様性があるのか，なぜ頻繁に変化するのかについても，新たな知見が示されている。すなわち，「会社法は，他の構成要素とあいまって全体として望ましい株式会社制度を作り上げるようなものでなくてはならない。会社法のルールが適切か否かも，そのルール自体が『正しいか』どうかを見るのではなく，利害を有する者が法的ルール以外の構成要素と組み合わせて望ましい関係を作り上げるために有用な内容となっているかという角度から検討されるべきである。また当事者が合意で修正できないルールを用意することも，そのような性格のルールが構成要素に含まれていることが，株式会社制度全体にとって望ましいかが問われなくてはならない。さらに法的ルールの変化を見る際にも，個々のルールごとの『望ましさ』を見るのではなく，株式会社制度の構成要素相互間（とりわけ法的ルール間）の相互補完性をも視野に入れつつ，個々のルールを変更することが株式会社制度全体の効率性にいかに影響するかを考えなくてはならない」とされる（神田＝藤田474頁）。

(2) 株主間契約との関係

　従来，商法の下では定款自治の範囲は狭く解されていたため，定款によって

会社法の定めるところとは異なる権限分配あるいは利害調整を行うことに，限界があることになる。このように定款では実現できないことについては，株主間契約あるいは会社・株主間契約で対応されることになる。前者の典型例としては議決権拘束契約（その詳細については，森田・株主間契約(1)-(6完)）があり，後者の例として株式譲渡制限契約（前田雅弘「契約による株式の譲渡制限」論叢121巻1号〔1987〕18頁以下参照）がある。とくに合弁会社の設立あるいはベンチャー企業への出資などに際して，株主間契約が広く利用されているという実態もまた，定款自治の範囲の拡大を後押しする要因となった。

株主間契約と定款との違いは，(a)定款は公証人の認証を受けなければ有効に成立しない（30 I）が，株主間契約は，一般の契約の成立要件と同じでよい。(b)定款は全株主を拘束し，将来の株主をも拘束するが，株主間契約は，直接の当事者とその包括承継人を拘束するにすぎない。(c)定款変更には，株主総会の特別決議が必要である（309 II ⑪）が，株主間契約の変更には，契約当事者の全員一致が必要である，ということにある。

会社法の下では，定款自治の範囲が大幅に拡大されたため，今後は株主間契約の比重が低下することが予想される。とくに，定款に記載し得る内容である場合には，定款に記載しておけば，違反された場合，定款違反の強い効果があるため，定款記載が選択されることになろう。しかし，次のような場合には，株主間契約が利用されることになる。定款に記載できる事項であるが，内容を秘密にしておきたいか，債権契約のままでも実効性に変わりがないため，定款に記載することを望まない場合である（江頭311頁）。また，本条は，後述するように，定款自治の範囲を限定している。そのため，会社法に定めのある事項について，明文の根拠規定がない場合には，株主間契約を利用せざるを得ないことになる。

(3) 「株主平等の原則」に基づく制約

わが国において，「株主平等の原則」が必要以上に定款自治を制約してきたと指摘されている。その原因として，「学説が上場企業にしか関心がなく，実務も，定款のプランニングに関与する弁護士等の人材の層が薄かったこと」を挙げるものがある（江頭53頁）。

平成13年・14年の商法改正で定款自治が拡大された後でも，そうした制約は強く意識されていた。例えば，議決権拘束契約の内容を定款に記載しようとしても，議決権拘束契約は会社が特定の株主の議決権を制限することであるから，平等原則違反である，株式譲渡の制限として，先買権条項を定款に定めよ

うとしても，ある特定の株主のみが先買権を持つという条項の場合には，平等原則違反であるとされることが懸念されていた（宍戸ほか57頁）。

III　定款に定め得る事項の範囲

1　一　般

　本条は，定款に定め得る事項（定款自治の範囲）を規定している。会社法の規定がすべて任意規定であれば，定款自治の範囲の問題は生じないが，株式会社に関わる会社法の規定には，定款によって変えられないルール，すなわち強行規定が多いので，定款自治の範囲が問題となる。

　会社法の制定前は，定款自治の範囲につき，一般に，(a)個別規定で定款に別段の定めを置くことができる旨の明文がある場合は，それに基づいて，(b)そうした明文がない場合には，個別規定ごとに定款自治が許されるか，どの範囲で許されるかの解釈に基づき判断すべきものとされていた。(b)につき，株式会社においても定款自治を原則とすべきことを提唱する学説は，株式会社の定款規定が制限されるのは，以下の3つの態様においてであるとしていた（松本213頁）。第1に，強行法規で定めのある事項については，それと内容の異なる定款の定めは認められない。第2に，公序良俗に反する場合である。第3に，株式会社の本質に反する場合である。

　こうした考えに立つと，定款自治が可能かどうか，どの範囲で可能か，換言すれば，定款に会社法の規定の内容とどの程度異なる内容の定めを置くことが許されるかどうかは，その規定の立法趣旨・沿革，利害構造などを分析し，個別的に判断されることになる。

　しかし，このように個別規定の解釈に委ねてもよいとなると，判断が分かれるおそれがある。そうなれば，法律の定めとは異なる内容の定款の定めが有効かどうかが不確実になり，法的安定性を欠き，実務上支障をきたすことになる。そこで，会社法においては，①「この法律に規定されている事項」について定款で別段の定めを置くことができる場合は，逐一法律でこれを規定し（297 I 等）, [☞ 2 (2) 参照]，②「この法律に規定されている事項」で当該別段の定めがない規定については，法律と異なる定款の定めを置くことができないこととしたと，立法担当官により述べられている（相澤＝郡谷16頁，相澤＝岩崎12頁）。

　本条は，当然この①および②の趣旨を含むものとして条文構成がされてい

〔森〕

第2節　定款の作成　　　　　　　　　　　　　　　　　　　　　§29

る。ただ，本条は，定款に定め得る事項を掲げる立法形式をとっているため，①の趣旨はそのまま条文化できるが，②の趣旨は，そのままストレートに条文化できないことになる。②は，別段の定めのない規定については法律と異なる「定款の定めを置くことができない」場合になるからである。それでは，②の趣旨をどのように表現すればよいか。本条は，定款に定め得る事項として，(α)「この法律の規定により定款の定めがなければその効力を生じない事項」と(β)「その他の事項でこの法律の規定に違反しないもの」を掲げる。このうち(α)は，上記①の事項を意味するものと解される。しかし，上記②の趣旨は，(α)または(β)のいずれに含まれるのであろうか。その判断は，必ずしも容易とはいえない。以下，立法指針に即して検討していくことにする。

2　この法律の規定により定款の定めがなければその効力を生じない事項

(1)　意　　義

　本条により定款の定めが認められる事項の1つとされる「この法律の規定により定款の定めがなければその効力を生じない事項」とは，会社法に規定されている事項について，定款で別段の定めができる旨の規定がある場合，すなわち，会社法の規定とは異なる内容の定めを定款に記載できる事項のことである。そうした明文の規定は会社法に個別的に定められている。「この法律の規定により定款の定めがなければその効力を生じない事項」として，明文の根拠規定により明示された事項は，(2)に列挙するように，これまでの商法の明文あるいは解釈で認められていた事項より，かなり広範囲に及んでいる。立法担当官は，そうした規定の合理性と必要性を吟味して明文の個別規定を設けたのであろうが，会社の機関設計（326 II）あるいは株主の権利（105 II）のように，これまで定款自治に馴染まないと考えられていた領域の事項にも及んでおり，注目される。

　それでは，このように定款で別段の定めを置くことができる旨の明文の規定が個別的に定められていない会社法の規定について，その規定の内容とは異なる定めを定款に記載できると解釈で認めてよいか。立法担当官の見解によれば，それは認められないとされる［☞1（②の趣旨）参照］。この②の趣旨は，「この法律の規定により定款の定めがなければその効力を生じない事項」という文言に含まれているのか，それとも後述する「その他の事項でこの法律の規

定に違反しないもの」という文言に含まれているのか。会社法は原則強行法規であるという前提から出発すると、いずれの考え方も一応成り立つといえる。

　まず、会社法は、定款で別段の定めを置くことができる旨の明文の規定を個別的に定めることで、会社法のどの規定が定款自治の認められる任意規定であるかを限定列挙により明示していると理解すれば、「明文の規定がない場合」は限定列挙事項に当たらず、定款に記載できないと解することができる。この解釈によれば、②の趣旨は、「この法律の規定により定款の定めがなければその効力を生じない事項」から導き出すことができることになる。しかし、後述するように、②の趣旨は、むしろ「その他の事項でこの法律の規定に違反しないもの」に含まれると考える。

　ところで、会社法において、定款で別段の定めを置くことができるという明文の規定が定められている場合、それは会社法の規定とは異なる定めをするときは、必ず定款に定めなければならない趣旨を含んでいると解される。相対的記載事項とは、Ⅰで述べたように、定款に記載しない限り効力が生じない事項であることを想起すると、会社法が定款に別段の定めを置くことができると明文で定める事項とは、すべて相対的記載事項を意味すると解すべきことになる。従来、相対的記載事項には、定款に該当規定を設けないと会社法の制度が利用できない場合と会社法の定める一般原則を定款で変更・修正する場合があると説明されてきた（宝印刷株式会社証券研究会編＝中村信男著・会社法による定款作成の実務〔中央経済社、2006〕22頁）。こうした類型的差異を反映して、会社法の下でも、相対的記載事項を定める明文の表現手法も一様ではない。会社法が原則を定め定款がそれを変更・修正する形がもっとも多いが（109Ⅱ・306Ⅰ等）、逆に、定款で特段の定めがない限り法の定めによると表現されることも少なくない（309Ⅰ等）。また、定款で規定しなければ法の定めを具体化できない定め方もあれば（108Ⅱ・326Ⅱ）、法の定めの一部に定款の規定を想定している場合もある（471①②等）。一方、会社法が明文で定款の定めに言及している事項であっても、その事項が定款以外の方法で定めても有効と解される場合には、それは相対的記載事項とはいえない。

　なお、「この法律」とは、会社法および法務省令（会社法施行規則・会社計算規則・電子公告規則）を意味すると解される。

(2) **会社法が定款に別段の定めを置くことができると明文で定める事項**

　株式会社を対象とする場合、この法律の規定により定款の定めがなければその効力を生じないとされている事項、すなわち明文の規定のある相対的記載事

第2節　定款の作成　　　　　　　　　　　　　　　　　　　　　§29

項として以下のものがある。

　まず，設立・株式・新株予約権に関しては，変態設立事項 (28) を別にすると，種類創立総会等選任の設立時役員等を株主総会決議で解任できる定め (44 II)，設立時役員等の選任・解任につき種類株主総会の決議を要する定め (45 I)，創立総会の招集通知発出期間の短縮 (68 I)，設立時取締役の累積投票によらない定め (89 I)，選任権付種類創立総会で選任された取締役・監査役を創立総会決議で解任 (92 II III)，全部の株式の内容として定款で定める事項 (107 II)，種類株式の内容と数 (108 II)，種類株式の内容の要綱 (108 III)，株主の属性による権利内容の異なる取扱い (109 II)，株主名簿管理人 (123)，譲渡承認の決定手続 (139 I)，指定買取人の指定 (140 V)，譲渡承認擬制となる期間の短縮 (145)，特定の株主からの自己株式取得に際して他の株主の売主追加議案変更請求権の排除 (164 I)，市場取引等による自己株式取得を取締役会に授権 (165 II)，取得請求権付株式の対価としての株式の端数の処理 (167 III)，取得条項付株式の取得手続 (168 I)，取得条項付株式の一部の取得手続 (169 II)，相続人等に対する自己株式の売渡請求の定め (174)，株式無償割当に関する事項の決定方法 (186 III)，単元株式数の定め (188 I)，単元未満株式の権利行使の制限 (189 II)，単元未満株式の株券不発行 (189 III)，単元未満株主の売渡請求 (194 I)，譲渡制限株式の募集につき種類株主総会決議の省略 (199 IV)，株主割当における募集事項等の決定方法 (202 III)，譲渡制限株式の割当先・数の決定方法 (204 II)，株券の発行 (214)，募集新株予約権の目的が譲渡制限株式の場合の募集事項の決定につき種類株主総会決議の省略 (238 IV)，募集新株予約権の株主割当における募集事項の決定方法 (241 III ① ②)，譲渡制限株式を募集新株予約権の目的とする場合の割当事項の決定方法 (243 II)，譲渡承認擬制のとなる期間の短縮 (266)，新株予約権無償割当てに関する事項の決定方法 (278 III) がある。

　機関に関しては，株主総会の権限 (295 II)，株主による総会招集請求の要件の緩和 (297 I II)，株主が裁判所に総会招集の許可を求める要件の緩和 (297 IV ②)，総会招集通知の発出期間の短縮 (299 I)，株主による議題提出権の資格・行使要件の緩和 (303 II III)，株主による議案提出権の要件の緩和 (304)，株主提出議案の要領の招集通知への記載等を請求する要件の緩和 (305 I II)，総会検査役選任請求の資格要件の緩和 (306 I II)，株主総会の通常決議の定足数の緩和 (309 I)，総会の特別決議の定足数の緩和と議決要件の加重 (309 II)，総会の特殊決議の定足数・議決要件の加重 (309 III)，株主の属性による異なる取扱

〔森〕　　　　　　　　　　　　　　　　　　　　　　　　　　　　331

いを定める定款の変更手続の定足数・議決要件の加重 (309 IV)，種類株主総会の権限 (321)，種類株主総会の決議を不要とする定め (322 II)，種類株主総会の通常決議の定足数の緩和 (324 I)，種類株主総会の特別決議の定足数の緩和と議決要件の加重 (324 II)，種類株主総会の特殊決議の要件の加重 (324 III)，取締役会・会計参与・監査役・監査役会・会計監査人・委員会の設置 (326 II)，取締役の資格を株主に限定する定め (331 II)，取締役の任期の短縮 (332 I II)，監査役の資格を株主に限定 (335 I・331 II 準用)，監査役の任期の伸長 (336 II)，補欠監査役の任期の伸長 (336 III)，役員の選任・解任に関する総会決議の定足数の緩和と議決要件の加重 (341)，取締役選任につき累積投票の排除 (342 I)，業務を執行しない取締役の定め (348 I)，複数の取締役がいる場合の業務決定方法の定め (348 II)，検査役選任申立て要件の緩和 (358 I 各号)，取締役の違法行為差止め請求をする株主の資格要件の緩和 (360 I II)，取締役会招集通知の発出期間の短縮 (368 I)，取締役会の決議要件の加重 (369 I)，書面による取締役会決議の定め (370)，会計参与に対する取締役会招集通知の発出期間の短縮 (376 II)，監査役の監査範囲を会計に限定 (389 I)，監査役会招集通知の発出期間の短縮 (392 I)，執行役の資格を株主に限定 (402 V)，執行役の任期の短縮 (402 VII)，執行役の違法行為差止め請求をする株主の資格要件の緩和 (422 I II)，役員等の責任の一部免除の定め (426 I)，一定割合の株主の異議で責任免除ができなくなる要件の緩和 (426 V)，社外取締役等の責任限定契約の定め (427 I) がある。

　会社の計算等・事業の譲渡等・解散・清算・その他に関しては，少数株主の帳簿閲覧等請求の要件 (433 I)，中間配当 (454 V)，剰余金の配当等の決定権限を取締役会に委譲する定め (459 I)，459 条 1 項の定款の定めを置く会社の株主総会の権限の制限 (460 I)，事業の重要な一部の譲渡に当たる適用基準の引下げ (467 I ②)，事後設立に当たる適用基準の引下げ (467 I ⑤)，略式事業譲渡に当たる適用基準の厳格化 (468 I)，簡易事業譲受けに当たる適用基準の厳格化 (468 II)，解散事由 (471 ① ②)，清算株式会社に設ける機関の定め (477 II)，清算人の解任請求の資格要件の緩和 (479 II ① ②・III)，複数の清算人がいる場合の業務決定方法の定め (482 II)，清算人の違法行為差止め請求をする株主の資格要件の緩和 (482 IV・360 I II 準用)，清算人会の招集通知の発出期間の短縮 (490 IV・368 I 準用)，清算人会の決議要件の加重 (490 V・369 I 準用)，特別清算手続における調査命令申立権者の資格要件の緩和 (522 I III)，特別清算手続における裁判所の許可を要する事業の一部譲渡の適用基準の引上げ (536 I ②)，

第2節　定款の作成　　　　　　　　　　　　　　　　　　　　　§29

吸収分割会社の承認を要しない要件の厳格化（784Ⅲ），吸収合併契約等につき存続会社等の承認を要しない要件の厳格化（796Ⅲ），新設分割計画の承認を要しない要件の厳格化（805），解散の訴えの提訴権者の資格要件の緩和（833），代表訴訟提訴権者の株主の株式保有期間の緩和（847Ⅰ），役員の解任の訴えの提訴権者の資格要件の緩和（854Ⅰ①②・Ⅱ），公告方法の定め（939Ⅰ）がある。

　以上は，会社法に定められている相対的記載事項であるが，法務省令に規定されている相対的記載事項もある。すなわち，特定の株主からの自己株式取得に際して他の株主が行う売主追加議案の請求期間の短縮（会社則29），株主総会参考書類の提供とみなされるウェブサイトに表示する措置をとる定め（同規則94Ⅰ），補欠役員選任決議の効力期間の定め（同規則96Ⅲ），事業報告の提供とみなされるウェブサイトに表示する措置をとる定め（同規則133Ⅲ），簡易事業譲受けに当たらないとされる反対株式数の定め（同規則138④），簡易組織再編行為に当たらないとされる反対株式数の定め（同規則197④），計算書類の提供とみなされるウェブサイトに表示する措置をとる定め（会社計算161Ⅳ），連結計算書類の提供とみなされるウェブサイトに表示する措置をとる定め（同規則162Ⅳ），である。

　なお，役員（取締役・会計参与・監査役）の員数（329），会計監査人の員数（346Ⅳ），代表取締役の員数（351Ⅰ），取締役の報酬（361Ⅰ），取締役会招集権者の定め（366Ⅰ），会計参与の報酬（379ⅠⅡ），監査役の報酬（387ⅠⅡ），各委員会の委員の員数（401Ⅱ），代表執行役の員数（420Ⅲ），清算人の指定（478Ⅰ②），代表清算人の定め（483Ⅲ），清算人会の招集権者の定め（490Ⅰ），を相対的記載事項とする見解（高野一郎・会社法実務ハンドブック〔中央経済社，2006〕添付資料1参照）および公告方法の定め（939Ⅰ）を任意的記載事項とする見解がある（田村洋三＝立花宣男監修・新会社法定款事例集〔日本加除出版，2006〕11頁）。それは，相対的記載事項・任意的記載事項という講学上の概念をどう定義するかの問題であるが，Ⅰに述べた定義によれば，これらの事項は最後の公告方法に関する規定は相対的記載事項，その他はすべて任意的記載事項と解される。

　明文の規定がなくても相対的記載事項と解されるものはあるが，それについては後述する［☞ 3(2)参照］。

〔森〕

3 その他の事項でこの法律の規定に違反しないもの

(1) 意　義

　本条は,「その他の事項でこの法律の規定に違反しないもの」についても定款に記載できると定める。

　「その他の事項」とは,㋑「第27条各号及び前条〔28条〕各号」または㋺「この法律の規定により定款の定めがなければその効力を生じない事項」を除いたすべての事項,すなわち,会社法で定款に記載しなければならない旨(すなわち㋑)および定款に記載できる旨の定めのある事項(すなわち㋺)を除いたすべての事項のことである。したがって,そこには,(a)会社法に定めのある事項で本条に定める㋑および㋺を除いた事項と,(b)会社法に定めのない事項,の2つの類型が含まれることになる。しかし,これらのすべての事項が記載できるのではなく,さらに,「この法律の規定に違反しないもの」でなければならない。(a)の事項を定款に記載するということは,会社法に定めがある事項について,定款で別段の定めを置くことができるという明文の根拠規定がないにもかかわらず,会社法の規定と異なる内容の定めを定款に置くということになり,強行法規である会社法の規定に違反することになる。それゆえ「この法律の規定に違反しないもの」とはいえないから,この(a)の事項は定款に記載することができないことになる。

　かくして,(b)の事項,すなわち,会社法に定めのない事項で,会社法の規定の趣旨に違反しないものだけが,「その他の事項でこの法律の規定に違反しないもの」として定款に記載できることになる。このように考えると,「その他の事項でこの法律の規定に違反しないもの」は,会社法に定めのない事項について,会社法に違反しない限り定款に記載できることを定めた規定であるということになる。

　このように理解すると,前述1②の趣旨,すなわち,解釈による定款自治は認めないとする立法担当官の立法指針は,「その他の事項でこの法律の規定に違反しないもの」の文言に具現されていると解すべきことになる。前述1②の趣旨を,「この法律の規定により定款の定めがなければその効力を生じない事項」よりも,「その他の事項でこの法律の規定に違反しないもの」に求める方が適切と考える理由は2つある。第1は,そのように解さないと,「その他の事項で」という包括的な文言に合致しないからである。なぜなら,「この法律の規定により定款の定めがなければその効力を生じない事項」の文言が,会

社法に定めのある事項について，明文の根拠規定がある場合には定款自治を認め，明文の根拠規定がない場合には，定款自治を認めないことを定めていると理解すると，この「この法律の規定により定款の定めがなければその効力を生じない事項」は，会社法に定めのある事項のすべてについて定めた規定となる。となると，後は，「会社法に定めのない事項」の場合しか残らないため，「その他の事項で」という包括的な表現を用いるのは不自然であり，むしろ，「この法律に定めのない事項については」といった定め方になると考えられるからである。

第2の理由は，これまで解釈による定款自治を認めるという解釈論が広く受け入れられてきた実状を考えれば，立法に際して，そのことを認めない趣旨を明確に示す必要がある。「この法律の規定により定款の定めがなければその効力を生じない事項」の文言にその趣旨を求める場合，明文による限定列挙に含まれていないことの反対解釈として，その趣旨を示すにとどまる。これに対して，「その他の事項でこの法律の規定に違反しないもの」の文言による場合，会社法の強行法規性に違反する内容の事項は，一切定款に記載できないことを明文で明らかにすることによって，解釈による定款自治もまた許されないことを明確に示すことになるからである。

(2) **定款に規定できる事項の例**

「その他の事項でこの法律の規定に違反しないもの」には，講学上の概念でいうと，Ⓐ 相対的記載事項で明文の規定のないもの，および Ⓑ 任意的記載事項が含まれる。

Ⓐ の例としては，株主の剰余金配当請求権に除斥期間を設ける定款の定め（大判昭和2・8・3民集6巻484頁），あるいは，代理人資格を株主に限定する定款の定め（最判昭和43・11・1民集22巻12号2402頁）がある。

Ⓑ の任意的記載事項の意味についてはすでに述べた［☞ Ⅰ，§27 Ⅰ 1 (1)］。会社法上定款に記載があることが定められている場合であっても，その事項を定款に記載せず他の方法で定めても有効であるときには，それは任意的記載事項である。会社法に定めのない事項であっても，会社法に違反するものでなければ，それも任意的記載事項として定款に記載できる。本条は，そのことを「その他の事項でこの法律の規定に違反しないもの」により明文化することで，定款自治重視の立法趣旨を明確にしたものといえる。

今後任意的記載事項も多様に活用されていくであろうが，会社法に定めのある事項に関連して，以下の例を挙げることができる。すなわち，設立時発行株

式に関する定め（32 I），設立時役員等に選任されたとみなされる者の定め（38 II），基準日の定め（124），株主名簿記載事項の記載等の請求（133・134参照），株券の再発行手続（228 II参照），定時株主総会招集時期（296 I参照），取締役の員数（326 I・331 IV），役員の員数（329 II），代表取締役（349 III），代表取締役の員数（351 I），取締役の報酬（361 I），取締役会の招集権者（366 I），会計参与の報酬（379 I II），監査役の報酬（387 I II），各委員会の委員の員数（401 II），執行役の員数（402 I），代表執行役の員数（420 III），清算人の指定（478 I ②），代表清算人の定め（483 III），清算人の招集権者の定め（490 I），である。その他，会社法に定めのない事項に関連した例として，役付取締役（会長，社長，副社長，専務取締役，常務取締役等），事業年度，等がある。

4 本条の規定によらず定款に記載できない事項

以上本条で述べてきたところから知られるように，強行規定に違反する事項を定款に記載することはできない。この趣旨を会社法が明文で明らかにしている場合もある（105 II・295 III・331 II・402 V）。しかし，本条とは異なる視点から，定款自治が認められない場合は存在する。そうした場合として，公序良俗違反に当たる場合，あるいは，株式会社の本質に反する場合がある。これらのように，定款に記載しても会社法上の効力が生じない事項は，併せて，無益的記載事項とよばれることがある（江頭73頁注（16））。

根本規範としての定款になじまない記載事項は，適・不適の問題はあっても，定款自治においてそうした記載を選択することを禁ずるまでもないと考える。

5 任意規定の範囲を明文規定がある場合に限定する立法指針の検討

(1) 条文の任意規定性を限定する立法指針に対する批判

立法担当官の説明によれば，会社法は，株式会社における定款自治の範囲を拡大する一方，定款自治の範囲を明確化することを立法指針にしたとされる［☞1, 2(1)］。しかし，定款自治の認められる任意規定の範囲を明文の根拠規定がある場合に限定することにより定款自治の範囲を明確化するという立法指針に対しては，以下のように批判的な見解が少なくない。

第1に，そもそも，条文によって定款自治の範囲を完全に明確化することは不可能ではないかという根本的な疑問である（宍戸21頁，神作41頁）。会社法上考えられるオプションの多様な組み合わせを，はたして網羅的に検討できるのか。仮にそれらのすべてを検討し，ある特定のオプションについては定款に

記載できると明文で定めたとしても，その他のオプションを排除したことの合理性は何であるのかと問うものである。
　第2に，各規定についてどの程度定款による逸脱が許されるのかは，あくまで各規定の趣旨に基づき検討すべき問題ではないか，各規定についての解釈は，可変的なものと考えるべきではないかという疑問である。立法担当官は，これまでの解釈論を条文に反映させたと説明するようであるが，従来の解釈論はもっと複雑だったのではないか，本条が，すべての株式会社，とくに有限会社型の会社にも適用されることを考えると，立法担当官の解説は不可解であるとすら断じる批判もある。
　第3に，当該立法指針は，会社法の今後の解釈論の幅を大きく限定するおそれがあるという懸念である。要綱案の段階でもまったく触れられていなかったにもかかわらず，このような重大な意味を持つ本条の立法指針が実行されたことは，まさしくサプライズであるという指摘もなされている。
　以上は，主に解釈により定款自治を拡大することを肯定する立場からの批判であるが，定款自治の拡大に否定的な立場から，解釈の余地を残すべきと説く見解もある（稲葉＝郡谷170頁［稲葉］）。たとえ明文で定款の定めができるとしても，合理的な定款の定めかどうか，定款の定めがどの限度まで許されるのか解釈すべき問題があるとされる。

(2) **個別規定の解釈をめぐる疑問**

　単に立法担当官の立法指針を抽象的に批判するにとどまらず，定款で別段の定めを置くことを認める個別規定を具体的に取り上げ，定款自治の範囲が明確とはいえないと指摘する見解もある。例えば，定款自治の範囲が明確でない場合には，以下の3つの類型があると指摘するものがある（宍戸23頁）。
　第1の類型は，定款自治が明文で認められていないが，一概に否定されるべきではなく，解釈の余地が残るものである。この類型の例として，(a)定款に任意種類株主総会を一定期間のみ存続するものとする定め，あるいは(b)議決権拘束契約についての定め，(c)普通株式のみが発行されている場合に分配可能額の一定割合を配当する旨の定め，を置く場合があるとされる。
　第2の類型は，明文で定款自治が認められているが，定款自治の限界が明らかでないものである。この類型の例として，(a)期間を限定して無条件の譲渡制限を定めること（107Ⅱ①・108Ⅱ④），(b)株主総会の普通決議要件につき全員一致・頭数要件を加えること（309Ⅰ），(c)議決権10％以上を有する株主全員の同意を決議要件に加えること（309Ⅰ），(d)種類株主総会決議事項として定款

で具体的な契約等に言及すること (321), (e) 利益配当に関する種類株式の配当額の算定基準の具体性の程度 (108Ⅱ①), (f) 参加型配当優先株に対する分配割合を普通株の 2 倍と定めること (108Ⅱ①), があるとされる。

第 3 の類型は, 定款自治を認める規定はあるが, 定款自治の限界が明らかでないというよりも, 定款自治が認められる対象が明確でないというものである。この類型の例として, (a) 複数の種類株式について単一の種類株主総会を設定すること (322Ⅱ), (b) 残余財産の分配に関する種類株式につき合併, 企業買収等をみなし解散事由として定めること (108Ⅱ②), があるとされる。

こうした疑問に対して, ここに挙げられた場合の多くは会社法の解釈により対応できるが, 第 1 類型の(c), 第 2 類型の(a)および第 3 類型の(a)については, 会社法の下では認められないとする立法担当官の解釈があると伝えられている。

(3) **立法指針に欠けるもの**
(ア) **わかりやすさの欠落**

なぜ任意規定の範囲を明文の規定がある場合に限定することにより定款自治の範囲を明確にする必要があるのか。立法担当官の説明によれば,「どの規定について定款自治が認められるかという点をもっぱら解釈に委ねることは, 利用者にとってわかりやすい法制とはいいがたい」ためであった (相澤＝郡谷 16 頁)。わかりにくさが定款自治の利用を萎縮させるというのである。それでは, 会社法は, はたしてわかりやすい法制になったのであろうか。範囲の明確化については, いくつかの段階・視点にわけて考えていくことができる。任意規定性の明示だけという「明確化」でも, 相当に「明確化」をなし得るはずである。一方,「任意規定性の限定」という手法によって, 本当に範囲は明確になったのか。明文の根拠規定がどこまで定款自治を認めているかについて, 前述のごとく解釈が分かれている現状をみると疑わしいといわざるを得ない。

立法担当官の見解に立っても,「この法律の規定により定款の定めがなければ」の文言が意味するところについて, 立法担当官の解釈は, かなり柔軟であるともいえる。また定款の記載の工夫次第であるとも指摘されている。しかし, どの程度に柔軟な解釈が許されるのか, どのように工夫した定款記載であればよいのか, 利用者にとってわかりにくさが残る以上, 解釈により定款自治を認める場合と, 萎縮効果という点でそれほど違いはないのではあるまいか。定款自治について蓄積のあるアメリカでも, 一義的にメニューを定めるのは困難とされていることを想起すると, 本条の排他的な規定の仕方で, 本当に法的

〔森〕

第2節　定款の作成　　　　　　　　　　　　　　　　　　　§29

安定性は保証されるのか疑わしいといわざるを得ない。

　(イ)　**少数株主保護策の欠落**

　定款自治の範囲を明確化するもう1つの大きな理由は，少数株主等の保護のためとされる。しかし，そうした立法担当官の説明は，定款自治の範囲内においては，少数株主等が不利益を受けるおそれが大きいことを自認するものともいえる。ところが会社法は，定款自治を大幅に拡大しているにもかかわらず，少数株主保護の強化策を講じているわけではない。定款自治を認める以上，その範囲内で少数株主が不利益を受けるのは，やむを得ないという趣旨であろうか。後述するように［☞Ⅳ3(4)参照］，悪しき定款自治のおそれに対して，あまりに楽観的にすぎるのではあるまいか。

　(ウ)　**自律のインセンティブの欠落**

　本条は，定款自治の拡大を目的としている。そうした目的は，拡大された定款自治が健全に発展していってこそ，意義のあるものになる。そのためには，当事者がよき定款自治を目指すようになる自律のインセンティブが重要となる。いかによりよき定款自治を目指しても，明文に定める範囲を超えればNOであり，範囲内であればOKである，という形式的判定になるとすれば，よりよき定款自治を目指す自律の風土は育ちにくいのではあるまいか。

Ⅳ　定款自治の拡大の意義

1　実務その他にとっての意義

(1)　法律と並ぶ経営の規範

　会社法は，本条の基本規定に基づき，実質的に定款自治の範囲を大幅に拡大した。この拡大された定款自治は，企業にとってどのような意義があるのか。定款自治とは，会社が自治的に作る定款もまた経営の規範であることを示すものであるといわれることがある。その意味は，取締役には法令と並んで定款をも遵守すべき義務がある (355) ことにとどまらず，以下の趣旨も含むものであろう。

　会社が，経営の規範を自分で作っていくことができるということは，企業が何でもできる自由を得たことを意味するものでないことはいうまでもない。定款自治は，会社法の規定とは異なる定めをなし得ること，あるいは会社法に定めなき事項については，会社法に違反しない限り定め得ることを意味するが，いずれも，当事者が選択することを前提としている。

〔　森　〕

選択したことについては，当然のことながら，なぜその選択をしたのか，その選択がその企業にとってベストであることについて，説明責任を負うことになる。したがって，何もしなければ，デフォルトルールとして会社法の規定がそのまま適用されることになるが，なぜ，何もしないという選択をしたのか，そしてそれが企業にとってベストであることについて，説明責任あることには変わりはない。そのことの意味において，定款は，法律と並んで，経営の規範であるということができる。

(2) 最適の選択と差別化のためのツール

定款自治の対象は，企業のコーポレート・ガバナンスに関する事項，財務戦略あるいは企業再編に関する事項など，株式会社運営の根幹に関わる部分も含め広い領域に及んでいる。そのため，企業は，自らの企業価値を高める上で，最適な選択をすることができる。

企業は，それらの事項について，どのような選択をしたかを定款自治を通じて広く情報発信することができる。そのことが企業に対する信用・評価を高めるだけでなく，他の企業より優れた選択を行っていることを示すことで，企業イメージの差別化を図ることも可能となる。これからのポスト産業資本主義の時代にあっては，差別化こそが企業利益の最大の源泉とされるが，定款自治は，そうした差別化のツールともなるのである。

(3) 規律の空洞化

他方，定款自治は，規律を空洞化させる側面もある。多数派株主あるいは経営者にとって都合のよい仕組みばかりが選択されれば，規律は弱体化する。そうした事態は，規律を回避する意図がない場合にも起こり得る。定款自治の拡大により，これまで株主総会で意思決定していた事項の多くが定款で定められた場合，株主総会の決議事項とされることでもたらされていた規律が働きにくくなるからである。

(4) その他にとっての意義

株式会社に関わる規範としては，ハードローとしての強行法規（会社法あるいは公開会社法）以外にも，市場の自主規制，定款，株主間契約などのソフトローが多層的に存在しており，近年ソフトローの役割が注目されるようになっている。定款自治の拡大は，ハードローの役割低下とソフトローの役割増大という時代の流れをますます加速していくものと考えられる。

また，定款自治の拡大は，株式会社を対象とする研究のあり方にも，影響を与えていくことになろう。会社法理論に対する影響については後述するが，こ

れまでのように，法解釈学だけでなく，当事者・企業の行動とそのインセンティブの分析，ビジネスプランニングなどに目を向けた実証研究・実践的研究も盛んとなっていくであろう（動機付け交渉という視点から，企業を分析する最近の注目すべき研究として，宍戸善一「動機付けの仕組としての企業(1)-(9完)」成蹊法学52-61号〔2001-2005〕がある）。

2 定款自治拡大の弊害と対応策

(1) 定款自治の拡大がもたらす弊害

もっとも，定款自治を拡大することについては，懐疑的な見解も少なくない。典型的な見解は，多数決原理の下で定款自治を拡大することは少数者の権利・利益の抑圧につながるおそれが大きいとして厳しく批判する（稲葉・問う59頁・185頁以下）。一般的には，閉鎖的な会社では定款自治の拡大は適切であると評されることが多いが，たとえ閉鎖的な会社であっても，定款自治を広く認めることが望ましいとは簡単には言い切れず，それゆえ，会社法が，全株式譲渡制限会社の定款変更のための総会決議要件を公開会社並みに緩和したのは妥当ではないと主張する。公開会社における定款自治の拡大は，経営者あるいはこれを支える相対的少数の機能株主による支配の助長をもたらすおそれがあるとし，例えば，種類株式や新株予約権に関する定款の定めの内容は，資金調達の手段の意味を持つだけでなく，企業統治の仕組みに大きな影響を持つことへの配慮が重要となると主張する。

定款により柔軟に機関設計をなし得るようになったことに対して歓迎する風潮があるが，それに対しても，上記の見解は，以下のような理由で疑問を提起する。第1に，最適の設計をするのにコストを要し，取引の相手方もそれを確認する手間とコストが必要になる。自由度の拡大は，会社を複雑多様なものにするおそれがあるが，それが社会的コストの低減ひいては社会的効率性の要請にかなうのか疑問であるという。第2に，閉鎖的な会社でもその構成員が全て自分の権利を守る能力を持つということは期待できない。ベンチャーキャピタルはプロであって，これを一般化することはできない。第3に，会社の行動の自由度を高める場合には，それを自主的に点検・監視するモニタリング機能の充実が必要である。第4に，自由度を高めた場合も適切な選択が行われるように，安易な選択が行われないように濫用防止の配慮が不可欠であるという（なお，前田雅弘ほか「座談会・新会社法と企業社会」法時78巻5号〔2006〕11頁［前田］）。

〔 森 〕

(2) 定款自治拡大に対する対応策
(ア) 解釈による制約

　定款で種類株式の多様化を行う場合であっても，定款に定めれば無条件にそれが容認されるわけではなく，さまざまな利益考量の結果として一定の制約原理が働くとする見解がある（野村33頁，江頭憲治郎「株式関係を中心に」商事1758号〔2006〕7頁）。具体的には，まず，内容の設計に関する制約原理として，①差別化を正当化するだけのニーズがあるか（必要性のテスト），②差別化のニーズに照らして不相当な制約になっていないか（相当性のテスト），といった視点が重要であるとする。この観点に立つ場合，買収防衛策としての議決権制限の内容は，株主平等原則違反といった硬直的な解釈で否定されることになるのでなく，正当な目的を達成するため必要な限りで許されることになる。また，定款の記載方法に関する制約原理としては，①他の株主にとって自己の権利に対する影響を理解できる程度まで明確であるか（明確性のテスト），②内容の重要な変更に際して種類株主総会の開催が保障されているか（変更手続のテスト），が重要な視点になるとされる。このような解釈論的工夫を通じて，種類株式（とりわけ議決権制限株式）を用いて株式会社の支配構造を設計する場合の限界を見究めていくべきというのである（藤田友敬「組織再編」商事1775号〔2006〕63頁注(31)）。

(イ) 固　有　権

　多数決で事後的に権利内容を変更していくことに一定の歯止めをかけるとすれば，かつての固有権のような発想もまた必要になる場合もあり得ると指摘される。また，固有権のような固定的画一的なルールでなく個別的な事情に則して規制を及ぼすべき場合も増えるであろうとされる。さらに，手続的な観点から特別利害関係人の関与といったことを媒介に規制する調整手法など，多様なパターンで，工夫をしていくことができると指摘されている（シンポジウム「新会社法の意義と問題点」私法69号〔2007〕135頁［藤田友敬］）。

(ウ) 多数派株主の忠実義務

　立法過程において，定款自治の拡大の提案に対して，立法者側も当初はカウンターバランスを確保すべき必要性を相当に意識していたようである。多数派株主の忠実義務を法定することを求める意見もそうした意識の表れといえたが，結実しなかった。理論上の裏付けが容易でないばかりでなく，同族会社等で定款自治を認めたときに，何が危惧されるのか，多数派株主による弊害とはどのようなものであるか，具体性のある指摘がなされなかったためのようであ

第2節　定款の作成　　　　　　　　　　　　　　　　　　　　　§29

る（産業構造審議会総合部会新成長政策小委員会企業法制分科会〔第1回〕議事要旨）。

3　定款自治の拡大と会社法理論

(1)　序

　拡大された定款自治は，企業実務に影響を与えるだけでなく，会社法理論のあり方にも大きな影響を及ぼすことになる。会社法による有限会社と全株式譲渡制限会社との規律の一体化および合同会社制度の創設を機に，当事者自治に根ざした会社法理論を構築していく必要があると指摘されることもある（江頭53頁）。

　それでは，会社法理論のあり方にどのような影響を及ぼすのか。本格的な検討はまだなされているとはいえない。

　会社法における定款自治の拡大に際しては，旧有限会社法の取込みが実際上の契機となっていることは否定できない。しかし，だからといって旧有限会社法において広範に定款自治を容認していた際に用いられていた論理を，そのまま株式会社法の理論の中に取り込めば済むというわけにはいかない。なぜなら，旧有限会社法で幅広い定款自治を認めるために用いられていた主な論理は，有限会社という企業形態の特質に基づく「人的会社的要素の加味」という論理，あるいは株主平等原則に対応する原則が存しないことなどにすぎず，いずれも，株式会社制度には馴染まない論理といわざるを得ないからである。

　それでは，定款自治の拡大は，今後会社法理論のあり方にどのような影響を及ぼすのであろうか。

(2)　利害調整の柔軟化のツールとしての位置付け

　会社法における定款自治の拡大を，会社法理論のあり方に関連付けて本格的に検討している文献もある（近藤ほか）。

　この主張によれば，これまで株式会社において，取締役あるいは取締役を支持する多数株主と少数株主との間に深刻な利害の対立状況があるにもかかわらず，必ずしも少数株主の利益が保護されてこなかったとされる。すなわち，従来少数株主保護のためにとられてきた方策は，第1に取締役の責任追及であり，第2に，会社機関による行為の法的効力の否定であった。また，そもそも，これまでは株主総会決議さえ整えば，株主の利害にいかに大きな影響を及ぼし得ることでも適法に利害調整ができると考えられてきた。

　しかし，これらの手法は，いずれも柔軟性を欠くため，少数株主の利害を有

〔森〕

効に保護し得るものではないとされる。それでは，どうすれば適切な利害調整をなし得るのか。これまでの商法は，いったん決まった株主間の利害調整を再調整することを念頭に置いてこなかったが，今日のように高度かつ複雑に変化する経済社会環境の下では，むしろいったんなされた株主間の利害調整を，変化する状況に応じてきめ細かく再調整することを認めるべきとされる。そして，その再調整のツールとなるのが定款自治であるとされる。株主が自主的に将来起こり得る利害の再調整に備えて，株主自治に基づき柔軟に定款設計をしていくことができなければならない，そして，このように株主自治により利害を再調整していくという考え方は，株主総会を通じて株主間の利害調整を行うという制度の根幹にある株主自治の基本思想にそうものであるとされる。

　こうした理論は，会社法の強行法規性の根拠を「当該規定を任意法規化した場合，一般株主の保護を増進するように法内容を改善する性質が当該規定に備わっていない」ことに求め，そうでない規定を任意法規と解することで，柔軟な定款自治を認めるべきとするものである。

　この理論の第1の特徴は，定款自治の拡大を会社法の中核的な指導理念と捉え，定款自治を株式会社における利害の再調整のツールとして位置付けることで，会社法理論として体系化し得ていることである。

　第2の特徴は，定款自治をこれまでの会社法では十分救済されてこなかった少数株主の保護のための再調整のツールと位置付けることで，株主保護を重視してきたこれまでの伝統的な会社法理論とすり合わせをなし得る考え方となっていることである。

　こうした考え方の下で，少数株主の救済策として，以下のような提言がなされている。まず，経営機構に関して定款自治を拡大することはよいが，経営者の責任追及などに関しては定款の柔軟性を認めることは適切でないとされる。また，定款で利害調整の対応策を手当てすることが困難な場合には，株主が会社行為によって不利益，あるいは，不当な扱いを受ける場合に限ってではあるが，定款により株式買取請求権を付与できるようにすべきである。さらに，株主がその買取請求権を適切に行使し得ない状況にある場合には，いったん行われた会社行為の効果を否定することなく，株主間で事後的に利益を調整する方法を工夫すべきであるなどの具体的な対応策が詳細に検討されている。

　第3の特徴は，閉鎖的な会社に限らず，非閉鎖会社についても，柔軟な株主自治を確保すべきとされていることである。

　これら3つの特徴に現れているように，この理論は，拡大された定款自治を

〔　森　〕

積極的に会社法理論の中に位置付けるもので，きわめて注目すべき理論といえる。ただし，以下のような問題点を指摘し得るであろう。

　第1に，会社法は，本条により，前述のごとく，会社法に定めある事項について，定款で別段の定めを置くことができるという明文規定のある場合に限り任意規定性を認める立場を明らかにしている。こうした会社法の下では，任意規定性を個別的に判断しながら定款自治を認めていく前記理論は，その効用を大きく制限されてしまうということである。第2に，定款自治を拡大すべき領域と，そうでない領域を分けるとなると，定款自治が認められる領域はどれほど残ることになるのかという点である。第3に，定款自治を拡大すべき領域がかなり残り，また定款に定め得る少数株主救済のための手法はさまざまに考え得るとしても，そうした手法が現実に実現される担保は何であるかが不明であるといわざるを得ないことである。結局，そうした主張が成り立つのは，まさしく株主自治が成り立つような基盤がある閉鎖会社あるいは合弁会社など特定の局面に限られるのではないかという疑問がわく。

(3)　効率性の理念と公正性の理念の関係

　定款自治の拡大は，会社法の指導理念のあり方にも大きな影響を及ぼす。指導理念が変われば，会社法理論のあり方も変わらざるを得ない。

(ア)　公正性を基本理念とする考え方

　これまで伝統的な会社法理論は，公正性の理念が主導的な理念であると考えてきた。もっとも，近年では，効率性の理念を無視できない局面が増えつつあることは否定できないにしても，それは従たる理念として位置付けられている。このように公正性を会社法の基本理念とする会社法理論の立場からは，定款自治の拡大には，否定的な評価が与えられることになる（稲葉・問う5頁・185頁）。

(イ)　効率性を主要な理念とする考え方

　会社法の下では，当事者の公平性は支配原理とはいえないとする見解もある。中村弁護士は，近年の一連の商法改正は，ストックオプションの導入，企業再編の自由化，監査役制と委員会制の選択制の導入等により，規制緩和を図ってきており，会社法は，合併等対価の柔軟化，市場からの資金の調達と返戻の自由化，機関設計の自由化，剰余金分配機関の自由化，種類株式制度の拡大等により，広い分野で一段と規制緩和を進めたとする。

　定款自治の拡大も含めて，こうした規制緩和の流れにより企業価値の向上が会社法の理念であることがより明確になってきた。会社法は，法により一定の

枠組みを強制するのではなく，市場原理に任せる方がより適切により迅速に変化の激しい時代に適合できて企業価値の最大化ないし経済の効率性を確保することになるという思想に転換したのである。そして，このように会社法の基本思想が大転換した以上，もはや当事者の公平性は支配原理とはいえないと主張されている（中村直人・新会社法〔第2版〕〔商事法務, 2006〕7頁・11頁）。

(ウ) 効率性と公正性のバランスを重視する考え方

以上のような考え方に対して，会社法では，効率性と公正性のバランスが重要であると説く見解がある。効率性を高める仕組みを作るのであれば，同時にその行きすぎを防ぐ公正性の仕組みも併せて作るべきであるというのである。

定款自治の拡大は，効率性を高める仕組みであるが，それも，「会社支配の効率性」を高めるための制度的仕組みとしての側面を有する。会社支配は，効率性の向上に深く関わる反面，行きすぎにより弊害をもたらすおそれも大きい。そのため，その行きすぎを防止するための公正性確保の仕組みが不可欠となる。かくして，効率性と公正性はバランスの問題として捉えられるべきで，新会社法が効率性を重視したことで，もはや当事者の公平が支配原理でないと考えること〔☞(イ)〕も，また，会社法では公正性の確保が重視されるため，定款自治の拡大を認めるべきではないと考えること〔☞(ア)〕も，いずれも適切ではないというのである（森淳二朗「『会社支配の効率性』と公正性確保」森＝上村達男編・会社法における主要論点の評価〔中央経済社, 2006〕38頁）。

(4) 会社法理論と本条の関係

いずれの会社法理論に立つかにより，本条の評価は異なってくる。(3)における(ア)の理論に立てば，本条の目指す定款自治の拡大そのものに否定的となる。(イ)の理論に立てば，本条は，自らの理論と同じ考え方で定められているとみることになる。定款自治が明文の根拠規定で幅広く認められ効率性を高める規定となっているからである。

(ウ)の理論に立てば，定款自治の範囲が拡大されること自体を否定するものではないが，すでに指摘したように〔☞Ⅲ5(3)(イ)〕，少数株主を保護するための公正性確保の仕組みが欠落しているとみることになる。

拡大された定款自治の下で，公正性を確保する方策としては，2とおり考えられる。第1は，少数株主保護策の強化である。そうした方策として参考にされるべき1つに，イギリス会社法459条がある。同条では，会社の構成員は，会社の業務が，構成員（当該構成員を含めて）に対して全体的にあるいは部分的に構成員の利益を不公正に侵害する（unfairly prejudice）方法でなされた場合

に，裁判所に対し命令を求める申立てをすることが認められており，この規定が，不公正な侵害行為から少数株主を保護する機能を果たしていると指摘されている（近藤ほか12頁，川島いづみ・利害調整（一）」専修法学論集70号〔1997〕3頁）。

また，株主の無条件株式買取請求権の構想（浜田道代「株主の無条件株式買取請求権(1)-(3完)」商事982号-984号〔1983〕）も検討されてよいのではないか。アメリカでは，定款あるいは株主間契約で自由な当事者間の関係形成が可能であると同時に，誠実義務違反，合理的期待の破壊，あるいは非自発的解散の法理などにより，当事者間の関係が破綻した際に関係から容易に離脱する手段が用意されており，それが，当事者自治の拡大に対する一種のセーフティ・ネットになっていると指摘されている（森田・株主間契約（6完）43頁）。

しかし，少数株主保護策だけでは不十分で，第2に，多数派株主自身を抑制し得る仕組みも必要である。こうした観点から，従来支配株主の誠実義務が論じられてきたが（別府三郎・大株主権力の抑制措置の研究〔嵯峨野書院，1992〕，出口正義「株主の誠実義務」同・株主権法理の展開〔文真堂，1991〕3頁），一般条項的で要件が不明確であり，またエンフォースメントの方策があるか疑問とされていた（江頭124頁）。

定款自治の拡大など会社支配が拡大強化された会社法の下では，資本多数決濫用理論や株主買取請求権のようにスポット的に対応していく方策だけでは限界があり，企業運営のプロセスにおける公正性確保が重要になると考える。この点に関して，資本多数決の場合に限らず，企業運営において事前のプロセスを充実させていることが，事後の利益調整ルールの適用に際して裁判所によって尊重されることになれば，さらにそれがフィードバックして公正な意思決定プロセスを踏むことのインセンティブにつながることになるという新たな考え方が示されている（前掲・シンポジウム136頁［藤田友敬］）。拡大された定款自治の下では当事者がよりよき定款自治を目指す自律のインセンティブが重要であることを想起すると，こうした視点はきわめて有益なものであり，今後の会社法理論のあり方についても示唆に富むものといえる。

V　ま　と　め

以上のように検討してくると，定款自治の拡大とその範囲の明確化を目指した本条の立法趣旨は十分に理解できるが，同時に，本条の下で規定されなかっ

たことと，本条で規定されたことの意義を過大に強調することには慎重であるべきと考える。

　拡大された定款自治に見合う少数株主の保護の規定は存在しないからといって，定款自治の下で少数株主の利益が侵害されることを放置してよいことにはならない。少数株主保護あるいは多数派株主抑制のための解釈論的工夫は不可欠といえる。

　他方，本条が「任意規定性の限定」を規定しているからといって，それは定款自治に関する根拠規定に関して解釈の余地を一切認めない趣旨であると解さなくてもよいと考える。本条の立法趣旨は，立法担当官の説明にあるように，明文なくして定款自治を認めることで少数株主等に不利益を与えることを回避することにある。とすれば，明文の規定に明らかに反することがない限り，少数株主等に不利益を与えない範囲で，定款自治の範囲に関して解釈の余地を認めても，本条に違反するとはいえないからである。

　　　　　　　　　　　　　　　　　　　　　　　　　（森　淳二朗）

（定款の認証）
第 30 条 ①　第 26 条第 1 項の定款は，公証人の認証を受けなければ，その効力を生じない。
②　前項の公証人の認証を受けた定款は，株式会社の成立前は，第 33 条第 7 項若しくは第 9 項又は第 37 条第 1 項若しくは第 2 項の規定による場合を除き，これを変更することができない。

【文献】神﨑満治郎「定款の認証をめぐる実務上の諸問題」みんけん 568 号（2004）3 頁，村田長生「定款認証における公証事務の実情（報告）」公証 146 号（2006）57 頁

I　本条の意義

　株式会社の設立における公証人による定款の認証制度は，定款の存否，定款の記載内容等について明確性を確保し，後日の紛争を防止することにその意義がある。本条は，昭和 13 年商法改正によって新たに導入された規定であり（平 17 改正前商 167），同改正以前にしばしば生じていた，定款作成の有無・定

第2節　定款の作成　　　　　　　　　　　　　　　　　　　　§30

款の存否・定款の内容をめぐる争いが同改正以後は激減していることからも（新注会(2)87頁［中西正明］），公証人による定款の認証は紛争の発生を未然に防ぐという重要な機能を果たしていると評価できよう。

　さらに，もし絶対的記載事項の記載を欠いた定款によって設立登記をしようとした場合，登記が拒絶されることになるから，それまでに行った設立手続が無駄になってしまう。会社の設立手続の入口の段階で，定款に瑕疵があるか否かを公証人がチェックしておくことによって，このような非効率性の発生を回避できるという機能も，公証人による定款の認証制度は有している。とくに，新規事業創出促進法の施行以後，司法書士・行政書士等の代理人による嘱託ではなく，会社法の規定に疎い素人であることの多い発起人本人による嘱託が増えていることもあり（村田60頁），最低資本金規制のない会社法の下においても，定款の作成に関する相談相手としての公証人の役割は拡大することが予想される。

　以上のほかにも，定款認証は発起人の実在も間接的に認証していることになるから，実在しない自然人・法人を発起人とする会社の設立や他人の氏名を騙った定款の作成・出資金の募集を防止できること，公証人が予備審査をすることによる法務局での設立登記時の窓口事務負担の軽減，法律専門家である公証人に無料で相談できるという法律扶助的な側面など，認証制度にはさまざまな効果がある（村田79頁）。

II　認証を要する場合と要しない場合

1　会社設立の場合

　会社の設立に際して発起人が作成する定款は公証人による認証が必要である。ただし，公正証書によって定款を作成した場合は，公証人による認証は不要である。定款の任意的記載事項の瑕疵は，当該条項が無効となるだけで，定款自体を無効とするものではないが，公証人は当該定款を認証しない［☞ IV 4]。

2　会社成立後の定款変更の場合

　公証人による定款の認証が要求されるのは原始定款のみであって，会社成立後の定款変更については要求されない（竹田省「株式会社の定款の認証」同・商法の理論と解釈〔有斐閣，1959〕34頁）。定款変更の内容については株主総会議事録

が存在するはずであるから (466・318。ただし，184Ⅱ・191・195 の場合は取締役会議事録等によることになる)，公証人の認証を経ずしても定款の内容が明確であることによる。このほか，定款変更が株主総会決議のみによってただちに効力を生ずるから書面としての定款の更正の手続は要件でない，という根拠が挙げられることもあるが，トートロジカルな理由付けにすぎず，本質的なものではない。

現在の公証実務においては，定款の任意的記載事項の瑕疵がある場合には公証人は認証をしないのが一般的である。そこで，ジョイント・ベンチャーやベンチャー企業の設立等の実務において，強行規定との抵触の可能性が疑われる特殊な任意的記載事項を定款に規定したい場合は，原始定款には当該事項を規定せず，会社成立後の定款変更時に当該条項を追加することがしばしば行われている。

3 組織再編・組織変更によって株式会社を設立する場合

組織再編行為の事実が株主総会の議事録等により明確であるので，会社成立後の定款変更の場合と同様に，公証人の認証は要しない（昭和35年12月27日民事甲2868号回答，平成12年1月5日民四9号通知）。組織変更の場合も同様である（昭和15年2月1日民事甲1225号回答）。

4 会社更生法による合併によらない新会社の設立の場合

会社更生手続による合併によらない新会社設立の場合の新会社の定款については，公証人の認証は必要ではないが，代わりに裁判所の認証が必要となる（会更225Ⅱ）。

Ⅲ 認証の効力

公証人による認証は定款の効力発生の要件である。認証を得ていないときは，その定款は無効であり，設立登記は受理されない（商登47Ⅱ①）。誤って受理されたとしても，設立無効の原因となる（大森忠夫「会社の設立」田中耕編・講座(1) 163 頁）。また，認証は効力発生要件にすぎず，公証人が認証したからといって他の設立手続上の瑕疵が治癒されるわけではない（今井宏ほか・注釈株式会社法（上）〔有斐閣，1984〕25頁）。

第2節　定款の作成　　　　　　　　　　　　　　　　　　　　　§30

IV　認証の手続

1　管　轄

　定款の認証事務は，会社の本店の所在地を管轄する法務局または地方法務局の所属公証人が取り扱う（公証62ノ2）。管轄の異なる公証人が認証した定款による登記申請があった場合，管轄内の公証人の認証を受け直すことを要求するのが登記実務である（昭和28年7月29日法務省民事局長回答）。

2　費　用

　定款の認証手数料として5万円（公証人手数料令35），謄本1枚当たり250円（公証人手数料令40），発起人の印鑑証明書費用等，公証人が保存する定款原本につき印紙税4万円（印税別表第一6）が必要となる。これらの認証手数料および印紙税は，金額が客観的に決まり濫用のおそれがないため，変態設立事項としての定款の記載がなくとも発起人は会社に対して償還請求できる（28④括弧書，会社則5）。

3　認　証　手　続

(1)　定款が書面によって作成された場合

　定款が書面によって作成された場合，定款の作成者である発起人または代理人の全員から定款2通を提出する方法によって定款の認証の嘱託はなされる（公証62ノ3 I）。公証人が認証をするには，嘱託人の氏名を知り，かつこれと認識があることが必要であり，そうでない場合には印鑑証明書等による同一性の確認が行われる（公証62ノ3 Ⅳ・60・28 I Ⅱ）。代理人による嘱託も可能であるが，代理人の同一性確認（公証62ノ3 Ⅳ・60・31・28）のほか，代理権の確認が必要となる（公証62ノ3 Ⅳ・60・32）。これら嘱託人が公証人の面前で定款の各通についてその署名または記名押印を自認し，公証人がその旨を記載することで定款の認証は行われる（公証62ノ3 Ⅱ）。2通のうち1通は公証人が保存し（20年間保管される。公証則27 I ①），他の1通は嘱託人に還付される（公証62ノ3 Ⅲ）。

(2)　定款が電磁的記録によって作成された場合

　定款が電磁的記録によって作成されたときは（この場合の解説について，宮本昌平「『指定公証人の行う電磁的記録に関する事務に関する省令』の解説」民月56巻4

号〔2001〕9頁がある），発起人またはその代理人が指定公証人（公証7ノ2Ⅰ）に対して法務省オンライン申請システムを経由して当該電磁的記録を送信した上，嘱託人が指定公証人の面前で当該電磁的記録に電子署名をしたことを自認すれば，指定公証人が認証文に相当する情報を電磁的方式により付す（公証62ノ6Ⅰ，指定公証人の行う電磁的記録に関する事務に関する省令10・9ⅠⅡⅥ）。指定公証人は，認証を受けた電磁的記録に記録された情報の同一性を確認するに足る情報を保存するとともに（公証62ノ7Ⅰ，指定公証人の行う電磁的記録に関する事務に関する省令14Ⅰ），認証した定款に係る電子証明書を発起人に対して付与する（公証62ノ8。なお，商登19の2，商登則36Ⅳ②も参照）。

4　公証人による審査内容

公証人は，法令に違反した事項，無効の法律行為，行為能力の制限によって取り消され得る法律行為について認証をすることができない（公証62ノ3Ⅳ・60・26）。このため，公証人は，定款の有効性や発起人の能力等について疑いがある場合には，関係人に注意し，かつ，その者に必要な説明をさせる必要がある（公証則13Ⅰ）。例えば，法人が発起人となって株式会社を設立する場合，その株式会社の設立が法人の目的の範囲内に入るか否かが審査されることになる（「株式会社の定款の認証について（昭和35年6月9日民事甲1422号民事局長回答）」民月15巻7号160頁，大判大正2・2・5民録19輯27頁）。

なお，商法の下においては，会社の目的に関して具体性が要求されていたために，公証人による認証時の適法性判断と登記官による登記時の適法性判断との間に齟齬が発生する可能性があるなど，認証実務で多くの問題が発生していた。しかし，会社法においては具体性の要件は不要になり，適法性・営利性・明確性のみが要求されることになったので（平成18年3月31日付民事局長通達第7部第2・別冊商事法務297号133頁），問題の多くは解決された（神﨑満治郎「会社法に基づく定款の文例について(5)」民情236号〔2006〕13頁）。

問題は，瑕疵のある相対的記載事項や，強行規定と抵触し違法無効となる可能性がある任意的記載事項についての処理である。このような記載事項があっても，それらの事項は単に無効となるだけであって，登記は受理され得る。しかし，公証人法26条が無効の法律行為についての認証を禁じているため，このような事項の認証の嘱託がなされた場合，公証人は，瑕疵の補正を助言勧告した上で，これに応じない場合には認証を拒むのが一般的であるとされる（神﨑満治郎「定款の認証をめぐる実務上の諸問題(1)」民情173号〔2001〕74頁）。この

第2節　定款の作成　§30

ような公証実務の望ましさについては議論がある。

このような公証実務を擁護する論者は，定款がひとたび認証され，その定款が設立手続の遂行のために金融機関や法務局その他諸官庁に提出されると，それはあたかも公証人の認証を得た法的に何ら問題のない定款として社会で扱われることになり，そのような事態は公証人による定款認証制度を導入した昭和13年商法改正の趣旨，および，公証人法26条の趣旨に反する，と主張する（神﨑・みんけん5頁）。このような立場は，公証人による認証を受けたものは完全に適法なものとして社会に受け入れられなければならない（ないしは，受け入れられている），ということを前提とするものといえる。

これに対し，定款の認証は，元来は作成者の署名または記名捺印の自認を認証することなのだから，公証人としては，定款全体を無効とするような事由があってその補正ができないときに限り認証を拒むことができるのであって，相対的記載事項等の一部の欠缺または瑕疵があっても，定款全体の無効を生じないような場合には瑕疵の補正を助言勧告することは望ましいにしても，その瑕疵を理由に認証を拒むことはできない，とする見解がある（神﨑・前掲・民情173号74頁）。また，定款内容の軽微な瑕疵を理由に公証人が定款の認証を拒絶するなどのことは許されないとする指摘もある（清水勲「会社定款の認証（その1）」NBL294号〔1983〕33頁）。これらの立場は，公証人法26条の文言との整合性をどのようにして実現するかを明らかにしていないが，おそらく，同条の「無効ノ法律行為」とは法律行為（ここでは定款）全体が無効となる場合をいうのであって，定款の一部に無効な事項があるにすぎず，定款そのものが無効になるわけではない場合は，同条が認証を禁ずる「無効ノ法律行為」には該当しない，と解するのであろう。これに対し，現在の公証実務を擁護する立場は，同条を，法律行為の一部に無効があるにすぎない場合であっても適用される規定と読むことになる。文言解釈としてはどちらも成り立ち得る解釈であろう。

前述したように[☞I]，公証人による定款認証制度は，定款の存否，定款の記載内容等について明確性を確保し，後日の紛争を防止することを目的に昭和13年商法改正で導入されたものである。公証人による認証が要求される定款は，原始定款のみであって，会社成立後の定款変更や組織再編・組織変更時の定款作成変更においては，株主総会議事録等によって定款の内容が明確であるという理由で公証人による認証が要求されていないこと[☞II参照]も，このような制度趣旨を裏付ける。かかる会社法の構造からするならば，公証人による審査内容は，定款の内容の確定を第1の目的とすべきであろう。その上で，

〔森　田〕

無効な定款による設立登記申請の拒絶によって設立のためにかけたコストが無駄になるという非効率性を回避するために，定款全体を無効とするような事情の有無を審査するにとどめ，それ以外の点については助言勧告をするにとどまることが合理的である。

とくに，任意的記載事項の効力については，会社法の規定からただちに一義的に結論が導けるとは限らないから，裁判所とは違って公権的な法解釈機関でもない公証人に強力な審査権を与えるのは行きすぎである。それは，会社法を柔軟化して当事者自治の創造性に委ねるという会社法全体の発想とも整合的なものではないであろう。この場合の公証人による審査によって得られる追加的なベネフィットが，創造的な会社法実務の自生の抑止等のコストを上回るとは考えにくい（もっとも，会社成立後に定款変更すれば足りるので，このコストはそれほど大きくはないのかもしれない）。原始定款の作成という設立の入口段階を狭めてしまうことの弊害は大きい。いったん認証された定款が法的に何ら問題のないものとして流通しかねないという懸念（神崎・みんけん5頁）については，そもそも認証を受けた定款が完全に適法であることについて公証人は担保することはできない（していない）ことにかんがみれば，そのような社会通念が成立しているとは言い難い。

V　認証を受けた定款の変更

前述したように［☞ I］，公証人による定款の認証制度は，明確性を確保して後日の紛争を防止することに意義があるから，いったん認証を受けた後に自由に定款を変更できるとすると，そのような趣旨が没却されてしまう。そこで，会社法上，認証を受けた定款については，明文の規定がない限りこれを変更することはできないものとされている。株式会社の成立後においては定款変更手続等によって定款を変更できるが，株式会社の成立前は，① 変態設立事項についての裁判所の変更決定があった場合 (33 VII IX)，② 発行可能株式総数の定めをする場合 (37 I II) について定款の変更ができるほか (30 II)，③ 募集設立の場合に創立総会の決議 (96) によってしか定款の変更はできないこととされている。例えば，発起設立において，公証人の認証を受けた定款に公告方法の定めがない場合，設立登記申請前に公告方法を新たに定める旨の定款の変更をすることはできない（論点解説 16 頁）。

もっとも，いったん認証を受けた定款であっても，どの部分を変更したかを

第2節　定款の作成　　　　　　　　　　　　　　　　　　　　§31

明らかにした上で，発起人が署名または記名押印した書面に公証人の認証を再度受ければ，その部分について新たな定款を作成したことになるので，設立登記の申請は受理されることになる（平成18年3月31日付民事局長通達第2部第1・1⑻・別冊商事法務297号28頁）。定款全体を新たに作成し直し，設立手続を初めからやり直す必要はない。いったん認証を受けた後に，発起人が新たに加入したり脱退したときも同様である。

逆に言えば，株式会社の成立前に認証後の定款を変更できる場合として明文の規定がある前述の3つの場合とは，公証人の認証を再度受けずとも，変更された定款による設立登記の申請が受理される場合であることになる。裁判所の変更決定があった場合（①）は変更後の定款の内容が明確であるし，創立総会の決議によった場合（③）も会社成立後の定款変更の場合と同様に定款の変更内容は容易に確定できる。発行可能株式総数の定め（②）については，定款認証時にこれを確定してしまうよりも，その後の資金調達（引受け・払込み）状況に応じて柔軟な変更を認めた方がスムーズな会社設立が実現できて望ましいという理由によるものである（立案担当16頁）。

　　　　　　　　　　　　　　　　　　　　　　　　　（森田　果）

（定款の備置き及び閲覧等）
第31条 ①　発起人（株式会社の成立後にあっては，当該株式会社）は，定款を発起人が定めた場所（株式会社の成立後にあっては，その本店及び支店）に備え置かなければならない。
②　発起人（株式会社の成立後にあっては，その株主及び債権者）は，発起人が定めた時間（株式会社の成立後にあっては，その営業時間）内は，いつでも，次に掲げる請求をすることができる。ただし，第2号又は第4号に掲げる請求をするには，発起人（株式会社の成立後にあっては，当該株式会社）の定めた費用を支払わなければならない。
　1　定款が書面をもって作成されているときは，当該書面の閲覧の請求
　2　前号の書面の謄本又は抄本の交付の請求
　3　定款が電磁的記録をもって作成されているときは，当該電磁的記録に記録された事項を法務省令で定める方法により表示したものの閲覧の請求
　4　前号の電磁的記録に記録された事項を電磁的方法であって発起人（株式会社の成立後にあっては，当該株式会社）の定めたものにより提供することの請求又はその事項を記載した書面の交付の請求

§31　　　　　　　　　　　　　　　　第2編　株式会社　第1章　設立

③　株式会社の成立後において，当該株式会社の親会社社員（親会社の株主その他の社員をいう。以下同じ。）がその権利を行使するため必要があるときは，当該親会社社員は，裁判所の許可を得て，当該株式会社の定款について前項各号に掲げる請求をすることができる。ただし，同項第2号又は第4号に掲げる請求をするには，当該株式会社の定めた費用を支払わなければならない。

④　定款が電磁的記録をもって作成されている場合であって，支店における第2項第3号及び第4号に掲げる請求に応じることを可能とするための措置として法務省令で定めるものをとっている株式会社についての第1項の規定の適用については，同項中「本店及び支店」とあるのは，「本店」とする。

I　本条の意義

　本条は，平成17年改正前商法263条を引き継いだもので，発起人，株式会社成立後は株式会社の定款備置き義務等を定める。同条は，定款・株主名簿・新株予約権原簿・社債原簿・端株原簿・株券喪失登録簿の備置きおよび開示についてまとめて規定していたが，本条はこれらのうち定款についてのみ規定している。

　定款は会社の根本規則であって，会社のガバナンスやファイナンスのメカニズムについて規定している。発起人・株主・設立時募集株式引受人らは，定款に記載されたメカニズムを前提に出資を行って会社経営に参画し，債権者はそれを前提に債権を取得し行使するのだから，そのような行動の前提となる定款の内容を開示することは，これらの者の保護に資することになる。さらに，このような個別的な開示を通じてこれらの者が会社の経営を監視する状態が形成されるから，本条は間接的には，会社全体の利益を保護しようとするものだと評価することもできる（大判昭和8・5・18法学2巻1490頁〔株主名簿について〕）。

　もっとも，定款に記載されている事項のうち，重要な事項についてはすでに登記事項となっている（911Ⅲ）。そして，多くの会社では，いわゆるモデル定款（全株懇モデル）を参照しつつ定款を作成している以上，定款を見ることによって初めて得られる重要な情報はそれほど多くはない。単元未満株式についての権利，定時株主総会の基準日，株主総会参考書類等のインターネット開示，株主総会・取締役会・監査役会の手続，配当金の除斥期間等が，定款を見ることで初めて得られる重要な情報に該当しよう。

〔森　田〕

II 定款の備置き（本条1項）

1 備置き義務

　発起人は，定款を，発起人（複数いる場合は多数決）が定めた場所（設立事務所等）に備え置かなければならない。どのような場所を備置場所として定め得るかについて制約はないが，設立事務所や設立後の本店支店とはまったく関連性がなく，多くの請求権者からアクセスしにくいような場所に備え置いた場合には，本条の義務を履践したと評価することは難しいであろう。株式会社の成立後にあっては，株式会社（実際には業務執行機関である代表取締役等）は，本店および支店に定款を備え置かなければならない。ここに言う支店には，実質上支店の性質を有するが登記（911 III ③）を怠っている営業所も含むとされる（新注会(6) 201頁［山口幸五郎］）。本条項の義務に違反した場合は，過料の制裁がある（976 ⑧）。

2 備置き義務の対象

　本条によって備置き義務の対象（本条 II III の閲覧等請求の対象についても共通する）となるのは，いわゆる形式的意義の定款である。原始定款以降，現時点までの修正経過をすべて備え置く必要はなく，現行定款を備え置けば足りる。もっとも，定款の授権規定によって定款の付属規程（下位規程）として設けられることの多い株式取扱規程（全株懇定款モデル12条。全株懇モデル40頁・77頁以下）や取締役会規程（全株懇定款モデル26条。全株懇モデル60頁）についてまで本条の対象となるかは，ただちには明らかではない。

　株式取扱規程は，定款にその内容を記載してしまうと，会社法等において株式に関する取扱いが改正されるたびに定款変更議案を株主総会に諮る必要が生じるため，定款に授権規定を置いた上で株式取扱規程を定めることが昭和26年頃から一般化したものである（全株懇モデル15頁）。株式取扱規程は，授権規定によって定款の付属規程となっているから，株主は会社に対する株式の取扱いについて，定款と同様にこれに拘束される。そして，株式取扱規程に定められた事項は，会社と株主との間に生じる事務手続を画一的に処理するのに必要な事項であるから，本条項が準用され，備置き・開示の対象となる（松井一郎「法定書類の閲覧・謄写請求に対する取扱い（上）」商事992号〔1983〕13頁，蓮井良憲「株主による会社備置書類の閲覧請求」加藤勝郎ほか編・服部榮三先生古稀記念・商法

学における論争と省察〔商事法務研究会，1990〕763頁，全株懇モデル15頁）。ただし，定款の授権規定が存在しない場合には，備置き義務の対象とはならないと解する余地があるが，株式取扱規程は株主の利益に直接関わる事項を定めているものであるから，備置き義務の対象からはずすことは望ましくはない（森本滋ほか「座談会・会社法への実務対応に伴う問題点の検討」商事1807号〔2007〕16頁〔岩原紳作〕）。

　これに対し，取締役会規程は，取締役会の開催手続に関するものが主要な内容であって，株主の利害に関する内容は少ないことを理由に，備置き・開示の対象とはならないとするのが一般的である（蓮井・前掲763頁，全株懇モデル60頁）。もっとも，取締役会規程も，定款の授権規定によって定款の付属規程になっていることを重視するのであれば，株式取扱規程と同様に，本条項が準用され，備置き・開示の対象となると解する余地がないでもない（松井・前掲13頁は，取締役会規程が定款の授権規定なしに制定される純然たる内部規定であることを理由に，取締役会規程は備置き・開示の対象にならないとする）。会社の側から裁量的に開示することは構わないとされるが（参照，大判大正10・11・2民録27輯1861頁〔法定以外の書類を閲覧させる契約を有効とする〕），株主平等原則（109Ⅰ）によりその裁量には制約があろう。

Ⅲ　発起人・株主・債権者の定款閲覧等請求（本条2項）

1　手　　続

　各発起人および設立時募集株式の引受人（102Ⅰ）は，発起人（発起人の多数決）が定めた時間内は，いつでも，①定款が書面によって作成されているときは，当該書面の閲覧の請求（本条Ⅱ①），②謄本もしくは抄本の交付（なお，交付請求権には送付請求権も含むと解されている。蓮井・前掲769頁）の請求（同項②），③定款が電磁的記録によって作成されているときは，当該電磁的記録に記録された事項を紙面または映像面に表示する方法（会社則226①）により表示したものの閲覧の請求（本条Ⅱ③），④当該事項を電磁的方法であって発起人（発起人の多数決）の定めたものにより提供することの請求もしくはその事項を記載した書面の交付の請求（同項④）をすることができる。会社が不当にこれを拒絶した場合には罰則がある（976④）。謄本もしくは抄本の交付の請求または電磁的記録に記録された事項の提供を請求するには，発起人（発起人の多数決）の定めた費用を支払わなければならない（本条Ⅱただし書）。閲覧等が可

〔森　田〕

第2節　定款の作成　　　　　　　　　　　　　　　　　　　§31

能な時間の定め方についての明文の制約はないが，株式会社成立後は株式会社の営業時間内においてであればいつでも閲覧等が可能であることにかんがみれば，それに準じた定め方をする必要があろう。

　株式会社の成立後は，その株主（定款で権利を制限〔189Ⅱ〕されていない限り，単元未満株式の株主であってもよい）および債権者（新株予約権者も含む。立案担当66頁）が，株式会社の営業時間内において，同様の請求をすることができる（125Ⅱなど）。電磁的方法・費用の額については，株式会社（実際には業務執行機関である代表取締役等）が定めたものになる。

　請求者の発起人・株主・債権者としての資格の確認については，会社が審査権を持ち，請求者側で立証責任を負う（蓮井・前掲769頁）。請求は，これらの者本人だけでなく，その代理人をもって行うことも可能である（新注会(6)201頁〔山口〕）。請求の方式は，書面でも口頭でもよい（蓮井・前掲770頁）。

　本条項に違反した場合は，過料の制裁がある（976④）。

2　閲覧等請求の拒否

　本条2項は，平成17年改正前商法263条においては定款と併せて規定されていた株主名簿（125Ⅲ）・新株予約権原簿（252Ⅲ）・社債原簿（684Ⅲ）等とは異なって，会社が閲覧等の請求を拒むことのできる事由を明定していない。近時においては，自社のウェブサイトから定款や株式取扱規程を自由にダウンロードできるようにしている株式会社が多く見られるように，定款の開示によって会社に不利益が発生するということはあまり考えられず，また，定款を閲覧等することによって請求者が得られる利益も限定的だから［☞Ⅰ参照］，定款の閲覧等について実務上問題が生じる事態はあまり考えられない（松井・前掲13頁も参照）。

　学説は，およそ権利濫用が許されない（民1ⅡⅢ）以上，閲覧等請求権の行使には正当な目的が必要であり，かつ，会社の営業に支障が生じないことが必要であるとする（前掲・大判昭和8・5・18〔株主名簿の事案〕，新注会(6)201頁〔山口〕，蓮井・前掲774頁以下）。しかし，定款についてその閲覧等を請求することが濫用的であるような事案は想定し難く，反復継続して多数の閲覧等の請求を行って，会社の事務に意図的に負担をかけようとするような，ごく例外的な場合のみが権利濫用に該当すると解すべきであろう。平成17年改正前商法263条と異なり，定款の閲覧等請求についてのみ拒否事由を明定しなかった会社法の建て付けにも，このような限定的な解釈は整合的である。なお，仮に会社が

〔森　田〕

閲覧等請求を拒める場合があるとしても，そのような例外的な事情が存在することの立証責任は株式会社が負う（蓮井・前掲779頁）。

IV　親会社社員の定款閲覧等請求（本条3項）

　株式会社の成立後においては，当該株式会社の親会社（2④）社員（株主その他の社員）は，その権利行使のために必要な場合においては，裁判所の許可を得て，III 1 の①〜④の請求を行うことができる。本条にいう親会社とは，株式会社の経営を支配している法人（2④）であるから，中間法人が親会社であることもあり得，その場合にはその中間法人の社員も定款の閲覧請求をすることができる（論点解説18頁）。②④については，株式会社の定めた費用を支払わなければならない点も同じである（本条IIIただし書）。本条項に違反した場合には，過料の制裁がある（976④）。

　本条項は，平成17年改正前商法263条7項を引き継いだものであり，平成11年改正商法における株式交換・株式移転の導入によって，それまで会社の経営に関与できた株主が，親会社の取締役を通じてしか子会社の経営に関与できなくなるという，いわゆる「株主権の縮減」に対処するために，子会社の概要を知るために不可欠なものとして導入されたものである。会社債権者にとっては，権利の縮減は生じないこと，会社が事業を本体で行うのか子会社を通じて行うのかという経営判断に債権者は介入する権利を元来有しないことから，本条2項と異なり，債権者は請求主体に含まれていない（原田晃治「株式交換等に係る平成11年改正商法の解説（中）」商事1537号〔1999〕13頁）。

　本条2項と異なって裁判所の許可が要求されているのは，親会社と子会社が別法人であり，親会社の社員は子会社の所有者ではないので，とくに親会社の社員がその権利行使のために子会社の情報を入手することが必要である場合に限って，その権利行使を認めることとし，その要件の充足の有無の判断と，請求者が親会社の社員であるか否かの認定（これは子会社にとって必ずしも明らかではない）とを，裁判所に行わせるのが適切と考えられたからである（原田・前掲14頁）。裁判所の許可を得るには，非訟手続による（868以下）。

　「その権利を行使するため必要があるとき」とは，親会社社員が親会社の社員等としての共益権または自益権を行使するために必要な場合である。例えば，親会社社員が，親会社の株主総会で取締役の選解任議案において議決権を行使するためや，親会社の役員等に対して代表訴訟や解任の訴えを提起するた

第 2 節　定款の作成　　　　　　　　　　　　　　　　　§31

めに，子会社についての情報を入手する必要がある場合がこれに該当する（原田・前掲14頁）。

V　支店での備置き義務の免除（本条4項）

　定款が電磁的記録によって作成されていて，その内容を電気通信回線を通じて支店において使用される電子計算機に備えられたファイルに当該内容を記録し，閲覧・電磁的記録の提供・書面の交付の請求［☞Ⅲ1の③④］に応じられるような措置がとられている場合には，支店において定款を備え置く必要はなく，本店のみにおいて定款を備え置けば足りる（本条Ⅳ，会社則227①）。支店からであってもネットワークを通じて本店にいるかのように本店に備え置かれた定款にアクセスすることが可能であれば，その支店において定款を備え置かなくとも支店に定款が備え置かれているのと同じ結果を実現できるからである。

（森田　果）

事項索引

欧文

cash-out merger → 交付金合併
Corporate Social Responsibility
　　　　　　　　　→ 企業の社会的責任
dispute resolution……………………252
joint ventures → 合弁会社
LLC(Limited Liability Company)
　………………………………………23, 25
LLP(Limited Liability Pertnership) … 25
ultra vires → 定款所定の目的による
　　　　　　　　会社の権利能力の制限

あ行

委員会設置会社………… 33, 35, 36, 38, 39, 41
委員会等設置会社………………8, 39, 324
委託販売………………………………185
1円設立………………………………293
一人会社……………………… 83, 84, 263
　　──の許容………………………… 4
インセンティブ報酬……………………49
打切り発行……………………………244
営業 → 事業
営業所……………………126, 127, 160, 175
　　──の登記………………………176
営業譲渡………………………………101
　　会社・非会社間の──……228, 231
営業避止義務……………………167, 188
営利法人………………………………3, 85
親会社……………………………………29

か行

開業準備行為…… 230, 265, 266, 312, 313, 315
開業準備費用…………………………319
会計監査限定監査役………………34, 35, 36

会計監査人………………………41, 78
会計監査人設置会社………………37, 39
会計参与…………9, 34, 35, 41, 42, 78, 297
　　──の株主への報告義務……………36
　　──の報酬………………… 333, 336
会計参与設置会社…………………34, 35
外国会社…………22, 24, 26, 28, 29, 52, 78, 131
　　──の権利能力……………………78
外国法人………………………………263
解　散……………………………61, 78
会　社………………………………22
　　──以外の企業形態………………… 4
　　──の意義…………………………3
　　──の営利性………………3, 85, 282
　　──の権利能力……………… 77, 280
　　──の社団法人性…………………3, 83
　　──の住所…………………126, 244
　　──の種類…………………………6
　　──の設立…………………………100
　　──の法人性…………………………3, 74
　　──の目的 → 会社の目的
会社型投資信託…………………………6
会社等…………………………… 28, 29
会社の組織に関する訴え……………129
会社の目的………………………280
　　定款所定の──………262, 280, 352
会社分割……………… 206, 218, 222, 226
会社法
　　──の意義…………………………6
　　──の沿革…………………………7
　　──の強行法規性…………… 325, 344
　　──の性格…………………………13
　　──の法源…………………… 14, 16
　　形式的意義の──…………………6
　　実質的意義の──…………………6

362

事項索引

外人法……………………………………18, 26
介入権………………8, 169, 172, 191, 203
隠れた利益配当…………………………115
過少資本…………………………114, 115
合　併……………………………………58
　　――の対価………………………………59
　　――の法的本質…………………………59
株　券………………………45, 46, 68, 69
　　――の提出手続…………………60, 62, 69, 70
株券発行会社…………48, 58, 60, 62, 69, 70
株　式…………………………………235
　　――の自由譲渡性………………………238
株式移転……………………69, 243, 255
　　――の無効の訴え………………………70
株式移転完全子会社…………28, 69, 70
株式移転計画………………………………70
株式移転計画新株予約権…………69, 70
株式移転設立完全親会社………69, 70
　　――の設立登記…………………………70
株式買取請求権…………44, 60, 62, 65, 67, 68,
　　　　　　　　　　　70, 200, 344, 347
株式交換……………………………………67
　　――の効力発生時期……………………69
　　――の無効の訴え………………………69
株式交換完全子会社………………………28
株式交換契約………………………………68
株式交換契約新株予約権…………………68
株式合資会社………………………………7, 23
株式譲渡制限…………………………249
株式等…………………………………22
株式取扱規程…………………269, 357
株式引受け………………………………133
　　他人名義による――……………256, 261
　　発起人による――………………………256
株式申込金…………………………………17
株主間契約…………………240, 245, 327
株主権の縮減……………………………360
株主総会
　　――の決議事項…………………………34
　　――の招集期間………………………31, 34

　　――の招集方法…………………………34
株主代表訴訟………………………………9
株主提案権…………………………………34
株主による取締役の行為の差止め……36
株主平等原則………………49, 327, 342, 358
株主への通知・公告………………………30
株主名簿管理人…………………………244
簡易合併……………………………………60
簡易株式交換………………………………68
簡易吸収分割………………………………65
簡易新設分割………………………………67
監査委員会…………………………………39
監査役…………………………………34, 41
　　――の員数………………………………37
監査役会……………………………………32
監査役会設置会社…………33, 34, 36, 39, 43
監査役設置会社………………34, 35, 36
慣習法………………………………………16
完全親会社……………………29, 67, 69
完全子会社…………………………28, 286
官報閲覧サービス…………………………72
機関設計……………………………………329
　　――の柔軟化…………………………341
企業損害……………………………………120
企業の社会貢献……………………………87
企業の社会的責任………………86, 87, 88
議決権拘束契約…………………248, 327
議決権制限株式……………27, 30, 239
議決権の不統一行使………………………34
寄　附………………………………87, 88
義務償還（買受）株式……………………45
記名株式の白紙委任状付譲渡……………16
客観的濫用論（法人格の濫用）…………96
旧完全子会社………………………………28
吸収合併……………………………………58
　　――の無効の訴え………………………61
吸収合併契約………………………………60
吸収合併契約等備置開始日………60, 65, 68
吸収分割……………………………………62
　　――における労働契約の承継…………65

363

事項索引

——の無効の訴え………………………66
吸収分割契約………………………………65
吸収分割契約新株予約権…………………65
吸収分割承継会社………………………226
旧有限会社……………………23, 30, 71, 279
共益権………………………………………47
競業禁止特約……………………………169
競業避止義務……………………104, 186, 249
　ある種類または特定の事項の委任を受け
　　た商業使用人の——………………172
　事業譲渡における——…………200, 202
　執行役員の——………………………172
　支配人の——……………………165, 168
　代理商の——…………………………187
強制償還型の随意償還（買受）株式……46
強制転換条項付株式………………………46
共通支配下の取引………………………310
共同株式移転………………………………70
共同新設分割………………………………66
業　法………………………………………15
業務執行取締役…………………40, 41, 42
業務の適正を確保するための体制の整備…32
金銭等………………………………………22
繰越欠損金…………………………………60
繰延資産…………………………………317
クロス・デフォルト条項………………250
経営委任……………………207, 219, 222, 227
経営管理契約………………………207, 219, 227
計算書類…………………………………34, 238
検査役……………………78, 305, 313, 315, 319
原始定款……………………………269, 277
現物出資……………207, 218, 222, 226, 308
　——の価額…………………………300
現物出資説（合併本質論）………………59
現物配当………………………………56, 57
権利株……………………………………258
権利能力なき社団…………………………75, 94
公開会社……………………30, 33, 34, 37, 39
公　告
　——の中断………………………………72

債権者に対する——………………………70
公告方法………………………70, 243, 278, 354
合手的共同団体……………………………74
構造改革特区………………………………86
交付金合併………………………………59, 61
合弁会社……………………66, 241, 245, 246
合弁契約…………………………………245, 246
合弁事業…………………………………246
効力発生日……………………58, 61, 66, 69
子会社……………………………………26, 28
　——による親会社株式の取得の規制……17
国際会社法…………………………………17
国際合弁…………………………………252
小商人……………………………………229
個人企業……………………………………97
コーポレート・ガバナンス……………240
コマーシャル・ペーパー…………………52
顧　問………………………………………41
顧問弁護士…………………………………41
固有権……………………………………342
コール・オプション………………………49

さ　行

債権者の異議手続……58, 60, 62, 65, 68, 70, 71
財産価額填補責任………………………244
財産引受け………………………………312
最終事業年度……………………………31, 55
　——に係る貸借対照表…………………31
最低資本金制度………9, 92, 243, 255, 290, 291
最低責任限度額……………………………41
債務引受けの広告……………100, 212, 223, 224,
　　　　　　　　　　　　　229, 230, 231
サービスマーク…………………………150
差別的行使条件……………………………49
事　業………………………………………63
　客観的意義の——………………198, 208, 223
　主観的意義の——……………………198
事業所……………………………………128
　主たる——……………………………128
事業譲渡……………………101, 158, 198, 208, 223

364

事項索引

——における競業避止義務……… 200, 202
——における労働契約の承継………… 209
会社・非会社間の——…………… 228, 231
持分会社の—— …………………… 200
事業の賃貸借…………… 207, 218, 222, 227
仕切売買………………………… 185, 194
自己株式の取得………………………… 132
　相続人等からの——の特則………… 30
自己機関制………………………… 76, 236
自己所有等議決権数…………………… 27
自己新株予約権の処分………………… 49
事後設立…………………………………… 9
事実上の主宰者……………………… 167
失権手続…………………………… 244
執行役……………………………… 40, 42
執行役員……………………………… 172
——の競業避止義務………………… 172
実質課税の原則………………………… 5
実質的意義の商法……………………… 14
支配人……………………………… 157
——の競業避止義務…………… 165, 168
——の選任…………………………… 157
——の代理権……………………… 159, 160
——の代理権濫用…………………… 169
——の利益相反取引………………… 167
役職名としての——………………… 159
資本維持の原則…………………… 292, 295
資本確定の原則…………………… 292, 295
資本金………………………………… 301
資本充実の原則………… 268, 292, 295, 306
資本制度……………………………… 292
資本多数決…………………………… 238
資本不変の原則……………………… 292
指名委員会…………………………… 39
社外監査役………………… 37, 41, 42, 43
社外取締役………………………… 40, 41
——の欠格事由……………………… 40, 41
社　債……………………………… 52
——の譲渡方法……………………… 55
社債管理者……………………… 17, 54

社債券………………………………… 55
社債権者集会………………………… 55
社団法人……………………………… 3
従属会社……………………………… 240
従属法………………………… 17, 18, 125, 127
周知商号権者………………………… 287
主観的濫用論（法人格の濫用）………… 96
授権株式数　→　発行可能株式総数
取得条項付株式……………………… 45
取得条項付新株予約権……………… 51
取得請求権付株式…………………… 44
種類株式………………………… 9, 236, 342
種類株式発行会社……………… 39, 48, 311
種類株主総会…………………… 30, 40
準拠法………………………… 125, 252
準則主義……………………………… 242
準備金………………………………… 301
償還差額……………………………… 51
商慣習法……………………………… 16
商業使用人…………………………… 156
商業登記の一般的効力……………… 216
常勤監査役…………………………… 37
承継対象財産………………………… 64
証券発行新株予約権………………… 49
証券発行新株予約権付社債………… 51
商　号……………………… 147, 160, 286
——選定の自由……………………… 287
——の使用差止請求権……………… 142
——の続用…………… 100, 209, 210, 221,
　　　　　　　　　　224, 229, 230, 231
商行為………………………………… 131
商号選定自由主義…… 134, 135, 137, 138, 147
商号専用権……………………… 9, 137
上場会社……………………………… 240
少数株主権…………………………… 30
譲渡会社……………………………… 199
譲渡制限株式……………… 30, 43, 238
使用人………………………………… 156
ある種類または特定の事項の委任を受け
た——………………………………… 178

365

事項索引

物品の販売等を目的とする店舗の―― ……………………………………… 182
商　標………………………………… 139, 150
剰余金の配当………………………… 64, 132
剰余金配当請求権……………………… 335
嘱　託………………………………………… 41
所有と経営の分離……………………… 236, 237
新株会社………………………………… 33, 35
新株予約権…………………………………… 48
　　――の譲渡方法………………………… 49
　　――の払込金額………………………… 49
　　――の有利発行………………………… 50
　　吸収合併消滅会社の――……………… 59
　　吸収分割会社の――…………………… 65
　　譲渡制限付――………………………… 49
　　職務執行の対価としての――………… 49
　　新設合併消滅会社の――……………… 61
新株予約権買取請求権…… 44, 50, 58, 60, 62, 65, 67, 68, 70
新株予約権証券…………………………… 68, 69
新株予約権付社債………………………… 50, 53
　　――の譲渡方法………………………… 51
　　――の募集……………………………… 51
　　海外を発行地とする――……………… 53
　　譲渡制限を付した――………………… 51
新株予約権付社債券…………………… 68, 69
新株予約権無償割当て…………………… 49
新規事業創出促進法……………………… 349
シンジケート・ローン……………………… 52
新設合併………………………………… 61, 243, 255
　　――の無効の訴え……………………… 62
新設合併契約………………………………… 62
新設合併契約等備置開始日………… 62, 67, 70
新設分割………………………………… 66, 243, 255
　　――における労働契約の承継………… 67
　　――の無効の訴え……………………… 67
新設分割計画………………………………… 66
新設分割計画新株予約権………………… 67
新設分割設立会社………………………… 226
　　――の設立登記………………………… 67

信　託………………………………………… 5, 77
人的分割……………………………………… 64
ステアリング・コミッティー…………… 248
清算株式会社……………………………… 332
清算中の監査役設置義務………………… 31, 32
清算人………………………………………… 78
政治献金……………………………………… 88
誠実義務………………………………… 342, 347
生命保険代理店…………………………… 189
生命保険募集人…………………………… 190
責任限定契約……………………………… 43
設立時監査役……………………………… 305
設立時代表取締役………………………… 244
設立時取締役………………………… 244, 305
設立時発行株式数………………………… 290
設立時役員等……………………………… 244
設立準拠法主義……………………… 17, 18, 127
設立中の会社………………… 264, 265, 314, 320
　　――の成立時期………………………… 266
設立登記……………………… 130, 244, 350
　　株式移転設立完全親会社の――……… 70
　　新設合併設立会社の――……………… 62
　　新設分割設立会社の――……………… 67
設立に際して出資される財産の価額…… 290
設立費用………………………………… 266, 318
　　――に関する定款の記載……………… 319
設立無効……………………………… 300, 301, 350
全株懇モデル……………………………… 356
善管注意義務……………………… 86, 88, 171
僭称支配人………………………………… 163
船舶共有……………………………………… 5
全部取得条項付種類株式………………… 64
総額引受け…………………………………… 52
相互会社……………………………………… 22
相互保有株式………………………………… 27
相続人等からの自己株式取得の特則…… 30
創立主義…………………………………… 242
創立総会…………………………………… 305
創立費……………………………………… 317
属人的定め…………… 9, 30, 40, 239, 317, 331

366

組織再編……………………………………… 350
組織変更…………………………………57, 350
組織変更計画………………………………………58
組織変更計画備置開始日…………………………58
組織変更無効の訴え………………………………58
訴訟担当支配人…………………………… 161, 164
ソフトロー………………………………………340
損益計算書の公告義務……………………………32
損害額の推定………………… 171, 187, 190, 203
損害保険代理店………………………185, 186, 189

た　行

大会社……………………………31, 32, 37, 38, 39
第三者機関制…………………………………… 236
第三セクター………………………………………87
貸借対照表………………………………………32, 49
　　——の公告義務………………………………32
　　最終事業年度に係る——………………………31
代表権濫用…………………………………………82
代表社債権者………………………………………55
代表清算人………………………………… 333, 336
代表取締役…………………………………………42
代理商……………………………… 156, 184, 187, 193
　　——の競業避止義務………………………… 187
　　——の通知義務……………………………… 184
　　——の通知受領権…………………………… 191
　　——の留置権………………………………… 196
単位株………………………………………………47
単元株式数…………………………………………47
単元未満株式………………………………………47
単独株主権…………………………………………30
担保付社債信託法…………………………………14
忠実義務………………………… 86, 88, 203, 342
中小企業………………………………………… 240
直接損害限定説………………………………… 113
著名商号権者…………………………………… 287
定　款…………………………………………16, 268
　　——所定の目的による会社の権利能力の
　　　制限………………………………… 78, 79, 280
　　——の記載事項……………………………… 322

——の作成……………………………… 243, 271
——の絶対的記載事項………… 16, 276, 302, 322
——の相対的記載事項………… 16, 276, 304,
　　　　　　　　　　　　　　　 322, 330, 335
——の備置き……………………………… 356, 357
——の任意的記載事項……… 276, 322, 333,
　　　　　　　　　　　　　　　　　 335, 354
——の認証………… 243, 272, 273, 274, 348
形式的意義の——………………………… 268, 357
実質的意義の——……………………………… 268
設立費用に関する——の記載………………… 319
定款閲覧等請求………………………………… 358
定款自治……………………… 270, 323, 328, 336, 339
定款変更……………… 44, 46, 129, 341, 349, 354
定時株主総会……………………………………31, 34
定時償還……………………………………………55
締約代理商………………………… 184, 185, 188, 191
適格合併……………………………………………60
適格現物出資…………………………………… 310
敵対的企業買収……………………………………49
手　代…………………………………………… 179
デッドロック…………………………………… 250
転換社債型新株予約権付社債……………………50
転換予約権付株式…………………………………45
電子官報……………………………………………72
電子公告……………………………………………71
電子公告調査………………………………………72
電子署名………………………………………… 274
電磁的記録……………………………………… 273
電磁的方法………………………………………71, 72
問屋営業………………………………………… 184
同一性説（設立中の会社）…………………… 266
投資事業有限責任組合………………………… 4, 77
投資法人……………………………………………6
登録免許税……………………………………… 319
特殊会社法…………………………………………16
特殊決議………………………………………31, 44
特定目的会社……………………………… 5, 22, 28
特別支配会社…………………………………65, 68
特別取締役…………………………………………41

367

事 項 索 引

特別目的会社……………………………28
匿名組合………………………………4, 77
特約店契約……………………………194
特例有限会社………………23, 30, 32, 33, 34, 35,
　　　　　　　　　　　36, 38, 44, 63, 68, 69
土地の再評価に関する法律……………14
取締役……………………………………42
　　──の員数……………………………34
　　──の株主への報告義務……………36
　　──の責任…………………………132
　　──の第三者に対する責任………112, 298
　　──の報酬……………………132, 333, 336
　　事実上の──………………………168
取締役会…………………………………39
　　──の決定による剰余金の配当等…37, 39
　　──の承認による計算書類の確定…39
　　──の書面決議………………………9
　　株主による──の招集………………36
取締役会議事録…………………………36
取締役会規程……………………269, 358
取締役会決議による役員の責任の一部免除
　　…………………………………………36
取締役会設置会社………………33, 34, 35, 38
取引コスト……………………………325

な　行

名板貸責任……………………………144
仲立営業………………………………184
二重課税………………………………4, 5, 77
日刊新聞紙の発行を目的とする株式会社の
　　株式の譲渡の制限等に関する法律………14
任意繰上償還…………………………54
乗合代理店……………………………189
暖　簾…………………………………199, 309

は　行

媒介代理商………………184, 185, 189, 191
買収防衛策……………………………342
配当可能限度額………………………293
配当財産…………………………………56

端　株……………………………………48
パススルー……………………………4, 5, 77
発行可能株式総数………30, 243, 277, 280,
　　　　　　　　　　　　　291, 302, 354
払込金保管証明制度…………………244
払込担保責任…………………………244, 291
払込取扱金融機関……………………244, 319
番　頭…………………………………179
引受担保責任………………………8, 244, 291
非分離の新株引受権附社債型…………50
表見支配人………………157, 160, 164, 173, 174
表見使用人……………………………181
複数議決権株式………………………239
不提訴理由書……………………………9
フランチャイズ………………………150
振替社債…………………………………55
振替新株予約権…………………………49
振替新株予約権付社債…………………51
分割型分割………………………………64
分配可能額……………………45, 46, 86, 238
変更の登記……………………………130
弁護士代理原則………………………161
変態設立事項……………………304, 323, 354
ベンチャー企業………………………240
報　酬
　　会計参与の──……………………333, 336
　　取締役の──……………………132, 333, 336
報酬委員会………………………………39
法　人……………………………………74
　　──の分離原則………………75, 76, 92, 120
法人格
　　──の形骸化……………97, 99, 108, 110,
　　　　　　　　　　　　　112, 113, 115
　　──の属性……………………………77
　　──の濫用………96, 99, 100, 105, 108, 205
法人格否認
　　会社側に有利な──…………94, 95, 119, 121
　　実質的な──…………………………93
　　租税法上の──………………………99
法人格否認の法理……………18, 91, 205, 298

368

──の主張権者 …………………… 95
法人擬制説 ……………………… 94
法人実在説 ……………………… 94
法人成り ……………… 84, 110, 263, 308
法人本質論 ……………………… 94
法と経済学 ……………………… 325
法令遵守 ………………………… 87
募集株式の発行等 …………… 30, 31
募集株式の割当てを受ける権利 …… 49
募集設立 ……………… 242, 254, 305
発起設立 …………………… 242, 253
発起人 ………………………… 260
　──による株式引受け ………… 256
　──の員数 …………………… 263
　──の権限 ………………… 266, 320
　──の失権 ………………… 258, 291
　──の責任 ………………… 258, 265
　──の特別利益 …………… 316, 317
　──の報酬 …………………… 316
発起人組合 …………………… 264
発起人組合契約 ……………… 264
本拠地法主義 …………………… 17, 127
本　店 ……………… 126, 128, 288
　──の所在地 ………………… 288
　形式上の── ………… 128, 289
　実質上の── ………… 128, 288

ま　行

見せ金 ………………………… 307
民事代理商 …………………… 184
民法上の組合 …………………… 77
名義貸し ……………………… 261
名称の使用差止請求権 ……… 142
免許主義 ……………………… 242
持分会社 ……………………… 22
　──の事業譲渡 ……………… 200
持分均一主義 ………………… 235
持分単一主義 ………………… 235
持分不均一主義 ……………… 235
持分複数主義 ………………… 235

モラルハザード ………………… 116

や　行

役員の任期 …………………… 31
役付取締役 …………………… 336
屋　号 ………………………… 220
有価証券届出書 ……………… 305
有価証券報告書 ……………… 32
有限責任 …………… 5, 92, 112, 237
有限責任事業組合 ……………… 5, 77
ユーロ社債 …………………… 53
預託金会員制ゴルフクラブ …… 219, 220, 227

ら　行

利益相反取引 ………………… 121, 251
　支配人の── ………………… 167
利益の吐き出し ……………… 171
略式合併 ……………………… 60
略式株式交換 ………………… 68
略式吸収分割 ………………… 65
留置権
　商人間の── ………… 196, 197
　商法上の── ………………… 197
　代理商の── ………………… 196
　民法上の── ………………… 196
類似主義 ……………………… 57
類似商号規制 ………… 138, 281, 287
連結計算書類 ……………… 32, 39
連結子会社 …………………… 28
労働契約 …………………… 105, 117
　吸収分割における──の承継 …… 65
　事業譲渡における──の承継 …… 209
　新設分割における──の承継 …… 67
労務出資 ……………………… 309

わ　行

割増償還 ……………………… 54

判 例 索 引

【大審院】

大判明治 36・1・29 民録 9 輯 102 頁 ……… 81
大判明治 37・5・10 民録 10 輯 638 頁 …… 81
大判明治 40・2・12 民録 13 輯 99 頁 ……… 81
大判明治 41・1・29 民録 14 輯 22 頁 …… 261
大判明治 41・2・17 民録 14 輯 108 頁 …… 81
大判明治 43・12・13 民録 16 輯 937 頁 … 133
大判明治 43・12・23 民録 16 輯 982 頁 … 264
大判明治 44・3・20 民録 17 輯 139 頁 …… 81
大連判明治 44・3・24 民録 17 輯 117 頁 … 259
大判明治 44・5・11 民録 17 輯 281 頁 … 319
大判大正元・12・25 民録 18 輯 1078 頁 … 81
大判大正 2・2・5 民録 19 輯 27 頁 … 262, 352
大判大正 3・6・5 民録 20 輯 437 頁 … 81, 82
大判大正 5・11・22 民録 22 輯 2271 頁 …… 77
大判大正 6・4・6 民録 23 輯 628 頁 ……… 270
大判大正 6・9・26 民録 23 輯 1498 頁 … 59
大判大正 6・11・1 民録 23 輯 1715 頁 … 209
大判大正 7・7・10 民録 24 輯 1480 頁 … 264
大判大正 7・9・4 民録 24 輯 1668 頁 …… 133
大判大正 7・11・6 新聞 1502 号 22 頁 … 206
大判大正 10・11・2 民録 27 輯 1861 頁
……………………………………… 81, 358
大判大正 11・7・17 民集 1 巻 402 頁 … 81, 82
大判大正 13・12・2 新聞 2348 号 5 頁 … 319
大判大正 15・2・25 判例拾遺（一）民 43 頁
………………………………………………… 272
大判昭和 2・3・8 評論 16 巻商法 333 頁 … 17
大判昭和 2・7・4 民集 6 巻 428 頁
………………………………… 268, 319, 320
大判昭和 2・8・3 民集 6 巻 484 頁 … 16, 335
大判昭和 3・3・26 新聞 2831 号 7 頁 …… 319
大判昭和 3・8・31 民集 7 巻 714 頁 ……… 257
大判昭和 4・5・3 民集 8 巻 447 頁 ……… 145

大判昭和 5・9・20 新聞 3191 号 10 頁
……………………………………… 269, 272
大判昭和 6・12・17 新聞 3364 号 17 頁 …… 81
大判昭和 7・4・19 民集 11 巻 837 頁 …… 271
大判昭和 7・4・19 新聞 3405 号 14 頁 … 256
大判昭和 7・6・29 民集 11 巻 1257 頁
……………………………………… 261, 273
大判昭和 7・12・24 法学 2 巻 837 頁 …… 312
大判昭和 8・3・27 法学 2 巻 1356 頁
……………………………………… 268, 320
大判昭和 8・5・9 民集 12 巻 1091 頁 …… 302
大判昭和 8・5・9 新聞 3561 号 7 頁 …… 272
大判昭和 8・5・18 法学 2 巻 1490 頁
……………………………………… 356, 359
大判昭和 8・5・22 民集 12 巻 1230 頁 … 272
大判昭和 8・9・12 民集 12 巻 2313 頁
……………………………………… 272, 302
大判昭和 9・3・20 民集 13 巻 386 頁 …… 316
大判昭和 9・12・19 法学 4 巻 626 頁 …… 256
大判昭和 10・4・19 民集 14 巻 1134 頁
……………………………………… 312, 319
大判昭和 11・7・4 判決全集 3 輯 7 号 29 頁
………………………………………………… 316
大判昭和 11・11・18 法学 6 巻 236 頁 … 308
大判昭和 12・11・26 民集 16 巻 1681 頁
……………………………………… 230, 231
大判昭和 13・2・7 民集 17 巻 50 頁 ……… 82
大判昭和 13・5・17 民集 17 巻 996 頁 … 264
大判昭和 14・7・7 民集 18 巻 833 頁 … 261
大判昭和 15・3・12 新聞 4556 号 7 頁 … 185

【最高裁判所】

最判昭和 24・6・4 民集 3 巻 7 号 235 頁
……………………………………… 168, 172

最判昭和 27・2・15 民集 6 巻 2 号 77 頁
　………………………………… 81, 82
最判昭和 28・12・3 民集 7 巻 12 号 1299 頁
　……………………………………… 315
最判昭和 29・10・7 民集 8 巻 10 号 1795 頁
　……………………………… 215, 224, 225
最判昭和 30・3・22 判時 56 号 17 頁
　………………………………… 81, 82, 83
最判昭和 30・9・9 民集 9 巻 10 号 1247 頁
　……………………………………… 155
最判昭和 30・10・28 民集 9 巻 11 号 1748
　頁………………………………… 81, 82
最判昭和 32・1・31 民集 11 巻 1 号 161 頁
　……………………………………… 152
最判昭和 32・3・5 民集 11 巻 3 号 395 頁
　……………………………………… 177
最判昭和 32・11・14 民集 11 巻 12 号 1943
　頁………………………………………75
最判昭和 32・11・22 集民 28 号 807 頁… 178
最判昭和 33・2・21 民集 12 巻 2 号 282 頁
　……………………………………… 147
最判昭和 33・10・21 判時 165 号 32 頁……81
最判昭和 35・4・22 民集 14 巻 6 号 984 頁
　………………………………………17
最判昭和 35・10・21 民集 14 巻 12 号 2661
　頁………………………………… 146
最判昭和 35・12・9 民集 14 巻 13 号 2994
　頁………………………………… 265
最判昭和 36・10・13 民集 15 巻 9 号 2320
　頁………………………………… 225
最判昭和 36・12・5 民集 15 巻 11 号 2652
　頁………………………………… 153, 155
最判昭和 37・5・1 民集 16 巻 5 号 1031 頁
　……………………………… 163, 176
最判昭和 37・9・13 民集 16 巻 9 号 1905 頁
　……………………………………… 176
最判昭和 37・12・18 民集 16 巻 12 号 2422
　頁…………………………………… 76
最判昭和 38・3・1 民集 17 巻 2 号 280 頁
　……………………………………… 215

最判昭和 38・9・5 民集 17 巻 8 号 909 頁…82
最判昭和 38・12・24 民集 17 巻 12 号 1744
　頁………………………………… 267
最判昭和 39・3・10 民集 18 巻 3 号 458 頁
　……………………………………… 176
最判昭和 39・11・19 民集 18 巻 9 号 1900
　頁…………………………………… 93
最大判昭和 40・9・22 民集 19 巻 6 号 1600
　頁………………………………… 200
最判昭和 41・1・27 民集 20 巻 1 号 111 頁
　……………………………………… 154
最判昭和 41・12・23 民集 20 巻 10 号 2227
　頁………………………………… 305
最判昭和 42・2・9 判時 483 号 60 頁…… 152
最判昭和 42・6・6 判時 487 号 56 頁…… 153
最判昭和 42・9・26 民集 21 巻 7 号 1870 頁
　……………………………………… 315
最判昭和 42・11・17 民集 21 巻 9 号 2448
　頁………………………………… 256, 262
最判昭和 43・6・13 民集 22 巻 6 号 1171 頁
　……………………………… 152, 153, 154
最判昭和 43・11・1 民集 22 巻 12 号 2402
　頁………………………………… 16, 335
最判昭和 44・2・27 民集 23 巻 2 号 511 頁
　………………… 92, 93, 94, 96, 110, 123, 298
最判昭和 45・3・27 判時 590 号 73 頁…… 176
最大判昭和 45・6・24 民集 24 巻 6 号 625
　頁………………………………… 82, 88, 283
最判昭和 46・11・4 判時 654 号 57 頁
　………………………………………93, 119
最判昭和 47・3・2 民集 26 巻 2 号 183 頁
　……………………………… 211, 213, 218
最判昭和 47・3・9 判時 663 号 88 頁…… 122
最判昭和 48・10・9 民集 27 巻 9 号 1129 頁
　……………………………………… 75, 94
最判昭和 48・10・26 民集 27 巻 9 号 1240
　頁………………………………… 96, 100, 103
最判昭和 49・9・26 民集 28 巻 6 号 1306 頁
　……………………………………… 93, 121, 251
最判昭和 50・7・10 集民 115 号 261 頁… 141

371

最判昭和 52・12・23 民集 31 巻 7 号 1570
頁……………………………………… 155
最判昭和 53・9・14 判時 906 号 88 頁
…………………………………… 123, 124
最判昭和 54・5・1 判時 931 号 112 頁…… 163
最判昭和 55・7・15 判時 982 号 144 頁
…………………………………… 153, 155
最判昭和 58・1・25 判時 1072 号 144 頁… 155
最判昭和 59・2・24 刑集 38 巻 4 号 1287 頁
………………………………………… 60
最判昭和 59・3・29 判時 1135 号 125 頁
…………………………………… 163, 177
最判昭和 61・9・11 判時 1215 号 125 頁
…………………………………… 315, 316
最判昭和 61・11・18 判時 1225 号 116 頁
……………………………………… 177
最判昭和 62・7・3 民集 41 巻 5 号 1068 頁
……………………………………… 118
最判平成元・9・19 判時 1354 号 149 頁… 171
最判平成 2・2・22 集民 159 号 169 頁
…………………………………… 180, 182
最判平成 7・3・28 判時 1526 号 92 頁…… 99
最判平成 7・4・25 判時 1530 号 49 頁…… 107
最判平成 7・11・30 民集 49 巻 9 号 2972 頁
…………………………………… 148, 155
最判平成 8・3・19 民集 50 巻 3 号 615 頁
……………………………………… 88, 89
最判平成 8・10・14 民集 50 巻 9 号 2431 頁
……………………………………… 119
最決平成 12・4・14 民集 54 巻 4 号 1552 頁
……………………………………… 100
最判平成 14・10・3 民集 56 巻 8 号 1706 頁
……………………………………… 119
最判平成 15・9・11 判時 1841 号 95 頁… 108
最判平成 16・2・20 民集 58 巻 2 号 367 頁
……………………………………… 221
最判平成 17・7・15 民集 59 巻 6 号 1742 頁
……………………………………… 124
最決平成 19・8・7 民集 61 巻 5 号 2215 頁
………………………………………… 49

【控訴院・高等裁判所】

東京控判大正 10・4・8 新聞 1896 号 17 頁
……………………………………… 272
福岡高判昭和 25・3・20 下民集 1 巻 3 号
371 頁………………………………… 183
東京高判昭和 30・12・19 下民集 6 巻 12 号
2606 頁……………………………… 178
東京高判昭和 35・7・4 東高民時報 11 巻 7
号 204 頁……………………………… 224
福岡高判昭和 36・6・15 金法 280 号 4 頁
……………………………………… 224
東京高判昭和 37・1・27 下民集 13 巻 1 号
86 頁………………………………… 313
大阪高判昭和 38・3・26 高民集 16 巻 2 号
97 頁………………………………… 209
広島高松江支判昭和 39・7・29 高民集 17
巻 5 号 331 頁………………………… 152
札幌高判昭和 40・3・4 高民集 18 巻 2 号
174 頁………………………………… 162
東京高判昭和 40・10・12 判タ 185 号 138
頁……………………………………… 177
福岡高判昭和 43・10・16 下民集 19 巻 9 =
10 号 607 頁………………………… 102
大阪高判昭和 43・12・25 判時 558 号 65 頁
……………………………………… 119
東京高判昭和 44・7・30 金法 561 号 36 頁
……………………………………… 108
名古屋高判昭和 44・8・29 民集 25 巻 7 号
964 頁参照…………………………… 95, 121
東京高判昭和 45・3・4 判タ 252 号 272 頁
……………………………………… 102
仙台高秋田支判昭和 45・7・22 民集 27 巻
9 号 1141 頁参照……………………… 94
名古屋高判昭和 46・3・29 下民集 22 巻 3 =
4 号 334 頁…………………………… 195
東京高判昭和 46・5・21 高民集 24 巻 2 号
195 頁………………………………… 162
名古屋高判昭和 47・2・10 高民集 25 巻 1
号 48 頁……………………… 93, 105, 205

判例索引

東京高判昭和47・7・27 判時676号75頁
.... 111
東京高判昭和48・4・26 判時709号38頁
.... 95
福岡高判昭和49・7・22 判時760号95頁
.... 115
東京高決昭和49・7・29 判時755号103頁
.... 123
東京高判昭和50・6・30 判タ330号302頁
.... 113
東京高判昭和50・8・27 判時798号34頁
.... 91
東京高判昭和51・1・28 判時815号83頁
.... 114
東京高判昭和51・4・27 判時836号58頁
.... 108
東京高判昭和51・4・28 判時826号44頁
.... 95, 121
東京高判昭和51・7・28 判時831号94頁
.... 265, 315
大阪高判昭和52・7・19 判時871号47頁
.... 110
東京高判昭和52・10・31 判時875号104頁
.... 319
東京高判昭和53・3・3 判時890号112頁
.... 113, 114
東京高判昭和53・4・25 判時893号21頁
.... 95
東京高判昭和53・8・9 判時904号65頁
.... 109, 114
東京高判昭和54・4・25 東高民時報30巻4号112頁
.... 102
大阪高判昭和54・6・15 判時943号64頁
.... 119
名古屋高判昭和54・6・27 金法906号42頁
.... 113
大阪高判昭和54・11・20 判時960号52頁
.... 100
大阪高判昭和55・3・28 判時967号121頁
.... 118

大阪高判昭和55・3・28 判タ425号156頁
.... 95
大阪高判昭和55・4・24 判タ425号154頁
.... 114
東京高判昭和55・8・28 判タ426号107頁
.... 113, 114
大阪高判昭和56・2・27 判時1015号121頁
.... 100
東京高判昭和56・6・18 下民集32巻5-8号419頁
.... 102, 104
大阪高判昭和56・11・30 LEX/DB 25102076
.... 119
大阪高判昭和57・11・26 判時1070号96頁
.... 177
大阪高判昭和58・10・27 判時1112号67頁
.... 112
高松高判昭和58・12・27 判タ521号147頁
.... 95, 121
仙台高判昭和59・1・20 下民集35巻1-4号7頁
.... 162
大阪高判昭和59・3・30 判時1122号164頁
.... 106
大阪高判昭和59・5・24 金判711号31頁
.... 121
東京高判昭和59・5・29 判時1121号47頁
.... 110, 112
東京高判昭和59・12・26 判時1157号166頁
.... 108
東京高判昭和60・5・30 判時1156号146頁
.... 220
東京高決昭和61・7・2 判時1204号106頁
.... 124
大阪高判昭和61・8・29 金判760号21頁
.... 100
大阪高決昭和61・10・27 判タ634号243頁
.... 107
大阪高判昭和62・4・30 判時1260号56頁
.... 100
東京高判昭和62・7・20 金法1182号44頁
.... 157

373

判例索引

札幌高決昭和 62・9・30 判時 1258 号 76 頁 …………………………………… 194
名古屋高金沢支判昭和 63・10・3 労判 532 号 90 頁 …………………………… 106
東京高判昭和 63・10・31 判時 1296 号 55 頁 …………………………………… 118
東京高判平成元・5・23 金法 1252 号 24 頁 ……………………………… 265, 268
東京高判平成元・11・29 東高民時報 40 巻 9-12 号 124 頁 …………………… 220
大阪高判平成 2・7・18 判時 1378 号 113 頁 …………………………………… 168
東京高判平成 4・3・11 判時 1418 号 134 頁 …………………………………… 148
高松高判平成 5・8・3 判タ 854 号 270 頁 ………………………………… 102, 104
東京高判平成 6・8・29 金判 954 号 14 頁 ……………………………………… 120
東京高判平成 7・9・28 判タ 928 号 254 頁 ……………………………… 101, 103
東京高判平成 7・10・31 行集 46 巻 10＝11 号 977 頁 ……………………………… 94
東京高判平成 8・4・30 判タ 927 号 260 頁 …………………………………… 124
高松高判平成 8・5・30 判時 1587 号 142 頁 ……………………………… 256, 261
東京高判平成 8・12・11 金判 1105 号 23 頁 …………………………………… 120
大阪高決平成 9・9・16 金判 1044 号 15 頁 …………………………………… 100
東京高判平成 9・12・4 判時 1657 号 141 頁 …………………………………… 132
東京高判平成 10・11・26 判時 1671 号 144 頁 ………………………… 102, 103, 104, 225
東京高決平成 11・3・24 判タ 1047 号 292 頁 ………………………………… 129
大阪高判平成 12・7・28 金判 1113 号 35 頁 ……………………………… 103, 104
東京高決平成 12・9・7 金法 1594 号 99 頁 …………………………………… 100

東京高判平成 12・12・27 金判 1122 号 27 頁 ………………………………… 225
名古屋高判平成 13・7・4 金判 1133 号 12 頁 …………………………… 98, 108
東京高判平成 13・10・1 判時 1772 号 139 頁 …………………………… 218, 219
名古屋高判平成 13・10・11 LEX/DB 28071113 ……………………………… 113
東京高判平成 14・1・30 判時 1797 号 27 頁 …………………………… 111, 125
東京高判平成 14・2・12 判時 1818 号 170 頁 ………………………………… 101
大阪高判平成 14・4・11 判タ 1120 号 115 頁 ……………………………………… 89
東京高決平成 14・5・10 判時 1803 号 33 頁 ………………………………… 124
大阪高判平成 14・6・13 判タ 1143 号 283 頁 …………………………… 101, 219
東京高判平成 14・8・30 金判 1158 号 21 頁 ………………………………… 220
東京高判平成 14・9・26 判時 1807 号 149 頁 ………………………………… 221
東京高判平成 14・12・5 判時 1814 号 82 頁 ………………………………… 196
大阪高判平成 15・1・28 労判 869 号 76 頁 …………………………………… 106
大阪高判平成 15・1・30 労判 845 号 5 頁 …………………………………… 106
東京高判平成 15・9・22 LEX/DB 28082668 ………………………………… 123
大阪高判平成 15・11・13 労判 886 号 75 頁 ………………………………… 106
東京高判平成 16・9・29 判タ 1176 号 268 頁 …………………………… 257, 262
大阪高決平成 17・3・30 労判 896 号 64 頁 ………………………………… 106
札幌高判平成 17・5・18 LEX/DB 28101027 ………………………………… 109
東京高判平成 17・5・31 労判 898 号 16 頁 ………………………………… 106

名古屋高金沢支判平成 18・1・11 判時
　1937 号 143 頁·························· 88
高松高判平成 18・5・18 労判 921 号 33 頁
　······································· 118
大阪高判平成 18・5・30 労判 928 号 78 頁
　······································· 118
東京高判平成 18・6・29 判タ 1243 号 88 頁
　······································· 118

【地方裁判所】

東京地判大正 3・10・29 評論 3 巻商法 269
　頁······································ 272
東京地判昭和 31・7・4 下民集 7 巻 7 号
　1748 頁································· 230
東京地判昭和 31・10・24 下民集 7 巻 10 号
　2985 頁···························· 224, 226
大阪地判昭和 32・12・24 下民集 8 巻 12 号
　2459 頁································· 314
宇都宮地判昭和 33・7・25 下民集 9 巻 7 号
　1433 頁···························· 258, 311
東京地判昭和 34・4・27 下民集 10 巻 4 号
　836 頁·································· 224
東京地判昭和 34・8・5 下民集 10 巻 8 号
　1634 頁································· 213
熊本地八代支判昭和 35・1・13 下民集 11
　巻 1 号 4 頁····························· 104
千葉地判昭和 35・1・30 下民集 11 巻 1 号
　194 頁·································· 119
東京地判昭和 37・12・8 金法 332 号 26 頁
　······································· 319
大阪地判昭和 40・1・25 下民集 16 巻 1 号
　84 頁······························ 214, 216
神戸地判昭和 41・8・27 判時 472 号 62 頁
　······································· 213
東京地判昭和 42・5・24 判時 486 号 59 頁
　······································· 117
東京地判昭和 42・7・12 下民集 18 巻 7＝8
　号 814 頁··························· 214, 215
東京地判昭和 42・12・8 判時 513 号 57 頁
　······································· 120

名古屋地岡崎支判昭和 43・3・25 判時 541
　号 59 頁································· 309
大阪地判昭和 43・8・3 判タ 226 号 181 頁
　······································· 214
大阪地判昭和 44・5・14 下民集 20 巻 5＝6
　号 354 頁································ 110
東京地判昭和 44・11・27 判タ 244 号 260
　頁······································ 115
仙台地判昭和 44・12・27 判タ 243 号 223
　頁······································ 110
仙台地判昭和 45・3・26 労民集 21 巻 2 号
　330 頁······················· 97, 115, 117
仙台地判昭和 45・3・26 労民集 21 巻 2 号
　367 頁·································· 124
大阪地判昭和 45・6・27 交民集 3 巻 3 号
　950 頁·································· 117
東京地判昭和 45・6・30 判時 610 号 83 頁
　······································· 213
札幌地判昭和 45・12・25 判時 631 号 92 頁
　······································· 214
大阪地判昭和 46・3・5 判タ 265 号 256 頁
　······································· 214
大阪地判昭和 46・3・26 判タ 265 号 259 頁
　······································· 120
東京地判昭和 46・4・14 判時 641 号 72 頁
　································· 112, 113
鹿児島地判昭和 46・6・17 下民集 22 巻 5＝
　6 号 702 頁······························ 124
名古屋地判昭和 46・11・9 金判 308 号 12
　頁································· 95, 119
名古屋地判昭和 46・11・11 判タ 274 号
　280 頁·································· 107
名古屋地判昭和 46・11・30 金判 308 号 12
　頁······································ 121
東京地判昭和 46・12・20 判時 662 号 62 頁
　······································· 162
東京地判昭和 46・12・21 判時 667 号 35 頁
　································· 95, 119
東京地判昭和 47・1・17 判時 671 号 84 頁
　······································· 112

松山地宇和島支判昭和47・3・7判夕278
号207頁………………………97, 110, 113
大阪地判昭和47・3・8判時666号87頁
………………………………………112, 113
甲府地判昭和47・5・18交民集5巻3号
697頁…………………………………117
大阪地判昭和47・6・30判時688号94頁
…………………………………… 109, 114
東京地判昭和48・2・28判時706号84頁
………………………………………112, 113
大阪地判昭和48・8・21金判398号9頁
………………………………………………109
大阪地判昭和49・2・13判時735号99頁
………………………………………………124
大阪地判昭和49・3・5交民集7巻2号
315頁…………………………………117
東京地判昭和49・6・10判時753号83頁
………………………………………………115
東京地判昭和49・8・28判時755号106頁
………………………………………………112
福島地決昭和49・11・18労民集25巻6号
520頁…………………………………106
東京地判昭和49・12・9判時778号96頁
………………………………………………215
大阪地判昭和50・3・10判時788号100頁
………………………………………………113
東京地判昭和50・5・20金法774号34頁
………………………………………………102
横浜地判昭和50・5・28判夕327号313頁
………………………………………………195
徳島地判昭和50・7・23労民集26巻4号
580頁…………………………………106
東京地判昭和50・7・24判時810号60頁
………………………………………………110
東京地判昭和50・8・8判時799号90頁
………………………………………………102
東京地判昭和50・9・5下民集26巻9-12
号761頁………………………………95
松江地判昭和50・9・22下民集26巻9-12
号797頁………………………………103

札幌地決昭和50・10・11判時800号105
頁………………………………………106
札幌地判昭和51・3・19判夕342号328頁
………………………………………………268
東京地判昭和51・5・27判夕345号290頁
…………………………………… 113, 114
大阪地判昭和51・9・8判時869号99頁
…………………………………… 128, 288
東京地判昭和51・9・28交民集9巻5号
1343頁…………………………………118
横浜地小田原支判昭和51・11・18判夕
352号257頁……………………………119
名古屋地判昭和51・11・19判時852号
108頁…………………………………225
大阪地判昭和51・11・30交民集9巻6号
1619頁…………………………………117
鳥取地米子支判昭和52・1・17訟月23巻
2号204頁………………………………117
東京地判昭和52・10・24判時889号62頁
………………………………………………119
大阪地判昭和52・12・23判夕363号275
頁………………………………………124
新潟地判昭和52・12・26判夕369号383
頁……………………………………92, 113
福岡地久留米支判昭和53・1・27判時919
号90頁…………………………………118
東京地判昭和53・6・26判時923号94頁
…………………………………… 95, 121
水戸地判昭和53・7・7判時918号109頁
…………………………………… 110, 112
東京地判昭和53・9・21判夕375号99頁
………………………………………………180
東京地判昭和53・9・28交民集11巻5号
1364頁…………………………………117
水戸地判昭和54・1・16判時930号96頁
………………………………………………214
那覇地判昭和54・2・20判時934号105頁
…………………………………… 214, 224
名古屋地判昭和54・5・14判時940号82
頁………………………………………117

判例索引

東京地判昭和 54・7・19 下民集 30 巻 5-8 号 353 頁……………………………… 215, 220
神戸地判昭和 54・8・10 判時 964 号 116 頁 …………………………………………… 214
神戸地判昭和 54・9・21 判時 955 号 118 頁 …………………………………………… 106
東京地判昭和 54・11・30 判時 958 号 90 頁 …………………………………………… 107
長野地判昭和 54・12・24 交民集 12 巻 6 号 1664 頁…………………………… 102, 103
東京地判昭和 55・2・20 判時 966 号 112 頁 …………………………………………… 102
福岡地判昭和 55・3・18 労判 338 号 32 頁 …………………………………………… 115
大阪地決昭和 55・3・21 労判 340 号 68 頁 …………………………………………… 106
東京地判昭和 55・4・14 判時 977 号 107 頁 ……………………………… 213, 216
東京地判昭和 55・8・28 判時 989 号 64 頁 ……………………………… 112, 113
大阪地判昭和 55・11・18 判タ 437 号 158 頁 ………………………………………… 112
東京地判昭和 55・12・24 判時 1006 号 70 頁 ………………………………………… 124
東京地判昭和 55・12・26 判時 1006 号 100 頁 ………………………………………… 112
東京地判昭和 56・1・27 判時 1022 号 120 頁 ………………………………………… 123
東京地判昭和 56・3・26 判時 1015 号 27 頁 …………………………………………… 168
東京地判昭和 56・5・26 判時 1020 号 64 頁 …………………………………………… 195
東京地判昭和 56・5・28 判タ 465 号 148 頁 …………………………………………… 103
大阪地判昭和 56・8・25 判時 1043 号 99 頁 …………………………………………… 118
東京地判昭和 56・12・14 判タ 470 号 144 頁 ………………………………………… 102
東京地判昭和 57・2・22 判タ 474 号 144 頁 …………………………………………… 109

東京地判昭和 57・5・10 判時 1062 号 106 頁 ………………………………………… 121
大阪地判昭和 57・7・30 判時 1058 号 129 頁 ………………………………………… 106
名古屋地判昭和 57・9・20 判タ 487 号 110 頁 ……………………… 91, 113, 114, 115
大阪地判昭和 57・9・24 金判 665 号 49 頁 …………………………………………… 214
東京地判昭和 57・11・1 判時 1296 号 62 頁参照 ……………………………………… 119
東京地判昭和 58・2・28 判タ 498 号 116 頁 ………………………………… 94, 110
横浜地判昭和 58・3・3 判タ 504 号 159 頁 …………………………………………… 116
東京地判昭和 58・4・18 判時 1087 号 94 頁 …………………………………………… 113
東京地判昭和 58・5・6 金判 695 号 37 頁 …………………………………………… 112
東京地判昭和 58・6・10 判時 1114 号 64 頁 …………………………………………… 181
東京地判昭和 58・8・23 判時 1114 号 102 頁 ………………………………………… 132
大阪地判昭和 58・9・16 LEX/DB 22800049 …………………………………………… 103
名古屋地判昭和 58・9・21 判タ 525 号 174 頁 ………………………………………… 109
神戸地判昭和 58・10・4 判時 1107 号 135 頁 ……………………………… 94, 101, 113
大阪地判昭和 59・6・28 判タ 536 号 266 頁 …………………………………………… 103
横浜地判昭和 59・10・28 判時 1142 号 91 頁 ……………………………… 94, 113
福岡地判昭和 60・1・31 判タ 565 号 130 頁 …………………………………………… 103
大阪地判昭和 60・3・18 判時 1163 号 89 頁 …………………………………………… 109
東京地判昭和 60・4・19 金判 739 号 31 頁 …………………………………………… 112
名古屋地判昭和 60・7・19 判時 1179 号 96 頁 ………………………………………… 225

377

盛岡地判昭和60・7・26 労判461号50頁
……………………………………………… 106
大阪地判昭和60・9・18 判タ572号80頁
……………………………………………… 103
東京地判昭和60・10・28 判タ607号99頁
………………………………………… 94, 113
前橋地判昭和60・11・12 判時1172号118頁
……………………………………………… 118
東京地判昭和60・11・26 金判756号25頁
……………………………………………… 214
東京地判昭和61・1・28 判時1229号147頁
……………………………………………… 107
名古屋地判昭和61・3・7 金判749号37頁
……………………………………………… 119
大阪地判昭和61・4・11 先物取引裁判例集7号15頁
……………………………………………… 100
東京地決昭和61・8・27 労判481号24頁
……………………………………………… 111
京都地判昭和61・10・15 判タ637号124頁
……………………………………………… 95
東京地判昭和61・11・28 判タ640号187頁
……………………………………………… 116
東京地判昭和62・4・30 判時1266号31頁
……………………………………………… 113
東京地判昭和62・5・11 判時1274号121頁
……………………………………………… 112
大阪地判昭和62・9・25 交民集20巻5号1230頁
……………………………………………… 116
神戸地判昭和62・11・10 LEX/DB 22006149
……………………………………………… 112
東京地判昭和62・11・13 判時1285号133頁
……………………………………………… 107
東京地判昭和63・3・16 金判814号31頁
………………………………………… 113, 125
東京地判昭和63・5・19 金判823号33頁
……………………………………………… 251
仙台地決昭和63・7・1 判タ678号102頁
……………………………………………… 106
大阪地判昭和63・9・9 判時1314号103頁
……………………………………………… 105

大阪地判平成元・4・24 判時1315号120頁
………………………………………… 95, 120
熊本地判平成2・1・18 判タ753号199頁
………………………………………… 100, 118
京都地判平成2・2・28 民集49巻8号2815頁参照
……………………………………………… 120
福島地いわき支判平成2・2・28 判時1344号53頁
……………………………………………… 118
東京地判平成2・3・28 判時1353号119頁
……………………………………………… 150
東京地判平成2・4・27 判タ748号200頁
……………………………………………… 101
神戸地判平成2・7・17 判タ745号166頁
……………………………………………… 120
東京地判平成2・10・29 判タ757号232頁
………………………………………… 99, 108
高知地判平成3・3・29 労民集42巻2号174頁
……………………………………………… 106
東京地判平成3・4・18 判時1395号144頁
……………………………………………… 120
千葉地判平成3・7・26 判時1413号122頁
……………………………………………… 102
札幌地判平成3・8・29 労判596号26頁
……………………………………………… 109
東京地判平成4・1・28 判時1437号122頁
……………………………………………… 127
東京地判平成4・2・7 判時平成4年4月25日号3頁 ………… 102, 103, 113
京都地判平成4・2・27 判時1429号133頁
……………………………………………… 132
神戸地判平成4・8・12 判タ801号246頁
……………………………………………… 119
大阪地判平成4・9・7 判時1445号171頁
……………………………………………… 121
東京地判平成4・12・17 判時1469号149頁
……………………………………………… 163
千葉地判平成5・3・22 判例地方自治121号51頁
……………………………………………… 114
東京地判平成5・3・30 金判971号34頁
……………………………………………… 100

神戸地判平成 5・4・28 LEX/DB 28022365
‥‥‥‥‥‥‥‥‥‥‥‥‥‥‥‥‥ 120
京都地判平成 5・11・26 判時 1476 号 3 頁
‥‥‥‥‥‥‥‥‥‥‥‥‥ 103, 104, 113
大阪地判平成 6・3・31 判時 1517 号 109 頁
‥‥‥‥‥‥‥‥‥‥‥‥‥‥‥‥‥ 221
東京地判平成 6・4・28 判時 1514 号 132 頁
‥‥‥‥‥‥‥‥‥‥‥‥‥‥‥‥‥ 182
大阪地決平成 6・8・5 労判 668 号 48 頁‥‥105
大分地佐伯支判平成 6・8・31 判時 1517 号
  152 頁‥‥‥‥‥‥‥‥‥‥‥‥‥‥ 100
名古屋地判平成 6・9・26 判時 1523 号 114
  頁‥‥‥‥‥‥‥‥‥‥‥‥‥‥‥‥ 102
東京地判平成 6・11・8 交民集 27 巻 6 号
  1589 頁‥‥‥‥‥‥‥‥‥‥‥‥‥ 117
前橋地判平成 7・1・25 判タ 883 号 278 頁
‥‥‥‥‥‥‥‥‥‥‥‥‥‥‥‥‥ 162
東京地判平成 7・3・28 判時 1557 号 104 頁
‥‥‥‥‥‥‥‥‥‥‥‥‥‥‥‥‥ 111
横浜地判平成 7・3・31 金判 975 号 37 頁
‥‥‥‥‥‥‥‥‥‥‥‥‥‥‥‥‥ 210
津地判平成 7・6・15 判時 1561 号 95 頁‥‥116
福岡地飯塚支判平成 7・7・20 判時 1543 号
  3 頁‥‥‥‥‥‥‥‥‥‥‥‥‥‥‥ 118
東京地判平成 7・9・7 判タ 918 号 233 頁
‥‥‥‥‥‥‥‥‥‥‥‥‥‥‥‥‥ 101
東京地判平成 7・10・26 判時 1549 号 125
  頁‥‥‥‥‥‥‥‥‥‥‥‥‥‥ 120, 132
東京地判平成 7・11・17 判タ 926 号 244 頁
‥‥‥‥‥‥‥‥‥‥‥‥‥‥‥‥‥ 268
東京地判平成 8・3・25 判タ 938 号 226 頁
‥‥‥‥‥‥‥‥‥‥‥‥‥‥‥‥‥ 176
東京地判平成 8・4・18 判時 1592 号 82 頁
‥‥‥‥‥‥‥‥‥‥‥‥‥‥‥‥‥ 115
大阪地判平成 8・8・28 判時 1601 号 130 頁
‥‥‥‥‥‥‥‥‥‥‥‥‥‥‥‥‥ 109
東京地判平成 9・7・14 労経速 1664 号 7 頁
‥‥‥‥‥‥‥‥‥‥‥‥‥‥‥‥‥ 118
東京地判平成 9・7・30 判時 1638 号 150 頁
‥‥‥‥‥‥‥‥‥‥‥‥‥‥‥‥‥ 103

東京地判平成 9・12・1 判タ 1008 号 239 頁
‥‥‥‥‥‥‥‥‥‥‥‥‥‥‥‥‥ 133
東京地判平成 10・3・30 判時 1658 号 117
  頁‥‥‥‥‥‥‥‥‥‥‥‥‥‥ 100, 125
東京地判平成 10・4・30 判タ 1015 号 197
  頁‥‥‥‥‥‥‥‥‥‥‥‥‥‥‥‥ 109
東京地判平成 10・7・16 判タ 985 号 263 頁
‥‥‥‥‥‥‥‥‥‥‥‥‥‥‥‥‥ 141
大阪地判平成 10・9・28 判時 1682 号 78 頁
‥‥‥‥‥‥‥‥‥‥‥‥‥‥‥‥‥ 122
東京地判平成 10・10・30 判時 1690 号 153
  頁‥‥‥‥‥‥‥‥‥‥‥‥‥‥‥‥ 195
東京地判平成 10・11・2 判タ 1003 号 292
  頁‥‥‥‥‥‥‥‥‥‥‥‥‥‥‥‥ 108
千葉地松戸支判平成 10・11・17 判タ 1045
  号 255 頁‥‥‥‥‥‥‥‥‥‥ 101, 104
鹿児島地判平成 10・12・24 判タ 1049 号
  284 頁‥‥‥‥‥‥‥‥‥‥‥ 111, 112
奈良地決平成 11・1・11 労判 753 号 15 頁
‥‥‥‥‥‥‥‥‥‥‥‥‥‥‥‥‥ 106
東京地判平成 11・3・15 労判 766 号 64 頁
‥‥‥‥‥‥‥‥‥‥‥‥‥‥‥‥‥ 106
京都地判平成 11・4・15 金判 1068 号 3 頁
‥‥‥‥‥‥‥‥‥‥‥‥‥‥‥ 101, 102
大阪地判平成 11・12・8 労判 777 号 25 頁
‥‥‥‥‥‥‥‥‥‥‥‥‥‥‥‥‥ 106
水戸地土浦支判平成 12・7・31 交民集 34
  巻 6 号 1751 頁‥‥‥‥‥‥‥‥‥‥120
岡山地判平成 12・8・23 判タ 1054 号 180
  頁‥‥‥‥‥‥‥‥‥‥‥‥‥‥‥‥ 102
東京地判平成 12・9・29 金判 1131 号 57 頁
‥‥‥‥‥‥‥‥‥‥‥‥‥‥‥ 211, 220
福島地会津若松支判平成 12・10・31 判タ
  1113 号 217 頁‥‥‥‥‥‥‥‥‥‥ 132
東京地判平成 12・12・21 金法 1621 号 54
  頁‥‥‥‥‥‥‥‥‥‥ 104, 109, 212, 217
東京地判平成 13・1・25 判時 1760 号 144
  頁‥‥‥‥‥‥‥‥‥‥‥‥‥‥‥‥ 120
東京地判平成 13・1・31 判タ 1088 号 225
  頁‥‥‥‥‥‥‥‥‥‥‥‥‥‥‥‥ 102

判例索引

東京地判平成13・2・23 労経速1763号24頁‥‥‥‥‥‥‥‥‥‥‥‥‥‥ 118
東京地判平成13・3・30 判時1770号141頁‥‥‥‥‥‥‥‥‥‥‥‥‥‥ 220
東京地判平成13・5・25 金法1635号48頁‥‥‥‥‥‥‥‥‥‥‥‥‥‥ 225
東京地判平成13・6・20 判時1797号36頁‥‥‥‥‥‥‥‥‥‥‥ 111, 125
名古屋地判平成13・7・10 判時1775号108頁‥‥‥‥‥‥‥‥‥‥‥‥‥‥ 225
東京地判平成13・7・25 労判813号15頁‥‥‥‥‥‥‥‥‥‥‥ 114, 117
東京地判平成13・8・28 判時1785号81頁‥‥‥‥‥‥‥‥‥‥‥ 100, 221
大阪地判平成13・9・3 労判823号66頁‥‥‥‥‥‥‥‥‥‥‥‥ 98, 117
長崎地判平成13・9・26 判タ1124号197頁‥‥‥‥‥‥‥‥‥‥‥‥‥‥ 122
東京地判平成13・9・28 判タ1140号227頁‥‥‥‥‥‥‥‥‥‥‥ 116, 125
東京地判平成13・12・20 判タ1133号161頁‥‥‥‥‥‥‥‥‥‥‥‥‥‥ 121
東京地決平成13・12・28 金法1659号58頁‥‥‥‥‥‥‥‥‥‥‥‥‥‥ 124
千葉地判平成14・3・13 判タ1088号286頁‥‥‥‥‥‥‥‥‥‥‥ 162, 163
東京地判平成14・3・26 判タ1805号140頁‥‥‥‥‥‥‥‥‥‥‥‥‥‥ 101
東京地判平成14・5・31 判タ1124号249頁‥‥‥‥‥‥‥‥‥‥‥ 180, 181
津地判平成14・7・26 LEX/DB 28080237‥‥‥‥‥‥‥‥‥‥‥‥‥‥ 124
大阪地判平成14・8・28 判時1820号74頁‥‥‥‥‥‥‥‥‥‥‥ 103, 122
福岡地判平成14・9・11 判タ1148号222頁‥‥‥‥‥‥‥‥‥‥‥‥‥‥ 122
東京地判平成14・10・29 労経速1847号3頁‥‥‥‥‥‥‥‥‥‥‥‥‥‥ 118
名古屋地判平成14・11・29 判タ1147号285頁‥‥‥‥‥‥‥‥‥‥‥‥‥‥ 118

東京地判平成14・12・10 LEX/DB 28080501‥‥‥‥‥‥‥‥‥‥‥‥‥‥ 123
広島地判平成14・12・25 判タ1152号221頁‥‥‥‥‥‥‥‥‥‥‥‥‥‥ 108
長野地判平成14・12・27 判タ1158号188頁‥‥‥‥‥‥‥‥‥‥‥‥‥‥ 220
神戸地判平成15・3・26 労判857号77頁‥‥‥‥‥‥‥‥‥‥‥‥‥‥ 106
東京地判平成15・6・25 金法1692号55頁‥‥‥‥‥‥‥‥‥‥‥‥‥‥ 214
大阪地岸和田支決平成15・9・10 労判861号11頁‥‥‥‥‥‥‥‥‥‥‥‥‥‥ 106
東京地判平成15・10・10 金判1178号2頁‥‥‥‥‥‥‥‥‥‥‥ 259, 312
東京地判平成15・11・17 判時1839号83頁‥‥‥‥‥‥‥‥‥‥‥‥‥‥ 162
横浜地判平成15・12・16 労判871号108頁‥‥‥‥‥‥‥‥‥‥‥‥‥‥ 106
東京地判平成16・1・15 金法1729号76頁‥‥‥‥‥‥‥‥‥‥‥‥‥‥ 219
神戸地判平成16・2・13 LEX/DB 28091474‥‥‥‥‥‥‥‥‥‥‥‥‥‥ 108
福岡地判平成16・3・25 金判1192号25頁‥‥‥‥‥‥‥‥‥ 102, 103, 104
東京地判平成16・4・14 判時1867号133頁‥‥‥‥‥‥‥‥‥‥‥ 219, 221
神戸地洲本支判平成16・4・20 判時1867号106頁‥‥‥‥‥‥‥‥‥‥‥‥‥‥ 218
東京地判平成16・8・31 金法1754号91頁‥‥‥‥‥‥‥‥‥‥‥‥‥‥ 104
千葉地判平成17・1・31 LEX/DB 28100637‥‥‥‥‥‥‥‥‥‥‥‥‥‥ 119
津地判平成17・2・17 LEX/DB 28100982‥‥‥‥‥‥‥‥‥‥‥‥‥‥ 94
名古屋地判平成17・4・19 判タ1243号109頁‥‥‥‥‥‥‥‥‥‥‥‥‥‥ 106
大阪地判平成17・9・9 判時1929号106頁‥‥‥‥‥‥‥‥‥‥‥‥‥‥ 101
東京地判平成17・11・29 判タ1209号196頁‥‥‥‥‥‥‥‥‥‥‥‥‥‥ 111

東京地判平成 18・2・9 判タ 1309 号 151 頁
　参照………………………………… 117
大阪地判平成 18・3・20 判時 1951 号 129
　頁 …………………………………… 120
東京地判平成 18・5・15 判時 1938 号 90 頁
　……………………………………… 120
東京地判平成 18・5・29 判時 1965 号 155
　頁 …………………………………… 251

【簡易裁判所】

大村簡判昭和 47・9・25 判時 694 号 109 頁
　……………………………………… 107
東京簡判平成 15・11・5 LEX/DB
　28090532………………………99, 108

会社法コンメンタール1――総則・設立(1)

2008年3月20日　初版第1刷発行
2022年3月1日　初版第6刷発行

編　者　　江　頭　憲　治　郎

発行者　　石　川　雅　規

発行所　　株式会社　商　事　法　務
〒103-0025 東京都中央区日本橋茅場町3-9-10
TEL 03-5614-5643・FAX 03-3664-8844〔営業〕
TEL 03-5614-5649〔編集〕
https://www.shojihomu.co.jp/

落丁・乱丁本はお取替えいたします。　　印刷／大日本法令印刷
ⓒ 2008 Kenjiro Egashira　　　　　　　Printed in Japan
Shojihomu Co., Ltd
ISBN978-4-7857-1474-1
＊定価はケースに表示してあります。

JCOPY ＜出版者著作権管理機構 委託出版物＞
本書の無断複製は著作権法上での例外を除き禁じられています。
複製される場合は，そのつど事前に，出版者著作権管理機構
（電話 03-5244-5088, FAX 03-5244-5089, e-mail: info@jcopy.or.jp）
の許諾を得てください。

会社法コンメンタール

【編集代表】江頭憲治郎＝森本　滋

第 1 巻	総則・設立(1)	§§ 1-31	江頭憲治郎 編
第 2 巻	設立(2)	§§ 32-103	山下友信 編
第 3 巻	株式(1)	§§ 104-154の2	山下友信 編
第 4 巻	株式(2)	§§ 155-198	山下友信 編
第 5 巻	株式(3)	§§ 199-235	神田秀樹 編
第 6 巻	新株予約権	§§ 236-294	江頭憲治郎 編
第 7 巻	機関(1)	§§ 295-347	岩原紳作 編
第 8 巻	機関(2)	§§ 348-395	落合誠一 編
第 9 巻	機関(3)	§§ 396-430	岩原紳作 編
第10巻	計算等(1)（含：会社計算規則） §§ 431-444		江頭憲治郎＝弥永真生 編
第11巻	計算等(2)（含：会社計算規則） §§ 445-465		森本　滋＝弥永真生 編
第12巻	定款の変更・事業の譲渡等・解散・清算(1) §§ 466-509		落合誠一 編
第13巻	清算(2)（特別清算） §§ 510-574		松下淳一＝山本和彦 編
第14巻	持分会社(1)	§§ 575-613	神田秀樹 編
第15巻	持分会社(2)	§§ 614-675	神田秀樹 編
第16巻	社債（含：担保付社債信託法） §§ 676-742		江頭憲治郎 編
第17巻	組織変更, 合併, 会社分割, 株式交換等(1) §§ 743-774		森本　滋 編
第18巻	組織変更, 合併, 会社分割, 株式交換等(2) §§ 775-816		森本　滋 編
第19巻	外国会社・雑則(1)	§§ 817-867	岩原紳作 編
第20巻	雑則(2)	§§ 868-938	森本　滋＝山本克己 編
第21巻	雑則(3)・罰則	§§ 939-979	落合誠一 編
第22巻	総索引		江頭憲治郎＝森本　滋 編
補巻	平成26年改正		岩原紳作 編